# 아동권리와 복지

선애 현정희 표정민 박은지 공저

CHILDREN'S RIGHT & WELFARE

JUNGMINSA 정민사

Preface

# 머리말

현대사회의 화두는 복지와 인권이라 해도 과언이 아닐 것이다. 어떠한 문화와 종교, 계층, 집단이든 그 사회의 만족은 국가와 사회가 개인의 삶에 어떻게 개입하는가에서 시작된다는 말에 귀결된다. 즉, 국가의 책무가 개개인의 삶에 영향을 준다는 사실은 그 집단에 안주할 수 있는 조건을 제시하고 있으며 수행한다는 의미일 것이다.

이러한 관점에서 첫 번째 화두인 관심과 복지정책에 대한 이슈는 국가통수권자들의 공약으로 이어지고 어떠한 복지가치와 마인드를 갖고 있는지에 이목이 집중되기도 한다. 복지에 대한 열망은 잘사는 나라와 잘 살아야 한다는 관점보다 더 나은 가치와 삶을 추구하는 데서 비롯될 것이다.

또한, 두 번째 화두인 인권은 복지 상황에 따라 개인의 인권과 사회적 인권이 존중되고 권리가 이행될 수 있다. 이는 그 집단의 복지정책이나 복지 내용에 따라 개인의 삶의 방향 및 태도가 수행된다는 것이다. 현대사회에서 인권의 기본적인 권리와 책임은 다각적인 시각에서 고민해 볼 필요가 있다. 그 누구의 인권이 어떤 인권보다 먼저 존중받거나 더 높게 존중되는 사회인지, 어떠한 체제 아래 인권이 차별적인지 생각해 보아야 한다.

이러한 복지와 인권의 시각을 중심으로 우리가 살고 있는 국가와 사회에 대한 두 개의 가치를 이해하고 존중하는 과정을 통해 예비교사로서의 아동에 대한 권리와 복지 관점을 고찰하고 탐색해 보는 과정은 매우 필요하다고 말할 수 있다. 이에 저자는 본서를 아동의 권리와 복지라는 가치를 어떻게 사회와 집단에 적용할 것인지에 대한 생각에서 집필했음을 밝힌다.

본서의 구성을 살펴보면

Part 1. 아동복지와 권리에 대한 이해에서는 아동복지의 기초, 아동복지의 개념이해, 아동복지 대상과 발달이론, 아동복지의 발달사, 아동복지사업의 실천

Part 2. 아동복지의 정책과 행정에 대한 이해에서는 아동복지의 관련 법률, 아동복지의 정책과 행정

Part 3. 아동복지의 실천에서는 부모와 가정기능 보호서비스, 다양한 가족과 아동복지서비스, 장애아동의 복지서비스, 학대아동과 시설아동의 복지서비스, 입양 및 가정위탁보호서비스, 아동복지의 과제와 전망으로 구성되어 있다.

인간에게 '인권'은 마땅히 누리고 살아야 하는 권리이며 '복지'는 삶의 토대가 되는 개념이다. 사회가치와 삶의 의미를 '인권과 복지'라는 두 마리 토끼로 비유한다. 우리 사회에 이 두 마리 토끼가 안정적으로 성장할 수 있는 국가와 사회가 될 수 있는 토양이 있기 바라면서 본서를 출판하게 도움을 준 정민사 박세원 대표와 편집부에게 감사를 드린다.



2022년 고즈넉한 가을 들녘을 보내며

대표저자 이선애 씀

# 차 례

Part III

# 아동복지의 실천

아동복지를 이해하기 위해서는 우리 사회에서 아동복지란 개념이 대두되는 것이 언제부터인지 생각해 보아야 한다. 한국 전쟁이 우리 사회에 복지 관점을 촉구했다는 설과 이미 국가 형성과 더불어 복지 개념은 형성되어 있었으나 자료보관 및 관리상 미흡한 점을 갖고 있다는 당연설이 가장 많이 회자된다고 해도 과언이 아닐 것이다.

우리는 국가적으로 많은 혼동과 사회적 이슈가 있었기에 정치적 · 사회적 · 경제적 변동에 따라 아동복지 개념이 변화하는 조건에 지속적으로 적응해 오며 변화해 왔다는 사실로 이해될 수 있다. 특히 아동권리는 인간의 권리에 대한 사회적 인식이 그다지 오래되지 않은 역사를 가지고 있다. 프랑스 혁명을 분기점으로 증대해 왔으나 근대사회 이후 인권사상이 발전되었음을 근현대사를 통해 알 수 있다. 이러한 관점에서 본 고에서는 아동복지에 대한 구체적인 이해를 통해 아동권리에 대한 개념과 사상을 살펴보고, 아동복지의 기본적인 관점을 고찰해 보고자 한다.

Part

# I

# 아동복지와 권리에 대한 이해

Chapter

01

# 아동복지의 기초

아동복지는 '아동'과 '복지'라는 두 단어의 합성어로 'Child Welfare'로 표기된다. 어원적으로 볼 때 '아동복지'란 '아동이 편안하게 잘 사는 것'으로 자신의 삶에 대한 안정과 살아가는 기간 동안에 행복하게 살 권리라 하겠다. 이러한 행복한 삶의 권리를 지원해야 하는 아동복지의 기본적인 전제는 경제적 안정, 안정된 가정환경으로 부모와 가정배경, 보건과 의료보호, 교육, 놀이와 문화, 특수요구를 가진 아동에 대한 보호 그리고 아동의 사상, 양심 및 종교에 대한 권리를 존중해 주는 것이다.

이러한 기본 전제를 중심으로 아동복지의 기초적 관점을 이해하고 사회적 변화와 개념과 이념 그리고 아동복지의 전제 조건을 구체적으로 알아보고자 한다.

## 1. 사회변화와 복지

아동복지를 살펴보기 전에 복지에 대한 개념을 가질 필요가 있다. 복지의 개념은 다소 추상적이면서도 실천적 개념을 갖고 있다고 해도 과언이 아니다. 어느 특정 복지나 지원 분야를 지칭하기도 하고 인간에 삶의 전체를 지지 · 지원해야 하는 시스템이기도 한 개념으로 혼용되기 때문이다. 복지는 안정, 행복, 편안함, 행운, 안녕 등 다양한 개념으로 학자마다 다르게 구분하는 경우가 있어 정확하게 정의 내리기가 어렵다.

포괄적인 의미로 웰빙(Well Being)이란 '말할 나위 없이 좋고 행복한 삶을 영위하며 건강과 삶의 만족을 충족하는 상태'라 한다. 자신의 건강한 몸과 마음 상태, 일과 휴식의 정도, 자신이 속해 있는 공동체와 가정의 다양한 조건과 만족 상태 등 자신의 삶에서의 치우침이 없는 상태를 일컫는다.

인간에게 복지 개념은 개개인이 처해 있는 환경에 따라 다르게 이해될 수 있지만 자신의 삶에 대한 안정과 행복한 만족함은 부연하기 어려울 것이다. 따라서 웰빙적인 삶을 추구하는 사람들은 질병 없는 건강한 육체와 마음을 갖는 것은 물론, 자신의 가정, 가족, 지역사회집단의 구성원과의 관계, 여가생활과 휴식에 대한 여유, 심리적인 안정과 가족 간의 소속감과 공동체의 성취감 정도 등을 웰빙의 기준 요소로 삼는다.

이러한 관점에서 볼 때 인간의 복지와 웰빙적 삶을 위해 사회가 책임지어야 할 부분이 존재한다. 국가나 사회는 자국민들의 안녕을 위해 적극적으로 노력해야 하며 복지사업을 통해 국민의 행복 증진에 수반되는 서비스를 다양하게 수립하여 실천해야 한다. 복지국가는 국민의 안녕과 복지를 위해 제도적으로 보장하고 복지사업과 활동에 대한 책임과 의무가 있음을 인식해야 한다. 특히 일반적인 복지 개념을 이해하기에 앞서 보다 사회가 무엇을 요구하고 필요로 하는지 이해하는 것도 중요하다. 이러한 차원에서 한국사회는 많은 사회적 문제와 변화가 대두되고 있다. 사회변화의 측면에서 다양한 배경을 가진 다문화 사람들과 정주민의 갈등이 존재하고 여성인력의 사회진출이 당연시되는 사회 환경에서 영유아들의 양육과 교육에 대한 국가와 사회의 지원체계 합의, 국가형성의 문제로 부각되는 초저출산과 초고령화 현상, 경제적인 불균형 등 다각적인 사회 문제 및 갈등 요소가 존재한다.

이에 일반적인 복지에 대한 이해를 토대로 아동복지에 대한 개념과 포괄적인 지원 등이 사회적 합의와 보편적 가치로 이해되어야 한다. 아동복지는 대상 자체가 아직 미성숙한 사회구성원인 아동이므로 국가와 사회의 지원이 구체적으로 필요하다. 그러므로 아동의 입장에서 복지에 개념과 이념을 재조명하고자 한다.

## 2. 아동의 개념

아동복지에 대한 개념을 통해 아동의 개념을 이해할 수 있다. 본 장에서는 아동복지의 개념을 고찰해 보면서 아동의 개념을 재인식하고자 한다. 아동에 대한 정의는 시대 및 사회배경과 관련 학문 분야에 따라 다르다.

아동은 무한한 성장과 발달의 가능성을 가진 잠재적인 존재이므로 계속적으로 지원하고 발달을 지지해야 한다. 그들이 본연의 잠재능력을 발휘하고 행복한 삶을 영위할 수 있도록 국가, 사회, 환경, 부모 모두가 제반 여건과 기회를 제공해야 한다. 그러므로 아동에 대한 법적 정의와 발달 및 교육적 정의로 살펴볼 필요가 있다.

### 1) 법적 관점에서의 아동 정의

통상적으로 아동의 개념을 규정하는 방법 중에 가장 객관적인 것은 연령에 따른 정의이며 연령 구분에 따라 아동 법령이나 아동복지의 법적 인식을 한다. 그러나 문제는 「아동복지법」상 아동은 만 18세 미만이지만 이 연령에 해당되는 인구를 청소년, 미성년, 소년, 어린이, 유아 등 다양한 용어로 호칭하기 때문에 실제로 각 법률상 연령 구분이 상이하여 혼란을 초래한다는 것이다. 이러한 규정은 법에 따른 규정으로 명칭과 연령차이로 인해 그들의 권리와 의무에도 많은 차이가 있을 수밖에 없다. 아동복지의 근간을 이루는 「아동복지법」 외의 관련 규정에 대한 이해가 필요하며 법령 규정상의 정의가 통일되어야 한다.

국내 법적 관점에서의 아동에 대한 개념과 정의를 살펴보면 다음 〈표 1-1〉과 같다.

| 표 1-1 | 아동 관련 법규의 호칭과 연령 구분

| 관련 법규 | 호 칭 | 연령 구분 |
|---|---|---|
| 헌법 | 아동 | 18세 미만의 자 |
| 민법 | 미성년 | 19세 미만의 자 |
| 형법 | 형사 미성년자 | 14세 되지 아니한 자 |
| 아동복지법 | 아동 | 18세 미만인 사람 |
| 영유아보육법 | 영유아 | 6세 미만의 취학 전 아동(방과 후 보육은 만 12세 미만까지 가능) |
| 유아교육법 | 유아 | 3세부터 초등학교 취학 전까지의 어린이 |
| 청소년기본법 | 청소년 | 9세 이상 24세 이하의 자 |
| 청소년보호법 | 청소년 | 만 19세 미만인 사람(단, 만 19세가 되는 해의 1월 1일을 맞이한 사람은 제외) |
| 청소년복지 지원법 | 청소년 | 9세 이상 24세 이하의 자 |
| 아동 · 청소년의 성보호에 관한 법률 | 아동-청소년 | 만 19세 미만의 자 |
| 소년법 | 소년 | 19세 미만의 자 |
| 모자보건법 | 영유아 | 출생 후 6세 미만인 사람 |
| 한부모가족지원법 | 아동 | 18세 미만(취학 중인 경우에는 22세 미만)의 자 |
| 입양특례법 | 아동 | 18세 미만인 사람 |
| 근로기준법 | 연소자 | 18세 미만인 자 |
| 도로교통법 | 어린이 / 유아 | 어린이: 13세 미만인 사람<br>유아: 6세 미만인 사람 |
| 미성년자보호법 | 미성년 | 20세 미만의 자 |
| 보호소년 등의 처우에 관한 법률 | 소년 | 20세 미만의 자 |
| 실종아동 등의 보호 및 지원에 관한 법률 | 실종아동 | 실종신고 당시 14세 미만인 아동 |

〈표 1-1〉에서 제시하고 있는 바와 같이 국내 법령의 많은 규준이 같은 연령의 아동에 대한 구분이 다양하고 지원 및 보호에 대한 기준 역시 복잡함을 알 수 있다. 이러한 규준에 따라 각 부처와 법령 안에서 아동은 매우 다른 의무와 권리로 존중받는다는 점에서 아동에 대한 개념과 정의가 통일되어야 하는 절실함을 볼 수 있다.

### 2) 발달적 관점에서의 아동 정의

아동의 발달은 개념상 발달심리학적 관점과 의학적 관점으로 정의한다. 즉, 발달심리학적 측면에서의 아동은 태아기, 영아기, 유아기, 아동기, 청소년기로 구분하며 신체적 성장 및 정신적 성숙을 기반으로 개념화하고 의학적 관점에서는 인간의 발달단계에 따른 발육상태의 수준에 의한 입장에서 개념화한다.

발달심리학에서 아동은 성장, 성숙, 학습이라는 개념으로 발달을 지칭하며 성장(Growth)은 키나 몸무게 등 외형적으로 나타나는 양적인 변화를 일컫고, 성숙(Maturation)은 유전적 요인에 의해 발달적 변화들이 통제되는 생물학적 과정으로 언어, 사고, 감정 등 동물과 구분되는 내면의 질적 변화를 포함한다. 또한, 학습(Learning)은 직접 또는 간접 경험의 산물로서 훈련이나 연습에 의한 발달적 변화를 의미한다. 인간의 발달은 개인이 속한 환경 속에서 발달하고 변화한다.

아동의 발달단계를 연령별로 구분하여 정의하면 다음 〈표 1-2〉와 같다.

| 표 1-2 | **발달적 관점에서의 아동 관련 개념 구분**

| 연령별 구분 | 호 칭 | 특 징 |
|---|---|---|
| 태내기<br>(수태~출산) | 태아 | • 인간발달의 초석이 되는 태내 환경의 시기<br>• 정자와 난자의 결합체인 분열세포의 생명체로 성장하는 시기<br>• 탯줄을 통해 태반으로부터 영양분이 제공되는 시기<br>• 10개월의 태내성장을 통해 출산시기 |
| 영아기<br>(출생~2세) | 영아 | • 태내 환경과 다른 새로운 환경 적응 시기<br>• 양육자와 애착관계가 형성되는 중요한 시기<br>• 신체적 성장과 발달 속도가 매우 빠른 시기 |

| 연령별 구분 | 호 칭 | 특 징 |
|---|---|---|
| 유아기<br>(2~6세) | 유아 | • 인지능력이 발달하고 상상력과 판타지가 성장하는 시기<br>• 주변 환경에 대한 탐색과 관찰이 성장하는 시기<br>• 타인과의 관계를 통해 어휘력과 의사소통 능력이 발달하는 시기 |
| 아동기<br>(6~12세) | 아동 | • 초등학교 시기의 학령기<br>• 생활 중심이 가정에서 학교로 이동함에 따라 또래집단과의 관계 형성이 발달하는 시기<br>• 신체적 성장이 느려지고 기억력과 언어기술이 증가하는 시기 |
| 청소년기<br>(12~18세) | 청소년 | • 중 · 고등학교 시기로 학업능력이 크게 발달하는 시기<br>• 아동과 성인 사이의 과도기<br>• 급격한 신체적 성장으로 제2의 성장기(사춘기) |

이렇듯 발달적인 측면에서 아동은 태내의 수정체부터 청소년기에 제2의 성장기까지를 일컫는다. 아동은 잠재적 성장과 발달의 가능성을 가진 변화체로 본연의 잠재능력을 발휘하고 행복한 삶의 가치를 영위할 수 있도록 부모, 사회, 국가 모두가 환경과 기회를 제공해 주어야 한다. 특히, 아동은 생물학적인 성장과 발달만으로는 완전한 인간으로 성장했다고 볼 수 없으므로 가족과 가정, 유아교육기관과 학교, 또래, 지역사회 등의 사회화 집단을 통해 훈련과 학습을 받아야 한다. 이러한 적응기간을 통해 아동이 주체적인 삶을 살아가도록 적절한 사회 문제를 해결할 수 있는 기회를 제공해야 하며 아동발달에 도움이 되는 긍정적인 제시가 필요하다. 즉, 아동은 생물학적인 성장과 사회화 과정의 성숙이 동반되는 생명체로 발달과 변화 속에서 성장한다.

### 3) 교육학적 관점에서의 아동 정의

교육학적 측면에서는 아동을 교육의 대상자로 정의한다. 「교육법」에 의하면 만 6~12세까지를 초등학교 의무교육을 받아야 하는 '학령아동'으로 규정하고 있다. 아동기 교육은 초등학교 이전의 시기를 '영유아기'로 구분하고 그 안에서도 '영영아기', '영아기', '유아기', '유치기'로 구분지어 보육과 교육을 실시한다.

초등학교 이후 시기부터 '아동기'로 일컫고 있으므로 교육의 시작을 아동기로 보는 경향도 있다. 아동기는 신체적 · 사회적 · 정서적 · 인지적 · 언어적 발달이 현저히 빠르므로 교육방법이나 교수내용에 차이가 있어야 한다. 즉, 아동기를 아동 전기와 후기로 구분하여 만 6~8세까지를 전기로 만 9~12세까지를 후기로 통칭하고 만 12~14세를 청소년 전기로 구분한다(두산백과, 2022).

아동의 개념은 '출생에서부터 만 18세 미만의 정신적 · 발달적 · 사회적 등의 미성숙한 자'라고 정의할 수 있다.

## 3. 아동복지의 개념과 범위

아동에 대한 개념을 정의 내리기 어렵듯이 아동복지에 대한 정의도 무엇이라고 단정 짓기 어렵다. 시대의 흐름이나 사회가치 및 상황에 따라 아동복지의 정의는 물론 본질까지도 다양하게 정의 내리고 있다. 아동복지는 사전적으로 '모든 아이가 건전하게 태어나 행복하고 건강하게 자랄 수 있도록 그 생활과 환경을 갖추어 주는 일'이라고 정의하고 있으며 「아동복지법」 제3조에서는 '아동이 행복한 삶을 누릴 수 있는 기본적인 여건을 조성하고 조화롭게 성장, 발달할 수 있도록 하기 위한 경제적 · 사회적 · 정서적 지원을 말한다'로 정의하고 있다.

즉, 사전적 의미에서 아동복지에 대한 정의는 '빈곤으로 인한 고통이나 정상적인 부모의 보호 및 양육의 결핍으로 인해 보호가 필요한 아동들을 정신적 · 사회적 · 심리적으로 지원하여 정상적이고 건전하게 성장, 발달할 수 있도록 지역사회나 복지서비스 분야와 협력하여 아동복지에 필요한 사업을 계획하고 실행하는 조직적인 활동'으로 이해할 수 있다.

일반적으로 아동복지에 대한 개념은 협의의 개념과 광의의 개념으로 나누어 정의해 오고 있다. 카두신과 마틴(Kadushin & Martin, 1988)은 협의의 아동복지를 특수한 요구를 가진 아동과 가족을 대상으로 사회복지기관을 비롯한 특정 기관에서 제공하는 서비스이며, 광의의 아동복지는 모든 아동들의 행복을 위해 그들의 신체적 · 사회적 · 심리적 발달을 도모하고 촉진하기 위한 모든 대책으로 정의하고 있다.

즉, 협의의 아동복지는 요보호아동을 중심으로 한 복지서비스를 의미하며 비교적 개인이나 민간단체를 중심으로 이루어지는 활동을 말하는 반면 광의의 아동복지란 일반아동과 그 가족을 대상으로 다양한 복지주체들이 서로 유기적인 관련 하에 체계적으로 복지활동을 전개하는 것을 의미한다(김소희, 2005).

**프리드랜더**(Friedlander, 1961)는 아동복지란 단지 빈곤, 방치, 유기, 질병, 결함 등을 지닌 아동 혹은 환경에 적응하지 못하는 비행 아동들에게만 관심을 두는 것이 아니라 모든 아동이 신체적 · 지적 · 정서적 발달에 있어서 안전하고 행복할 수 있도록 위험으로부터 지키고 보호할 수 있도록 공 · 사, 제 기관에서 실시하는 사회적 · 보건적 · 경제적 제 활동이라고 정의한다.

**코스틴**(Costin, 1979)은 아동복지를 아동과 그 가족의 복지증진은 물론 모든 아동과 청소년의 복지증진을 위한 것으로 보고 이를 위해서는 가정생활을 강화할 필요가 있다고 강조하였다.

다각적인 아동복지 개념의 정의를 종합해 보면, 아동복지란 아동을 중심으로 아동이 행복을 느끼며 건전한 성장발달을 할 수 있게 하는 아동복지와 관련된 법과 제도, 서비스를 말한다. 아동복지의 범위는 아동복지의 목표를 달성하기 위해 고려해야 할 아동 주변의 환경요인을 말하며 환경자체가 아동문제의 원인이 되거나 문제해결책으로 진입하는 경향이 있으므로 아동을 이해하는 변인이 되기도 한다.

특히, **카두신**(Kadushin, 1987)은 아동복지를 매우 포괄적으로 정의하고 있다. 아동복지는 아동에게 영향을 미치는 법체제와 정책, 모든 프로그램 및 활동을 포함하며 서비스가 필요한 경우를 부재, 조건, 행위로 요약하고 있다. 또한, 아동복지서비스가 역할 수행에 어려움을 겪고 있는 부모를 지원, 보충, 대리하거나 현존하는 사회복지제도를 수정하거나 도입할 시 아동과 그 가족의 복지 여건을 증진시키는 것을 목표로 해야 한다고 주장하였다.

이에 다음 세 단계를 제시한다.

① 1차적 서비스(지원): 아동의 욕구충족을 목적으로 부모의 기능과 능력을 향상시키는 프로그램인 문제 예방적 차원의 서비스이며, 서비스를 행하는 기관은 부모와 가족이 아동을 바르게 양육하도록 지지할 뿐 일련의 책임은 지지 않는다. 서비스 접근방법은 부모교육, 가족치료, 개별상담, 지역사회조직화 등이 있다.

② 2차적 서비스(보충): 아동이 받아야 할 보호나 서비스를 보완하거나 부모의 보호가 부적절하고 제한되어 있을 때 보완하기 위한 서비스다. 부모-자녀의 관계가 손상되어 외부의 도움이 필요할 시 해당 서비스기관이 서비스를 제공하여 가족기능의 일부를 수행한다. 서비스의 접근방법은 사회보험, 공공부조, 가정조성사업, 가정봉사서비스, 보육사업 등이 있다.

③ 3차적 서비스(대리): 부모가 아닌 제삼자가 부모역할을 전부 수행하게 되는 경우로 지원서비스와 보충서비스로 아동의 욕구를 충족시키지 못할 때 아동을 가정으로부터 분리하여 위탁가정이나 시설에 보낸다. 서비스 접근방법은 위탁가정보호, 입양서비스, 시설보호서비스 등이 있다(이선애 외, 2018).

즉, 아동복지는 아동의 욕구가 충족되는가와 부모나 사회, 국가가 어떻게 지원하느냐에 따라 복지 대상, 복지 범위가 결정된다. 아동복지서비스의 수행으로 아동복지가 갖는 의미는 매우 다각적일 것이다. 따라서 이러한 아동복지의 개념과 정의를 통해 아동복지의 의미를 고찰해 보고자 한다.

### 1) 아동복지의 범위

아동복지의 범위는 체계이론에 입각하여 아동을 둘러싼 다양한 체계들을 중심으로 레어드와 하트만(Laird & Hartman, 1985)의 생태체계 관점을 기초로 설명한다. 그들은 브론펜브레너(Bronfenbrenner)의 생태체계 관점을 기초로 아동복지의 범위를 재구성하여 제시하였는데 이를 제시하면 [그림 1-1]과 같다.

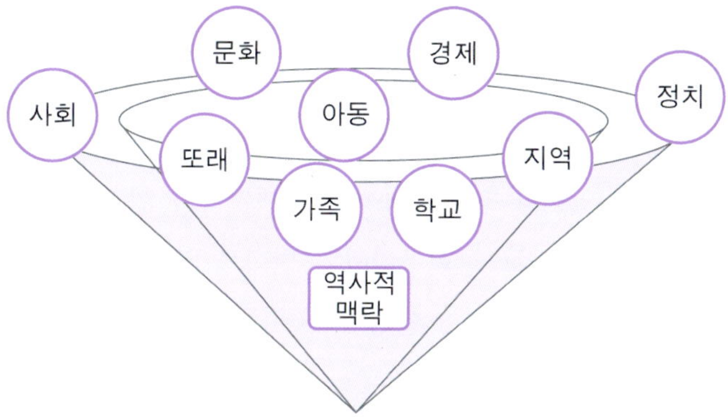


출처: Laird & Hartman(1985)

| 그림 1-1 | **아동복지의 범위**

그림에서와 같이 아동을 중심으로 한 환경체계는 가족을 비롯한 가정의 범주에 있는 미시적 체계에서부터 사회, 문화, 정치, 경제 등 환경에 이르는 거시적 체계로 둘러싸여 있다. 또한, 이들 체계들은 한 사회의 역사적 맥락의 영향을 받고 있다. 그러므로 아동복지를 위해서는 다각적인 환경체계 요인들에 대한 고려를 기초로 한 '아동에 대한 이해'가 선행되어야 하며 같은 과정을 통해 아동복지의 다양한 실행계획과 체제가 구성되어야 한다.

## 2) 아동복지가 갖는 의미

아동복지의 의미는 세 가지 측면에서 중요한 의미를 지닌다. 먼저, 아동 개개인의 기본적인 생활보장이며 두 번째로 미래 인력의 보호와 육성이다. 세 번째로 이를 통해 추후 발생할 수 있는 다양한 사회 문제를 예방할 수 있다는 점이다(이순형 외, 2003).

### (1) 기본적인 생활보장의 의미

인간은 완전히 성숙하기 위해서는 오랜 시간의 양육과 보호가 필요하다. 특히 영유아기는 기본적인 생활이 불가능하고 스스로 할 수 있는 활동이 적으므로 생리적 욕구 해결이나 언어에 의한 의사소통이 미숙하고 의존하여 타인의 도움이 절대적이다. 즉, 한 인간이 자립된 사회적 인간으로 성장하기 위해서는 일정 기간 동안 성인이나 타인의 도움을 필요로 한다.

전통사회에서는 확대가족 형태를 띤 대가족이 같은 공간에서 성장하기에 기본적인 양육이나 보호가 보장되었으나 현대사회에서는 핵가족화 현상, 여성의 취업증가 등 가족의 구조와 기능이 변화하고 사회가치관의 변화로 양육은 부모만의 문제가 아닌 사회와 국가의 공동책무로 이해되는 실정이다. 따라서 모든 아동이 그에 처해 있는 환경 조건에 관계없이 건전한 성장과 발달을 수행할 수 있도록 기본적인 생활을 보장하는 사회적 체계를 갖추어야 한다.

#### (2) 미래 인력 보호와 육성의 의미

아동이 전문적인 지식과 건전한 인격을 갖춘 인간으로 성장하는 것은 한 국가나 사회가 발전하는 기본 전제가 된다. 그러나 각 국가가 처해 있는 조건에 따라 환경상의 제약으로 건강하게 성장할 기회를 박탈당한 채 살아가는 아동이 늘어나고 있는 실정이며 이러한 현상은 산업화와 도시화 등 발전으로 더욱 가속화될 것으로 보인다. 환경적 박탈로 인해 불이익을 당하고 있는 아동의 복지증진을 위해 각 국가들은 건전한 성장과 발달에 적합한 다각적인 복지서비스를 실현하고자 도모해야 할 것이다. 미국 사회의 헤드스타트 프로그램은 문화실조를 경험하고 있는 빈곤아동과 가족을 위해 교육적 혜택을 보장하여 사회적 계층 상승을 가능케 하는 모범적인 복지서비스정책이다.

우리나라도 1980년 이후부터 영유아 보호와 교육에 대한 관심과 이를 위한 제도 등을 마련하고 있으나 아직 미흡한 실정이다. 이는 앞으로 아동복지에 대한 사회적 합의가 가시화되어야 한다.

#### (3) 사회 문제 예방의 의미

산업화와 도시화로 인해 빈민층이나 결손가정의 아동은 욕구를 적절히 충족시키는 환경과는 거리가 멀다. 이들이 처해 있는 부적절한 환경은 아동의 잠재력이나 가능성을 개발할 기회를 박탈하고 아동에게 계속적인 좌절감을 주어 결국 아동이 비행이나 일탈 등 부정적인 행동유형을 습득케 하여 다양한 사회 문제를 야기하기도 한다. 이에 아동복지를 통해 부정적인 행동을 유발하는 아동의 양산을 막고 제3의 사회 문제를 예방하거나 미연의 각종 욕구나 문제를 해결하기 위한 각종 활동이나 제도 및 프로그램을 제도화하여 아동복지 예방의 의미를 찾아야 한다.

아동복지는 아동의 다양한 욕구를 충족시킬 수 있도록 지원하는 것이며 아동복지 사업을 전개하는 과정에서 우리가 생각해야 할 기본적인 몇 가지 사항이 존재한다. 그러므로 아동의 개념과 의미를 통해 아동복지의 실천을 수행하기 위한 전제적인 조건과 원칙을 살펴보아야 할 것이다.

## 4. 아동복지의 전제 조건과 원칙

아동의 복지증진을 위해 아동의 욕구충족과 잠재능력을 최대한 발휘할 수 있는 기본 요소를 갖추어져야 한다. 아동복지를 실현하기 위해 고려해야 할 기본 요소에는 다양한 견해들이 있는데 본 장에서는 공통적으로 제시한 요소를 중심으로 부모와 가정환경, 경제적 안정, 보건과 건강, 교육, 놀이와 여가활동, 노동 및 특수보호 등으로 나누어 살펴보겠다.

### 1) 아동복지의 전제 조건

아동복지를 수행하기 위해 국가나 사회가 수행해야 할 책임과 아동이 마땅히 받아야 하는 권리적 복지를 알아보고자 전제 조건을 설명하겠다.

#### (1) 부모와 가정환경

아동 최선의 이익을 위해 아동은 가정에서 보호자 및 양육자에 의해서 양육 · 보호되어야 한다. 건강한 가정은 아동발달에 중요한 전제 조건이 된다. 아동에게 부모는 일차적인 관계를 맺게 되는 최초의 상대이다. 영유아기에 부모로부터 따뜻한 사랑과 보호를 받지 못하면 전 생애발달에 지속적으로 영향을 미친다.

이 시기는 발달의 기초를 형성하는 기간이므로 영유아와 부모의 상호작용의 질이 매우 중요한 요소이다. 따라서 부득이한 사정을 제외하고서는 가정에서 부모가 이탈해서는 안 되며 가능한 영유아가 안정된 부모의 사랑 속에서 자라도록 지원해야 한다.

특히, 영유아를 처음 양육하고 교육하는 가정환경은 영유아에게는 처음으로 만나는 사회적 환경이기에 부모의 역할과 역량을 지원하고 교육할 수 있어야 한다. 가정이 없거나 위험에 빠졌다면 영유아는 생존의 욕구부터 인간관계에 필요한 다양한 사회화의 기초가 되는 기본 전제가 형성되지 못한다. 그러므로 국가와 지역사회는 아동에게 안정된 가정과 부모역할을 수행할 수 있는 다양하고 적절한 서비스 프로그램으로 건강한 성장과 발달을 지원해야 할 것이다.

### (2) 경제적 안정

가정생활의 경제적 안정은 아동의 발달과 성장에 중요한 전제 조건이 된다. 아동의 복지를 충족시키기 위해 각 가정에 필요한 최소한의 물질적 욕구가 있어야 하며 아동의 기본 욕구인 의식주의 문제를 해결할 수 있어야 한다.

빈곤가정의 경우 경제적 불안정은 가정해체나 위기가족이 될 위험이 많다. 빈곤은 부적절한 영양과 주거문제, 의료서비스의 제한 접근 등과 같은 위험요소를 야기하여 부모의 양육방법에 부정적인 영향을 미친다. 즉, 가정의 경제적 안정은 부모뿐만 아니라 아동의 삶에 직접적으로 영향을 미치는 요소다.

브룩스-쿤과 둔칸(Brooks-Gunn & Duncan, 1997)의 연구에 따르면 빈곤가정 아동은 그렇지 않은 가정 아동보다 신체적 · 인지적 · 정서적 발달상의 문제가 더욱 많이 나타나고 있으며 학교에서의 유급률은 2배, 중퇴율은 2.2배에 이르고, 10대 미혼모 출산율은 3.1배에 이른다. 우리나라도 IMF 경제위기 이후 계층 간 소득격차가 심해지고 있으며 이로 인해 빈곤계층이 증가하고 빈곤아동의 수가 증가하는 것으로 나타났다.

따라서 빈곤문제에 따른 사회·경제적 개입 및 빈곤가정 아동에게 실질적 도움을 줄 수 있는 단기 서비스 프로그램의 실시와 장기적으로 빈곤에서 탈출할 수 있는 정책과 사회적 서비스가 수행되어야 한다. 국가는 공공부조, 사회보험, 아동수당제도 등을 통하여 경제적 안정에 도움이 되도록 지원해야 하며 부모의 취업훈련 및 취업알선 프로그램을 시행하여 고용의 기회를 갖도록 해야 한다.

### (3) 건강과 안전

건강과 안전은 아동의 건강한 출생과 안전한 성장발달로 연계되는 전제 조건이다. 아동의 신체적·정서적 건강은 그 자체로서 아동의 중요한 지표가 되고 인지와 사회적 발달에 영향을 미치는 중요한 요소가 된다. 또한, 아동의 건강은 부모의 영양, 질병, 심리적 정서 상태에 따라 영향을 받는다. 그러므로 아동은 보건의료서비스를 받을 권리가 있고 질병치료와 건강회복을 위한 시설을 사용할 수 있어야 한다.

국가와 사회는 아동의 사망률을 감소시키고 질병과 영양실조를 퇴치하기 위한 조치를 취해야 할 책임이 있으며 「모자보건법」이 보장하는 임신 전후의 산모에게 적절한 서비스를 제공해야 한다. 특히, 임신 중 의료서비스에는 다양한 관점과 아동발달의 위험요소가 중심인 프로그램이 개발되어야 한다.

빈곤가정이나 농어촌 및 취업 중인 임산부는 충분한 보건의료서비스가 제공되어야 한다. 고위험군 영유아에 대한 조기 건강검진체계로 질병의 조기발견과 치료를 수행하는 적극적인 지원이 있어야 하며 예방적 차원에서 아동을 중심으로 한 건강관리가 수행되어야 한다.

### (4) 교육

우리나라 「헌법」에는 '모든 국민은 능력에 따라 균등하게 교육받을 권리가 있다(헌법 제27조). 아동에게 국가는 기회균등의 기반 아래 아동의 교육받을 권리를 보장해야 할 의무가 있다(아동권리협약 제28조)'고 명시되어 있다. 즉, 모든 아동에게 동등한 교육받을 기회를 주는 것뿐만 아니라 아동개인의 능력, 필요, 흥미에 따라 적절한 교육의 기회를 제공해야 한다.

아동발달에 필요한 교육기회가 박탈되는 경우, 국가와 사회는 아동이 가져야 할 기본 권리의 박탈과 사회적으로 능력 있고 자질을 갖춘 사회구성원을 잃게 되는 것이다. 즉, 국가와 사회는 아동이 자신의 능력과 흥미, 욕구에 맞추어 적합한 교육기회를 통해 개개인의 고유한 인격을 형성하고 능력을 개발하며 책임 있는 성인으로 성장하기 위한 지원을 해야 한다. 따라서 국가와 사회는 수행할 수 있는 교육서비스의 적절한 과정과 아동의 직접적인 교육요소를 접목하는 기관과 인력을 갖추어야 한다. 아동중심의 철학에 기초한 교육이 교육현장에서 수행되도록 관리 및 감독도 소홀히 해서는 안 된다.

### (5) 놀이와 여가활동

아동의 놀이와 여가활동은 아동이 지닌 잠재적 능력을 발달시킬 수 있다는 점에서 아동복지의 중요한 전제 조건이 된다. 아동에게 교육받을 권리가 보장됨과 동시에 휴식과 여가를 즐기고 적합한 놀이와 여가활동에 참여할 수 있는 권리가 보장되어야 한다. 아동은 놀이를 통해 추상적이고 자유롭게 사고할 수 있으며 신체적 놀이와 정서적 놀이를 통해 신체기관의 조화로운 발달과 사회화의 기본적인 요소를 발달시킨다. 즉, 영유아는 놀이를 통해 기초적인 개념을 형성하고 주변 환경을 탐색하며 새로운 기술의 습득할 뿐만 아니라 에너지를 방출하고 다양한 정서를 표현할 기회를 경험하며 심신의 건강한 발달을 이룬다. 그러나 놀이의 중요성에도 불구하고 현대 영유아들은 놀이실종 등 놀 권리를 존중받지 못하고 있는 실정이다. 놀이시간은 줄어들고 놀이형태나 공간은 부족한 상태로, 영유아들이 충분히 놀 권리와 여가를 활용할 수 있는 문화를 전수해야 할 것이다. 따라서 국가와 사회는 모든 영유아에게 체계화된 놀이와 문화활동 프로그램을 지원해야 하며 놀 권리를 보장해야 한다.

### (6) 아동의 노동과 특수보호



노동은 아동의 교육권과 놀 권리 및 여가활동을 할 권리를 침해하는 것으로 성장과 발달에 유해한 노동이나 착취는 수행할 수 없다. 우리나라는 「근로기준법」에 15세 미만 아동에 대한 근로자 채용금지, 보건상 유해하거나 위험한 사업에 여자와 18세 미만 자를 채용금지, 15세 이상 18세 미만의 1일 7시간, 1주일 40시간 초과근무 금지 등을 규정하고 있으며 「아동복지법」 제29조에 아동을 학대하거나 착취하는 행위를 금지하고 있다.

따라서 국가와 사회는 아동에 대한 경제적 착취, 아동교육에 위험하거나 방해되는 일, 유해한 노동의 수행으로부터 보호받을 아동의 권리를 인정하고 보장해야 한다. 그러므로 아동노동 유해성에 대한 인식 개선 프로그램을 수행해야 하며 아동노동 근절에 적극적으로 홍보해야 한다.

또한, 특수한 요구를 지닌 아동은 신체 · 정서 · 사회적 장애를 가지고 있으므로 아동의 복지욕구에 부응하는 것도 역시 중요한 아동복지의 전제 조건이 된다. 아동복지는 모든 아동이 복지를 실현하는 것으로 특수한 욕구가 있다고 해도 그에 적절한 프로그램이나 서비스가 제공되어야 한다. 특히, 빈곤계층이나 다양한 가족에 대하여도 국가나 사회는 특별히 고려를 하여 다양한 아동복지 대책을 제공받아 사회적응을 잘 수행할 수 있도록 지원해야 할 것이다.

### 2) 아동복지서비스의 원칙

아동의 복지를 실천하기 위해서는 정책과 서비스를 구성해야 하고 이를 수행하기 위해서는 아동복지서비스의 기본 원칙에 근거하여 이루어져야 한다. 아동기는 인간의 생활주기에서 가장 중요한 시기로 특별한 보호와 지도가 필요하다. 이들의 건강한 성장과 발달을 위해서는 다양한 사회복지서비스가 요구된다. 그러므로 아동복지서비스의 실천 원칙을 다음과 같이 살펴보겠다.

#### (1) 권리와 책임의 원칙

아동복지의 주체는 모든 국민이다. 모든 국민은 크게 국가, 부모, 아동 등의 사회로 아동복지에서는 국가와 사회, 부모, 아동의 세 주체로 나눌 수 있다. 아동복지에서 권리와 책임의 원칙은 어느 한 주체만 책임을 지는 것이 아니라 아동, 부모, 지역사회와 국가인 세 주체가 각각의 관점에서 권리와 책임을 정의하고 있다. 즉, 아동에게는 부모와 상관없이 독자적인 권리와 책임이 주어지고 부모는 자녀에게 경제적 지원, 신체적 보호, 정서적 안정, 교육 지원 등 다양한 책임과 권리가 부여된다. 국가와 사회는 규정한 질서를 지키고 자녀로서 부모의 양육과 보호에 따르는 책임과 권리가 주어진다. 이를 통해 아동은 한 사회의 구성원으로서 자기의 몫을 다하는 성인으로 성장하는 것이다.

따라서 이 세 주체의 관점에서 권리와 책임의 원칙을 구체적으로 살펴보아야 한다.

#### ① 아동권리와 책임의 원칙

20C에 들어오면서 아동을 보호의 대상에서 권리의 주체로 인식하는 것은 아동을 바라보는 관점과 아동복지서비스에 큰 영향을 주었다. 아동은 생존과 발달을 위해 의식주를 제공받고 안정한 생활을 누리며 학대와 착취로부터 보호받고 교육받을 권리와 함께 놀이와 여가활동에 참여하고 자신의 생각이나 견해를 표현할 권리를 가지고 있다. 즉, 아동복지의 주체로서 아동에게도 권리만 주어지는 것이 아니라 일련의 책임도 있다는 원칙이다. 자신이 누리는 권리에는 책임이 따르고 수동적 · 의존적 존재가 아닌 독립된 개체로서 자신의 삶을 능동적으로 받아들이고 행동해야 한다는 것이다.

#### ② 부모권리와 책임의 원칙

아동의 보호와 양육의 일차적인 책임은 부모에게 있다. 부모는 자녀를 양육하고 보호하며 친권자로서 자녀의 삶에 영향을 미치는 중요한 사항에 대한 의사결정권을 가질 뿐 아니라 한 사회의 구성원으로 잘 성장할 수 있도록 지원할 의무와 책임을 진다. 이러한 역할을 감당할 수 없을 때에는 자녀의 발달에 악영향을 미치고 부모 자신도 부적절감과 스트레스를 겪을 수밖에 없다. 따라서 부모로서 역량을 지원하고 보완할 수 있는 사회적 지지체계가 필요하며 양육활동에 문제가 생길 시 아동의 최선의 이익을 위해 국가나 사회는 개입해야 한다.

③ 국가와 사회의 권리와 책임의 원칙

국가와 사회는 부모의 역할을 지원하고 보충하는 입장에서 책임 정도도 최소한도의 생활보장을 기본으로 각종 보험 및 공공부조제도를 통하여 아동복지를 증진시킬 권리와 책임이 있다. 「UN 아동권리협약」 제18조에 의하면 아동양육에 대한 부모 책임과 동시에 국가는 부모가 양육 책임을 잘 수행할 수 있도록 적절한 지원을 제공하고 아동에게 보호시설을 지정해야 하며, 취업부모의 아동을 보호하기 위해 적절한 조치를 취해야 할 책임이 있다.

따라서 국가와 사회는 아동의 교육권을 보장하고 유해 환경으로부터 보호하며 부모에게 학대나 착취를 당하는 일이 일어나지 않도록 각 가정을 지원하고 문제가 생길 시 국가와 사회는 아동을 가정으로부터 격리해야 한다. 즉, 아동의 복지 실현 및 권리 신장을 위해 국가와 사회의 책임은 더욱 강화해야 한다.

### (2) 보편성과 선별성의 원칙

아동복지 원칙에서 중요하게 고려해야 할 사항이 바로 보편적인 관점과 선별적인 관점의 원칙이다. 보편성의 원칙이란 모든 아동을 대상으로 급여나 서비스를 동일한 수준에서 제공하는 것으로, 총괄적이고 기회균등적인 개념에 근거를 둔다(장인협, 오정수, 1999). 이 원칙은 사회 문제를 불안전하고 불공정한 사회체제에 기인하는 것으로 보고 개인의 결함이나 잘못에서 오는 것이 아니라는 기본 관점에서 출발하며 아동수당, 가족수당, 무상의무교육 등을 사례로 들 수 있다.

반면, 선별성의 원칙이란 아동복지를 추구하는 데 조건이나 기준을 정하고 이에 따라 아동복지의 대상과 사업을 제한하는 것이다. 아동복지에서 선별적인 원칙은 빈곤가정의 자녀, 질병이나 장애, 학대의 위험 등에 기초하여 우선적으로 복지서비스를 제공하는 것이다.

그러나 향후 아동복지서비스에 대한 원칙은 선별성에서 그치는 것이 아닌, 모든 아동에게 서비스가 확대됨에 따라 예방과 치료를 모두 고려한 좀 더 보편적인 관점에서 아동복지서비스가 이루어져야 한다.

### (3) 개발성의 원칙

아동복지서비스에서 개발성의 원칙은 과거의 사후 대책적인 기능이 주가 되는 복지 지향적 아동복지서비스에서 벗어나 적극적이고 예방적 의도에서 변화를 가져올 수 있는 개발 지향적 아동복지서비스를 형성하는 것을 의미한다. 즉, 아동의 능력과 잠재력을 최대한 발휘하도록 지원하고 아동의 발달을 극대화하려는 체제를 구축하는 것이다.

켄덜(Kendall, 1973)은 아동복지의 개발적 기능을 '목적에서 적극성을 띠고 접근방법에서 포괄성을 가지며 대상 인구의 각 부분에 관여해야 하며 치료적 혹은 미시적 수준에서 거시적 수준까지 제 복지기능이 관여하는 것'으로 설명하고 있다(장인협, 오정수, 1999). 그러므로 이 원칙은 아동의 정상적인 발달을 지지하고 자립과 사회통합의 가치를 실천할 수 있어야 하며 아동의 사회적 자립과 동시에 사회적 기여의 창출이라는 관점이 내재되어 있다고 볼 수 있다.

따라서 다각적인 접근을 통해 사회·경제적 여건의 변화에 의한 아동욕구나 문제의 변화를 예측하여 전체적인 개발체계와 보조를 맞추면서 다각적인 아동복지서비스의 체제를 도모해야 한다.

### (4) 포괄적 원칙

포괄적 원칙이란 아동을 위한 복지서비스를 제공할 때 경제, 교육, 보건, 주거, 노동 등 여러 분야의 포괄적 대책이 아동 관련 정책과 서비스에 수반되어야 함을 의미한다. 아동이 지니고 있는 다양한 욕구와 문제유형뿐만 아니라 그 우선순위까지 연관하여 고려해야 한다는 것이다.

그러므로 아동에 관한 정책이나 프로그램을 관할하는 정부조직이 아동에 관한 일부 영역만을 소관사항으로 여겨 각기 문제를 중심적으로 처리하거나 다른 부처로 전가하여 아동의 중요한 욕구가 제대로 다루어지지 않을 우려가 있으므로 각 부처별 유기적인 협조체계를 이루어져야 한다. 즉, 아동이 처한 상황이나 당면한 문제들은 아동의 주변 환경과 복잡하게 연계되어 있으므로 이들에 대한 종합적인 대책이 필요하기에 아동복지정책이나 프로그램의 서비스를 포괄적으로 제공해야 한다.

### (5) 전문성의 원칙

전문성의 원칙이란 아동과 그 가정의 문제는 다양하고 복잡하게 나타나므로 아동의 건전한 성장과 발달을 위해 여러 가지 전문적인 접근과 기술이 필요함을 의미한다. 아동은 발달단계에 따라 욕구와 사고, 행동상의 차이를 보이며 사회와 가족의 구조 변화 속에서 다양하고 복잡한 관계성 문제를 보이는 경향이 있다. 그러므로 아동과 이를 둘러싼 환경에 대한 이해를 토대로 전문적인 지식과 기술이 적용되어야 한다. 이를 위해서 아동복지에 관한 전문지식과 윤리의식을 갖춘 아동복지 전문가를 양성하고 지속적으로 관리하며, 아동과 가정의 욕구를 보다 전문적으로 충족시킬 수 있는 전문가와 기관이 필요하다.

### (6) 개별성의 원칙

개별성의 원칙은 아동 개개인의 발달과 환경에 차이가 존재하므로 그 부분을 고려하여 개별적으로 개입해야 한다는 원칙을 의미한다. 아동에게 아동복지서비스를 제공할 때 전문적이고 욕구충족적인 서비스를 제공해야 하므로 아동복지 전문가들은 아동을 둘러싼 환경을 개념적 관점에서 진단하고 분석할 수 있어야 한다. 그러므로 아동 개인의 문제는 가정환경을 둘러싼 사회와 유기적인 관계 속에서 보다 적극적이고 다양하게 접근해야 한다. 이를 토대로 아동이 갖고 있는 환경적 관점과 개인의 욕구와 문제에 대한 개별화 개념의 관점으로 접근하여 개인적 욕구와 필요가 충족되도록 지원해야 한다.

### (7) 예방성과 치료성의 원칙

예방성과 치료성의 원칙은 아동의 문제를 사전에 방지하고 그 문제가 발생할 수 있는 환경과 요소를 중요시하는 예방적인 관점과, 문제가 발생을 했을 때 그에 따른 조치를 하는 것으로 문제해결이 가능하다는 전제 속에서 출발하는 치료성의 원칙으로 구분할 수 있다. 아동복지서비스에서 가장 바람직한 접근은 예방적인 접근이기는 하나 아동의 문제가 발생했을 경우 조기 발견은 조기 치료가 가능하다는 의미에서 보다 적극적이고 구체적인 서비스가 요구된다고 볼 수 있다. 그러므로 예방적 조치와 함께 문제를 조기에 발견하여 진단하고 분석하여 치료할 수 있는 아동복지 실천체계가 구축되어야 하며 이를 위한 전문적인 지식과 전문가의 육성이 필요한 시점이다.

이와 같이 아동을 위한 복지서비스의 전제 조건과 원칙을 살펴봄으로써 아동의 발달과 성장을 지원해야 하는 일반적인 관점과 전문적인 관점을 비롯하여 환경적 관점까지 지속적 관심과 방향성이 구축되어야 함을 알 수 있었다. 특히, 아동복지서비스의 전제 조건을 통해 아동이 갖는 본연의 인권과 그 인권이 갖는 의미를 고찰해 볼 필요성이 있다는 것을 알게 되었다. 그러므로 다음 장에서는 아동의 인권과 그 인권이 갖는 의미를 고찰해 보고자 한다.

Chapter

02

# 아동권리의 개념이해

전통적으로 아동은 부모의 소유물 내지는 전적으로 보호와 감독 아래 놓인 연약한 존재로 간주하여 왔다. 근대와 현대사회의 교육사상가들을 거치면서 아동의 존재는 소유물이 아닌 하나의 인격을 가진 존재로 가치와 권리가 주장되기 시작했다. 오늘날 아동은 독립된 인격을 가진 권리의 주체자로 인식하고 있다.

본 장에서는 아동권리의 개념과 발달을 바탕으로 아동권리의 기본 요소와 원칙과 UN 아동권리협약과 각 나라의 이행 과제에 대하여 고찰해 보고자 한다.

## 1. 아동권리의 개념과 발달

아동에게 권리를 주어진 것이 그리 오래된 일이 아니다. 아동에게 권리는 아동을 인식하고 이해하는 데 그들에게 지위가 있음을 이해하는 것이다. 그러므로 아동의 지위가 변화됨에 따라 아동은 인간으로서 마땅히 누려야 할 기본적 권리를 가진 존재라는 인식이 확산되었다.

즉, 권리에서 아동은 인간으로서 성인과 동등한 권리를 가지며 인간의 존엄성이라는 가치를 토대로 법적·도덕적 가치를 지닌다. 이에 아동권리의 개념과 발달에 대하여 살펴본다.

### 1) 아동권리의 개념

인간에게 권리는 어떤 형태나 종류를 막론하고 인간의 존엄성을 기초로 하고 있다. 아동에게 권리란 출생과 더불어 주어지는 천부성과 누구나 다 누려야 하는 보편성에 근거한다. 즉, 성인에게 주어지는 권리가 아동에게 그대로 주어지고, 성장하는 존재로서의 아동 특성상 보호권과 발달권이 부여된다. 그러므로 아동권리의 개념은 인간의 존엄성과 더불어 아동기라는 발달특성을 감안하여 주어지고 보장되는 권리라 할 수 있다. 다시 말해, 아동권리는 인간인 아동이 마땅히 그 시기에 누려야 할 권리(權利, Right)이며 특별한 이익을 누릴 수 있는 법률상의 힘으로, 권리가 침해되는 때에는 국가에 의한 공력구제를 원칙으로 보호를 받는 것이다.

UN의 아동권리협약에 나타난 아동의 4대 권리에 대하여 구체적으로 개념을 살펴보면 다음과 같다.

- **생존의 권리**(Right To Survival)로 적절한 생활수준을 누릴 권리, 안전한 주거지에서 살아갈 권리, 충분한 영양을 섭취하고 기본적인 보건서비스를 받을 권리 등, 기본적인 삶을 누리는 데 필요한 권리를 말한다.

  관련조항: 제6, 7, 8, 9, 20, 21, 23, 24, 26, 27, 30, 32, 33, 34, 35, 38조

- **보호의 권리**(Right To Protection)는 모든 형태의 학대와 방임, 차별, 폭력, 고문, 징집, 부당한 형사처벌, 과도한 노동, 약물과 성폭력 등 어린이에게 유해한 것으로부터 보호받을 권리를 말한다.
  관련조항: 제2, 7, 10, 11, 16, 19, 20, 21, 23, 25, 32, 33, 34, 35, 36, 37, 39, 40조
- **발달의 권리**(Right To Development)는 잠재능력을 최대한 발휘하는 데 필요한 권리. 교육받을 권리, 여가를 즐길 권리, 문화생활을 하고 정보를 얻을 권리, 생각과 양심 및 종교의 자유를 누릴 수 있는 권리를 말한다.
  관련조항: 제5, 6, 9, 10, 11, 12, 13, 14, 15, 17, 24, 28, 29, 31조
- **참여의 권리**(Right To Participation)는 자신의 생활에 영향을 주는 일에 의견을 말하고 존중받을 권리, 표현의 자유, 양심과 종교의 자유, 평화로운 방법으로 모임을 자유롭게 열 수 있는 권리, 사생활을 보호받을 권리, 유익한 정보를 얻을 권리 등을 말한다.
  관련조항: 제12, 13, 15, 17, 18조

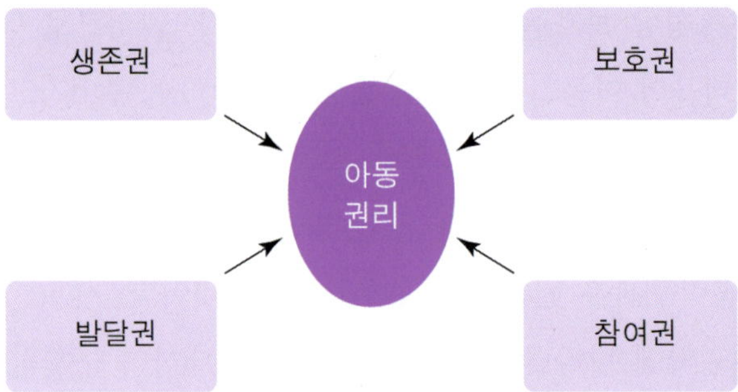


그림 2-1 **아동의 기본적인 권리**

아동의 권리 개념을 살펴보면서 아동권리가 어떻게 각 시대의 사회적 가치와 아동관으로 변화했는지를 알아보는 것도 필요하다.

## 2) 아동권리의 발달

아동권리의 발달과정을 살펴보면 아동의 권리에 대한 사회적 인식과 개념의 흐름을 이해할 수 있다. 특히, 아동의 권리주의를 중심으로 아동을 어떻게 보는가와 국가의 역할과 성인의 인식에 어떻게 관여하는가에 따른 이해가 필요하다.

이에 아동권리의 변화를 아동관과 사회적 변화를 통해 재인식하고자 한다.

### (1) 보호 대상으로서의 아동권리

스웨덴의 교육학자인 케이는 그의 저서 『아동의 세기』에서 아동은 성인의 축소판이 아니고 성인과 다른 고유한 특성을 지닌 독자적 존재로서 잠재력이 무한한 존재로 기술함으로써 아동에 대한 관심을 갖게 하는 계기가 되었다. 아동기는 수동기라는 발달단계의 특성을 갖고 있다. 부모와 다른 성인, 지역사회, 국가 등이 아동을 지키고 보호할 의무가 있으며 아동은 보호와 양육을 받을 권리가 있으므로 보호 대상이라고 한다.

또한, 아동을 사회적 자본으로 보는 관점에서 국가의 관심 대상이 되었고 독일의 바이마르 헌법 아래 세계 최초의 '아동법'이 제정되고 세계아동헌장 초안인 제네바 선언인 '아동권리선언'을 발이하면서 더 이상 아동은 보호만의 대상자가 아닌 권리 주체자라는 아동권리사상이 출현하였다. 그러나 제네바 선언은 아동을 권리 주체자로 인식하기보다는 보호의 대상으로 보고 법적 구속력이 없는 선언에 불과하지만 아동의 발달특성에 기반을 둔 특별한 보호와 조치의 필요성을 제기하였다는 점에서 사회적 의식의 변화를 가져왔다고 평가한다.

### (2) 포괄적 인권보장으로서의 아동권리

능동적인 권리는 아동이 권리의 주체로서 자신의 삶에 영향을 미치는 사안에 대하여 의견을 표현하고 주장하며 삶의 방법을 결정하고 참여할 수 있는 아동의 권리를 의미한다. 1960년대가 되면서 사회적 약자에 대한 포괄적인 인권보장의 관점이 대두되고 아동의 권리와 아동에 대한 이해가 변화하기 시작하였다.

특히, 법적 구속력이 없었던 선언에서 조약으로 인권보장의 제도적 틀로 변화시키고 아동을 권리의 주체자로 인식하는 데 의의가 있다고 할 수 있다. 그러나 포괄적인 인권보장의 조약으로서 의미는 있으나 아동권리에 대하여 구체적인 내용을 포함시키지 않아서 1989년 되어서야 아동에 대한 협약 등이 제정될 수 있는 기초를 준비한 시기라고 할 수 있다. 즉, 인권은 인간이라면 누구나 향유할 수 있는 권리로 만약 특정 개인이나 집단만이 향유할 수 있는 권리라면 이를 인권이라 할 수 없다. 이에 인권은 다른 사람이 대신 누리거나 다른 사람에게 양도할 수 없는 성격을 지니며 누구나 포괄적인 관점에서 누려야 한다는 의미로 이해할 수 있다.

### (3) 권리 주체로서의 아동권리

인간의 핵심가치 중 가장 중요하다고 할 수 있는 것은 존엄성에 대한 존중이다. 존엄성은 인간이기에 그 자체로 존중받아야 하며 진정한 아동권리는 아동으로서 마땅히 누려야 할 권리가 존중받을 때이다. 즉, 아동이 권리를 수행할 수 있는 존엄한 존재임을 인식하고 그 가치를 존중해 주어야 한다는 것을 의미한다.

아동권리선언(1959)이 채택되면서 1976년 제31차 UN 총회에서는 국제아동의 해에 대한 결의가 채택되었고 1979년 국제아동의 해로 선정되었다. 이후 1989년 제44차 UN총회에서 아동권리협약이 만장일치로 채택되면서 아동을 권리 주체자로 인지하고 아동권리에 대한 관점이 성장하게 되었다. 아동권리협약의 이행에 대한 1차적인 책임은 국가와 부모에 있지만 아동권리 실현의 책임은 국가와 가정, 아동을 포함한 모두에게 있음을 규정하면서 권리 주체자와 의무 이행자의 관계를 살펴보면 [그림 2-2]와 같다.

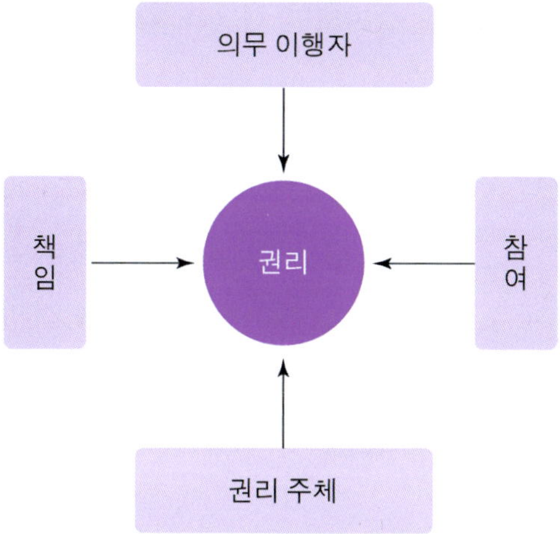


| 그림 2-2 | **아동의 권리 주체자와 의무 이행자의 관계**

이렇듯 아동권리를 바라보는 다양한 관점을 이해한 뒤에는 아동권리의 기본적인 요소와 어떠한 원칙하에 아동권리가 존재하는지 알아볼 필요가 있다. 그러므로 아동권리의 기본 요소와 원칙을 살펴보고자 한다.

## 2. 아동권리의 기본 요소와 원칙

아동의 기본권리는 아동권리협약에 나타나듯이 크게 생존권, 보호권, 발달권, 참여권으로 구분된다. 또한 아동권리의 기본 원칙은 무차별의 원칙, 아동이익 최우선의 원칙, 아동의 생존·보호발달의 원칙, 아동 의사존중의 원칙으로 18세 미만의 모든 아동이 이 협약의 대상임을 선포하고 있다. 아동권리의 협약은 아동권리 실현의 책임이 정부, 비정부, 국제기구, 가정, 학교를 포함한 모두의 책임임을 명시하고 있다.

아동권리선언의 의미는 1948년 '세계인권선언'이 모든 인간에 대한 보편적이고 종합적인 인권선언이었다면 아동권리협약은 아동권리에 대한 보편적인 당위성을 부여하는 것이라고 할 수 있다. 우리나라에서도 1923년 이미 '어린이 권리공약 3장'을 발표하였기 때문에 아동권리협약은 아동을 적극적인 권리 주체자로 인정하는 것이다.

UN의 아동권리협약에 특색을 살펴보면 다음과 같다(이경래, 2004).

- 아동의 권리보호만을 목적으로 만들어진 국제사회 최초의 협약이다.
- 아동도 권리를 가진 주체로 인정한 유일한 협약이다.
- 국제협약 중 가장 많은 국가의 비준협약을 최종적으로 확인, 동의하는 절차를 받은 협약으로 미국과 소말리아를 제외한 모든 UN 가입국이 비준하고 있다.
- 시민 · 정치적 권리로부터 경제 · 사회 · 문화적 권리까지 모든 인권의 영역을 포괄하고 있는 최초의 국제협약이다.

아동권리협약에 의한 아동의 기본권을 이해하기 위해서 4대 기본 요소를 고찰한 후 권리협약의 4대 원칙을 살펴보고자 한다(주수길, 성상곤, 주명국, 2016).

**첫째, 무차별금지의 원칙**(non-discrimination, 제2조)**이다.**

협약 제2조 제1항은 '당사국은 자국의 관할권 안에서 아동 또는 그의 부모나 후견인의 인종, 피부색, 성별, 종교, 언어, 정치적 및 기타의 의견, 민족적, 인종적 또는 사회적 출신, 재산, 장애, 출생 또는 기타 신분에 관계없이 그 어떠한 종류의 차별 없이 협약에 따라 아동의 권리를 존중하고 보장해야 한다.'고 규정하고 있다.

제2항은 '당사국은 아동의 부모와 후견인, 가족구성원의 신분, 활동, 의견 또는 신분을 이유로 하는 모든 형태의 차별이나 처벌로부터 보호되도록 보장하는 조치를 취하여야 한다.'라고 명시하고 있다.

UN의 아동권리협약 조항들은 차별받기 쉬운 아동들을 위한 규정으로 제22조의 아동난민과 제23조의 장애아동에 관한 내용을 보면 알 수 있다. 차별은 아동을 착취하는 다양한 형태의 근원이기 때문에 아동을 보호하기 위한 다른 조항들은 차별에 도전하는 행동을 취하길 요청한다. 제2조 제2항은 아동의 부모나 가까운 사람이 자기의 지위를 이용하거나 업무로 인해서 발생할 수 있는 모든 형태의 차별이나 처벌로부터 아동을 보호해야 함을 규정하고 있다.

**둘째, 아동이익 최우선의 원칙**(devotion to interests of the child, 제3조)**이다.**

협약 제3조 제1항은 '아동과 관련된 모든 활동에 있어 공공 또는 민간 사회복지기관은 물론 국가의 입법과 사법 그리고 행정기관 등은 아동의 최상의 이익이 최우선으로 고려되어야 한다.'고 규정하고 있다.

제2항에서는 '국가가 아동복지에 필요한 사항을 실현하기 위하여 입법적, 행정적 조치를 취해야 한다.'는 것을 규정하고 있다.

제3항은 '국가가 아동의 보호 등을 담당하는 시설이 안전과 위생, 직원 인원수 및 적격성 등 일정한 기준에 따르도록 준수시켜야 한다.'라고 규정하고 있다.

UN의 아동권리협약 조항들 중 아동에 관한 사안이 '아동이익 최우선의 원칙'에 의해 다루어져야 함에 이의를 표하는 사람은 없다. 그러나 대개의 경우 아동의 이익 최우선의 원칙은 성인의 상황에 따라 간과되어 버리기 쉽다. 따라서 법적 개념으로서의 무엇이 아동에게 최선의 이익인가를 판단할 수 있는 기준이 필요하다.

**셋째, 아동의 생존 · 보호발달의 원칙**(the right to life, survival and development, 제6조)**이다.**

협약 제6조 제1항은 '당사국은 모든 아동이 생명에 관한 고유의 권리를 가지고 있음을 인정한다.'라고 명시하고 있다.

제2항에서는 '당사국은 가능한 한 최대한도로 아동의 생존과 발달을 보장하여야 한다.'라고 규정하고 있다.

UN의 아동권리협약위원회는 발달을 총체적인 개념으로 보고 있으며 협약의 많은 조항은 발달의 목표를 구체적으로 언급하고 있다. 다른 조항에서는 아동발달에서 부모와 가족의 역할과 국가의 지원 의무를 강조하고 있다.

**넷째, 아동 의사존중의 원칙**(respect for the view of the child, 제12조)**이다.**

협약 제12조 제1항은 '당사국은 자신의 견해를 형성할 능력이 있는 아동에 대하여 스스로에게 미치는 모든 문제에 있어서 자신의 견해를 자유롭게 표시할 권리를 보장하고 그 견해에 대하여는 아동의 연령과 성숙도에 따라 정당한 비중이 부여되어야 한다.'라고 명시하고 있다.

제2항은 이러한 목적을 위하여 '아동에게 영향을 미치는 사법적, 행정적 절차에 있어서도 직접 또는 대표자나 적합한 기관을 진술할 기회가 국내 법적 절차에 합치되는 방법으로 주어져야 한다.'라고 명시하고 있다.

UN의 아동권리협약위원회는 아동이 권리의 적극적인 주체자이고 협약의 주요 목적은 인권을 아동에게 적용시킨다는 점을 강조하고 있다. 전통적인 관습이나 문화 또는 태도를 아동인권의 방해요소로 보았으며 아동들의 문제에 대한 성인들이 베푸는 '온정주의 접근'을 거부한다. 따라서 아동권리에 영향을 미치는 법적 절차에 대한 권리를 실행하고자 한다.

이처럼 UN의 아동권리협약위원회는 아동의 권리와 원칙에 대하여 각 국가에서 협의하여 잘 이행할 수 있도록 지원하며 권고나 이행사항을 제도화하고 있다.

## 3. UN 아동권리협약과 이행 권고사항

UN은 아동권리선언(Declaration on the Right of the Child)을 통해 1959년 세계인권선언의 내용을 보완하고 확대하여 '아동고유의 인권'을 선언하였다. 이 선언은 아동의 특성에 맞추어 전문 및 54개의 조로 구성되어 있다. 아동권리선언은 '아동은 신체적으로나 심리적으로 미숙하기 때문에 그 출생 전후부터 적절한 법적 보호는 물론 특수한 경우의 보호를 제공하는 것이 필요하다.'는 권리보장의 국제적인 승인인 것이다. 1959년 UN이 선언한 '아동권리선언'이 채택되고 각 국가에서 인권 관련 법이 제정되었음에도 불구하고 세계 도처에서는 아동학대, 착취, 빈곤, 질병 등 아동문제가 계속 자행되었다. 이에 UN은 1979년 '국제 아동의 해'를 선포하면서 아동권리선언을 협약으로 바꾸어 법률적 구속력을 강화하였다. 협약이란 세계 여러 나라가 어떤 문제에 대해 서로 합의한 뒤에 맺는 약정이다.

아동권리협약이 채택되기까지의 주요 안건을 살펴보면 다음과 같은 연대표를 볼 수 있다.

- 1789년 인권선언 발표
- 1924년 국제연맹(League of Nations)에서 아동의 권리에 관한 선언 채택
  '인류는 가장 좋은 것을 어린이에게 주어야 할 의무가 있다.'고 선언문에 명시
- 1946년 제2차 세계대전 후 전쟁으로 피해 입은 어린이들에게 음식과 옷, 보건 서비스를 지원하기 위해 유니세프(UN아동기금) 창설
- 1948년 UN이 '세계인권선언' 채택
  제25조 '어머니와 어린이는 특별한 보살핌과 도움을 받아야 한다.'
- 1959년 UN에서 '아동권리선언' 채택(10개 조항) 선언
- 1979년 UN 인권위원회의 세계 아동의 해(아동권리선언 채택 20주년 기념)
- 1989년 11월 20일 UN에서 만장일치로 '아동권리협약' 채택(1990년 9월 2일부터 국제 인권법으로 효력 발효)
- 1990년 각국 대표들이 뉴욕에 모여 세계 아동정상회담을 열고 어린이의 보건과 영양, 교육에 관한 10개년 계획에 합의
- 1995년 1월 20일을 '세계 어린이날'로 지정
- 2000년 아동권리협약을 보완하는 선택의정서 2개 채택
  아동의 무력 충돌 참여에 관한 아동권리협약 선택의정서
  아동의 매매·성매매 및 아동 음란물에 관한 아동권리협약 선택의정서
- 2002년 UN 아동특별총회 개최(아동문제에 관한 최초의 UN특별총회)
- 2011년 아동의 개인 청원권에 관한 아동권리협약 선택의정서 채택
- 2016년 현재 196개 국가가 아동권리협약 비준
- 2019년 9월 18일과 9월 19일 열린 제2416차 및 2417차 회의(CRC/C/SR. 2416 및 2417 참조)에서 대한민국 제5-6차 국가보고서(CRC/C/KOR/5-6)를 심의하였고, 2019년

9월 27일 열린 제2430차 회의에서 본 최종견해를 채택하였다.

- 2015년 「국제연합 초국가적 조직범죄 방지협약을 보충하는 인신매매, 특히 여성과 아동의 인신매매 방지, 억제 및 처벌을 위한 의정서」 비준
- 2012년 「국제적 아동탈취의 민사적 측면에 관한 헤이그 협약」 가입
- 아동영향 평가제도 도입
- 온라인 출생신고제도 도입
- 만 7세 미만 아동에 대한 아동수당 지급제도 도입

UN의 아동권리협약을 비롯하여 아동의 인권과 의무조항이 어떠한 배경과 현안을 중심으로 구성되고 조합되었는지 어떠한 관점을 중요한 현안으로 다루고 있는지 알 수 있었다.

이에 UN의 아동권리협약을 좀 더 구체적으로 살펴보기로 한다.

### 1) UN의 아동권리협약

아동권리협약(Convention on the Rights of the Child: CRC)은 18세 미만 아동의 모든 권리를 담은 국제적인 약속으로 1989년 11월 20일 제44회 UN총회에서 "UN 아동권리에 관한 국제협약"이 채택되었다. 우리나라를 포함한 전 세계 196개국(2016년 현재)이 지키기로 했다(굿네이버스, 2016).

UN의 '아동권리협약'에는 이 세상 어린이라면 누구나 마땅히 누려야 할 생존 · 보호 · 발달 · 참여의 권리가 담겨 있다. 아동권리협약은 전문 제3부와 총 54개의 조문으로 구성되어 있다. 전문에서는 인간의 기본 인권에 따라 아동도 특별한 보호와 원조를 받을 권리가 있음을 선언한다.

제1부는 제1조에서 제42조까지로 아동의 권리와 국가의 아동권리 보호에 대한 의무를 규정하고 있고 제2부는 제42조부터 제45조까지며 협약의 이행조치로 국가보고제도와 아동권리위원회를 규정하고 있다. 제3부는 제46조에서 제54조까지로 서명,

가입, 비준서, 기탁, 개정절차, 유보 등에 관하여 규정하고 있다.

모든 협약의 비준국가는 당사국의 법과 제도에 따라 협약의 정신을 준수하고 권리 실현을 위해 노력할 의무를 지닌다. 비준국가는 아동권리 이행상황에 대하여 UN 아동권리위원회에 보고해야 한다. 협약의 이행상황을 처음 비준하고 난 2년 후부터는 매 5년마다 보고서를 제출할 의무가 있다. UN 아동권리위원회는 국가보고서를 심의하여 아동인권 보장의 장애요인을 분석하고 대안을 해당국 정부와 모색한다.

아동권리위원회는 1991년 제1차 회기에서 당사국 정부의 제1차 보고서의 작성방법에 관한 지침을 마련하였다. 아동권리에 관한 협약을 바탕으로 기본가치를 '일반가치'라 하고 그 내용으로 아동차별 금지의 원칙, 아동 최우선 이익의 원칙, 아동의 생존·보호·발달의 원칙, 아동 의사존중의 원칙이라는 4대 원칙을 구성하였다. 또한 아동권리위원회는 아동의 시민적 권리로 아동의 경제적·사회적·문화적 권리, 가정환경과 대리보호를 받을 권리, 기초 보건과 복지를 받을 권리, 교육·여가 및 문화적 활동에 관한 권리, 특별보호조치를 받을 권리로 구분하고 있다.

### 2) 아동권리협약에 관한 당사국의 이행 권고사항

UN의 아동권리위원회가 권고하고 있는 사항은 아동의 인권 실현을 강조하는 것으로 정부 및 민간기관, 국제사회의 협력을 필요로 한다. 권고사항은 그동안에 취한 후속조치와 성과, 기존 권고사항 중에 미이행된 사항, 주요 권고사항 등으로 구성되어 있다.

우리나라는 1990년 9월 25일에 서명하였고 협약의 내용 중에서 국내 관련 법과 상치되는 3조항에 대하여 유보를 조건으로 1991년 11월 20일 비준서를 기탁했다. 유보조항은 부모와의 면접교섭권 보장(제9조 제3항), 입양에 관한 국제 당국의 허가규정(제21조 제1호), 아동재판에 관한 상소권 보장(제40조 제2항 제2~5호) 등이다.

이에 우리나라는 1991년 12월 20일 UN 아동권리협약의 당사국이 되었다. 협약 당사국은 아동의 권리를 실현하기 위해 모든 입법적, 행정적 및 여타의 조치를 취할 의무를 짐과 동시에 실제적으로 법을 집행하고 집행결과를 점검한 국가보고서를 제출할 의무가 있다. 우리나라는 1991년 11월 20일 UN 아동권리협약을 비준했으며,

이에 따라 한국 정부와 민간단체는 협약에 관한 이행보고서를 각각 작성해 UN 아동권리위원회에 제출하고 있다.

앞에서도 설명한 이행보고서는 UN 아동권리위원회의 지침에 따라

(1) 협약 이행을 위한 일반조치

(2) 아동의 정의

(3) 일반 원칙

(4) 시민적 권리와 자유

(5) 가정환경 및 대안 양육

(6) 기초보건 및 복지

(7) 교육, 여가 및 문화활동

(8) 특별보호조치 등 8개 주제로 나누어 작성된다.

한국의 아동권리협약 비준 상황을 연차별로 살펴보면 다음과 같다.

- 1991년 11월 20일 아동권리협약 비준
  국내법과 일치하지 않는다는 이유로 3개 조항 유보(유보된 3개의 조항)
- UN의 아동권리협약
  제9조 제3항 아동의 부모 면접교섭권(이혼가정 자녀가 부모를 만날 권리 법적 보장 불가)
  제21조 제1항 정부 당국의 입양 허가(입양이 사실상 관계당국의 허가에 의해 이루어지지 않음)
  제40조 제2항 상소권 보장(비상계엄하의 재판이 단심제여서 아동의 권리를 보호하기 어려움)
- 2013년 현재, 민법 개정 등으로 상소권 부분만 유보된 상황
- 2004년 9월 24일 아동권리협약 선택의정서 2개 비준(선택 의정서 2개 비준)
  아동의 무력 충돌 참여에 관한 아동권리협약 선택의정서
  아동의 매매·성매매 및 아동 음란물에 관한 아동권리협약 선택의정서

이와 같이 우리나라의 아동권리협약 가입과 이후 동향을 살펴보면 1989년 가입을 바탕으로 현재까지 1차 보고서를 제출한 1994년을 필두로 그 후 5년마다의 이행보고서를 제출하여 현재 4차례의 정기보고서를 제출하고 있다.

| 표 2-1 | **아동권리협약 보고서 제출 및 권고내용**

<table>
<tr><th>연 도</th><th>제출 및 심의</th><th>주요 권고내용</th></tr>
<tr><td>1989년 11월</td><td>UN 아동권리협약 가입</td><td></td></tr>
<tr><td>1994년 11월</td><td>1차 국가보고서 제출</td><td rowspan="4">아동권리협약의 유보조항 철회, 아동정책을 총괄하는 중앙상설가구 설치, 국가가 입양에 관한 헤이그 협약 비준</td></tr>
<tr><td>1996년 1월</td><td>아동권리협약 이행상황 심의</td></tr>
<tr><td>2000년 5월</td><td>2차 국가보고서 제출</td></tr>
<tr><td>2003년</td><td>권고 의견 채택</td></tr>
<tr><td>2008년</td><td>3, 4차 통합 국가보고서 제출</td><td rowspan="2">유보조항 철회 재요구, 2차 정부보고서 최종 권고 중 국가인권위원회 산하 '아동권리 소위원회' 설립, 포괄적인 체벌금지 등 조치 촉구</td></tr>
<tr><td>2011년 10월</td><td></td></tr>
<tr><td>2017년 6월</td><td>5, 6차 통합 국가보고서 제출</td><td></td></tr>
<tr><td>2019년 11월</td><td>6차 국가보고서 심의 및 결과</td><td></td></tr>
</table>

출처: 보건복지부(2020)

2019년 10월 UN 아동권리위원회의에서 보고서를 심의한 결과 통보된 내용 일부를 발췌하여 살펴보면 다음과 같다(보건복지부, 2019).

- 2019년 비차별(para. 17), 생명 · 생존 및 발달의 권리(para. 20), 체벌을 포함하는 아동에 대한 폭력(para. 27), 성적 착취 및 학대(para. 29), 교육 및 교육의 목표(para. 42), 그리고 소년사법운영(para. 47) 등의 분야에서 시급한 조치가 필요하다.
- 2020년까지 낙태 관련 법률 검토를 정부에 요청한 2019년 4월 11일 헌법재판소 결정을 환영하며, 위원회는 해당 법률이 아동의 최선의 이익 원칙에 부합하도록 보장할 것을 당사국에 촉구한다.
- 아동과 청소년정책을 위한 기본계획과 인권 보호와 증진을 위한 국가인권정책 기본계획의 채택을 촉구한다.

- 위원회의 주된 우려사항과 권고사항(일부 발췌)
  - 위원회는 협약이 보장하는 모든 권리의 불가분성 및 상호의존성을 상기하며, 본 최종 견해에 포함된 모든 권고가 중요함을 강조한다. 특히 비차별(para. 17), 생명·생존 및 발달의 권리(para. 20), 체벌을 포함하는 아동에 대한 폭력(para. 27), 성적 착취 및 학대(para. 29), 교육 및 교육의 목표(para. 42), 그리고 소년사법 운영(para. 47) 등의 분야에서 시급한 조치가 필요하다고 판단한 위원회의 권고에 당사국이 주의를 기울이기를 바란다.

A. **일반이행조치**(협약 4, 42, 44(6)조)

- 낙태 금지가 헌법에 합치되지 않음을 선언하며 2020년까지 낙태 관련 법률 검토를 정부에 요청한 2019년 4월 11일 헌법재판소 결정을 환영하며, 위원회는 해당 법률이 아동의 최선의 이익 원칙에 부합하도록 보장할 것을 당사국에 촉구한다. 위원회는 또한 사법부, 검사, 그리고 변호사들의 협약에 대한 지식을 높이고, 그들이 재판절차에 협약을 인용하고 직접 적용할 수 있는 역량을 강화하도록 당사국에 권고한다.
- 아동과 청소년정책을 위한 기본계획과 인권보호와 증진을 위한 국가인권정책 기본계획의 채택에 주목하며, 위원회는 이러한 아동 관련 정책 및 전략이 협약의 모든 영역을 아우르고, 계획의 이행, 모니터링 및 평가를 위한 충분한 인적·기술적·재정적 자원 할당을 보장하도록 당사국에 권고한다.
- 위원회는 당사국이 적절한 인적·재정적 자원의 할당, 영구적 사무국 설치 및 아동권리 조정기구로서 위원회의 인지도 증진을 통해 아동정책조정위원회의 권한을 더욱 강화할 것을 권고한다. 위원회는 조정에 관한 이전 권고(CRC/C/KOR/CO/3-4, para. 13)를 상기하며, 아동권리 사안을 다루는 모든 관계 기관들의 기능을 명확히 하여 중복되지 않도록 이전의 권고를 반복한다.
- 교육, 영유아기, 그리고 아동복지사업 영역의 예산 증가와 아동·청소년 참여예산제 도입을 환영하나, 위원회는 당사국의 아동 관련 예산이 국내총생산

(GDP)에 비례하여 증가하지 않았다는 점은 유감스럽게 생각한다. 아동권리 실현을 위한 공공예산 수립에 관한 위원회의 일반논평 제19호(2016)를 참고하여, 위원회는 당사국에 다음의 사항을 촉구한다.

(a) 아동을 위한 모든 정책, 계획, 프로그램 및 입법 조치가 이행될 수 있도록 정부의 모든 단계에 걸쳐 적정한 재정적 · 인적 · 기술적 자원을 할당하고, 그렇게 할당된 자원의 활용을 모니터링하는 제도를 실행할 것

(b) 아동을 위한 예산 및 전반적인 사회복지지출을 국내총생산(GDP)에 비례하여 증가시키고, 지방자치단체 간 격차를 감소시킬 것

(c) 취약한 상황에 있는 아동을 위한 예산할당을 도입할 것

(d) 현존하는 아동 · 청소년 의회와 참여위원회를 포함하여, 예산 수립 과정의 아동참여를 강화할 것

(e) 아동의 권리 실현을 지원하는 부문의 재화 및 용역(상품과 서비스)의 가용성, 접근성, 그리고 품질을 보장하고, 뇌물수수나 특혜, 불규칙한 지급 등 부패를 척결하기 위한 노력을 강화하며, 공공조달 절차에서 책무성을 제고할 것

- 협약의 이행을 위한 일반 조치에 관한 위원회의 일반논평 제5호(2003)를 고려하여, 위원회는 협약 전 분야에 걸쳐 연령, 성별, 장애(disability status), 지리적 위치, 출신 민족과 출신 국적, 사회 · 경제적 배경 및 이주 배경 등에 따라 세분화된 자료를 수집하는 중앙화된 시스템(centralized system) 구축을 당사국에 촉구한다.
- 아동권리 보호 및 증진에 있어서의 독립적 국가인권기구의 역할에 대한 위원회의 일반논평 제2호(2002)를 고려하여, 위원회는 당사국에 다음의 사항을 권고한다.

(a) 아동권리위원회의 독립성 보장을 포함하여, 법적 지위를 확고히 할 것

(b) 아동권리위원회의 진정 접수 및 조사 권한을 강화할 것

(c) 정부 당국에 국가인권위원회의 인지도를 제고할 것

(d) 정책권고의 이행을 조정하고 모니터링하는 국가인권위원회의 역량을 강화할 것

(e) 국가인권위원회에 충분한 자원을 투입할 것

- 위원회는 학교 교육과정에 인권교육이 포함된 것을 환영한다. 그러나 협약에 대한 인식도가 특히 아동들에게 낮다는 점에 주목하며, 위원회는 인권교육 제공을 위한 법적 근거 마련 및 적절한 자원 할당을 포함하여 전국적으로 아동권리교육과 인권교육을 보장하고, 아동을 위해, 그리고 아동과 함께 일하는 직업에 종사하는 전문가들에게 의무적 훈련을 제공하도록 당사국에 권고한다.

UN 아동권리위원회의에서 보고서를 심의한 결과를 살펴보면 아동과 그 가족 및 유관기관 종사자들의 교육과 인식의 전환을 요구하는 것을 알 수 있다.

또한, 후속조치를 통해 영유아의 인권과 아동정책의 협약이행을 위한 아동의 국가책임 확대를 지향하고 놀이혁신을 주요 추진과제로 설정하는 등 다각적인 노력을 조정하고 있으나 아동의 휴식, 여가, 놀이에 대한 권고사항으로 각 부처 간의 역할과 책임 소관에 대한 권고사항도 볼 수 있었다.

권고사항에 의한 후속조치를 일부 발췌하여 살펴보면 다음과 같다.

- 협약이행을 위해 관련된 담당조직과 역할을 명확하게 설정해야 한다.
- 협약이행을 위한 기관별 권한을 명료화하고 협력체계를 구축해야 한다.
- 국가보고서 작성 주체는 행정부로 제시되나 아동권리 보장을 위한 당사국의 역할은 입법부와 사법부를 배제하지 않아야 한다.

즉, 아동권리협약에 대한 관계자의 인식증진은 통합적 관점의 아동권리 보장을 위한 필수사항이며 행정부와 유기적인 협력을 촉진할 수 있는 전제조건이다.

본 장에서는 UN의 아동권리협약의 내용과 영유아 교육현장에서 영유아를 담당하는 교사들이 해마다 이수하는 '아동권리교육'에 대한 아동인권보호 서약서의 양식을 소개함으로써 영유아들의 인권과 교사로서의 책무 및 인권감수성을 재인식하도록 지원하고자 한다.

표 2-2 UN의 아동권리협약 내용

| 구 분 | 내 용 |
|---|---|
| 제1조 | 아동의 범위는 따로 법으로 정하지 않는 한 18세 미만으로 한다. |
| 제2조 | 모든 아동은 인종이나 성별, 종교, 사회적 신분에 따른 어떠한 종류의 차별로부터 보호받아야 한다. |
| 제3조 | 당사국 정부는 아동의 이익을 최우선으로 고려하여 정책을 시행해야 한다. |
| 제4조 | 당사국 정부는 본 협약이 인정한 아동의 권리 실현을 위하여 적절한 행정적·입법적 조치를 취해야 한다. |
| 제5조 | 당사국 정부는 아동의 부모, 보호자가 아동의 능력발달에 맞도록 적절한 감독과 지도를 행할 책임을 가지고 있음을 존중해야 한다. |
| 제6조 | 모든 아동은 생명을 존중받을 권리가 있고 당사국 정부는 아동의 생존과 발달을 최대한 보장해야 한다. |
| 제7조 | 모든 아동은 이름과 권리를 가질 권리를 가지며 부모가 누군지 알고 부모로부터 양육받을 권리를 지닌다. |
| 제8조 | 당사국 정부는 이름과 국적, 가족관계 등 아동의 신분보장을 위해 필요한 사항들을 법률로써 보장해야 한다. |
| 제9조 | 모든 아동은 아동의 이익이 침해당하는 경우가 아니라면 부모와 함께 살 권리를 가지며 부모와 떨어져 살 경우 부모를 만날 권리를 가진다. |
| 제10조 | 당사국 정부는 아동 또는 부모 서로 간의 면접을 위해 출국이나 입국을 신청할 때 이를 신속히 받아들여 부모와 자녀 간에 관계를 유지할 수 있도록 보장하여야 한다. |
| 제11조 | 당사국 정부는 아동의 불법 해외이송 및 강제 해외체류를 막기 위해 협정체결 등의 조치를 취해야 한다. |
| 제12조 | 당사국 정부는 모든 아동이 자신에게 영향을 미치는 사건에 대하여 의견을 말할 권리를 보장하여야 하며 아동의 견해에 정단한 비중을 두도록 해야 한다. |
| 제13조 | 모든 아동은 표현의 자유를 지니며 국경과 관계없이 모든 종류의 정보와 사상을 접하고 전달할 권리를 가진다. |
| 제14조 | 모든 아동은 사상과 양심, 종교의 자유를 가진다. |
| 제15조 | 모든 아동은 평화로운 결사와 집회의 자유를 가진다. |
| 제16조 | 모든 아동은 가정이나 가족, 통신 등 사생활에 있어 간섭받지 않을 권리와 명예에 대하여 위법적인 공격을 받지 않을 권리를 지닌다. |
| 제17조 | 모든 아동은 국내나 국외로부터 필요한 정보를 얻을 수 있어야 하며 대중매체는 아동에게 유해한 정보를 지양하고 이익이 되는 정보만을 제공해야 한다. |
| 제18조 | 부모는 아동양육에 공동 책임을 져야 하며 당사국 정부는 부모가 이러한 책임을 다하도록 지원해 주어야 한다. |

| 구 분 | 내 용 |
|---|---|
| 제19조 | 모든 아동은 폭력과 학대, 유기로부터 보호받아야 하며 당사국 정부는 아동학대를 막고 학대로 고통받는 아동을 보호하기 위한 조치를 해야 한다. |
| 제20조 | 당사국 정부는 가족이 없는 아동에게 보호시설 등을 제공해서 특별히 보호해야 하며 시설을 선택할 때는 아동의 인종이나 종교, 문화적인 배경을 충분히 고려해야 한다. |
| 제21조 | 입양제도를 인정할 경우 당사국은 입양을 결정함에 있어 아동의 이익을 최우선으로 고려해야 하며 권위 있는 관계당국에 의해서만 입양이 이루어지도록 보장해야 한다. |
| 제22조 | 당사국 정부는 난민아동이 특별한 보호를 받을 수 있도록 적절한 조치를 취해야 한다. |
| 제23조 | 당사국 정부는 장애아동이 인격을 존중받고 자립하여 사회참여를 할 수 있도록 특별한 보호와 교육을 제공해야 한다. |
| 제24조 | 당사국 정부는 아동이 최상의 건강 수준을 누릴 수 있도록 아동에게 적절한 보건서비스를 제공해야 한다. |
| 제25조 | 당사국 정부는 보호나 치료의 목적으로 관계당국에 의하여 양육 지정된 아동의 양육상태를 정기적으로 심사하여야 한다. |
| 제26조 | 모든 아동은 사회보험을 포함, 사회보장제도의 혜택을 받을 권리를 가진다. |
| 제27조 | 모든 아동은 신체적 · 정서적 · 사회적 발달에 적합한 생활수준을 누릴 권리를 가진다. 부모는 아동발달에 필요한 생활 여건을 확보하는 1차적인 책임을 지며 당사국 정부는 부모가 책임을 완수하도록 보장하여야 한다. |
| 제28조 | 당사국 정부는 모든 아동이 균등한 교육의 기회를 가지고 있음을 인정하고 초등교육을 의무화해야 하며 중등교육과 고등교육의 발전을 위해 적절한 조치를 취해야 한다. |
| 제29조 | 교육은 아동의 인격, 재능, 정신적, 신체적 능력을 최대한 개발하는 방향으로 행해져야 하며 아동들이 모든 관계에 있어 이해와 평화, 관용, 평등, 우정의 정신에 입각해 책임 있는 삶을 준비해 나가도록 행해져야 한다. |
| 제30조 | 소수민족의 아동은 그들 자신의 문화와 종교를 누리고 고유의 언어를 사용할 권리를 가진다. |
| 제31조 | 모든 아동은 적절한 휴식과 여가생활을 즐기며 문화 · 예술활동에 참여할 권리를 가진다. |
| 제32조 | 모든 아동은 경제적으로 착취당해서는 안 되며 건강과 발달을 위협하고 교육에 지장을 주는 유해한 노동으로부터 보호받아야 한다. |
| 제33조 | 당사국 정부는 마약 등 약물로부터 아동을 보호하여야 하며 약물의 생산과 거래에 아동이 이용되는 것을 막기 위하여 모든 적절한 조치를 취해야 한다. |
| 제34조 | 당사국 정부는 모든 형태의 성 착취와 성폭력으로부터 아동을 보호할 의무를 지며 의무이행을 위해 아동을 성적으로 이용하는 모든 행위를 방지하기 위한 조치를 취해야 한다. |

| 구 분 | 내 용 |
|---|---|
| 제35조 | 당사국 정부는 아동을 대상으로 한 모든 형태의 악취, 유인이나 매매, 거래를 방지하기 위한 조치를 취해야 한다. |
| 제36조 | 당사국 정부는 아동복지에 해가 되는 모든 형태의 착취로부터 아동을 보호해야 한다. |
| 제37조 | 모든 아동은 고문이나 잔혹행위, 위법적인 체포나 구금, 사형이나 종신형 등의 형벌로부터 보호받아야 한다. 당사국은 구금된 아동을 성인 수감자와 격리시켜야 하며 가족과 접촉할 권리, 신속하고 적절한 법적 판결을 받을 권리를 보장해 주어야 한다. |
| 제38조 | 15세 미만의 아동은 군대에 징집되어서는 안 되며 분쟁 지역의 아동은 특별한 보호를 받아야 한다. |
| 제39조 | 당사국 정부는 무력 분쟁과 고문, 학대, 폭력 등을 경험한 아동의 신체·정신 회복 및 사회복귀를 촉진하기 위한 모든 조치를 취한다. |
| 제40조 | 당사국 정부는 형법상 유죄로 인정받은 모든 아동이 사회에 복귀하여 건설적인 역할을 담당하도록 하기 위하여 인권과 타인이 자유에 대해 존중하는 생각을 키워주고 공정한 재판을 받도록 보장해 주어야 한다. |

이와 같이 UN은 아동권리협약의 내용을 40조로 규정하고 아동의 권리와 이행자의 책임과 의무감을 갖고 당사국 정부와 관계기관, 부모, 사회 등이 이행하기를 지도한다. 아동의 인권과 권리를 위해 영유아 교육환경에서 근무하고 있는 영유아 교사들에게 연간 수행되는 교육을 통해 이수하는 아동인권보호 서약서의 예시를 들면 다음과 같다.

**표 2-3 | 아동인권보호 서약서의 예시**

## 아동인권보호 서약서

**기관명: 성 명:**

상기 본인은 보육시설 종사자로 근무하면서 UN 아동권리협약에 명시된 아동권리와 관련하여 아래 내용을 엄격히 지킬 것을 서약합니다.

1. 영유아에 대한 체벌, 폭행 등 신체학대 행위를 하지 않겠습니다.
1. 영유아에 대한 폭언 · 고함 · 욕설 · 위협 등 정서학대 행위를 하지 않겠습니다.
1. 영유아에게 부실급식 등에 의한 방임행위가 이루어지지 않도록 하겠습니다.
1. 아동복지법에 따른 아동학대 신고의무와 절차를 준수하겠습니다.
1. 기타 아동권리와 관련하여 아동학대에 준하는 행위를 하지 않겠습니다.

위 내용 위반 시 관련법에 의한 어떠한 처벌도 감수할 것을 서약합니다.

202 . . .

서약자: 성명: (인)

**귀하**

아동의 인권과 권리를 위해 살펴본 바와 같이 영유아 교사들은 인권과 아동권리에 대한 이해를 통해 교사와 부모 및 지역사회의 관점에서 재인식해 볼 필요가 있다. 또한, 현장에서 영유아를 담당하고 있는 교사들은 영유아들의 인권을 통해 자신들의 인권과 권리 역시 존중되어야 함을 인식해야 할 것이다.

Chapter

03

# 아동복지 대상과 발달이론

일반적으로 아동복지의 대상은 요보호아동과 일반아동으로 구분되며 각 요구와 특성에 맞게 복지서비스가 제공된다. 사회복지서비스는 대상의 특성에 따라 맞춤서비스 제공을 원칙으로 한다. 아동복지는 그 대상이 아동인 만큼 아동의 특성을 파악하고, 그에 적절한 맞춤서비스를 제공한다.

아동에 대한 특성은 발달원리 및 발달단계에서 보이는 특성과 아동발달에 대한 다양한 학자들의 관점을 알아보고 포괄적인 관점에서 아동복지를 접근할 필요가 있다. 본 장에서는 아동복지의 대상과 그에 따른 서비스의 분류를 살펴보고, 아동기 발달 특성과 발달이론에 대해 학습하며 더불어 아동발달에 영향을 미치는 환경에 대해 알아보고자 한다.

## 1. 아동복지 대상과 서비스 분류

### 1) 아동복지의 대상

「아동복지법」은 18세 미만의 아동이 건강하게 출생하여 행복하고 안전하게 자랄 수 있도록 그 복지를 보장함을 목적으로 하며, 아동복지란 아동이 행복한 삶을 누릴 수 있는 기본적인 여건을 조성하고 조화롭게 성장 및 발달할 수 있도록 하기 위한 경제적 · 사회적 · 정서적 지원을 말한다. 따라서 아동복지의 대상은 18세 미만의 모든 아동과 그 부모, 가족이다. 아동복지의 대상에 부모와 가족이 포함되는 것은, 아동의 전인적 성장을 위해서는 성인의 보호를 받아야 되기 때문이다.

#### (1) 요보호아동

요보호아동은 보호가 필요한 아동으로, 「아동복지법」 제3조 제4항에 따르면 보호자가 없거나 보호자로부터 이탈된 아동 또는 보호자가 아동을 학대하는 경우 등 그 보호자가 아동을 양육하기에 부적당하거나 양육할 능력이 없는 경우의 아동으로 규정하고 있다. 즉, 요보호아동은 국가나 사회로부터 보호를 받아야 하는 아동을 의미하며, 모든 아동복지서비스 중에서 가장 우선적으로 복지서비스를 제공받아야 하는 대상이다.

「아동복지법」에 따르면, 요보호아동은 크게 두 가지 범주로 구분할 수 있다. 하나는 가정에서 이탈된 아동을 의미하는 것으로 가정이 온전한 역할을 하지 못하는 고아, 기아, 부랑아, 가출아, 친권을 포기한 미혼모의 사생아, 시설 퇴소 연장 아동 등이 포함된다. 다른 하나는 가정은 있으나 가정에서 정상적인 보호를 받지 못하는 아동을 의미하는 것으로 학대, 빈곤, 그리고 실직 등으로 어려움을 겪거나 자녀를 돌볼 의지가 부족한 부모, 질병이나 장애로 인한 양육의 어려움, 약물중독 부모의 아동 등이 포함된다.

보건복지부에서 발표한 '2021년 보호대상아동 현황보고'에 따르면, 보호조치 아동의 발생 원인으로 학대, 부모빈곤, 실직이 가장 많았고, 뒤를 이어 미혼 부모, 혼외자 그리고 비행, 가출, 부랑 순으로 나타났다. 모든 유형별 발생 건수는 점차 감소하는 추세를 보이고 있지만 학대, 부모빈곤, 실직 유형의 요보호아동 수는 2014년 이후 어느 정도 그 수가 유지되고 있는 것으로 보인다.

| 표 3-1 | **보호조치 아동의 발생 원인** (단위: 명)

| 구 분 | 2012 | 2013 | 2014 | 2015 | 2016 | 2017 | 2018 | 2019 | 2020 | 2021 |
|---|---|---|---|---|---|---|---|---|---|---|
| 발생유형 계 | 6,926 | 6,020 | 4,994 | 4,503 | 4,583 | 4,125 | 3,918 | 4,047 | 4,120 | 3,437 |
| 학대, 부모빈곤, 실직 등 | 3,944 | 3,668 | 2,965 | 2,866 | 3,139 | 2,778 | 2,726 | 2,865 | 3,006 | 2,661 |
| 비행, 가출, 부랑 | 708 | 512 | 508 | 360 | 314 | 227 | 231 | 473 | 468 | 293 |
| 미혼부모, 혼외자 | 1,989 | 1,534 | 1,226 | 930 | 855 | 847 | 623 | 464 | 466 | 366 |
| 유기 | 235 | 285 | 282 | 321 | 264 | 261 | 320 | 237 | 169 | 117 |
| 미아 | 50 | 21 | 13 | 26 | 11 | 12 | 18 | 8 | 11 | 0 |

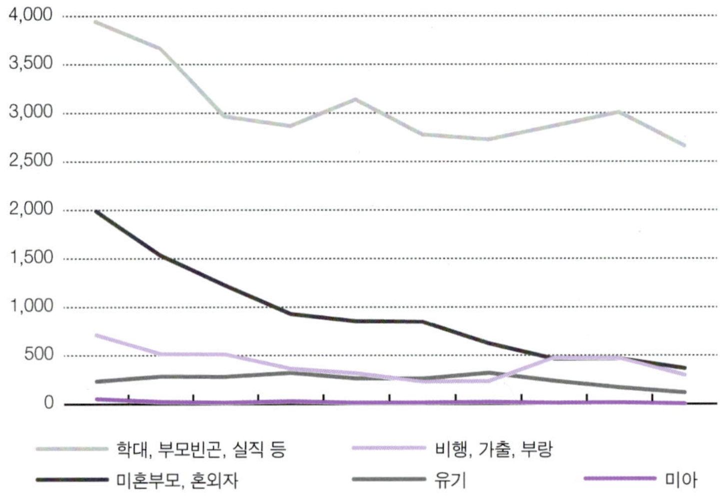


출처: 보건복지부(2021)

### (2) 일반아동

일반아동이란 특별한 보호가 필요하지 않은, 아동이 속한 가정에서 양육과 보호를 받으며 성장할 수 있는 아동을 의미한다. 일반아동을 위한 복지서비스는 아동이 현재 특별한 문제나 장애를 갖고 있어서라기보다는 사전 예방적 차원에서 이루어지는 것이며, 서비스의 대상은 보호가 필요한 아동뿐만 아니라 일반아동 모두를 포함하고 있다. 대표적인 복지서비스로는 아동수당, 초·중등학교의 무상의무교육, 무상급식, 육아휴직 등이 제공된다.

#### (3) 부모(보호자)

「아동복지법」은 아동이 건강하게 출생하여 행복하고 안전하게 자랄 수 있도록 아동의 복지를 보장하는 것을 목적으로 한다. 다시 말해서, 아동은 부모 및 보호자로부터 적절한 보호와 사랑, 교육을 받고 전인적으로 성장할 수 있어야 하고, 일차적 책임자인 부모가 그러한 환경을 제공해 주어야 한다. 이는 아동복지의 대상에 부모 및 보호자를 포함시키는 이유이다.

「아동복지법」 제3조 제3항에 따르면, '보호자'란 친권자, 후견인, 아동을 보호·양육·교육하거나 그러한 의무가 있는 자 또는 업무·고용 등의 관계로 사실상 아동을 보호·감독하는 자를 말한다. 따라서 아동의 건전하고 행복한 성장을 위해서는 보호와 양육을 담당하는 부모가 필수조건이며, 국가와 사회는 자녀 양육에 필요한 각종 지원서비스를 제공해 주어야 한다.

### 2) 아동복지서비스의 분류

아동복지서비스의 유형은 서비스가 제공되는 장소, 서비스가 수행하는 기능, 방어선의 위치에 따라서 다음과 같이 분류할 수 있다.

#### (1) 서비스 제공 장소에 따른 분류

##### ① 재가서비스

재가서비스(in-home service)는 가족구성원이 함께 생활하면서 필요한 서비스를 가정에서 제공 받는 것으로, 가정 내 서비스라고도 한다. 예를 들어, 다문화가정이나 맞벌이가정처럼 가족의 구조적 결손은 없지만 가족 내 심각한 스트레스나 역기능의 위험요소를 가지고 있는 경우, 혹은 부모의 이혼이나 사망, 한부모가정이나 조손가정 등 가족의 구조적 결손으로 인해 가족 기능의 원활한 수행이 어려운 경우에 원가정의 기능 중 결핍된 부분을 지지하거나 보충해 줌으로써 가족기능의 원활한 수행을 도와 가정의 해체를 막아주는 서비스이다.

② 가정 외 서비스

가정 외 서비스(out of service)는 아동이 원가정을 떠나 일정기간 또는 장기적으로 시설이나 위탁가정에서 생활하면서 양육 및 보호서비스를 제공받는 것이다. 서비스 유형으로는 가정위탁서비스, 보육서비스, 방과 후 아동돌봄서비스, 입양서비스, 시설보호서비스 등이 있다.

### (2) 서비스 기능에 따른 분류

카두신(Kadushin)은 아동의 욕구 충족을 위한 가정의 역할을 중심으로 아동복지서비스가 어떠한 기능을 제공하느냐에 따라서 지지적 서비스, 보충적 서비스, 대리적 서비스로 구분하였다(Kadushin & Martin, 1988).

① 지지적 서비스

지지적 서비스(supportive service)는 원가정을 유지하면서 아동과 부모의 능력을 강화시키고 가족의 기능을 지원해 주는 것이다. 즉, 부부 갈등이나 부모-자녀 갈등으로 인해 자녀와의 관계에 어려움이 있는 경우, 부모의 역할에 대한 지식이 부족하거나 아무런 만족을 느끼지 못하는 경우 등이 서비스를 제공받을 수 있다. 지지적 서비스는 다른 서비스와는 다르게 아동이 원가정에서 생활하면서 지원받을 수 있는 서비스이며, 서비스를 제공하는 기관은 그 가정이 순기능적으로 원활하게 수행할 수 있도록 외부에서 부분적으로 역할 수행을 지원해준다.

지지적 서비스의 유형으로는 아동과 가족의 개별 및 집단 상담서비스, 부모양육 및 교육서비스(아동학대, 장애아동, 미혼부모, 한부모 등), 부부교육 프로그램 등이 있다.

② 보충적 서비스



보충적 서비스(supplementary service)는 부모의 역할이 부적절하거나 한계가 있을 때,

가정의 형태를 그대로 유지하면서 외부 서비스를 통해 부모의 역할 중에서 일부분을 보충해주는 것이다. 부모의 사망, 실직, 이혼, 별거, 질병, 장애 등으로 부모가 자녀를 양육하고 보호할 수 없거나 혹은 부모가 일정한 소득이 없어 경제적 어려움을 겪는 경우에 양육서비스를 제공하거나 소득보완서비스를 통해 일시적 또는 영구적으로 부모의 역할을 보완해 줄 수 있다.

보충적 서비스의 유형으로는 소득보완서비스(공공부조, 사회보험제도), 가사지원서비스, 보육서비스, 장애아동과 비행아동을 위한 복지서비스, 방과 후 아동보호서비스 등이 있다.

### ③ 대리적 서비스

대리적 서비스(substitute service)는 부모가 역할을 수행할 수 없을 때 제3자가 부모를 대신하여 역할을 수행하는 것이다. 즉, 부모의 이혼, 사망, 질병 등으로 인해 가정이 완전히 해체되거나 일시적 또는 장기적으로 부모 역할을 수행할 수 없는 경우, 부모와 가정을 대신하여 아동에게 보호 및 양육의 기능을 제공해주는 서비스이다. 대리적 서비스의 유형은 가정위탁 및 입양서비스, 시설보호서비스, 공동생활가정(그룹홈) 등이 있다.

| 표 3-2 | **카두신과 마틴의 서비스 기능에 따른 분류**

| 지지적 서비스 | 보충적 서비스 | 대리적 서비스 |
|---|---|---|
| • 아동의 욕구를 충족시키기 위한 부모의 역할을 지지 및 강화하는 서비스<br>• 원가정을 유지하면서 가정 외부에서 가족 내부의 역할 기능을 수행 | • 부모의 부적절하거나 제한된 보호를 보완 및 보충하는 서비스<br>• 가정 형태를 유지하면서 가정 외부에서 부모의 역할을 보충 | • 아동의 개별 욕구에 따라 부모의 보호를 부분 또는 전체를 대리하는 서비스<br>• 부모를 대신하여 아동을 다른 가정이나 시설에서 일시적 또는 장기적으로 보호 |
| - 아동/가정상담소, 지역사회복지기관에서 제공하는 상담서비스<br>- 학대·방임아동을 위한 보호서비스<br>- 미혼부모, 한부모를 위한 서비스 | - 소득보완서비스(공공부조, 사회보험제도)<br>- 가정봉사원 파견서비스<br>- 보육, 장애아동, 비행아동을 위한 복지서비스 | - 가정위탁서비스<br>- 입양서비스<br>- 시설보호서비스(긴급피난처, 쉼터, 그룹홈, 아동양육시설, 아동치료보호시설) |

출처: Kadushin & Martin(1988)

Part I

### (3) 방어선에 의한 분류

주커만(Zuckerman, 1983)은 카두신(Kadushin, 1974)의 기능에 따른 아동복지서비스의 분류를 방어선의 위치에 따라 제1차 방어선서비스, 제2차 방어선서비스, 제3차 방어선서비스로 나누었다. 여기서 방어선(line of defence)은 가족을 통해 아동에게 제공되는 것으로, 가족이 방어기능을 못 할 경우 방어선이 1차에서 2차, 3차로 이동되어 간다(정옥분 외, 2016).

표 3-3 주커만의 방어선에 의한 분류

| 분 류 | 내 용 |
|---|---|
| 제1차 방어선서비스 (가정 내) | • 가정의 사회적 기능을 회복, 유지, 강화하는 서비스<br>• 상담서비스, 교육서비스, 보육서비스, 보호서비스 |
| 제2차 방어선서비스 (대리가정) | • 원가정과 유사한 환경에서 원가정을 대신하여 부분적 또는 장기적으로 아동을 보호 및 양육하는 서비스<br>• 가정위탁서비스, 입양서비스 |
| 제3차 방어선서비스 (시설보호) | • 원가정이나 대리가정에서 보호 및 양육이 어려운 경우 시설에서 보호하는 서비스<br>• 양육시설서비스, 집단보호 및 치료서비스 |

출처: Zuckerman(1983)

## 2. 아동기 특성

아동발달이란 정자와 난자가 만나 수정이 이루어지는 순간부터 아동기까지 나타나는 양적·질적 변화를 의미한다. 아동복지를 위한 서비스는 아동의 신체-심리-정서적 측면(bio-psycho-social aspects)에 대한 이해와 함께 다양한 환경과의 상호작용을 고려해야 하며, 태내기부터 아동기까지 발달하는 과정에서 시기별로 다른 서비스를 제공해주어야 한다. 따라서 아동의 상황별 또는 연령에 따른 복지서비스를 파악하고 선정하기 위해서는, 아동기 특성에 대한 이해가 선행되어야 할 것이다.

### 1) 아동발달의 개념과 원리

발달과 관련된 개념으로 성장(growth)과 성숙(maturation), 학습(learning)의 개념이 함께 사용된다. 성장이란 신체의 크기나 능력이 증가하는 것으로 주로 양적 변화를 의미한다. 성숙은 유전적 요인에 의한 생물학적 발달로, 영유아기의 빠른 성장이나 사춘기의 이차 성징과 같이 시간적 흐름에 따라 유전에 의해 나타나는 신체 혹은 행동상 발달적 변화를 말한다. 학습은 경험, 연습, 훈련에 의해 나타나는 발달적 변화를 의미한다. 따라서 아동발달은 수정에서부터 아동기까지 성장, 성숙, 학습에 의해 이루어지는 변화과정이며, 이러한 아동발달은 몇 가지 보편적 원리를 따른다.

#### (1) 발달에는 일정한 순서가 있다

인간은 출생 후 누워 있다가, 뒤집기, 기기, 서기, 걷기, 달리기 등의 발달순서를 보인다. 언어발달에서도 한 단어에서 두 단어, 단순한 문장에서 복잡한 문장을 사용하며, 인지발달 또한 상징적 사고가 가능한 뒤에 추상적 사고가 발달한다. 그 외에 다른 영역에서도 발달은 일정한 순서에 따라 이루어진다.

#### (2) 발달은 일정한 방향으로 진행된다

아동의 발달은 세 가지 원칙으로 진행된다. 첫째는 두미발달의 원칙으로 머리에서 발 방향으로 발달이 진행된다. 즉, 머리 부분이 몸통이나 팔다리보다 빨리 발달한다는 것이다. 둘째는 근원발달의 원칙으로 몸의 중심부가 먼저 발달하여 팔, 손목, 손, 손가락의 순서로 말초신경까지 발달이 이루어지는 것이다. 셋째는 세분화 발달 원칙으로, 영아기 초기에는 몸 전체를 사용하여 움직이다가 점차적으로 분화되어 다리, 팔, 손가락 등 미세 소근육까지 사용할 수 있다는 것이다.

#### (3) 발달은 연속적 과정이지만, 속도는 일정하지 않다

발달은 연속적이며 점진적인 과정으로 진행되지만, 발달 영역이나 연령에 따라 발달의 속도는 다르다. 예를 들어, 출생 후 첫 돌까지는 신체가 급속도로 성장하며, 어휘력은 유아기에 급격하게 발달한다.

#### (4) 발달에는 개인차가 있다

발달의 속도와 양상은 아동마다 각기 다르다. 예를 들어, 일란성 쌍생아들 간에도 생김새, 지적 능력 등이 출생 시부터 차이가 나타나며, 같은 연령의 유아들이라 할지라도 신체 발육, 성격, 언어 등에서 차이가 나타난다.

#### (5) 발달의 각 영역은 서로 밀접한 연관이 있다

신체적 발달, 인지적 발달, 그리고 사회정서적 발달 영역은 서로 밀접하게 연관되어 있으며 상호작용을 한다. 즉, 신체적으로 건강한 아동은 다양한 활동을 통해 또래관계를 맺을 수 있고, 또한 또래와 소통을 하면서 긍정적인 사회·정서적 발달을 이룰 수 있다.

### 2) 아동의 연령별 특성

아동은 연령에 따라 발달단계가 나누어지며, 각각의 발달단계는 각기 다른 발달적 특징을 지니고 있고 각 발달단계는 이전 단계의 영향을 받음과 동시에 다음 단계에 영향을 미친다. 발달단계를 구분하는 데 있어 학자들마다 이견이 있지만, 대체로 태내기, 영아기, 유아기, 아동기 등으로 나뉘며, 태내기부터 아동기까지 특성들에 대해서 살펴보도록 하겠다.

#### (1) 태내기

태내기(prenatal period)는 수정에서 출생까지 약 38주간의 기간으로, 어머니의 자궁 속에서 태아의 신체조직이 구성되고 신체 성장이 급속도로 이루어지는 시기이다. 태아는 배 속에 있을 때부터 어머니의 신체적·심리적 건강 상태에 민감하게 반응하고 직접적 영향을 받기 때문에 임신기간 중의 태내 환경은 태아의 발달에 매우 중요하다. 특히, 첫 3개월 동안은 신체구조와 기관이 형성되는 시기이므로 각별하게 조심해야 한다. 따라서 임산부가 신체적 · 정신적으로 건강하게 지낼 수 있도록 가족 및 주변 사람들의 관심과 지지가 필요하다.

임산부에게 제공되는 복지서비스는 보건소에서 신청하는 임산부 등록(영양제, 임산부 뱃지, 각종 검진 무료 지원)과 회사 단축근무, 태아검진 시간의 허용, 임산부 친환경 농산물 꾸러미, 국민행복카드 바우처 신청 등이 있다.

### (2) 영아기

영아기(Infancy)는 출생 후 24개월까지의 기간으로 신체발달과 지각, 두뇌발달 등 다양한 영역에서의 발달이 급속도로 이루어지는 시기이다. 그중에서도 출생 후 첫 1개월을 '신생아기'라고 하며, 이 시기에는 태내 환경과는 다른 새로운 환경에 적응해야 한다. 신생아는 하루 중 대부분의 시간을 잠을 자며, 다양한 반사행동을 보인다.

영아기는 신장과 체중이 급격히 증가하는 시기로 신체적 성장과 발달이 매우 빠르며, 기본적인 운동능력 획득과 인지발달을 통한 언어 습득이 나타난다. 또한 자신을 돌보아주는 양육자와의 친밀한 관계(애착)를 형성한다.

출생 후 제공되는 복지서비스는 첫만남이용권(200만원 바우처 포인트 지급), 영아수당, 국민행복카드, 의료지원금 범위 기준 확대, 3+3 육아휴직, 부모수당, 지역별 출산장려금 혜택 등이 있다.

### (3) 유아기

유아기(preschool period)는 만 2세부터 6세까지로 취학 전 시기라고도 불린다. 이 시기는 영아기에 비해 신체발달이 급속도로 이루어지지는 않으나, 모든 발달 영역에서 꾸준한 성장이 이루어진다. 유아기에는 근육과 골격이 성장하면서 기본운동 기능과 자조기술이 발달하고, 상상력이 풍부해지며 물활론적 사고와 자기중심적 사고를 나타낸다. 또한 어휘가 급속도로 증가하여 의사소통 능력이 좋아지고, 양육자에서 또래로 사회적 관계가 확장되면서 또래와의 놀이를 통해 세상을 탐색하는 시기이다.

유아기에 제공되는 복지서비스는 아동수당이 있다. 아동수당은 만 8세 미만의 자녀를 둔 부모에게 월 10만원씩 정부에서 지원해 주는 서비스이다.

#### (4) 아동기

아동기(middle childhood)는 만 6세에서 12세까지로 학령기라고도 한다. 이 시기는 생활의 중심이 가정에서 학교로 옮겨가면서 다양한 사회적 관계를 형성하고 자아개념과 자아존중감, 도덕성, 우정에 대한 이해가 증진된다. 또한, 어휘와 문법이 확장되면서 더욱 복잡하고 긴 문장을 구사하게 되며, 보존개념과 서열화, 유목화 개념을 형성하게 되는 시기이다.

## 3. 아동발달이론

많은 이론들이 아동이 어떻게 발달하는지에 관해 설명하려고 한다. 그러나 아동발달을 설명할 수 있는 단일 이론은 없으며, 각 이론은 아동발달의 각기 다른 측면을 강조하기 때문에 상호보완적이어야 한다. 이 장에서 제시된 다양한 이론들은 발달단계에 따른 아동의 특징 및 발달 관련 현상들을 이해하고, 아동이 최적의 발달을 이루어 행복한 삶을 영위하는 데 많은 도움이 된다. 예를 들어, 다문화가정 아동에 대한 복지서비스 지원을 위해서는 에릭슨의 심리사회이론을 바탕으로 주도적으로 활동할 수 있는 프로그램을 지원하거나, 혹은 행동주의에 입각하여 언어발달지원서비스를 제공할 수 있을 것이다. 또한 아동발달의 지원에 있어 부족한 부분들을 생태학적 이론을 통해 발견할 수도 있을 것이다. 이러한 관점을 바탕으로 정신분석이론, 인지발달이론, 학습이론, 생태학적 체계이론을 살펴봄으로써 아동발달에 대한 이해의 근간을 다지고자 한다.

### 1) 정신분석이론

정신분석이론(psychoanalytic theory)에서는 인간의 존재를 타고난 생물학적 본능의 대상으로 본 프로이트의 심리성적이론(psychosexual theory)과, 성격형성에 사회문화적인 영향을 강조한 에릭슨의 심리사회이론(psychosocial theory)에 대해서 살펴보고자 한다.

### (1) 프로이트의 심리성적이론

프로이트(1856~1939)

프로이트(Freud)는 1856년 체코슬로바키아의 모라비아에서 태어나 4살 때 이주한 비엔나에서 일생의 대부분을 보냈다. 정신분석학의 아버지라고 불리는 프로이트는 외과대학에 진학해 신경학을 전공하였으며, 히스테리 환자들을 치료하면서 인간의 성격은 생의 초기경험에 의해 형성된다고 하였다. 또한 인간의 행동은 무의식에 의해 그 동기가 유발되며, 성적 에너지인 리비도(libido)가 어디에 위치하느냐에 따라 발달단계를 정립하였다.

#### ① 기본 이해

프로이트는 인간의 정신작용을 의식, 전의식, 무의식으로 구분하였고, 이 중에서 특히 무의식을 강조하였다.

**의식**(consciousness)은 우리가 현재 느끼거나 알 수 있는 모든 경험과 감각을 말한다. 즉, 자신이 주의를 기울이는 순간 곧 알아차릴 수 있는 정신작용의 부분으로 현재의 지각, 감각, 경험, 기억 등이 속한다.

**전의식**(preconsciousness)은 현재 의식되고 있지는 않지만 주의를 집중하면 의식될 수 있는 정신작용을 말한다.

**무의식**(nonconsciousness)은 정신작용의 대부분을 형성하는 곳으로, 인간의 생각과 행동에 영향을 주지만 인간이 전혀 의식하지 못하는 감정, 경험, 갈등을 의미한다.

프로이트에 따르면 인간의 성격은 원초아, 자아, 초자아로 구성되며, 세 요소의 상호작용에 의해 인간의 행동이 결정된다고 보았다.

**원초아**(id)는 성격의 가장 원초적인 부분으로 생물학적 본능으로 구성되어 있다. 성적·공격적 충동과 같은 본능에 의해서 움직이는 성격의 타고난 구성 요소로, 즉각적인 만족을 추구하려는 경향을 가진다. 원초아는 전적으로 무의식 세계에 존재하며 쾌락 원리의 지배를 받는다.

**자아**(ego)는 성격의 합리적인 구성요소로, 충동적인 본능을 통제하고 상황을 고려하여 타협하도록 하는 현실 원리를 따른다.

**초자아**(superego)는 가장 마지막에 발달하는 성격의 부분으로, 한 사람의 내면화된 도덕 기준으로 구성되는 성격의 요소이다. 옳고 그름에 대한 판단역할을 하는 사회적 원리를 따르며 양심과 자아이상으로 구분된다. 양심은 자신이 잘못한 행동에 대해 죄책감을 느끼는 것이고, 자아이상은 자신의 잘한 행동에 대해 자부심이나 긍지를 느끼는 것이다.

### ② 심리성적 발달단계

프로이트는 성적 에너지인 리비도(libido)가 신체의 어느 부위에 위치하느냐에 따라 발달단계를 구강기, 항문기, 남근기, 잠복기, 생식기로 구분하였다.

| 표 3-4 | **프로이트의 심리성적 발달단계와 특징**

| 단 계 | 발달 시기 | 특 징 |
|---|---|---|
| 구강기 | 0~1세 | • 리비도가 입, 혀, 입술 등 구강 부위에 집중<br>• 물고, 빨고, 핥고, 씹는 행위를 통해 만족 추구<br>• 모든 사물을 입으로 가져가서 탐색<br>• 욕구충족이 부족하거나 과도하면 고착(fixation)이 나타남<br>예 손가락 빨기, 손톱 물어뜯기, 과식, 껌 씹기, 침 뱉기, 수다, 욕설 등 |
| 항문기 | 1~3세 | • 리비도가 항문에 집중<br>• 배설물을 보유하거나 배출함으로써 쾌감과 만족을 느낌<br>• 배변훈련을 통해 신체의 자율성 길러감<br>• 지나친 강요나 방임으로 고착적 성격이 나타남<br>예 강박적 행동, 수전노, 수집광, 인색함, 고집스러움, 복종적 등 |
| 남근기 | 3~6세 | • 리비도가 생식기에 집중<br>• 자신의 성기를 만지거나 자극함으로써 만족을 추구<br>• 남아는 오이디푸스 콤플렉스, 여아는 엘렉트라 콤플렉스를 경험하며 동성의 부모를 동일시함<br>• 부모로부터 애정이 부족하거나 지나치면 고착적 성격이 나타남<br>예 남성-경솔, 과시적 / 여성-유혹적, 경박한 기질 등 |
| 잠복기 | 6~12세 | • 리비도가 무의식에 잠복되어 있어 성에 대한 관심이 약해진 시기<br>• 동성 친구들과 어울리며 또래와의 사회적 유대 강화<br>• 학교생활을 통해 지적 활동, 사회적, 도덕적 규범 습득<br>• 고착 현상: 이성관계에서의 어려움, 공격적인 성적 행동, 동성애 등 |

| 단 계 | 발달 시기 | 특 징 |
|---|---|---|
| 생식기 | 13~18세 | • 잠재되어 있던 리비도가 다시 생식기에 집중<br>• 신체적 호르몬 변화로 이성에 대한 관심 및 성적 욕구<br>• 이성에 대한 성적 욕구를 다른 활동(운동, 독서 등)을 통해 승화<br>• 고착 현상: 권위에 대한 반항, 비행, 지나친 금욕주의, 지성화, 자살 등 |

### (2) 에릭슨의 심리사회이론

에릭슨(1902~1994)

에릭슨(Erikson)은 1902년 독일의 프랑크푸르트에서 덴마크인 아버지와 유대인 어머니 사이에서 태어났다. 유대인 사회에서 성장한 그는 덴마크인 외모로 이방인 취급을 받으면서 힘든 학교생활을 보냈다. 그는 아동정신분석가가 되기 전까지 미술 공부를 하였으며, 프로이트의 딸인 안나 프로이트(Anna Freud)를 만나 함께 정신분석학을 공부한 후 미국 하버드대학교에 가서 심리학을 연구하였다. 에릭슨은 자신의 성장배경을 토대로 전생애발달적 관점의 심리사회이론을 정립하였다.

#### ① 기본 이해

에릭슨은 발달의 사회문화적인 맥락을 강조하였다. 그는 생의 초기 경험을 중요시하는 프로이트의 심리성적이론을 확장하여, 전생애적 관점에 초점을 두어 자신의 이론을 8단계로 정립하였다. 에릭슨은 각 발달단계마다 위기 상황에 직면하게 되는데 어떻게 위기를 해결하느냐에 따라서 성격형성에 영향을 미치며, 이 과정에서 사화문화적인 요소가 영향을 미친다고 하였다.

#### ② 심리사회적 발달단계

에릭슨이 제시한 심리사회적 발달단계 및 특징은 다음과 같다.

**| 표 3-5 | 에릭슨의 심리사회적 발달단계와 특징**

| 단 계 | | 발달 시기 | 특 징 |
|---|---|---|---|
| 1단계 | 신뢰감 대 불신감 | 0~1세 | • 프로이트의 구강기에 해당<br>• 주요 목표는 기본적 신뢰감 형성<br>• 인생의 가장 중요한 시기<br>• 양육자에게 일관성 있고 안정된 보살핌을 받은 영아는 세상에 대한 신뢰감을 형성하지만, 그렇지 않을 때는 불신감이 생김 |
| 2단계 | 자율성 대 수치심 | 1~3세 | • 프로이트의 항문기에 해당<br>• 사회적 기대나 압력과 자신의 의지 사이에서의 조절과 적응력이 발달 특성을 결정짓게 됨<br>• 이 시기 중요 과업 중 하나는 '배변 훈련'<br>• 스스로 행동하고 결정하고 싶어 하는 시기<br>• 부모가 부드럽게 선택권을 줄 때 영아는 자율성을 형성하지만, 강요하고 억압하면 수치심을 갖게 됨 |
| 3단계 | 주도성 대 죄책감 | 3~6세 | • 프로이트의 남근기에 해당<br>• 유아의 신체, 인지 능력이 발달하여 많은 일을 스스로 하려 함<br>• 부모가 유아의 목표를 지지해 줄 때 주도성이 발달하지만, 지나친 통제나 억압은 죄책감을 느끼게 함 |
| 4단계 | 근면성 대 열등감 | 6~11세 | • 프로이트의 잠복기에 해당<br>• 스스로 알아내고 성취함으로써 인정받고 싶어 함<br>• 학교를 통해 인지적·사회적 기능을 습득하게 되는데 부모나 교사의 지지와 격려를 받은 아동은 근면성이 발달하지만, 그렇지 못할 경우 열등감을 형성함 |
| 5단계 | 정체성 대 정체성 혼미 | 청소년기 | • 프로이트의 생식기에 해당<br>• 급격한 신체적 변화, 나는 누구인가, 사회에서 무엇을 해야 하는지에 대한 자아정체감을 형성<br>• 하지만 자신에 대한 의문, 혼란, 성역할과 직업선택에서 안정성을 확립하지 못하면 역할 혼란이 나타남 |
| 6단계 | 친밀감 대 고립감 | 초기 성인기 | • 다른 사람, 특히 이성과 친밀한 관계를 형성<br>• 직업 선택과 배우자를 찾는 등 부모로부터의 실질적인 독립<br>• 이 시기에 심리사회적 위기를 잘 극복한 사람은 다른 사람과 친밀감을 형성하여 좋은 인간관계를 형성하지만, 그렇지 않으면 사회적 관계를 회피하고 고립감을 느끼며 외톨이가 되기도 함 |
| 7단계 | 생산성 대 침체성 | 중년기 | • 삶의 각 영역에서 생산성을 발휘하는 시기로, 자녀 양육과 직업에서 다음 세대에 공헌하고 싶어함<br>• 그러나 생산성을 발휘하지 못한다면, 성취감을 느끼지 못하고 침체감이 형성 |
| 8단계 | 자아 통합감 대 절망감 | 노년기 | • 자신의 삶을 되돌아보면서 통찰하는 시기<br>• 자아통합을 이룬 사람은 지혜를 갖게 되지만, 자아통합에 실패할 경우 자신의 삶에 대한 무의미함으로 인해 절망을 느끼게 됨 |

## 2) 인지발달이론

인지란 지각, 기억, 사고, 추론, 문제해결 등의 정신적 사고활동을 포괄하는 개념으로, 인지발달이론은 아동이 어떻게 학습하고 사고하며 문제를 해결하는지에 초점을 두었다. 인지발달의 대표적인 학자로는 피아제와 비고츠키가 있다.

### (1) 피아제의 인지발달이론

피아제(Piaget)는 1896년 스위스에서 태어나 어려서부터 과학자로서 두각을 나타냈다. 10세 때 첫 번째 논문을 출간하고, 21세에 동물학 박사학위를 받았다. 이후 그는 자신의 세 자녀를 관찰하면서 아동의 사고는 성인과는 다르다는 사실을 발견하고, 아동이 어떻게 지식을 획득하고 사용하는지에 초점을 둔 이론을 정립하였다.

피아제(1896~1980)

#### ① 기본 이해

피아제는 아동의 인지발달을 유전적 요인과 환경적 요인의 상호작용에 의한 적응과정으로 보았으며, 인지구조를 설명하기 위해 도식, 조직화와 적응, 평형 등을 주요 개념으로 설명하였다.

**도식**(scheme)은 사물이나 사건에 대한 전체적인 윤곽으로, 유기체가 자신의 경험적 활동을 이해하기 위하여 구성하는 조직화된 사고패턴이나 행동패턴을 말한다. 아동은 적응의 과정을 통해서 새로운 도식을 개발하기도 하고 기존의 것들을 변화시키기도 한다.

**조직화**(organization)는 모든 종들의 신체적 또는 심리적 과정들을 일관된 체계나 구조로 통합시키려는 선천적 경향성을 말한다.

**적응**(adaptation)은 아동이 환경과의 직접적인 상호작용을 통해 도식이 변화하는 과정으로, 동화와 조절이라는 상호보완적인 과정에 의해 일어난다. 동화(assimilation)란 새로운 사물이나 경험, 또는 개념을 기존에 자신이 가지고 있던 도식에 맞추어 받아들이는 과정을 말한다. 조절(accommodation)은 기존의 도식으로 새로운 대상을 이해할 수 없을 때 새로운 대상에 맞게 기존의 도식을 변경하는 것이다. 이러한 동화와 조절의 과정을 통해 균형이 이루어진 상태를 평형(equilibration)이라고 한다.

### ② 인지발달단계

피아제에 따르면 인지발달은 질적으로 다른 일련의 단계들로 진행되며 단계가 높아질수록 복잡성이 증가하고, 연령의 증가에 따라 감각운동기, 전조작기, 구체적 조작기, 형식적 조작기의 네 단계로 발달해 간다.

**감각운동기**(sensory-motor stage)는 0~2세까지로, 신체적 감각을 통하여 인지구조를 변화시켜 나가는 시기이다. 출생 후 첫 한달 동안의 신생아기는 다양한 반사행동들이 나타나며, 이후 영아는 자신의 감각과 운동기능으로 주변 환경을 탐색하고 이를 통해 인지구조를 형성해 간다.

**전조작기**(preoperational stage)는 2세~7세까지로 언어가 급격히 발달하고 상징적 표현을 사용할 수 있다. 하지만 자기중심성이 강하고 가역적 사고를 하지 못하며 보존개념이 형성되지 않는 특징이 있다.

**구체적 조작기**(concrete operational stage)는 7~11세까지로 보존개념을 획득하고 추론이 논리적이 되며 유목 포함, 분류화, 서열화를 할 수 있다.

**형식적 조작기**(formal operational stage)는 12세 이후 청년기로 체계적인 과학적 사고, 추상적 사고, 연역적 사고가 가능하다.

비고츠키(1896~1934)

## (2) 비고츠키의 사회문화적 인지이론

비고츠키(Vygotsky)는 1896년 러시아에서 태어났으며 모스크바 대학에서 법학을 전공하고 예술심리학으로 박사학위를 받았으나, 37세에 폐결핵으로 사망하였다. 그는 아동발달에서 문화와 사회적 관계를 강조하였으며, 아동의 정신기능을 이해하기 위해서는 아동이 살고 있는 사회의 문화를 고려하지 않고서는 아동발달을 제대로 이해할 수 없다고 하였다.

#### ① 기본 이해

비고츠키는 아동발달의 결정적 요인으로 문화를 강조하였다. 즉, 아동은 주의, 감각, 지각, 기억 등 기본적인 정신기능을 가지고 태어나는데 이러한 것들이 아동이 살고 있는 사회의 문화에 의해서 고등정신기능으로 변한다고 보았다. 그리고 아동이 속한 사회의 가치, 신념, 관습, 기술을 습득하고 다음 세대로 전수하는 데 있어 언어가 중요한 역할을 한다고 강조하였다.

#### ② 주요 개념

사회문화적 인지이론에서 비고츠키가 제시한 주요 개념은 다음과 같다.

**근접발달영역**(zone of proximal development)은 아동이 스스로의 힘으로 문제를 해결할 수 있는 수준인 실제 발달수준과 성인이나 더 유능한 또래의 도움을 받아 문제를 해결할 수 있는 수준인 잠재적 발달수준 간의 거리를 의미한다.

**비계**(scaffolding)는 근접발달 영역 내에서 제공되는 성인이나 유능한 또래의 도움을 말한다. 이때 중요한 점은 아동이 성인이나 유능한 또래로부터 도움을 받지만 주도적 역할을 하는 것은 아동 자신이다.

마지막으로 **혼잣말**(private speech)이다. 비고츠키는 언어가 아동의 사고발달에 필수적이며, 아동은 문제해결을 하거나 중요한 목표를 달성하고자 할 때 혼잣말을 하는 경향이 있다고 하였다. 즉, 아동은 자신의 행동과 사고를 이끌어 가기 위해 혼잣말을 한다.

### 3) 학습이론

학습이론은 생물학적 요인보다 환경적인 요인을 강조하며, 아동발달은 경험과 훈련에 의해 점진적으로 일어난다고 보았다. 학습이론의 대표적인 학자인 스키너의 조작적 조건형성이론과 반두라의 사회학습이론을 살펴보고자 한다.

### (1) 스키너의 조작적 조건형성이론

#### ① 기본 이해

스키너(1904~1990)

스키너(Skinner)는 1904년 미국 펜실베이니아(Pennsylvania)의 서스퀴해나(Susquehanna)에서 태어났으며, 대학에서 영문학 전공을 한 후 심리학으로 박사학위를 받았다. 그는 하버드 대학에서 학습에 대한 연구를 하면서 행동주의 심리학자로 이름을 널리 알렸다. 스키너는 인간행동의 대부분을 어떤 행동이 야기하는 결과에 의해서 행동이 통제되는 조작적 행동이라고 보았다.

그는 조작적 조건형성의 원리로 강화와 벌이 중요한 역할을 하는데, 즉 특정 행동이 강화를 받게 되면 그 행동이 다시 되풀이될 확률이 높아지고, 벌을 받게 되면 그 행동이 되풀이될 확률이 낮아진다고 설명하였다.

#### ② 주요 개념

스키너의 조작적 조건형성의 주요 개념에 대한 설명은 다음과 같다.

**강화**(reinforcement)란 특정 행동이 다시 발생하도록 하는 과정을 말하며, 이는 정적강화와 부적강화로 살펴볼 수 있다. 정적강화는 어떤 특정한 행동이 나오고, 이 행동 뒤에 즉각적으로 주어지는 자극의 제시에 의해서 이후 특정 행동의 빈도가 증가되는 과정이다. 예를 들어, 어머니의 심부름을 한 아동에게 아이스크림을 선물로 주었더니, 이후 어머니의 심부름을 더 자주하게 되는 것을 말한다. 부적강화는 행동의 결과로 어떤 자극이 없어짐으로써 이후에 그 행동의 빈도가 증가하는 과정을 말한다.

**벌**(punishment)은 특정 행동 뒤에 즉각적으로 따라오는 자극의 변화 때문에, 이후의 행동 빈도가 감소하는 과정을 말한다. 벌은 효과가 매우 뛰어나지만 공격성이나 부정적인 정서반응, 윤리적인 문제 등의 여러 가지 부작용이 야기될 수 있다. 또한 부적절한 행동을 감소시킬 수는 있어도, 바람직한 행동을 증가시킬 수는 없다.

### (2) 반두라의 사회학습이론

#### ① 기본 이해

반두라(Bandura)는 1925년 캐나다의 작은 마을에서 태어나, 심리학을 전공하고 스탠퍼드대학에서 교수로 재직하였다. 그는 행동과 환경뿐만 아니라 인지도 발달에 있어 중요한 요인이라고 보았다.

그는 실제로 인간행동의 많은 부분은 다른 대상을 관찰 및 모방함으로써 학습될 수 있으며, 이러한 과정은 관찰학습을 통해 이루어진다고 하였다.

반두라(1925~2021)

#### ② 주요 개념

관찰학습은 모델이 되는 타인의 행동을 관찰함으로써 학습을 하는 것이며, 모방(imitation) 또는 모델링(modeling)이라고도 한다.

반두라는 관찰학습이 이루어지기 위해서는 주의, 회상, 운동재생, 동기의 네 가지 단계를 거친다고 설명하였다.

첫 번째는 **주의**(attention) 과정이다. 관찰학습이 되기 위해서는 아동이 모델의 행동을 관찰하고 그 행동의 결과에 대해 주의를 기울일 수 있어야 한다.

두 번째는 **회상**(retention) 과정이다. 타인의 행동을 관찰한 후 그 행동을 실행하기 위해서는, 관찰한 행동을 기억할 수 있어야 한다.

세 번째는 **운동재생**(motor reproduction) 과정이다. 주의 및 기억이 필요조건이지만, 아동은 그 외에 모델의 행동을 옮겨서 실행할 수 있는 능력이 있어야 한다.

마지막으로 **동기**(motivation) 과정이다. 관찰한 행동의 실행 여부는, 아동이 행동을 실행함으로써 올 수 있는 결과에 대한 기대감에 달려있다.

관찰학습의 네 가지 과정 중에서 한 과정이라도 누락되면 사회학습이론의 모형은 불완전한 것이 되며 성공적 모방이 이루어지지 않는다.

## 4) 생태학적 체계이론

### (1) 기본 이해

브론펜브레너(1917~2005)

브론펜브레너(Bronfenbrenner)는 1917년 러시아의 모스크바에서 태어났으나 6세에 미국으로 이주하여 심리학을 전공한 뒤, 1948년 코넬대학의 교수가 되어 인간발달에 대해 연구하였다. 그는 생태학적 체계이론을 사회문화적 맥락으로 설명하였는데, 그의 이론에 따르면 아동은 가족, 친구, 이웃, 학교, 종교단체, 국가, 사회문화적 환경 등에 영향을 받으며 발달한다고 하였다.

### (2) 주요 개념

생태학적 체계이론은 아동발달을 맥락적 관점에서 설명하였다. 즉, 아동을 둘러싼 다양한 환경의 영향과 체계 속에서 아동이 발달한다고 하였으며, 이를 다섯 가지의 환경체계인 미시체계, 중간체계, 외체계, 거시체계, 시간체계로 제시하였다.

**미시체계**(microsystem)는 환경체계의 가장 안쪽에 위치해 있으며, 아동이 직접 상호작용하거나 활동하는 직접적인 환경을 의미한다. 즉, 아동의 가족, 친구, 교사뿐만 아니라 아동이 살고 있는 집의 크기, 집 주변의 시설물 등의 물리적 특성도 포함된다. 미시체계 안에서의 관계와 영향은 양방적이고 상호교류적이어야 한다. 주로 부모가 아동에게 영향을 미치지만, 아동의 신체적 · 심리적 특성에 따라 부모의 행동이 달라질 수 있다.

**중간체계**(mesosystem)는 미시체계들 간의 관계를 말하는 것으로, 부모-교사 간의 관계, 형제관계, 이웃 친구와의 관계가 있다. 일반적으로 미시체계들 간의 관계가 밀접할수록 아동의 발달은 순조롭게 진행된다.

**외체계**(exosystem)는 아동을 포함하고 있지는 않지만 아동에게 간접적으로 영향을 미치는 사회적 환경을 말한다. 부모의 직장, 부모의 건강, 부모의 친구, 지역사회의 복지서비스, 교육청 등이 포함된다.

**거시체계**(macrosystem)는 아동이 직접적으로 개입하지는 않으나 간접적으로 영향력을 발휘하는 것으로 문화적 가치, 신념, 법, 관습 등을 의미한다. 즉, 어떤 가치관과 관습을 추구하는 문화에서 성장하느냐에 따라 아동의 가치관 형성에 영향을 받으므로 거시체계는 지속적으로 사회 전반에 중요한 역할을 하는 요인이라고 할 수 있다.

**시간체계**(chromosystem)는 전 생애에 걸쳐 일어나는 변화와 사회역사적인 환경을 의미한다. 이 체계는 한 시점의 사건이나 경험이 아닌 아동이 성장함에 따라 겪게 되는 내적·외적 사건으로 구성되는데, 가장 단순한 시간체계는 인생의 전이에 초점을 둔다. 즉 입학, 사춘기, 사회생활, 결혼, 은퇴, 이사, 질병, 가족의 죽음 등이 전이가 되어 아동의 발달적 변화에 영향을 미치는 것이다.

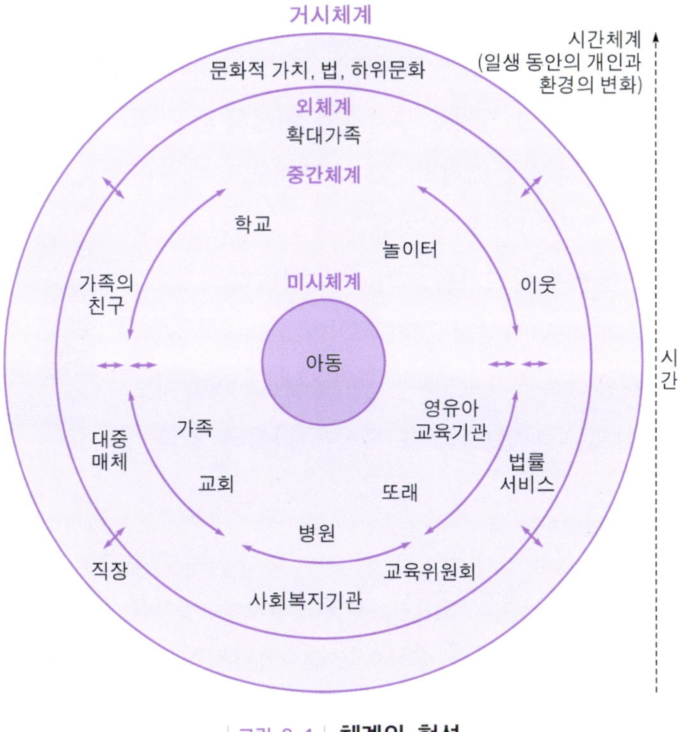


| 그림 3-1 | **체계의 형성**

## 4. 아동발달에 영향을 미치는 환경

아동은 태어나면서부터 다양한 사회적 환경의 영향을 받으며 성장한다. 아동발달에 영향을 미치는 환경으로 부모의 양육태도, 또래관계에 대해 알아보도록 하자.

### 1) 부모 양육태도

부모는 아동이 이 세상에 태어나 최초로 관계를 형성하는 대상이며, 아동의 발달 과정에서 자녀를 양육하는 부모의 역할은 매우 중요하다. 특히, 부모의 양육태도는 아동의 성격 형성에 결정적인 영향을 미치는 요인 가운데 하나이며, 부모의 어떠한 양육방식이 가장 효과적인지는 문화에 따라, 가족의 특성에 따라 상이하며, 부모가 자녀에게 애정적인 양육태도를 보이는지, 통제적인 양육태도를 보이는지에 따라 자녀의 행동 특성이 달라질 수 있다.

바움린드(Baumrind, 1991)는 애정과 통제라는 두 가지 차원에 의해 부모의 양육태도를 네 가지로 구분하여 제시하였다. 애정 차원은 부모가 자녀에게 애정적이고 수용적으로 대하며 민감하게 반응하는 행위이다. 통제 차원은 부모가 자녀의 행동을 제한하고 통제하며 따르기를 기대하는 것이다.

바움린드(1927~2018)

그는 애정과 통제 차원에 따라 권위주의적(authoritarian), 권위있는(authoritative), 허용적(permissive), 무관심한(neglectful) 양육태도의 네 가지 유형으로 나누었으며, 그 특성은 다음과 같다.

#### (1) 권위주의적 유형

권위주의적 양육태도는 애정은 낮고 통제는 높은 유형으로, 부모가 정해놓은 규칙과 틀에 맞추어 자녀가 따르도록 강요하는 등 지나치게 억압하고 간섭하나, 자녀의 요구에는 관심이 없다. 또한 자녀가 부모의 기준에 어긋나는 행동을 하거나 따르지 않을 때는 체벌을 사용하는데, 왜 벌을 주는지에 대한 논리적 설명은 하지 않는다.

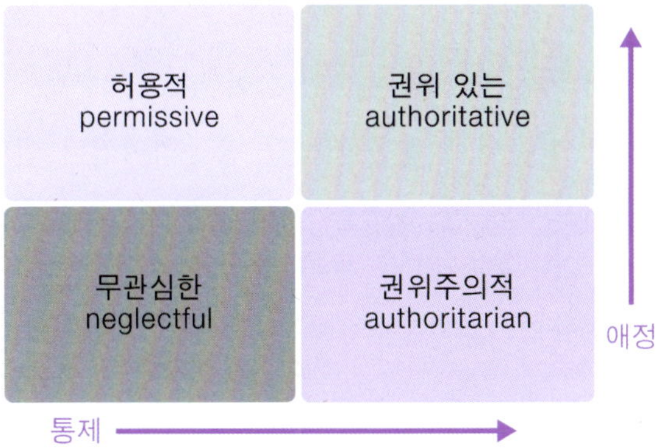


그림 3-2 **바움린드의 부모 양육태도 유형**

권위주의적인 양육행동을 받으며 자란 자녀는 행복감을 갖지 못하고 항상 불안을 느끼며, 낮은 자아존중감, 수동적, 의존적, 복종적이며 사회성이 부족하고 반항적인 특성을 보이는 경우가 많다.

### (2) 권위 있는(민주적) 유형

권위 있는 양육태도는 애정과 통제가 모두 높은 부모 유형으로, 가장 바람직한 양육태도라고 할 수 있다. 권위 있는 양육태도를 지닌 부모들은 자녀에게 온정적이며 자녀의 요구에 민감하게 반응하고, 자녀와의 대화를 통해 의사결정을 한다. 자녀와의 의사소통 시에도 논리적으로 설명하고 이해시키도록 노력하며, 사회적으로 수용되는 범위 내에서의 자율성이 허용된다.

권위 있는 양육행동을 받으며 자란 자녀는 높은 자아존중감을 가지고 책임감과 자신감이 있으며, 사회적으로 유능하고 또래와의 관계도 원활한 특성을 보인다.

### (3) 허용적 유형

허용적 양육태도는 애정은 높으나 통제는 낮은 유형으로, 부모는 자녀에게 애정을 많이 가지고 온정적·수용적이지만 요구나 통제는 거의 하지 않는다. 부모는 자녀의 의견에 무조건 동의하고 자녀의 요구에 대해서도 지나치게 관대하며 훈육에 일관성이 없는 경향이 있다.

허용적인 부모 밑에서 자란 자녀들은 자신감이 있고 적응을 잘하는 편이지만, 규칙이나 규율을 무시하고 마음대로 행동하는 등 충동적이거나 반항적인 행동을 보이거나 지나치게 의존적이고 과도한 요구를 하는 경우가 있다.

#### (4) 무관심한(방임적인) 유형

무관심한 양육태도는 애정과 통제 모두가 낮은 유형으로, 가장 바람직하지 않은 양육방식이다. 부모는 자녀에게 애정이 없고 냉담하며 엄격하지도 않고 무관심하다. 이런 경우, 부모가 자신이 처한 문제로 인해 자녀에게 관심을 가질 시간적 · 심리적 여유가 부족한 경우가 많다.

무관심한 양육을 받고 자란 자녀는 낮은 자아존중감과 학업성취도, 우울, 분노, 반사회적 행동을 보이는 특징이 있다.

### 2) 또래관계

아동이 성장함에 따라 가족보다는 또래집단의 비중이 더 커지게 된다. 특히 어린이집이나 유아교육기관에 다니기 시작하면서 친구는 부모와는 또 다른 즐거움의 대상이 되며, 놀이를 통해 친구와 소통하고 함께 노는 방법이나 양보하는 방법을 자연스럽게 익히는 등 또래와의 관계를 형성하게 된다.

피아제(Piaget)에 의하면 '또래'라는 말은 '평등'을 의미하며, 아동들 사이에 수립된 친구 관계는 평등주의적인 경향이 있다고 하였다. 사전적 의미로는 '서로 동일한 위치에 있는 사람', 발달심리학에서는 '사회적 동년배'라고 정의하고 있다(윤지현, 2004). 따라서 또래관계는 사회적으로 동일한 위치에 있는 집단 안에서 서로의 생각을 자유롭게 표현하고 갈등을 해결해 나가면서 긍정적인 관계를 맺는 것이라고 할 수 있다. 즉, 아동이 긍정적인 또래관계를 맺고 유지하는 것은 사회화 및 발달에서 매우 중요하며, 이는 자아상과 자아존중감 형성의 기초가 된다.

또래관계는 연구 목적에 따라 다양하게 분류되며, 또래의 관점에서 한 아동이 선호되거나 선호되지 않는 정도를 보는 또래수용(peer acceptance)은 유아에게 함께 놀고 싶은 유아를 지명하게 하는 사회적 측정법이나 교우관계 측정도를 그려보는 방법이 일반적이다. 코이 외(Coie et al., 1982)는 또래가 좋아하거나 싫어하는 정도를 측정해서 또래수용을 네 가지 유형으로 구분하였다. 첫 번째로 '인기 있는' 아동은 좋아하는 친구로 지명을 많이 받고 싫어하는 친구로의 지명은 거의 받지 않는 아동을 말한다. 두 번째로 '무관심의 대상'은 좋아하는 친구와 싫어하는 친구 모두의 지명을 거의 받지 않은 아동, 세 번째로 '논쟁의 대상'은 좋아하는 친구와 싫어하는 친구 모두 지명을 많이 받은 아동, 마지막으로 '거부당하는' 아동은 좋아하는 친구에 대한 지명은 거의 없고 싫어하는 친구로의 지명만 많이 받은 아동을 말한다.

영유아기에 경험하는 또래관계는 부모 이외에 타인에 대한 관심의 발달로 인하여 나타나는 것으로 이후 대인관계 및 인지, 사회성 발달에 지대한 영향을 미치므로 아동복지에서도 그 이해가 중요하다고 할 수 있다.

Chapter

04

# 아동복지의 발달사

아동복지의 발달은 시대의 상황에 따라 국가와 사회가 추구하는 특성이나 가치에 영향을 받는다. 아동을 둘러싼 시대의 상황은 아동을 어떻게 바라보는가를 결정하게 되고 그 관점에 따라 아동복지정책이 만들어지고 서비스가 실천되었다. 아동복지의 발달을 보면 공통적 흐름을 발견할 수 있다. 요보호아동을 중심으로 한 사후적 접근에서 모든 아동을 대상으로 한 예방적이고 보편적 서비스로 대상과 서비스가 확장되어 온 점이다. 즉, 아동이 가진 문제와 욕구를 아동 개별적인 특성에 원인을 두고 시혜적이고, 차별적인 접근을 하던 것에서, 아동이 처한 환경과 사회의 구조적인 결함에 원인이 있음을 인식하고 아동을 유해한 환경으로부터 보호하고 건강한 성장을 위한 환경 조성이 사회와 국가적 책임이라는 관점으로 변화되면서 그 사회에 속한 모든 아동을 위한 복지서비스로 전환하고 있다. 본 장에서는 아동관의 변화에 따른 아동복지 발달의 배경, 그리고 외국과 우리나라의 아동복지 발달사를 통해 변화되어 온 과정을 살펴보기로 한다.

## 1. 아동관의 변화

아동을 바라보는 관점은 그 시대의 가치와 사상, 상황적 배경에 따라 변화해 왔다. 과거에는 아동을 종족 보존의 수단이나 부모의 소유물로 여겨 무가치한 존재로 취급하였으나, 1900년대부터 아동을 성인과는 다른 특성을 지닌 하나의 독립된 인격체로 인식하면서 권리와 복지가 강조되고 있다. 이러한 아동관의 변화는 아동복지의 변화를 이해하는 기반이 된다. 따라서 본 장에서는 서구사회의 변화에 따른 아동에 대한 관점을 먼저 살펴보고자 한다.

### 1) 고대사회

고대사회는 의식주 해결이 급선무였던 시대로, 아동은 권리를 지닌 인격체가 아닌 종족 보존을 위한 수단이나 부모의 소유물로 여겨졌다. 따라서 아동의 생사권은 부모에게 있었으며, 생산에 참여할 수 있을 때만 생존이 보장되었다. 특히, 풍속이나 미신 등의 사회적 의식에 의해 생명의 위협을 받기도 하였으며, 장애아동이나 질병으로 허약한 아동 등 부모에게 부담이 되는 아이는 방치하여 유기되거나 살해하였다.

카두신(Kadushin, 1974)에 의하면 아마존 지역의 인디언은 아기가 태어나면 강물에 넣어 건강한 아이는 끄집어내고 그렇지 않은 아이는 그대로 버려두는 생존실험을 했다고 보고되었으며(이소희, 2002), 로마에서는 양육을 포기한 부모가 바구니에 아기를 담아서 강이나 광장에 버리면 자녀가 없는 사람이 데려가 아기를 키우는 포팅(potting) 관습이 행해졌다. 또한, 유스티니아누스 법전(Codex Justinianus)에 따르면 "가난한 아버지는 자식을 출생과 동시에 팔 권리를 가진다."라고 명시하여 아동매매를 합법화하면서 고대사회에서는 영아살해, 유기, 낙태, 아동매매가 공공연하게 이루어졌다.

이후, 기독교 정신이 서구사회의 중심이 되면서 영아살해와 아동유기에 대한 태도를 바꾸기 위해 노력하였고, 고대 로마의 콘스탄티누스 황제(Contantinus Ⅰ)가 "아동을 살해할 수 없다."고 선포하면서 아동이 보호되기 시작하였다. 하지만 그럼에도 불구하고 사회적으로 완전히 사라지지 못하고 18세기까지 지속되었으며 고대사회에서 아동의 존엄성은 찾아보기 힘들었다.

### 2) 중세사회

중세는 신분적 계층을 중요시하는 봉건제도와 종교의 사회적 영향이 강했던 시대로, 종교단체에서 아동을 보호하기 시작하면서 아동관의 변화가 나타났다. 이 시기는 신분의 계층이 엄격했으며 부모의 신분이 자녀에게 세습됨에 따라 아동의 처우에도 차이가 있었다. 즉, 부모의 신분이 높은 계급의 아동은 가계 계승을 위한 도제 훈련을 받았으나, 신분이 낮은 계급의 아동은 농노로서 노동력을 착취당하거나 군사력을 위한 수단으로 활용되는 경우가 많았다. 그리고 장애아동은 무가치한 존재로 판단되어 유기되거나 살해되었다. 또한, 아동을 성인의 축소판으로 여겨 아동이 태어날 때 이미 성인과 같은 특성을 가지고 있다고 믿었기 때문에, 아이들이 걷고 말을 할 수 있게 되면 놀이, 의복, 일, 태도 등에서 성인과 같은 수준의 기대를 하였다(이은화 외, 2001).

하지만 종교단체를 중심으로 하류계층의 아동을 보호하기 위한 움직임이 일어나면서 버려진 아동을 교회나 수도원에서 돌보는 등의 아동보호사업이 시작되었다. 이 시기의 아동보호활동은 대부분 종교단체에서 자선 차원으로 이루어진 것으로 근대적 의미의 아동복지사업은 아니었다.

### 3) 근대사회

근대사회는 산업혁명과 함께 중세 봉건사회가 붕괴되면서, 자본주의 시대에 도래하였다. 자본주의 사회로 이행해 가는 과정에서 빈농의 몰락과 이농, 그리고 농촌 빈민들이 도시로 유입되는 인구가 갑작스럽게 증가하면서 도시빈곤, 실업, 노사문제 등의 다양한 사회적 문제가 대두되었고, 이러한 변혁은 자본가 계층과 노동자 계층이라는 새로운 2대 사회계층을 창출하여 계급갈등을 야기하였다.

이 시기에 국가적 차원에서 빈민을 구제하기 위한 목적으로 제정된 대표적인 법은

1601년 영국의 엘리자베스 여왕에 의해 제정된 '엘리자베스 구빈법(The Elizabeth Poor Law)'이라고 할 수 있다. 이 법은 이전까지의 빈민구제를 위해 제정된 제 법령의 집대성으로 빈민의 구제를 정부의 책임으로 인식했으며, 요보호아동을 포함한 빈곤층을 법으로 보호하였다. 즉, 노동 불가능한 빈민은 구빈원에서 보호하였으며 요보호아동은 도제제도 등으로 보호받게 함으로써, 엘리자베스 구빈법은 현대 아동복지의 시초라고 할 수 있다(김강식, 2005). 하지만 이러한 구빈법은 영국 내의 부랑자 문제를 해소한 반면, 노동이 가능한 빈민이 구빈원에서 제공되는 노동을 거절하면 형벌에 처하는 등 포로수용소 같은 생활 속에서 인권을 말살시켰다는 평가가 나오면서 빈민법에 대한 상반된 결과를 가져왔다.

자본주의 사회가 시작되면서 자본가들은 아동을 값싼 노동력으로 여겨, 열악한 환경에서 하루 15~16시간 이상의 노동을 시키기 시작하였다. 대다수의 아동들은 노동력 착취와 함께 건강한 신체적 · 정신적 발달은 기대하기 어려웠다. 이에 로버트 오언(Robert Owen)은 아동을 노동으로부터 보호하기 위하여 아동의 최저 고용연령, 노동시간 제한, 교육의무 등을 규정한 공장법(1802)을 제정하였다. 공장법의 제정으로 아동을 값싼 노동력이 아닌 교육의 대상으로 바라보게 되었고, 이러한 관점의 변화는 아동복지사업을 발전시키는 데 일조했다.

또한, 인본주의 사상이 발전하면서 '코메니우스(Johann Amos Comenius)'는 성인의 축소판으로서의 아동이 아닌 하나의 인격체임을 강조하였으며, 루소(Rousseau)는 아동도 성인과 마찬가지로 침해받지 않을 자유와 권리가 있음을 주장하였다. 페스탈로치(Pestalozzi)도 인간은 태어날 때부터 평등하며 누구나 인간으로서의 가치를 존중받아야 한다고 강조하면서, 아동에 대한 관점이 새롭게 전환되기 시작하였다.

따라서 근대사회는 아동기에 대한 인식과 함께 그 중요성이 대두되었고, 아동을 값싼 노동력 공급으로서의 수단이 아닌 미래사회를 위한 교육의 대상, 보호의 대상으로 인식하면서 아동보호서비스를 중심으로 아동복지가 전개되었다.

### 4) 현대사회

20세기에 접어들면서 많은 학자들이 아동에 대해 연구하기 시작하였고, 아동을 권리의 주체로 인식하면서 권리로서의 아동복지 사상이 더욱 강조되었다.

스웨덴의 여성학자이자 작가인 엘런 케이(Elen Key)는 1900년에 그의 저서 『어린이의 세기』에서 "아동은 튼튼하게 태어나 건강하게 키워지고, 교육과 도덕적 · 정신적 훈련을 받으며 정상적인 가정생활을 영위할 수 있는 환경을 누리며 즐거운 생활을 할 권리가 있다."고 주장하면서, 교육의 대상으로서의 아동인권을 언급하였다.

1909년 1차 백악관 회의에서, 미국의 루즈벨트(Roosevelt) 대통령은 아동을 육성하는 일은 내일의 국민을 육성하는 것임을 언급하며 요보호아동에 대한 국가책임을 표명하였다. 이후 10년마다 백악관 회의를 통해 아동복지의 최저기준, 모자보건, 아동보건 및 보호 등을 규정하여 아동복지의 전문화에 기여하였다.

20세기 초, 세계대전으로 수많은 아동들이 기아, 질병, 영양실조에 시달리고 고아와 부랑아가 되면서, 1924년 아동권리를 위한 최초의 국제적 선언인 '제네바 선언'이 공포되었다. 이후 1959년 UN이 '아동권리선언'을 선포하였고, 1979년을 '세계아동의 해'로 지정하였다. 그리고 1989년에는 UN 총회의 승인과 20개국의 비준을 거쳐 아동권리에 대한 최초의 국제 협약인 'UN 아동권리협약'이 채택되었다. 이로써 전세계 모든 아동의 권리를 법제도화 하면서 권리주체로서의 아동에 대한 국제사회의 책임을 의무화하였으며, 이를 계기로 요보호아동을 대상으로 하는 선별적 복지서비스에서 모든 아동을 대상으로 하는 보편적 복지서비스로 변화되어 왔다.

## 2. 외국 아동복지의 발달과 특성

교통 · 통신 기술의 발달로 인하여 세계는 점차 접근성이 높아지고 다양한 정보들이 실시간으로 전해지고 있다. 따라서 각 나라의 아동복지정책은 전 세계적인 차원에서 서로 영향을 주고, 또 받을 수 있다. 그렇기에 아동복지를 선진적으로 시행하여 긍정적인 결과를 얻은 다른 나라의 아동복지정책과 서비스를 살펴보고 우리나라에 적합한 복지모델을 생각해보는 것은 의미가 있을 것이다. 따라서 아동복지의 선구적인 역할을 해온 영국과 미국, 스웨덴의 아동복지를 살펴보고, 우리나라와 가장 가까운 나라인 일본에서는 어떻게 아동복지가 이루어지는지 살펴볼 것이다.

### 1) 영국의 아동복지

영국은 사회복지정책이 가장 먼저 발달하기 시작한 나라 중 하나로서 전 세계에서 가장 먼저 아동을 보호하기 위한 복지법이 수립된 나라이다. 엘리자베스 여왕이 1601년 '구빈법(Elizabethan Poor Laws)'을 제정하여 부모가 양육할 수 없는 아동 중 노동이 가능한 아동과 노동이 불가능한 아동을 구분하여 노동이 가능한 아동은 원하는 가정에 위탁하거나 한 분야의 장인(대장장이, 석공, 직공 등)에게 도제로 보내 결혼연령까지 일하도록 규정하였다. 그리고 일할 능력이 없는 아동은 구빈원에서 최소한의 구제를 받도록 하였다.

국가적 측면에서 빈민을 구제하기 위하여 조세를 들여 정책을 시행했다는 점에서 근대적인 복지서비스의 시작으로 볼 수 있지만, 한편으로는 사회적 질서를 유지하기 위해 강제적으로 시행되었고 노동능력이 있는 빈민이 일을 할 수 있도록 하는 것이 주된 목적이었기에 복지를 위한 정책으로 보기 어렵다는 주장도 있다.

이후 18세기 산업혁명으로 인하여 전국의 가난한 노동자들이 도시로 몰려들어 빈곤가정과 결손가정아동이 속출하기 시작하였으며, 이를 위한 사회적 대책이 필요한 시기가 되었다. 특히 아동은 열악한 노동 조건 속에서 심각하게 착취당하였다. 이러한 상황에서 맨체스터의 최대 방직 공장 공장장인 로버트 오언은 다양한 방면으로 노동자의 복지를 위해 노력했다. 10살부터 공장에서 견습공으로 일을 해왔던 오언은 20대 후반까지 관리자의 역할을 하면서 노동자들의 인권을 옆에서 지켜볼 수 있었다. 오언은 공장장이 된 후로 공장 내 상점에서 양질의 생필품을 최소 25% 저렴하게 판매하기 시작했다. 그리고 아동의 노동시작 연령을 6세에서 12세로 높이고, 하루에 10시간 이상 일하지 못하게 하였다. 12세 이하의 아동들에게는 유아원을 다니게 하였고,

12세 이상의 아동들에게는 일이 끝나면 학교로 보내 교육을 받게 하였다. 아동과 노동자의 복지에 대한 오언의 새로운 관점은 영국의 공장법 제정에 영향을 주었다.

1819년 공장법이 제정되면서 아동의 최저 취업연령을 9세로 정하고, 9~16세 미만 아동의 노동시간은 일일 12시간을 초과할 수 없다고 규정하였다. 이후 공장법은 1847년 개정되면서 9세 미만 아동의 노동을 금지하고, 18세 미만 아동과 여성의 일일 노동시간을 10시간으로 제한하였다(한성심, 송주미, 2008).

산업혁명 이후 아동문제가 더욱 심각한 상황에 처하게 되자 민간사회복지활동이 활발해졌으며, 대표적으로 그 성격이 다른 두 가지 민간복지활동인 자선조직협회와 인보관 운동이 있다. 1869년 솔리(Solly)가 효과적인 자선을 목표로 조직한 자선조직협회(Charity Organization Society: COS)는 개인적 차원의 자선사업과 박애사업을 시작으로 인도주의적 사회개량사상과 연계하여 빈민에 대한 방문, 면접, 기록, 사례연구 등의 실시를 통해 사회복지조사 및 지역사회실천의 뿌리를 마련하였다. 이후 사회사업조직이나 단체에 유급 직원이 배치되고 전문적인 지역사회복지의 시초가 되었다.

인보관 운동은 1884년 대학생들이 주체가 되어 최초의 인보관인 '토인비홀'을 설립하고 빈민구제운동을 실시하였다. 이들은 빈곤이 경제적인 문제라기보다 정신적인 문제로 보고, 교육을 통해 빈민이 스스로 변화된 문화와 교양을 깨우침으로써 빈민의 인간적인 성장을 돕고자 하였다. 인보관 운동은 중류층과 대학생들이 참여하였으며, 사회 문제의 원인을 환경적 요소로 보고 빈민에 대한 각종 교육서비스와 사회개혁활동 등을 지원해 나갔으며, 야간학교 개설 등을 통해 지역사회를 개발하는 등 조직화와 변화를 마련하기 위한 민간사회복지관 활동의 출발이라고 할 수 있다.

1942년 베버리지 보고서(Beveridge Report)는 빈곤, 불결, 무지, 질병, 나태의 예방과 해결을 향한 복지국가체제로 진입하게 하였으며, 아동수당, 포괄적 보건서비스, 완전고용을 제안하였다. 아동복지에 대한 국가책임이 강조되면서 복지 대상이 일반아동으로 확대되었으며, 1946년 가족수당법, 1974년 모든 아동을 대상으로 한 아동수당법을 제정하였다(장영인 외, 2006). 이는 아동을 가진 가정에 대한 가장 보편적이고 일반적인 경제적 지원을 의미하며, 가정의 경제적 수준이나 기여 여부에 관계없이 모든 아동에게 주어지는 소득보장제도이다.

1989년 아동법은 UN 아동권리협약의 원칙에 근거하여 자녀 양육의 일차적 책임을 부모로 하고 아동의 이익을 최우선으로 하는 것과 아동의 의사결정 참여, 원가정 보호가 어려운 아동의 경우 대리가정에서 보호를 받을 수 있도록 하는 내용이 규정되었다.

1997년에는 슈어스타트(Sure Start) 정책의 시행으로 저소득층의 아동과 부모를 대상으로 보육 및 교육서비스, 그리고 일 · 양육을 병행하기 위해 필요한 지원을 제공하는 제도가 시행되었다.

출처: http://www.redian.org

슈어스타트에 참석한 아이들과 부모

2003년부터 자녀 양육 가정의 조세부담을 경감시켜주기 위한 아동조세공제(Child tax credit)가 실시되었으며, 2004년 아동법 개정을 통해 모든 아동이 어떠한 배경이나 상황에서도 건강하고 안전하며 즐겁게 배울 수 있어야 하고, 이러한 교육을 통해 사회에 이바지하고 경제적 역량을 획득할 수 있도록 필요한 서비스가 제공되어야 한다고 규정하였다. 따라서 1998년에 시작한 만 4세아 무상교육이 만 3세까지로 확대되었고, 낙후 지역에는 만 2세도 무상교육을 제공하기 시작하였다.

2007년에는 교육기술부를 대신하여 아동학교가족부가 출범하였다. 이는 21세기 지식기반사회에서 국가경쟁력을 제고하고 사회의 기반인 아동과 청소년, 가족에 대한 정부지원을 강화하려는 의지에서 출발하였으며, 유아교육과 보육을 통합하기 위해 슈어스타트국(Sure Start Unit)을 두어 아동의 출생과 동시에 건강, 학습, 부모역할 등을 총체적으로 담당하도록 하였다. 또한 취약 소외 영유아를 완전히 감소시키고자 막대한 예산을 투입하여 노력하고 있으며, 육아지원 인력을 위한 전략 수립, 서비스 질 제고를 위한 평가체제 강화 등의 노력을 진행하고 있다.

영국의 아동복지는 다른 국가에 선구적인 역할을 하면서 발달해 왔고, 사회보장제도가 발전하는 과정에서 가족수당 등의 제도가 수립되면서 가족중심을 기본으로 아동이 건강한 가정에서 성장하는 것을 최대 목표로 다양한 국가적 지원이 이루어지고 있다.

### 2) 미국의 아동복지

미국의 복지정책은 영국의 영향을 많이 받으며 발달하였다. 초기 미국은 영국의 빈민법을 그대로 가지고 와서 실시함에 따라 아동에 대한 단독 복지법은 없었고, 대부분의 복지서비스들은 중앙집권적으로 이루어진 것이 아닌 각 주(state)를 중심으로 독자적으로 발전해왔다.

미국의 초기 아동복지는 종교단체가 주도적으로 시설보호서비스를 제공하는 방식으로 진행되었다. 1727년 뉴올리언스(New Orleans)의 우슬린(Ursuline) 수도원에서 인디언에 의해 부모를 잃은 아동을 위해 양육원이 세워졌으며, 이후 최초의 영구적 보호시설인 베데스다 고아원이 조지아 주에 설립되었다.

19세기 후반에 들어서면서 시설보호가 아동의 신체와 정신의 건전한 발달에 도움을 주지 못한다는 '정상화 이념'의 영향을 받아, 시설보다는 위탁가정이 적절하다는 취지 아래 1853년 브레이스 목사가 설립한 뉴욕아동구호협회(New York Children's Aid Society)를 통해 최초로 위탁가정서비스를 실시하게 되었다. 이 협회는 뉴욕의 노숙아동과 요보호아동을 중서부의 기독교 농가로 위탁하는 활동을 전개하였으며, 이를 통해 도시의 아동범죄 문제와 서부지역의 노동력 문제를 동시에 해결하고 아동들의 자립능력을 키워주려고 노력하였다. 1853년부터 1929년까지 약 15만 명의 아동들이 고아열차를 타고 뉴욕에서 서부지역으로 옮겨갔으나, 무료 노동력 제공이라는 목적과 위탁가정에서 일어나는 아동학대 문제들이 부각되면서 비판의 대상이 되기도 하였다. 1895년 아동노동법이 제정되어 14세 이하 아동의 노동 및 야간작업 금지와 노동시간 제한 등을 규정하였다.

출처: https://www.recordclick.com/foundling-hospital-records-orphan-train-records
어린이구제협회에서 고아기차를 타고 위탁가정으로 향하는 아이들

1870년대 초 미국 내의 경제적 불황이 나타나면서 영국의 자선조직협회(COS)와 인보관 운동이 도입되었다. 대표적인 인보관은 1889년 제인 아담스(Jane Adams)가 시카고에 설립한 헐 하우스(Hull House)로 아동과 여성을 대상으로 한 클럽조직활동, 거리 청소 등 시민의식을 높이기 위한 활동과 지역사회 개선을 위한 노력, 보육원 운영, 도서관, 일요학교 등 각종 교육서비스 활동이 활발하게 이루어졌다.

출처: http://kcm.kr/dic_view.php?nid=40090
헐 하우스의 창시자인 제인 아담스

대규모 아동수용시설에서 생활하는 아동문제가 심각하게 제기되면서, 아동문제에 대한 전 국민적 관심이 유발되었다. 이에, 1909년 제1차 백악관 회의에서 루즈벨트

대통령은 요보호아동 문제와 관련된 200명의 전문가를 백악관으로 초청하여 회의를 진행하였고, 아동 발달에서 부모와 가정의 역할이 중요함을 언급하면서 아래의 세 가지 원칙을 제시하였다.

① 가난하다는 이유로 아동이 가정에서 분리되어서는 안 된다.

② 원가정에서 분리되어야 할 경우, 잘 선정된 위탁가정에서 생활할 수 있도록 한다.

③ 시설을 이용할 경우, 소숙사 제도(cottage system)가 바람직하며, 아동의 의존성이 나타나지 않도록 해야 한다.

제1차 백악관회의를 계기로 1912년 아동문제를 전담하는 연방아동국이 설치되어 아동문제에 대한 국가의 책임을 공식적으로 인정하였으며, 정부 차원에서 아동의 권리와 복지를 위한 기관 설립이 필요하다는 것을 보여준 하나의 대표적 사례가 되었다. 그리고 1930년 제3차 백악관 회의에서는 19개조로 구성된 아동헌장을 채택 및 발표하였다.

1920년대 미국은 자유방임주의 경제정책을 펴며 자본주의가 발달하다가, 1929년 대공황을 직면하게 되면서 아동문제뿐만 아니라 대량실업, 빈곤 등의 각종 도시문제가 나타났다. 그 결과 1935년 독점자본주의를 비판하면서 사회보험제도, 근로능력이 불가능한 빈민을 위한 공공부조, 아동복지서비스 등을 골자로 한 사회보장법(Social Security Act)을 제정하였다. 이 법으로 아동복지서비스는 사회보장체계에 포함되어 전국적으로 확산되는 계기가 되었으며, 연방정부가 제공하는 공공부조(요보호아동부조 프로그램)의 혜택을 받을 수 있게 되었다. 이 법안은 영국의 빈민법과 유사하여 근로능력이 있는 빈곤아동과 청소년은 지원받을 자격을 주지 않아 스스로 생계를 책임지도록 하였고, 노인이나 장애인과 같이 근로능력이 없는 사람만 지원하도록 되어 있어 차별적인 미국 복지정책의 근간을 형성하였다.

제2차 세계대전 이후 미국은 세계에서 가장 풍요로운 나라로 발전하였다. 그럼에도 빈곤문제는 해결해야 할 과제로 남아 1964년 빈곤과의 전쟁을 선포하고 경제기획법을 실시하였으며, 이때 저소득가정 아동을 대상으로 교육, 보건, 영양에 대한 서비스를 제공하는 헤드 스타트(Head Start) 프로그램과 푸드 스탬프(Food stamp) 프로그램이 실시되었다. 1975년에는 장애아동교육법이 제정되어 장애아동의 교육과 사회적 지원을 하였고, 이후 가정으로 돌아갈 수 없는 요보호아동의 안전과 영구적인 가정인 입양을 촉진하는 입양 및 안전가족법(1997)이 제정되었다.

출처: http://bostonkorea.com/news.php?code=foto&mode=view&num=17654&page=

스프링 필드에 소재한 헤드스타트센터

미국의 아동복지정책은 카두신의 3S 모델, 즉 지지적 서비스, 보충적 서비스, 대리적 서비스가 근간을 이루고 있다. 가족을 중심으로 아동문제를 해결하고 아동복지 대책을 가족 전체로 확대하여 가족중심의 서비스를 확대해 나가고 있다. 이에 2003년 아동 및 가족안전법의 제정으로 가족을 지지·강화하기 위한 지역사회 기반 프로그램 등 아동학대와 방임의 예방 및 치료를 위한 다양한 서비스를 지원하였으며, 2011년에는 어린이 및 가족서비스를 개선하고 혁신법을 제정하여 2016년까지 아동과 가족서비스 프로그램을 확장하였다(정옥분 외, 2016).

### 3) 스웨덴의 아동복지

스웨덴은 사회적 평등을 위해 국가가 적극적으로 개입하는 사회민주주의 복지국가로 세계 최고의 복지국가이자 아동복지 국가 중 하나이다. 그리고 1989년 UN에 의해 채택된 아동권리협약에 최초로 사인한 국가이다.

스웨덴은 1853년 빈민에 대한 국가적 책임을 입법화하여 구빈법을 제정하였다. 이는 영국과 유사한 형태로 구빈의 대상을 15세 이하의 아동과 병자, 폐질자 등 노동무능력자로 규정하였다. 사회가 점차 발전하면서 산업화 및 공업화가 이루어졌고, 이와 같은 상황에서 사회구조의 변화, 노동조건의 악화, 여성과 연소 노동자 증가, 도시 인구 급증, 청소년 비행 등의 사회 문제가 나타나기 시작했다. 이에 스웨덴 정부는 1881년 노동금지법을 제정하여 아동을 저임금과 장시간 노동으로부터 보호하였다(도미향 외, 2017).

1902년에는 입양아동의 건강과 보건을 위한 입양법을 제정하고 미혼부모 아이들의 합법적 입양 및 사후 관리로 입양아들의 정상적인 성장을 지원하고자 노력하였다. 1924년 아동복지법이 제정되면서 구빈법의 수혜 대상으로 취급되어오던 아동이 독립된 법규에 의해 보호받기 시작하였으며, 「아동복지법」에 따라 아동과 청소년의 보호를 위한 기관이나 시설의 관리 및 설치 추진을 관리하는 아동복지위원회가 설립되었다.

스웨덴은 20세기 초 사회복지정책의 성립기를 맞이하였다. 한손 내각의 집권 시기(1932~1946)에 기존의 복지제도를 재편 및 확대하고 새로운 복지제도를 도입하였다. 대공황의 경제위기를 돌파하기 위해, 복지예산을 중심으로 재정지출을 확대한 것이 스웨덴을 대공황에서 빠르게 회복시켰고, 저출산 문제가 두각되는 상황에서 1934년 "모든 계층을 위한 종일제 유아원"을 주창하면서 유아원에서는 부모들이 일하는 동안, 교육받고 훈련된 전문가들 또는 '대리모(substitute mothers)'들이 아동에게 교육과 보육을 제공하였다. 그리고 1938년에는 모자보건 대책을 수립하였다.

저출산의 원인을 급격한 도시화로 인한 경제적 불안이라는 혁신적인 진단 아래 결혼 여부와 상관없이 모든 임산부에게 지급하는 출산수당과 아동수당(1937)을 도입하고, 아동수당의 경우 1948년에 부모의 재산과 상관없이 모든 아동을 수혜 대상으로 확대하였다. 이혼한 부모는 자녀의 부양수당을 지급해야 하나 이를 지급할 수 없을 경우 국가가 미리 지급하고 후에 지급책임이 있는 부모로부터 환급받도록 하였다.



1956년 기존 구빈법을 '공적부조법'으로 개정하여 요보호자를 위한 생활보호를 실시하였고, 1963년 '국민보험법' 제정에 따라 16세 이상 모든 국민이 보험의 혜택을 받게 되었다. 오늘날 스웨덴의 사회복지는 1981년에 입법화된 사회사업법(Social Service Act)을 근간으로 시행되고 있다.

스웨덴은 오래전부터 부부가 모두 취업할 수 있도록 정책적 지원을 해왔다. OECD 통계에 의하면 1992년에는 0~6세의 미취학 아동을 가진 어머니의 78%가, 2019년에는 80% 이상이 근로여성으로 나타났으며, 부모를 위한 각종 휴가제도를 제공하고 있다. 스웨덴의 육아휴직제도, 즉 부모휴가(Föräldraledighet)는 자녀 한 명당 총 480일이며, 부모는 해당 자녀가 12세 혹은 초등학교 5학년을 마칠 때까지 주어진 480일을 재량껏 나누어 사용할 수 있다. 또한, 부모휴가 급여는 정률 급여(월 임금소득의 약 77.6%를 390일 동안 수급), 정액 급여(90일간 180크로나를 지급), 기본 급여(기존의 임금소득이 정률 급여 기준에 미치지 못하는 경우 250크로나 지급)의 세 종류가 있다(김연진, 2020). 스웨덴은 1995년부터 모든 시당국이 1~6세의 영유아들을 위한 탁아소나 가정탁아서비스를 제공할 것과 6~12세 아동들을 위한 방과 후 보호(after school program) 서비스를 제공할 것을 의무화함에 따라, 스웨덴의 아동은 연령 및 부모의 취업 등 가구 여건에 따라 푀르스콜라(pre-school), 개방 푀르스콜라(open preschool), 유아학급(preschool class 또는 Kindergarten), 가정보육시설, 여가활동센터 등을 이용할 수 있다. 스웨덴의 영유아 교육·보육(ECEC) 기관 이용 현황을 살펴보면, 2013년 기준으로 만 1~6세 전체 영유아의 약 87%가 ECEC 서비스(푀르스콜라 71%, 여가활동센터 14%, 가정보육시설 2%)를 이용하고 있으며, 나머지 13%는 민간/사립 서비스 또는 가정 내 양육 서비스를 이용하고 있는 것으로 나타났다(최윤경, 김윤환, 이혜민, 2015). 그리고 취학 아동들을 위해서는 다양한 여가활동센터 프로그램이 활성화되고 있다.

출처: 보건복지부 캠페인 블로그

스톡홀름에 있는 유아학교

스웨덴의 아동복지는 안전하고

적절한 시설과 환경에서 활동할 수 있도록 아동을 지도하는 일과 이를 통해 자녀를 가진 여성의 사회진출을 돕는 데 그 목적을 두고 있다.

### 4) 일본의 아동복지

일본의 아동복지는 불교가 전파된 6세기 초 승려들의 자발적인 구제활동에 의해 시작하였다. 메이지 유신에 들어 정부의 아동복지정책은 점차 조직적이고 계획적으로 변화하기 시작했다. 그 예시로 기아양육미급여방(棄兒養育米給與方)을 정하고 아기를 셋 이상 낳은 어머니에게 쌀을 지급하였다.

더불어 서양문화를 받아들이고, 근대화가 이루어지면서 아동관이 크게 변화하였다. 1872년 학제를 공포하고 1873년 국민교육이 실시되었다. 1874년 휼구규칙으로 폐질자, 노약자, 중병자와 13세 미만의 고아를 극빈자로 한정하고, 이들의 구제를 친족 및 공동체에 의한 상호부조를 원칙으로 하며 여의치 않을 경우 국가가 구제하는 내용의 구빈제도를 제정하였다. 이 휼구규칙은 빈민구제의 책임을 친족에게 우선시하였다는 점에서 형식적인 규칙이라고 볼 수 있다.

1929년 휼구규칙이 구호법으로 개정되면서 빈민에 대한 공공구조의 원칙이 추가적으로 만들어졌다. 즉, 13세 이하의 아동, 그리고 젖먹이가 있는 여성으로서 빈곤 때문에 생활이 어려운 자가 구호법의 대상이 되었다. 이후 1933년에 소년교호법과 아동학대방지법이 제정되었고, 패전 직후 아동권리를 보장하기 위해 1946년 교육기본법, 학교교육법, 노동기준법 등이 제정되었다.

전후 아동복지정책은 미래사회의 주인인 아동의 건강한 발달과 성장을 도모하기 위해 전체 아동을 대상으로 보다 장기적인 차원의 아동복지 대책이 필요하였고, 이에 1947년 국가 책임을 전제로 하는 「아동복지법」을 제정하였다. 이 법은 지금까지 요보호아동만을 대상으로 하던 정책에서 대상을 모든 아동으로 확대시켰다. 1949년부터는 보육소 사업이 시작되었으며, 1950년대에는 민간 차원의 학동보육(學童保育) - 우리나라의 초등돌봄교실과 유사 - 을 시작하였다.

1950년대 일본의 경제는 성장기에 돌입하면서 국민의 생활수준은 비약적으로 높아졌다. 하지만 이로 인한 공업화는 도시화, 핵가족화, 취업여성의 증가를 초래하고 부모의 실업, 사고, 질병, 이혼 등에 의한 가족해체의 위험성을 증진시켰으며, 자동차 증가에 따른 교통사고, 놀이터 감소 등으로 아동의 건강한 생활을 침해할 위기를 가져왔다. 1963년 아동복지백서를 통해 위기상황에 놓인 아동과 가정의 문제를 타개할 필요성을 제시하였으며, 이후 「모자보건법」(1965), 「모자 및 과부복지법」(1981)이 각각 제정되고 1971년에 모든 아동을 대상으로 하는 보편적 「아동수당법」이 제정되었다. 1997년에는 50년 만에 「아동복지법」이 전면 개정되었으며, 2000년에는 아동학대금지법이 전면 개정되었다.

출처: 이데일리(2017.12.21)

일본 사이타마에 위치한 '하치노스보육원'에서 꼬리잡기 놀이

2007년에는 모든 아이들과 모든 가정을 소중히 한다는 '아이들과 가족을 응원하는 일본' 중점전략을 발표하였다. 일과 결혼, 출산, 양육의 선택구조를 해소함으로써 일과 생활의 조화를 꾀하고, 이를 통해 사회적 기반이 되는 포괄적인 차세대 육성지원의 기반 구축을 추진한다는 계획을 수립하였으며, 2009년 「아동복지법」과 「차세대 육성지원법」을 일부 개정하였다(정옥분 외, 2016).

일본의 아동복지정책은 요보호아동 중심에서 전체 일반아동의 건전한 육성을 위한 방향으로 점차 발전하고 있으며, 아동상담소의 활성화, 각종 아동놀이와 문화시설 확대에 힘을 쏟고 있다. 특히 급속한 노령화 사회의 도래로 출산율 증진이 일본사회의 최대 과제로 나타나고 있다.

## 3. 우리나라 아동복지의 발달과 특성

우리나라 아동복지의 발달과정은 전통사회, 근대사회, 현대사회로 구분하여 살펴볼 수 있다. 각 시대에 따라 아동에 대한 사회적 개입이 어떻게 변화했는지 알아보도록 하자.

### 1) 전통사회의 아동복지

#### (1) 삼국시대

우리나라 아동복지는 삼국시대부터 거슬러 올라간다. 『삼국사기』에 의하면 신라 3대 유리왕(서기 28년)에 전국의 환과고독노병(홀아비, 홀어미, 고아, 아들 없는 이, 늙은이, 병든 이)을 요보호 대상자로 정해서 무료 급식과 양육을 왕명으로 하였다.

백제에서는 온조왕 33년(서기 15년), 고구려는 태조왕 56년(서기 108년)에 아동을 포함하여 재해를 당한 사람들에게 관사에서 곡식을 배급한 것으로 기록되어 있다.

삼국시대에는 고아나 기아 등의 요보호아동을 중심으로 아동보호가 이루어졌으며, 이에 대한 일차적 책임을 친족에게 두었다. 즉, 친족의 책임을 우선시하여 요보호아동의 문제를 가족 내에서 해결하려고 한 것이다. 이후 국가가 친족이 부양하지 못하는 고아를 대상으로 구제정책을 실시하였고, 민간 차원에서도 고아가 노비나 양자로 수양되는 것이 허용되었다(구자헌, 1972).

#### (2) 고려시대

고려시대는 불교가 융성함에 따라 불교의 기본 정신인 자비사상에 입각하여 고아, 기아, 빈곤 아동들이 사찰에 위탁되어 보호를 받았다. 제6대 성종 13년(994년)에는 부양할 부모나 친족이 없는 고아를 10세까지 관에서 수용하고 양육하였으며, 이후부터는 본인의 의사에 따라 거주하도록 하였다. 이는 우리나라 최초의 시설구제라고 할 수 있다. 이후 고려 말 무렵인 충목왕 3년(1374년)에는 관립 영아원인 해아도감(孩兒都監)을 설치하여 유아들을 보호하고 양육하였다(이성한 외, 2017).

### (3) 조선시대

조선시대는 유교사상을 기반으로 고려시대부터 실시되었던 민가 수양이 이어졌으며 고아와 기아, 그리고 빈곤아동에 대한 법령이 제정되었다. 제18대 현종 2년(1661년)에는 요보호아동에 대한 관부 허가제에 따른 민간수양이 시작되었고, 제19대 숙종 22년(1696년)에 수양임시사목(修養臨時事目)을 제정하여 흉년에 일시보호를 실시하였다. 제22대 정조(1783년)는 유기아동, 부랑걸식아동을 관가에 유양 또는 민가에 수양하도록 허용하는 자휼전칙(字恤典則)을 제정하였다.

수양임시사목이나 자휼전칙은 모두 유기 및 부랑하는 아동의 생명을 보호하기 위하여 규정한 정책으로, 근본정신은 1601년 영국 엘리자베스 여왕의 구빈법의 취지와 유사하다고 할 수 있다(김성경 외, 2015).

## 2) 근대사회의 아동복지

근대사회의 아동복지는 조선시대 말부터 대한제국기를 거쳐 해방 이전까지의 아동보호 및 구호사업을 의미한다.

조선시대 말부터 대한제국기(1897~1910년)까지 정치적 격동기와 맞물리면서 정부의 구제사업은 거의 공백기였으며, 이 시기의 두드러진 복지활동으로는 서양선교사들의 자선사업이었다.

근대적 아동복지사업은 고종 25년(1888년)에 프랑스 교회에서 서울 명동성당 천주교회 내에 최초의 고아원 개설을 시작으로, 고종 32년(1895년)에는 인천에서 천주당 부속 고아원이 설립되고, 고아부 10년(1906년)에는 독지가 이필화가 경성고아원을 설립하는 등 근대적 아동복지사업이 시작되었다.

일제강점기인 1910년 조선총독부는 경성고아원을 인수하여 명칭을 '제생원'으로 바꾸어 빈곤아동과 맹아들을 위한 교육과 자활을 하기 시작하였다. 제생원의 양육부는 만 8세부터 12세 아동을 입소시켜 양육하였고, 직업을 가지는 것을 원칙으로 하였다.

1921년에는 미국감리교 선교사에 의해 태화사회관이 설립되었으며, 대표되는 세틀먼트 활동은 기존의 구빈적 성격에서 진일보한 아동복지 실천의 새로운 방법이었다. 1944년에는 조선구호령이 제정되었는데, 생활이 빈곤한 임산부와 13세 이하의 아동을 대상으로 가택구호를 원칙으로 한다고 규정하였다. 이는 근대적 의미를 지닌 공적 복지의 출발이라고 할 수 있다.

### 3) 현대사회의 아동복지

현대의 아동복지는 해방 이후부터 현재까지를 말하며, 사회구호적 차원의 아동복지, 선별적 아동복지, 보편적 아동복지, 권리지향 아동복지로 구분한다.

#### (1) 구호적 차원의 아동복지(해방 후~1960년)

1945년부터 1960년까지의 시기로 사회구호적 차원의 아동복지사업기라고 할 수 있다. 이 시기는 민간 치원이나 외국 단체에 의한 구호적 차원의 아동복지사업이 활발하게 전개되었다.

1950년 한국전쟁이 일어나면서 상당수의 고아와 기아, 미아가 발생함에 따라 시설수용 보호를 중심으로 복지서비스가 이루어졌으며, 국내외 민간단체에서는 아동보호시설을 설립하였다. 아동수용시설은 1945년 42개소에서 1961년 615개 시설로 대폭 증가하면서 최고치를 기록하였다가 이후 완만한 감소 추세를 보였다. 정부는 아동보호시설의 지원과 감독을 강화하였으며, 또한 18세 미만 아동의 노동을 구제하고 20세 미만 비행소년의 보호를 위한 「소년법」이 제정되었다.

당시 한국전쟁으로 인해 한국인 여성과 외국군 사이에서 태어난 혼혈아동 문제가 대두되었고, 혈연을 중시하는 한국 사회의 특성으로 인해 해외입양사업이 활발하게 이루어졌다.

#### (2) 선별주의 차원의 아동복지(1961~1980)

1961년부터 1980년까지는 요보호아동을 대상으로 선별적인 아동복지가 이루어졌다. 1960년대에는 전쟁으로 인한 후유로 빈곤으로 인해 자녀를 보호시설에 입소시키는 경우가 많았으며, 이에 1961년 「고아입양특례법」이 제정되었다. 이는 아동을 원가정에서 보호할 수 없는 경우 다른 가정에서라도 보호하도록 하는 법안이었지만, 여전히 해외입양이 활발하게 이루어지고 있는 추세였다.

1973년 「모자보건법」, 1976년 「입양특례법」, 1977년 「특수교육진흥법」이 제정되었으나, 이 시기의 아동복지는 요보호아동을 대상으로 하는 선별주의적 복지였다.

### (3) 보편주의 지향 차원의 아동복지(1981~1990년대)

1980년대부터의 아동복지사업은 보편주의적인 성격으로 변화함에 따라 사회복지 관련 법들의 제정과 개정이 활발해지기 시작하였다. 1961년 제정된 「아동복리법」이 1981년 「아동복지법」으로 개정되면서, 18세 미만의 모든 아동을 대상으로 하는 복지서비스가 확대되었다.

1979년 한국사회복지협의회가 서울에 '아동학대 고발센터'를 개설하였으며, 1985년 공립기관 최초로 서울시립아동상담소가 '아동권익보호신고소'를 개설하였다. 1989년에는 '한국아동학대예방협회'가 발족되어 전국에 9개의 '아동학대센터'를 개설하면서 아동학대예방 활동을 하였다.

차츰 여성의 경제활동 참여가 늘어남에 따라 1968년 탁아소에서 어린이집으로 개칭되었다. 1982년 「유아교육진흥법」에 의해 어린이집은 새마을 유아원으로 흡수되었고, 1989년에는 「아동복지법」 시행령을 개정하여 새마을 유아원을 탁아시설로 환원하였다.

1990년대는 가정과 지역사회 중심의 보육서비스, 국내입양, 가정위탁서비스가 주를 이루었으며, 1990년 「아동복지법」 시행규칙에 따라 탁아시설에 대한 기준을 마련하여 보육 수요를 충족시키려고 하였으나 보육의 질에 대한 의문이 제기되면서 미인가 탁아시설 임시조치령은 폐기되었다.

출처: 경향신문(1982.10.27)

1982년 사당3동에 개원한 새마을유아원 전경

1991년 「영유아보육법」 제정으

로 탁아와 관련된 서비스는 「아동복지법」에서 분리되었으며, 시설탁아 및 가정탁아 시설은 아동복지시설에서 제외되었다.

### (4) 권리지향 차원의 아동복지(2000년~현재)

이 시기는 보편적 아동복지가 실행되었다. 우리나라는 1996년 12월 OECD에 가입하면서 권리지향 차원의 아동복지를 실현하려고 노력해 온 결과, 우리나라 아동복지는 민간에서 국가책임으로, 집단적 수용시설보호에서 소규모로, 시설보호에서 재가보호로, 포괄적 서비스에서 분화된 다양한 서비스로, 비전문적 개입 수준에서 전문적 개입으로 발달하고 있다고 할 수 있다.

1997년에 발생한 IMF 위기는 가족해체의 증가, 출산율 감소, 경제적 위기 등의 수많은 사회적 변화를 초래하였다. 특히, 이혼율이 증가함에 따라 법적인 절차에서 아동들을 고려할 수 있게끔 '숙려제도'도 만들었으나, 아동의 의견이나 권리가 제대로 지켜지고 있지는 않는 실정이다. 이를 위해 이혼에 관한 부모 교육이나 훈련이 체계적으로 이루어져야 할 것이다. 2000년에 「국민기초생활 보장법」이 제정되면서 위탁가정의 범위를 친인척까지 확대하여 소년 · 소녀 가정을 축소하고 가정위탁을 활성화하였다.

2004년에는 「아동복지법」과 「영유아보육법」이 개정되었고, 「유아교육진흥법」이 폐지되고 「유아교육법」이 공포되어 2005년부터 시행되었다. 2004년 보건복지부에서 여성부로 담당 부서가 바뀌었고, 2005년에는 여성부가 여성가족부로 부서명이 변경되었다. 보육정책은 2012년 3월 만 0~2세, 만 5세에 한해 실시되었던 무상교육이 2013년부터는 3~4세까지 확대되었으며, 2019년에는 만 7세 미만의 모든 아동을 대상으로 아동수당이 지급되었다. 또한, 다문화 가정이 증가하면서 2008년 「다문화가족지원법」이 제정되었고, 2011년에는 「아동복지법」이 전면 개정되어 점차 수요자중심적인 아동복지서비스를 제공하기 위해 노력하고 있다. 그리고 2011년에 「장애아동 복지지원법」이 제정되고, 2012년에 시행되면서 장애아동에 대한 교육 및 복지의 처우 개선이 마련되는 계기가 되었다.

아동학대 발생률이 증가함에 따라 2016년에는 「성폭력 범죄의 처벌 등에 관한 특별법」, 「아동 · 청소년의 성보호에 관한 법률」을 제정하여 사후관리서비스를 강화하였다. 그리고 2020년 4월 7일, 「아동복지법」 개정을 통해 아동학대 전담공무원을 두어 아동보호를 강화하는 등 제도를 개선 및 보완하여 2020년 10월 1일부터 시행하고 있다.

이상에서 살펴본 바와 같이, 우리나라 아동복지는 요보호아동 중심에서 모든 아동을 대상으로 하는 보편적 접근으로 변화하였으며, 최근에는 아동권리를 지향하는 다양한 노력들이 시행되고 있다. 하지만 예방적 차원의 포괄적인 아동복지를 위한 노력은 다양한 분야에서 다각적으로 이루어져야 할 것이다.

Chapter

# 05

# 아동복지사업의 실천

아동복지사업의 실천은 사회복지 실천방법에 기반을 두고 아동을 대상으로 한 다양한 서비스 개입방법이 있다.

본 장에서는 아동복지 실천의 대표적인 접근방법으로 개별 아동복지와 집단 아동복지, 그리고 아동상담에 대해서 살펴보고자 한다.

# 1. 개별 아동복지 실천

개별 아동복지를 위한 실천 사업은 곤란한 문제에 처해있는 아동이나 가족을 개별적으로 개입하거나 조정함으로써 아동이 가진 욕구와 문제를 해결할 수 있도록 서비스를 제공하는 것이다.

## 1) 개별 아동복지의 정의와 특징

아동복지 실천방법의 하나인 아동에 대한 개별 지도는 아동 문제들을 적절한 시기에 적절히 해결해 줌으로써 원만한 성격 형성과 사회화 과정을 갖도록 하는 데 그 목적이 있다(장인협, 오정수, 2001).

리치몬드(Richmond, 1922)는 개별지도사업이란 개별적으로 인간과 환경 간의 의식적이고 효과적인 재조정을 통해 인격발달을 도모하는 과정이라고 하였다. 펄만(Perlman, 1957)은 인간이 사회적 기능을 하면서 자신의 문제를 보다 효과적으로 대처해 나가도록 하기 위해 사회복지기관을 활용하는 과정이라고 설명하면서 개별지도사업을 구성하는 기본 요소로 4P를 중요 요소로 언급하였다. 즉, 문제(problem)를 가지고 있는 아동(person)이 사회복지기관(place)에 찾아와서 문제해결과정(process)을 통해 도움을 받는다는 것을 설명함으로써 사회복지기관의 기능과 아동을 강조하였다.

손경숙(2004)은 개별 아동복지는 아동복지 전문가와 아동이 1:1로 치료받는 것을 원칙으로 하며, 아동의 삶의 과정을 긍정적인 방향으로 유도하는 것이라고 하였다.

이를 종합해 보면, 개별 아동복지란 스스로 해결하기 힘든 문제를 가진 아동이나 가족을 대상으로 아동복지 전문가가 개입하여 조사, 진단, 치료라는 일련의 문제해결 과정을 통해 치료나 재활에 중점을 두어 사회에 잘 적응할 수 있도록 긍정적인 방향으로 도와주는 모든 활동을 말한다.

## 2) 개별 아동복지의 기본 원칙

개별 아동복지 실천의 기본 원칙은 아동복지 전문가와 아동의 관계를 잘 수립하는 것이다. 비에스텍(Biestek, 1961)은 개인의 욕구와 문제해결의 관계를 원활하게 하기 위하여 아동복지 전문가가 지켜야 할 일곱 가지 원칙을 다음과 같이 제시하였다.

### (1) 자기결정의 원칙(principle of self-determination)

자기결정의 원칙은 모든 아동과 부모는 스스로 선택하고 결정하고자 하는 욕구와 권리를 지니고 있다는 가정 하에 이루어지며, 아동의 자기결정권은 능력, 법률, 도덕, 사회기관의 활동 범위 내에서 이루어진다. 아동복지 전문가는 아동의 잠재력을 자극해서 결정하도록 도움을 주어야 하며, 그 결정에 대해 존중해 주어야 한다.

### (2) 정서적 개입의 원칙(principle of controlled emotional involvement)

아동과의 면접은 주로 정서적인 부분과 관련이 되기 때문에 아동과 부모가 자신의 감정을 표현하도록 해야 하며, 아동복지 전문가는 이러한 문제를 파악하기 위해서 조직적이고 체계적인 정서파악 능력을 구비하여 민감성을 가지고 반응해야 한다. 이것은 아동과 부모의 감정을 다루는 데 있어, 아동복지 전문가의 전문적 개입을 말한다.

### (3) 개별화의 원칙(principle of individualization)

개별화는 각 아동과 부모는 고유한 인격과 개별적 특성을 가진 존재임을 알고 이해하는 일이며, 아동복지 전문가는 편견이나 선입견 없이 개별적 차이를 지닌 특정한 인간으로서 대우해야 한다.

### (4) 비심판적 태도의 원칙(principle of non-judgemental attitude)

비심판적 태도는 전문가가 아동과 부모의 문제 발생 원인에 대해 옳고, 그름, 그리고 책임 정도를 말하지 않는다는 것이다. 아동복지 전문가의 태도는 아동의 행동을 비판하기 위한 것이 아니라 아동의 태도, 행동, 가치 기준 등을 전문적으로 평가해서 도와주기 위한 것이다.

#### (5) 의도적인 감정표현의 원칙(principle of purposeful expression of feelings)

아동의 의도적인 감정표현의 욕구를 허용하는 것을 말한다. 아동복지 전문가는 아동과 부모의 감정표현을 저지, 비난, 책망하지 말고 경청해야 한다. 다른 사람의 의견을 경청하는 그 자체가 심리 · 사회적 지지의 한 형태이다.

#### (6) 비밀보장의 원칙(principle of confidentiality)

아동과 부모가 가장 걱정하는 일 중에 하나는 상담과정에서 이루어진 내용이 외부로 노출되는 것이다. 아동과 부모의 비밀이 지켜지지 않는다면 전문가와의 관계는 근본적으로 성립될 수 없다. 그러나 비밀이 다른 전문가에게 공개되어야 할 필요가 있을 때에는 비밀보장의 의무가 확대 적용되어야 한다.

#### (7) 수용의 원칙(principle of acceptance)

수용은 아동을 한 인격체로 존중하여 아동의 감정과 생각, 행동을 평가하거나 판단하지 않고 있는 그대로 받아들이는 것을 말한다. 즉, 아동이 그렇게 할 수 밖에 없었던 감정, 행동을 무비판적으로 수용해야 한다. 하지만 무비판적 수용은 아동이 가지고 있는 문제를 무조건 용납하라는 것은 아니다. 아동으로 하여금 자기의 말이 전달되고 있음을 먼저 확인시켜 줄 필요가 있다는 것이다. 전문가가 이러한 태도를 마음과 행동으로 보여줄 때 아동은 자유롭게 자신의 생각과 감정을 표현할 수 있게 된다.

### 3) 개별 아동복지의 실천과정

개별 아동복지를 위한 실천과정은 아동과 가족의 전반적인 배경을 이해하기 위한 조사단계, 조사에서 얻은 자료를 토대로 분석하고 종합하는 과정을 통해 치료의 필요성과 가능성을 판단하는 진단단계, 그리고 구체적인 방법이나 기술을 적용하여 긍정적인 변화를 일으키고자 하는 치료단계의 과정을 거친다(김영모, 1991). 우리는 개별 아동복지의 실천과정을 접수단계, 조사 및 사정단계, 개입단계, 종결단계로 구분하여 그 내용을 살펴보면 다음과 같다.

### (1) 접수단계

접수단계는 인테이크(intake)단계로, 이 단계에서 가장 중요한 과업은 아동과 부모의 문제와 욕구를 파악하고 아동과 부모의 기대가 본 기관의 목적과 기관에서 제공하는 서비스에 부합하는 것인가를 확인하는 것이다. 대부분의 아동은 비자발적 클라이언트로, 부모나 보호자와 함께 방문을 한다. 따라서 아동복지 전문가는 아동뿐만 아니라 부모나 보호자와 함께 접수면접을 진행해야 하며(한미현 외, 2008), 아동과의 첫 만남 시에 아동복지 전문가는 편안하고 신뢰할 수 있도록 보여야 한다. 그리고 아동들은 발달단계상 자기 표현이 미숙하기 때문에 부모나 보호자를 통해 기관을 방문하게 된 동기와 아동이 가진 주된 문제가 무엇인지, 기관에서 도움 받기를 원하는 것이 무엇인지, 부모가 원하는 목표는 무엇인지 등을 확인해야 한다.

초기 면접을 통해 아동의 문제가 파악된 후에는, 본 기관에서의 서비스 제공 여부와 형태, 서비스 제공 지속기간 등을 결정하고 전문적 개입에 대한 합의를 도출해야 한다.

| 표 5-1 | **초기 면접에서 다루는 영역과 내용**

| 영 역 | 내 용 |
|---|---|
| 현재 문제 | • 아동의 주호소 문제<br>• 가족에 존재하는 모든 문제<br>• 문제가 처음 일어난 시기와 시간의 경과에 따른 변화 여부<br>• 문제가 일어난 당시, 아동 생활에서 일어났던 변화 |
| 외양과 행동 | • 아동의 모습과 전반적인 행동<br>• 면접 시 보이는 행동 및 발달 특성상의 적절성<br>• 면접에 대한 아동의 태도 |
| 언어와 대화 | • 언어의 일반적인 흐름<br>• 언어 내용과 일반적인 톤, 말 더듬기 등의 언어 행동<br>• 언어와 비언어적 대화 사이의 관계<br>• 아동이 대화에 나타내는 관심도 |
| 사고의 내용 | • 아동이 자발적으로 논의하고자 하는 것<br>• 되풀이하거나 문제가 있는 분야<br>• 망상, 공포증, 강박관념 등의 심리병리적 현상 |

| 영 역 | 내 용 |
|---|---|
| 감각운동 기능 | • 감각의 손상<br>• 총체적 운동통합의 적절성<br>• 미세한 운동통합의 적절성<br>• 운동장애의 징조 |
| 인지기능 | • 아동의 현재 시간, 장소, 사람에 대한 판단력<br>• 아동의 집중력과 정신력<br>• 아동의 기억량과 정확도 |
| 정서기능 | • 아동의 기분 상태 및 변동사항<br>• 아동의 정서표현에 대한 대화와 언어의 적절성 및 자기평가<br>• 자기 보고와 아동의 행동 간의 일치성 |
| 통찰과 판단 | • 면접에 오게 된 이유에 대한 아동의 생각<br>• 아동의 문제인식 및 일상생활에 대한 판단<br>• 충고와 도움에 대한 아동의 수용력 판단 |

출처: 곽금주(2002)

초기 접수단계에서 아동복지 전문가는 아동과 보호자에게 관련 법과 윤리 원칙에 대한 정보, 기관의 방침 등을 설명하며 접수 과정에 대한 피드백을 요청한다. 일반적으로 인테이크 과정은 아동복지 전문가 소개, 만남의 목적 설명하기, 클라이언트 역할 설명, 정책과 윤리적 요인에 대하여 논의하기, 피드백 구하기 등으로 이루어진다.

### (2) 조사 및 사정단계

조사단계는 사정평가의 기초가 되는 것으로서 아동과 가족의 문제와 관련한 다양한 사실을 수집·관찰하는 단계이다. 이 단계에서는 아동의 발달사, 가족력 및 가족의 역동, 또래관계를 포함한 다양한 사회적 관계, 다양한 정보원들에 대한 조사 등이 포함되며 객관적인 원인 파악을 위해 전문가에 의한 심리검사도 진행한다.

#### ① 아동의 발달사

아동의 발달사는 아동이 태내에 있을 때부터 현재에 이르기까지의 생육과정과 발달단계별 주요 사건, 발달상태, 기능 수행 등을 조사한다. 아동의 발달과 관련된 정보는 주로 부모로부터 얻게 되는데, 우선 부모님들이 결혼하기 전에 각각의 가족력은 어떠하였는지, 부모님의 성장배경, 만나서 결혼하기까지의 과정에 대한 질문을 한다. 그리고 아동을 임신했을 때 계획된 임신이었는지 아닌지, 유산 여부, 임신기간 중에 신체적 · 정신적 어려움은 없었는지, 자연분만인지 제왕절개인지, 출생 시 건강 상태 등 아동의 출생에 대한 정보를 조사한다. 이후 아동의 주양육자가 누구였는지, 아동의 발달단계별 과업 수행 정도, 식습관, 수면, 병력, 현재 상태 등에 대한 부분을 파악한다. 아동의 발달상태 및 기능 수행을 파악하기 위해서 객관적인 심리검사를 실시할 수 있으며, 주로 사용되는 심리검사는 한국웩슬러 지능검사, 집-나무-사람 그림검사(HTP), 동작성 가족화(KFD), 아동용 주제통각검사(CAT), 로르샤흐검사(Rorschach Test), 문장완성검사(SCT), 성격유형검사(MMTIC/MBTI), 주의력검사(ADS), 사회성숙도검사, 베일리 발달검사, 벤더-게슈탈트검사(BGT) 등이 있다. 그러나 심리검사를 실시 · 해석하는 것은 반드시 훈련받은 전문가가 진행해야 한다.

현재 아동이 보이는 문제행동에 대해서도 문제가 처음 나타난 시기는 언제였는지, 문제의 양상에 변화가 있었는지, 부모나 주변 반응은 어땠는지, 문제해결을 위해 어떠한 노력을 했는지 등을 조사해야 한다.

#### ② 가족관계 및 가족의 역동 조사

아동의 문제를 보다 체계적으로 파악하기 위해서는 가족관계 및 역동 조사가 필요하며, 대표적으로 가계도가 활용된다. 가계도는 가족 계보를 중심으로 3세대 이상 가족의 과거와 현재에 대한 상세한 정보를 제공해 준다. 즉, 각 세대의 가족에 대한 결혼, 이혼, 질병, 사망 등과 세대 간 전승되는 독특한 양육방식이나 가족 문제를 확인하는 것은 현재의 문제 역동을 이해하는 데 도움이 된다.

토마스(Thomas, 1992)는 가계도 면담을 통해서 자료를 어떻게 분석하고 구조화할 것인가와 관련하여 다음과 같은 질문을 제안했다.

- 건강: 가족원에게 나타나는 가장 빈번한 건강 문제는 무엇이었나? 이 건강 문제를 예방하거나 다루기 위해 어떻게 했는가?
- 구조: 한부모가족, 확대가족, 핵가족, 혼합가족 등과 같이 특정 유형의 가족구조

가 가계도에서 반복되었는가?

- 직업: 가족 내 어떤 직업들이 가장 많았는가?
- 단계: 가장 다루기 힘들었던 생활주기 단계는 무엇이었는가?
- 사건: 어떤 인생 사건들이 세대를 통해 가족기능에 영향을 미쳤는가?
- 삼각관계: 가계도에서 삼각관계가 존재하는가? 누구와의 관계가 가깝고, 어떤 관계가 소원하며, 누구와 갈등이 있는가? 정서적 단절은 누구와의 관계에서 나타나는가?
- 유형: 교육이나 직업적 성공, 종교, 정치활동, 알코올이나 마약 사용과 같은 패턴이 반복되는가?
- 크기: 가계도에서 가족의 크기(규모)가 어떠한가? 가족의 크기나 불균형 때문에 어떤 스트레스들이 있었는가?

이 외에 가족 사진을 가져오게 하는 방법도 가족 내 역동을 파악할 수 있는 방법 중 하나이다. 사진 속에 누가 누구의 옆에 있는지, 접촉이 친밀한지, 누구를 멀리하고 있는지, 누가 행복해 보이고 누가 그렇지 않은지 등을 살펴볼 수 있다(이부덕 외 역, 1996).

### ③ 사회적 관계망 조사

사회적 관계망은 아동을 중심으로 확대가족, 또래집단, 보육기관이나 학교, 종교기관, 이웃 등이 포함된다. 사회적 관계망을 조사하는 목적은 아동 및 그 가족에게 주요 타자로 기능할 수 있는 주체를 찾아내는 것이다. 예를 들어 아동이 어린이집을 다니는 경우, 담임교사가 주요 타자 역할을 할 수 있다. 아동복지 전문가는 주요 타자를 파악한 후에 이들과 연계하여 아동을 지원할 수 있다(최옥채, 2001).

사정단계에서는 조사에서 수집된 사실과 정보를 조직화하고 분석하여 개입의 우선순위를 결정한다. 이 단계에서는 아동의 문제와 그에 대한 원인, 아동의 능력, 태도에 대한 진단, 치료계획 등을 기록해 두는 것이 좋으며, 기록이 정확할수록 성과도 클 수 있다(김영모, 1991).

| 표 5-2 | **사정단계의 순서 및 기법 예시**

| 구 분 | 세부 내용 |
|---|---|
| 클라이언트 신원 확인 | 상황적 체계 파악을 위한 정보<br>• 가족원의 이름과 연령, 생년월일, 주민번호, 집 주소, 직장, 전화번호, 응급 시 연락할 사람 |
| 개인 · 가족 · 지역사회 체계 | 개인체계<br>• 클라이언트를 설명하는 혹은 관찰자에게서 나온 정보<br>• 클라이언트의 키와 몸무게, 신체적 외모, 특징적인 생김새, 말투, 복장 |
| | 가족체계<br>• 클라이언트의 가족 혹은 1차적 사회체제 기술<br>• 중요하게 관련된 사람의 이름, 나이, 전화번호와 주소, 가계도 |
| | 지역사회체계<br>• 학교, 직장, 의료, 여가, 종교, 이웃사회, 문화, 친구, 친척 등과 같은 정보 포함 생태도 |
| 표출문제와 차기 목표 | 클라이언트와 주변인이 밝힌 문제와 주제에 대하여 기술 정보 출처를 밝히고 문제 발생원인, 발달, 현 상태를 요약한 문제와 목표를 기술하는 중요한 단어나 문구를 인용한다. 서비스가 왜 필요한지 현재 어떠한 도움이 필요한지 정리한다. |
| 강점과 지원 | 클라이언트와 상황체계 내에서 활용 가능한 강점, 자산과 자원에 대한 정보를 기록한다. 도움이 될 만한 친척, 충분한 경제적 자산, 긍정적인 태도, 높은 활동력과 문제, 근심, 결함 등도 같이 기술한다. |
| 의뢰 출처와 과정 | 의뢰와 의뢰가 일어난 과정에 대한 정보를 요약한다. |
| 사회력 | 클라이언트의 사회력과 현재 사회적 환경에 대한 정보를 요약한다.<br>성장과정에 대한 발달력, 개인과 가족, 위기사건, 성, 알코올과 약물남용, 의료 및 신체건강, 법적 기록, 교육(정규교육, 비정규교육), 고용, 취미, 종교, 과거 심리사회적 서비스, 기타 등 |

아동에 대한 사정은 아동발달의 관점에 근거해서 분석하고 이해하는 아동 개인의 발달에 대한 사정과 가족에 대한 사정, 아동이 속해 있는 환경(가정, 학교, 사회)에 대한 사정으로 구분해 볼 수 있으며, 이러한 사정은 함께 이루어져야 한다.

### (3) 개입단계

개입단계는 이전의 조사 및 사정 단계에 기초하여 아동의 증상이나 문제를 다루기 위한 활동을 수행하는 실천과정의 핵심 단계이다. 즉, 목표와 계획에 따른 구체적 행동을 통해 의도적 변화가 일어날 수 있도록 지원하는 단계이다.

개입을 위해서는 목표를 정하고, 개입방법을 결정하고, 개입과정에 참여시킬 대상을 선정해야 하는데, 이러한 과정에서 아동, 부모나 보호자, 아동복지 전문가가 합의를 하는 것이 중요하다. 개입을 위한 목표를 설정할 때는 구체적이고 실현 가능한 목표로 정해야 하며, 개입 대상은 아동 개인으로 할지, 혹은 가족구성원이나 또래, 기타 중요 타자를 참여시킬지를 결정해야 한다. 개입방법은 아동의 문제 및 욕구, 이용 가능한 자원, 아동복지 전문가의 주요 접근방법에 따라 심리치료 모델, 행동주의 모델, 클라이언트 중심 모델 등 다양한 모델을 한 가지 혹은 여러 모델을 절충하여 선택할 수 있다. 아동을 대상으로 주로 활용되는 전문적 치료 기법으로는 놀이, 미술, 음악, 게임 등의 치료 방법이 있다.

### (4) 종결단계

종결은 계획적으로 이루어지기도 하고 어떤 상황으로 인해 갑작스럽게 이루어지기도 하는 등 다양한 형태로 이루어질 수 있다. 즉, 계약기간의 만료에 따른 종결, 아동의 이사나 담당 전문가의 이직 등에 따른 종결, 그리고 목표달성에 따른 종결이 있다. 가장 바람직한 종결은 성취해야 될 목표가 달성된 때에 종결하는 것으로, 치료과정에 대한 최종 평가를 통해 아동과 아동복지 전문가의 합의를 통해 종결이 가능하다.

종결을 하기 전, 종결에 대한 준비과정이 필요한데 아동복지 전문가는 아동이 종결에 대해 준비할 수 있도록 몇 주 전에 미리 알려주어야 한다. 아동은 자신의 말에 경청해 주고 따뜻한 태도를 보여준 아동복지 전문가와 라포가 잘 형성되었기에 자신이 경험한 좋은 관계를 끝내고 싶어하지 않을 수도 있다. 따라서 종결은 완전 끝나는, 버려지는 것이 아니라 아동의 변화를 의미하는 경험으로 받아들여지도록 재조명하고 지지해 주어야 한다.

그리고 문제가 재발할 경우 아동이 어떻게 행동할 것인지, 대처방법이 생각나지 않을 때 어떻게 해야 될 것인지에 대해 미리 연습해 볼 수도 있다. 또한, 아동에게 아동복지 전문가가 필요할 경우 언제든지 도움을 줄 수 있음을 알려줄 수 있으며, 종결 시점에 수료식이나 종결 파티 등을 통해 성취감을 제고해 주는 것도 좋다.

**표 5-3 종결단계의 순서 및 기법 예시**

| 구 분 | 세부 내용 |
|---|---|
| 과정 재검토하기 | 지난 몇 달 동안 우리가 함께 했던 일들에 대하여 생각해 보겠습니다. 우리는 함께 많은 문제들에 대하여 이야기했고 ○○에게 많은 변화가 있었습니다. 우리가 함께 한 것을 되돌아볼 때 어떤 기억이 떠오릅니까? |
| 최종 평가하기 | 우리가 설정한 목표를 향한 변화가 얼마나 있었는지 살펴봅시다. 주된 목표 중 하나는 이것입니다. 우리가 목표를 어느 정도 달성했다고 생각하십니까? |
| 종결 관련 감정 공유 및 작별하기 | 우리가 함께 했던 과정을 살펴보고 평가했습니다. 하지만 이 과정이 끝난다는 것에 대한 느낌과 생각을 이야기하지 않았습니다. 이것이 우리의 마지막 만남이라는 것에 대하여 어떤 느낌이 듭니까?<br>우리가 더 이상 만나지 못한다는 사실에 아쉽습니다. 정말 그리울 겁니다. |
| 사례종결 요약하기 | 과정과 문제, 평가, 지속적인 목표, 현재사정, 종결과정을 간략하게 기록한다. |

출처: 송정애(2016)

## 2. 집단 아동복지 실천

집단에 대한 아동복지 실천은 자신의 감정을 인식 및 표현하고, 자신에 대한 타인의 지각과 반응을 알며 사회적 기술을 배우고 사회적 기능을 향상시키기 위한 아동을 대상으로 제공하는 서비스이다(이장호, 김정희, 1992). 아동은 유사한 문제를 가진 또래의 집단원들과 함께 있을 때 더 편안하게 자신을 표현할 수 있으며 또래와의 상호작용을 통해 사회적 기술을 강화시킬 수 있다. 집단 아동복지 실천은 집단의 역동에 따라 프로그램 효과에 있어서 차이가 있기 때문에 아동복지 전문가는 집단원들의 개인적인 특성을 파악하여 집단을 구성해야 하며, 집단 내 상호작용을 통해 문제해결을 도와줄 수 있는 실천기술들을 활용하도록 해야 한다.

### 1) 집단 아동복지 실천의 원칙

집단 아동복지를 실천하기 위한 원칙을 살펴보면 다음과 같다(한미현 외, 2016).

- 수용의 원칙이다.
  수용이란 아동을 한 인격체로 존중하여 각 아동의 감정, 생각, 행동을 평가하거나 판단하지 않고, 있는 그대로를 받아들이는 것을 말한다.
- 참가의 원칙이다.
  집단 아동복지를 실천하기 위해서는 집단 아동의 특성을 고려하여 흥미와 욕구를 반영하는 프로그램으로 구성해야 한다. 아동은 흥미롭고 또래관계에 도움이 된다고 생각할 때 참가가 촉진될 수 있다. 집단 프로그램에 참가한 경험이 긍정적일 때 아동은 사회의 다양한 집단에 참가하려는 동기가 생길 수 있다. 그리고 아동복지 전문가는 집단구성원들이 상호작용을 통해 적극적으로 문제해결 방안을 찾아낼 수 있도록 도와주어야 한다.
- 체험의 원칙이다.
  아동은 다양한 상황에서 명확하게 인식하고 스스로 대처할 수 있는 방법들을 체험할 수 있어야 하며, 아동복지 전문가는 아동들에게 새로운 상황에서 당황하지 않고 문제를 인식하고 해결할 수 있는 긍정적 기회를 제공해 주어야 한다.
- 규범의 원칙이다.
  집단 실천에서 구성원들이 지켜야 할 최소한의 규칙과 기본적 태도에 대한 규정은 필수적이다. 아동복지 전문가는 집단 아동들의 의견을 반영하여 함께 집단의 규칙을 정하되, 간단명료해야 한다.
- 갈등 해결의 원칙이다.
  집단 내에서 갈등 상황이 발생하면 직면을 원칙으로 하며, 구성원들이 만족할만한 합의에 도달하는 과정을 경험하는 것은 중요하다. 이를 위해 아동복지 전문가는 집단의 역동이나 상호작용에 주의를 기울여야 하며, 개개인의 선호와 이해가 충돌할 수 있는 가능성에 대비해야 하고 규정된 원칙에 따라 일관성 있게 개입해야 한다.

- 개별화의 원칙이다.
  집단 아동복지 실천은 집단 전체를 하나의 개입단위로 보고 프로그램을 운영하는 것이지만, 집단 내 개개인의 특성도 고려해야 한다. 따라서 집단 내의 개별화를 위해서는 각 아동의 가족력, 사회적 배경, 주호소 문제, 집단활동의 경험 등을 파악하여 집단 내에서의 아동의 행동을 이해할 수 있어야 한다. 또한, 아동복지 전문가는 집단의 특성에 따른 개입 방향과 프로그램 진행을 융통성 있게 운영해야 한다.
- 지속적인 평가의 원칙이다.
  집단 프로그램 과정을 지속적으로 분석하고 평가하여, 필요한 경우 프로그램 내용의 수정 및 개선을 통해 다음 단계로 이행함으로써 집단구성원 개인 및 집단 전체의 성장을 초래해야 한다.

### 2) 집단의 유형

집단의 유형은 그 목적이나 진행 방식, 이론적 접근의 차이에 따라 학자마다 다르게 분류한다. 토스랜드와 리바스(Toseland & Rivas, 1995)는 집단의 목적에 따라 치료 집단과 과업 집단으로 나누었으며, 유형에 따른 특징은 다음과 같다.

표 5-4 **집단의 유형**

| 집단의 종류 | | 특 징 | 예 |
|---|---|---|---|
| 치료 집단 | 지지 집단 | • 현재의 생활사건에 대처하고, 앞으로의 생활사건에 효과적으로 대처할 수 있는 능력을 향상시키기 위해 지지개입 전략을 사용함<br>• 유대감 형성이 용이하고, 자기개방 수준이 높음 | • 이혼한 부부의 자녀로 구성된 집단<br>• 다문화가정 자녀 양육 집단<br>• 자녀 양육의 어려움에 대해 공유하는 한부모가정 집단 |
| | 교육 집단 | • 집단구성원들이 자기 자신과 자신이 속한 사회를 잘 이해할 수 있도록 교육을 통해 원조함 | • 청소년 성교육 집단<br>• 부모 역할 훈련 집단 |

| 집단의 종류 | | 특 징 | 예 |
|---|---|---|---|
| | | • 주로 강의 형태<br>• 성원 간 자기 노출의 정도는 높지 않음 | • 위탁부모 집단<br>• 조손가정 역할 교육 집단 |
| | 성장 집단 | • 성원들의 자기 인식 증진과 사고 변화가 목적<br>• 질병의 치료보다는 사회정서적 건강 증진 중시 | • 잠재력 개발 집단<br>• 퇴직을 준비하는 집단 |
| | 치유 집단 | • 집단구성원의 행동 변화와 개인적 문제의 완화나 제거가 목적<br>• 자기노출 수준이 높음 | • 외래환자를 대상으로 하는 정신치료 집단<br>• 금연 집단<br>• 약물중독자 집단 |
| | 사회화 집단 | • 사회적 관계에서 어려움을 겪는 경우 사회적 기술을 습득하고 사회생활에서 효과적으로 기능할 수 있도록 원조하는 것이 목적<br>• 사회기술 훈련 집단, 지지 집단, 여가 집단으로 나눔 | • ADHD 아동을 대상으로 하는 활동 집단<br>• 퇴원한 정신장애인을 위한 사교 집단 |
| 과업 집단 | | • 구성원들의 욕구와 관련된 특정 과업을 완성하는 것을 목표로 함<br>• 구성원들의 개인적 성장보다는 방침을 만들어 가면서 의사를 결정하고 산출물을 만들어 내는 것에 초점 | • 각종 위원회, 자문위원회, 이사회, 사회행동 집단, 행정 집단 등 |

출처: 곽형식 외(2013)

## 3) 집단지도의 준비

### (1) 집단지도사업의 원리

트레커(Trecker, 1948)는 집단 지도사업이 효과를 거두기 위한 원리를 다음과 같이 제시하였다.

- 의식적이고 계획된 집단 형성이 필요하다.
- 집단의 목표와 능력이 조화를 이루며, 기관기능을 유지할 수 있도록 형성되어야 한다.
- 아동복지 전문가와 집단의 관계가 합목적성을 가지고 있어야 한다.
- 개인의 욕구가 다양하기 때문에 아동복지 전문가는 의식적으로 개별화를 실시해야 한다.

- 아동복지 전문가는 개인 또는 집단을 움직이는 활력소인 상호작용을 극대화시켜야 한다.
- 집단은 민주적 결정에 의해 움직여야 한다.
- 집단의 변화를 수용할 수 있는 유동적 기능을 가지고 있어야 한다.
- 집단의 프로그램은 구성원들의 적극적 관심을 끌어낼 수 있어야 한다.
- 기관의 환경과 지역사회자원은 개인과 집단의 프로그램을 풍요롭게 만들어야 한다.
- 집단의 평가를 위해 과정과 프로그램의 계속적 평가는 필요하다.

집단 아동복지는 프로그램을 매개로 집단구성원 간의 상호작용을 통해 다양한 상황을 체험하게 함으로써 문제해결에 도움을 주는 것을 말한다. 이를 수행하기 위해서는 집단, 프로그램, 아동복지 전문가의 3요소가 필요하다. 아동복지 전문가는 프로그램을 시작하면서 집단구성원 각자에게 접근하게 되는데, 이때 집단의 역사, 특성, 집단 내 개인, 아동복지 전문가와 집단 간의 관계, 프로그램, 개인의 목적과 집단의 목적, 집단의 발달관계 등에 대한 이해가 선행되어야 한다(손경숙, 2004).

### (2) 집단지도 프로그램의 기준

프로그램은 집단 아동복지 실천에 있어 중요한 요소로 집단 경험의 내용이 무엇인가를 가능하게 해 준다. 프로그램은 개인 및 집단의 요구사항에 부응하기 위해 다양한 경험을 포함하는 준비에서 평가에 이르는 전체 과정이며(장인협, 오정수, 1993), 프로그램의 효과적인 작성기준은 다음과 같다(Trexker, 1948; 1962).

- 프로그램은 집단을 구성하는 개인의 관심과 욕구에 기초해야 한다.
- 프로그램은 집단구성원의 연령, 문화적 배경, 경제적 차이와 같은 요인을 고려해야 한다.

• 프로그램은 개인의 고유한 가치를 추구하기 위하여 자발적으로 선택한 경험과 기회를 개인에게 제공해야 한다.

• 프로그램은 다양한 욕구와 관심을 충족시키며, 참여자를 위해 다양한 프로그램을 만들어야 한다.

• 프로그램은 단순한 것에서 복잡한 것으로 바뀌어지는 단계별 수준을 통해 변화의 과정을 포착할 수 있어야 한다.

### (3) 집단 아동복지 전문가의 역할

집단 아동복지 전문가의 역할을 정리하면 다음과 같다(손경숙, 2004).

• 집단구성원에게 교육적 경험의 기회를 제공해야 한다.

• 기회를 제공하는 기관의 직원은 교육원리, 인간심리, 개인의 욕구를 이해해야 한다.

• 집단 아동상담 전문가는 집단의 형태, 구조, 집단 환경에 대한 특징을 알고 있어야 한다.

• 집단구성원의 희망 및 욕구를 만족시키는 프로그램을 구성해야 한다. 프로그램을 구성할 때는 집단의 현재 관심, 관심에 대한 구성원의 능력, 창조적 경험의 가치, 경험에서 인격을 발달시킬 수 있는 기회, 활동을 통한 긴장의 완화 등의 원칙을 준수하는 것이 좋다.

• 지역사회자원을 활용해야 한다.

• 다른 분야의 지식을 활용한다.

• 아동복지 전문가의 지도 능력과 기술을 발달시킨다.

• 집단 내 건설적인 상호 관계를 만들어가는 기술을 터득한다. 예를 들어, 보상, 토의, 단체훈련, 기록, 보고, 징벌, 여행, 면접, 관찰 등이 있다.

• 집단 아동복지의 목적, 논리, 의무를 뒷받침하는 철학적 배경을 가져야 한다.

• 지금까지 서술한 다양한 역할이 통합되어야 한다.

## 4) 집단 아동복지 실천과정

집단 아동복지를 실천하기 위한 과정은 집단을 계획하는 사전단계, 첫 대면 만남이 이루어지는 초기단계, 집단의 생산력을 높이는 중기단계, 목적을 달성하고 마무리하는 종결단계, 마지막으로 효과성을 검증하는 평가단계로 진행된다.

### (1) 사전단계

아동복지 전문가와 집단구성원이 대면하기 이전의 단계로, 집단 계획단계라고도 불린다. 집단을 계획할 때 고려해야 될 요소는 학자들마다 이견을 보이지만, 대체로 다음과 같은 부분들이 고려된다(김종옥, 권종돈, 1993).

- 집단의 목표 설정(집단에서 궁극적으로 달성하고자 하는 목적)
- 아동 개인의 목표(욕구)
- 잠재적 후원기관과 집단구성원에 대한 사정
- 집단구성원의 모집
- 집단의 구성
- 집단구성원에게 집단을 소개 및 설명
- 계약
- 집단 환경의 준비
- 집단계획서의 작성

아동복지 전문가는 첫 모임 전에 집단을 지도하기 위한 지침을 마련하고, 참여자들에게 집단 개시를 안내하는 등 구성원들이 편한 마음으로 모임 장소에 도착할 수 있도록 한다.

### (2) 초기단계

공식적인 집단 실천과정임을 알리는 첫 대면 모임부터를 말한다. 아동복지 전문가는 집단구성원보다 먼저 장소에 도착해서 아동들을 맞이하는 것이 바람직하다. 아동복지 전문가는 구성원 모두와 눈을 마주칠 수 있는 중앙에 앉는 것이 좋으며, 구성원들은 서로 얼굴을 볼 수 있게 자리를 배치해야 한다.

구성원들이 모두 모이면 상호 소개하도록 하고, 집단의 목적, 아동복지 전문가의 역할, 구성원들이 집단에서 공유해야 할 주요 정보들에 대해 반드시 언급해야 한다. 아동복지 전문가는 가능하면 빨리 구성원들의 이름을 기억하도록 하고, 아동 개개인의 특성과 욕구를 파악하여 문제를 해결해 줄 수 있다는 확신을 주도록 해야 한다.

초기단계에서는 새로운 집단에 대한 희망, 기대, 미지의 세계에 대한 불안감 등이 혼재되어 접근과 회피가 공존하게 된다. 또한, 다른 구성원들을 평가하면서 개별적 사정이나 참가 이유 등을 알게 되고, 공통점을 발견하면 서로에 대한 관심이 높아져서 집단에 대한 경계심도 약화되지만, 갈등 속에서 서열화 현상을 보이기도 한다.

### (3) 중기단계

집단과정이 진행되면서 의사소통과 상호작용의 유형, 구성원 간의 정서적 유대, 집단 결속력, 사회적 통제, 집단 문화가 형성되면서 몇 가지 역할들이 등장하기 시작한다. 즉, 특정 아동이 지도자가 되면 하위집단의 대표가 이를 견제하기 위해 출연하기도 하며(지도자 역할), 어떤 아동은 집단의 문제를 규정하고 문제해결 전략들을 이행하는 과업중심 역할을 수행하기도 하고, 어떤 아동은 집단의 기능을 유지하고 정서적인 측면을 강화하는 집단유지 역할을 수행하기도 한다. 또, 자신의 만족을 위해 집단을 이용하고 일방적으로 자기주장을 고집하는 역할, 집단의 갈등에서 희생되는 희생양 역할, 집단구성원에게 무시되며 다른 아이들과 관계 갖기를 원하지만 거절당하는 고립아 역할 등이 존재한다. 하지만 이러한 역할은 집단과정이 진행되면서 감소되거나 강화되기도 하며, 전혀 다른 역할로 대치되기도 한다.

따라서 아동복지 전문가는 아동이 집단 내에서 충분한 의사소통을 할 수 있도록 안전하고 수용적이며, 비위협적인 집단 분위기를 만들어야 하며, 집단의 움직임을 민감하게 알아채고 집단의 응집력을 촉진시키는 역할과 지지하는 역할, 그리고 집단구성원들이 스스로 결정하고 해결할 수 있도록 지원해 주는 역할을 해야 한다.

#### (4) 종결단계

종결단계는 지금까지 목표에 도달하기 위해서 작업해 온 결과와 성취들이 요약되고 평가된다. 따라서 아동복지 전문가는 집단구성원들이 자기인식과 타인과의 관계가 좋아졌는지, 혼자서도 잘 적응할 수 있는지의 여부를 평가해야 한다.

종결단계가 되면 아동들은 집단구성원들과 그리고 아동복지 전문가와 헤어진다는 사실에 대해 슬픔이나 우울을 경험할 수 있는데, 아동복지 전문가는 이를 집단 내에서 표현하도록 하며 아동이 지금 느끼는 응집성이 아동이 달성한 활동적 단계의 결과라는 점을 인식시켜야 한다.

또한 아동들은 집단이 종결되면 어떤 상황에서 어떻게 해야 되는지, 누구에게 물어봐야 되는지 등의 불안과 긴장이 갑자기 엄습할 수 있다. 아동복지 전문가는 follow-up 등을 통해서 언제든지 다시 도움을 받을 수 있다는 것을 주지시켜 주어야 한다.

집단종결에는 성공적 종결, 비성공적 종결, 중도탈락, 다른 기관이나 전문가에게 의뢰, 아동복지 전문가의 개인사정에 의한 종결 등 여러 가지 유형이 있다.

성공적 종결은 집단의 목적이 달성되고, 종결에 임하는 아동들의 성취감과 자아존중감이 높아진 상태를 말한다. 비성공적 종결은 계획했던 목표가 대부분 달성되지 못한 경우로, 종결에 대한 아동의 반응과 성공하지 못한 데에 대한 아동의 감정을 민감하게 다뤄줘야 한다. 이 외에 아동이나 아동복지 전문가가 이사하거나 사정이 생겨서 집단 프로그램을 이어가지 못할 경우, 전문가의 역량이 부족하여 다른 기관이나 전문가에게 의뢰하는 경우 등의 이유로 종결에 성공하지 못할 수도 있다.

전문가는 종결 회기를 진행하기 전에, 구성원들이 집단종결을 준비할 수 있도록 미리 종결 회기를 말해주어야 하며, 또한 구성원들이 주도적으로 종결을 준비할 수 있도록 안내한다. 아동의 성취감을 고취시키는 데 도움이 되는 수료식이나 종결 파티를 준비할 수도 있다.

#### (5) 평가단계

평가단계는 종결 이후, 프로그램이 효과적이고 성공적이었는지를 판단하는 것이다. 우선, 평가과정에 대한 평가는 집단구성원들이 집단의 유용성이나 프로그램 진행에 대해 평가하는 것이고, 평가 결과에 대한 평가는 집단의 목적이나 목표를 얼마나 달성했는지를 판단하는 것이다.

## 3. 아동상담

아동상담은 아동복지사업의 한 분야로, 전문상담기관을 통해 서비스가 이루어지고 있다. 아동복지 현장에서는 항상 아동과 주양육자를 만나게 되며, 그 만남 자체가 '상담과 치료'의 과정이 된다고 할 수 있다.

아동상담의 대상은 주로 발달상 혹은 적응상의 문제를 지닌 아동, 그리고 아동이 영향을 많이 받는 주변 환경인 부모, 주양육자, 교사가 포함될 수 있다. 아동을 대상으로 이루어지는 상담은 개별상담, 집단상담, 가족상담 등의 형태가 있으며, 아동상담의 목적은 아동의 전인적 성장을 돕고 환경에 효과적으로 적응할 수 있는 능력을 향상 혹은 회복시키는 데 있다(김민정 외, 2021).

### 1) 아동상담의 개념

카두신(Kadushin, 1980)은 아동상담사업을 아동복지사업 중에서 가장 일차적인 사업으로 규정하면서, 아동상담을 "가정에서 부모가 생존하고 부모와 아동이 그들의 역할을 효과적으로 수행할 의지와 능력이 있으나 부모-자녀관계의 갈등, 부부갈등, 형제간 갈등으로 어려움에 처했을 때 가족구성원의 사회적 기능을 개선하여 가족 붕괴의 위험을 방지하도록 직·간접적으로 돕는 원조의 한 방식"으로 정의하였다.

우리나라 보건복지백서(1993)에 따르면, 아동상담사업은 아동이 건전한 가정에서 자랄 수 있도록 상담과 지도를 실시함으로써 요보호아동의 발생을 사전에 예방하는 사업이라고 정의하고 있다.

따라서 아동상담은 아동이 건강하게 성장하고 사회에 보다 잘 적응할 수 있는 능력을 기르는 과정이다. 또한 가족구성원들의 사회적 기능 향상을 통해 가족 붕괴를 예방하여 가정 내에서 아동양육이 지속적으로 이루어질 수 있도록 돕는 데 그 목적이 있다.

### 2) 아동상담의 목표

아동은 성장과정 중에 있으므로, 아동기의 문제를 다룰 때는 장애보다는 성향이나 어려움에 초점을 두어 현재 상태를 기준으로 앞으로의 성장 가능 정도를 판단하여 장애로 발전하는 것을 예방하는 입장에서 접근하는 것이 바람직하다(김춘경, 2004). 또한 아동이 겪는 어려움은 환경과의 상호작용에 의해 많은 영향을 받기 때문에 아동 자신뿐만 아니라 그 부모나 교사의 협조가 필요하다.

아동상담의 목표는 크게 두 가지로 나눌 수 있다.

- 아동이 자신의 문제를 인식하고 주위 환경에 보다 잘 대처해 나갈 수 있도록 능력을 길러주는 것이다.
- 아동은 성장 중에 있으므로, 아동의 행동 변화를 촉진시켜 수행할 수 있도록 주위 환경을 지원함으로써 아동의 변화 및 성장을 촉진하도록 돕는 것이다.

따라서 아동상담은 아동뿐만 아니라 아동의 현재 행동이나 상황에 영향을 줄 수 있는 가족이나 주위 환경에도 관심을 두어, 궁극적으로 아동의 성장발달을 촉진할 수 있도록 하여야 한다.

### 3) 아동상담 유형

아동상담의 유형은 상담의 대상, 방식이나 형태, 기간 등 다양하게 분류될 수 있으며, 학자마다 구분짓는 범위도 상이하다. 그중에서 상담의 대상에 따른 아동상담 유형은 개별상담, 집단상담, 부부상담, 가족상담 등이 있다.

개별상담은 아동의 문제를 아동 개인 또는 관련 성인들을 1:1로 상담하여 해결하는 것이다. 그리고 집단상담은 아동과 유사한 문제를 가진 집단을 형성하여 개입함으로써 해결하고자 하는 유형이다. 마지막으로 가족상담은 아동의 문제가 가족과 연관되어 있다는 가정하에 가족구성원 전체를 대상으로 하거나 아동과 특히 거리가 있는 가족원을 대상으로 진행하는 상담을 말한다.

### 4) 아동상담의 주요 기법

아동복지 실천현장에서 주로 활용되는 방법으로는 아동을 대상으로 하는 놀이, 미술, 음악 치료, 그리고 아동에게 직접적으로 영향을 미치는 가족 환경을 개입하는 방법, 마지막으로 사례관리 개입방법 등이 있다.

#### (1) 아동에 대한 개입

##### ① 놀이치료

놀이는 아동에게 접근하는 가장 자연스러운 방법이며, 아동이 자신을 표현하는 매체이자 언어라고 할 수 있다. 학령기 이전의 어린 아동은 자신의 생각이나 감정, 욕구, 경험이 놀이를 통해 반영된다. 아동의 의사소통 방식인 놀이를 주매체로 활용하여 아동의 심리적 어려움을 해소하고 건강한 성장을 돕는 치료적 접근법이 놀이치료이다.

놀이치료는 놀잇감을 매개로 하여 아동의 언어적, 비언어적 행동에 반응할 수 있는 기회를 제공하여 아동이 나타내는 모든 것을 전면적으로 이해하는 과정으로, 궁극적인 목적은 아동이 자신의 어려움을 해결하고 스스로 자신의 성장과 발달을 도울 수 있는 힘을 가지게 하는 것이라고 할 수 있다.

많은 학자들이 아동의 문제행동을 예방하고 치료하는 데 놀이치료가 효과적이라고 하였다(김정화, 2011; 김현아, 2011; 박영애, 김리진, 2012; Landreth, 2013; Schaefer & Cangelosi, 2002). 특히, 놀이치료는 학령기 아동이나 청소년보다 학령 전 영유아를 대상으로 하는 것이 보다 효과적인 것으로 나타났으며, 현재 놀이치료의 주된 대상은 만 4세~만 6세 유아들로 보고되고 있다(이영애, 2004; 이지선 외, 2018).

놀이치료실 사진

놀이치료자는 아동과의 관계에서 아동을 이해해주고 수용해 주는 중요한 타인이자 환경이며, 이를 통해 아동은 새로운 대인관계를 경험하게 되기 때문에 진정한 관심을 가지는 태도로 임해야 하고, 비지시적인 태도로 아동을 수용하고 존중해야 하며 정직하게 대해야 한다(Axline, 1969). 그리고 무엇보다도 놀잇감을 매개로 그냥 놀아주는 놀이가 아닌, 치료적 개입이 필요함을 잊지 않아야 할 것이다.

### ② 미술치료

미술치료는 다양한 시각매체를 활용하여 내면적 갈등을 완화시키고 자아성장을 도와, 원만하고 창조적으로 살아갈 수 있도록 도와주는 심리치료 기법이다. 미술치료는 마지막의 결과보다는 창조적인 과정에 강조를 둔다는 점에서 전통적인 미술과는 다르다고 할 수 있으며, 미술교육이 미적 능력 함양이 목표라면 미술치료는 인격의 성장에 주안점을 두고 있다(Rubin, 1984).

아동에게 미술은 친숙하고 편안한 표현 방법이기 때문에 아동을 대상으로 하는 미술치료는 다른 상담 기법에 비해 활용하기도 쉽고 효과도 매우 크다고 할 수 있다. 윤석주 외(2019)는 일반적으로 미술이 치료적 도움을 줄 수 있는 이유를 다음과 같이 제시하였다.

- 아동에게 미술은 친숙하고 편안한 표현방법이므로, 미술표현은 편안하게 아동의 감정, 생각 등을 전달하는 도구가 된다.
- 미술 자체가 가진 정화기능이 아동의 손상된 감정을 완화시키는 데 도움을 준다.
- 결과물이 있어서 변화를 관찰하고 진단하는 데 도움이 된다.
- 다양한 재료를 경험하고 조절하면서 성취감을 느끼고 자신감을 가질 수 있다.

미술치료자는 여러 가지 재료들이 가지는 특성이 아동의 성향에 따라 다르게 적용될 수 있다는 점을 염두에 두고 재료를 선택하여야 하며, 아동의 미술활동을 방해하지 않고 자유롭게 표현하도록 도와주어야 한다.

### (2) 가족에 대한 개입

아동의 보호와 양육에 대한 일차적인 권리와 책임은 부모에게 있으며, 아동은 태어나면서부터 부모와의 여러 상호작용을 통해 애착을 형성하게 되고, 이후 아동이 사회적 관계를 형성하는 데 있어 부모나 가족의 영향력은 상당하다고 할 수 있다. 또한 아동이 현재 보이는 문제행동이나 어려움 역시 아동 개인이 갖고 있는 문제이기보다는 가족과 연관되어 있는 경우가 많아 가족에 대한 개입은 중요하게 고려되어야 한다.

가족에 대한 개입으로는 가족상담, 부모상담, 부모교육이 있다. 가족상담은 가족을 대상으로 그들의 욕구에 대해 지원해 주거나 방향 제시를 통해 변화를 유도함으로써 가족이 원활하게 기능하도록 돕는 방법이다(김명중, 2007). 부모상담은 부모역할 수행에 도움을 줄 수 있는 정보와 조언을 제공하여 문제해결을 위해 함께 조력하는 과정이며(강영식 외, 2016), 부모교육은 부모의 역할을 수행하는 데 있어서 효과적인 변화를 위해 제공해주는 다양한 교육적 서비스이다.

### (3) 사례관리 개입

미국 사회복지사협회(NASW)에 의하면, 사례관리는 전문적 사회복지사가 서비스를 제공하는 한 방법으로, 클라이언트와 클라이언트 가족의 욕구를 사정하고, 그들의 복합적인 욕구를 충족시키기 위해 다양한 서비스로 구성된 서비스 패키지를 배정하고 조정하며 모니터링, 평가, 옹호하는 것을 포함하고 있다. 사례관리의 목적은 가장 효율적이고 효과적인 방법으로 복합적인 욕구를 갖는 개인에게 질적인 서비스를 제공함으로써 클라이언트의 기능을 최적화시키는 데 있다(김미숙 외, 2011).

사례관리는 복합적인 욕구나 문제를 가진 대상자와 가족의 사회적 기능회복을 위해 체계적인 사정과 지역사회의 다양한 자원을 활용하여 지속적으로 개입하는 방법이다. 이는 개개인의 다양한 삶의 욕구를 충족하고 서비스의 포괄성과 통합성을 확보하기 위한 방안으로 널리 받아들여지고 있다(Sullivan & Rapp, 2002). 특히, 아동을 대상으로 하는 사례관리는 아동의 발달적 특성과 개별적 특성을 기반으로 하여 사회적 환경 안에서 건강한 성장을 할 수 있도록 하는 통합적 접근이 이루어져야 한다.

국외의 대표적인 사례관리 체계로 영국의 슈어스타트(Sure Start)와 미국의 헤드스타트(Head Start), 그리고 뉴질랜드의 Family Start가 있다.

우리나라에서 시행되고 있는 조기개입 및 아동과 가족의 통합지원서비스로는 교육복지투자우선지역사업, 드림스타트, 위스타트, 시소와 그네, 우리아이희망네트워크 등이 있다. 하지만 2000년대부터 사례관리체계가 급격하게 도입되면서 적합한 모형이나 방법에 대한 논의가 없이 시행되고 있음에 따라 통합사례관리가 적절하게 활용되지 못하는 등의 문제점을 보이고 있어 이에 대한 정책적 기반 등이 마련되어야 할 것이다(김미숙 외, 2011).

아동의 복지를 위하여 국가와 사회는 다양한 노력을 하고 있으며, 이러한 기반에는 「아동복지법」이 근간이 되어 아동복지와 관련된 다양한 복지정책과 활동을 실시한다. 아동복지정책은 아동의 건강한 삶을 지원하기 위한 정부의 복지계획과 복지 대상 선정을 위한 규칙과 기준, 그리고 지원 범위 등을 포함하고 있다.

아동복지행정은 이렇게 결정된 규칙과 기준(아동복지정책)에 근거하여 실제적인 서비스를 전달하는 과정을 의미하며, 전달체계의 주체인 복지전문요원들을 통해 도움이 필요한 아동들에게 아동복지서비스가 전달된다.

「아동복지법」과 아동복지정책, 그리고 아동복지행정 및 서비스 등은 상호 연관되어 있다. 본고에서는 아동복지의 근간이 되는 「아동복지법」에서부터 아동복지의 계획과 실천에 해당하는 아동복지정책 및 행정에 대하여 같이 살펴보고자 한다.

Part

# II

# 아동복지의 정책과 행정에 대한 이해

Chapter

06

# 아동복지의 관련 법률

아동복지는 아동의 행복을 위한 공적 서비스를 의미하며, 국가는 아동복지의 방향성과 원칙을 법률과 정책을 통해 알 수 있다. 본 장에서 다루는 아동복지 관련 법률은 아동복지정책과 아동복지행정에 가장 직접적으로 영향을 주는 체계라고 할 수 있다. 모든 정책과 행정은 법률을 근거로 하여 만들어지고 실시되기 때문에 관련 법률을 이해하고 그 변화를 살펴보는 것은 앞으로 아동복지가 어떠한 방향으로 진행될 것인지 알 수 있을 뿐만 아니라 아동복지의 변화를 예측할 수 있을 것이다. 따라서 아동복지의 법률체계에 대해서 살펴본 후 「아동복지법」과 아동복지 관련 주요 법률, 그리고 기타 관련 법률들을 차례로 살펴볼 것이다.

## 1. 아동복지 법률체계

우리나라의 법체계를 살펴보면 가장 상위에 「헌법」이 있으며, 이에 근거하여 사회복지 관련 내용의 법과 법률 등이 제정된 「사회보장기본법」과 「사회복지사업법」이 존재한다. 다음으로 아동복지사업의 근간이 되는 법인 「아동복지법」이 있으며, 그 외에 아동복지와 관련이 되는 법들은 아동을 대상으로 하거나 아동의 권리와 관련된 조항들로 이루어진 「영유아보육법」, 「입양특례법」, 「장애아동 복지지원법」, 「청소년기본법」, 「청소년보호법」, 「청소년활동 진흥법」, 「청소년복지 지원법」 등이 있다.

이외에 기타 아동과 관련된 법들로는 아동이 속한 가정을 지원하기 위한 법률인 「한부모가족지원법」, 「모자보건법」, 「건강가정기본법」, 「가정폭력방지 및 피해자보호 등에 관한 법률」 등이 있으며, 교육에 관한 법인 「유아교육법」, 보건 및 위생 관련 법인 「지역보건법」, 「정신보건법」, 「국민건강증진법」 등이 있다. 또한 아동의 근로와 관련하여 「근로기준법」이나 법무 관련 「소년법」 등이 있다.

이렇게 다양한 법률들이 아동의 복지를 위해 제정되었지만 1장에서 제시한 바와 같이 아동의 연령과 용어에 대한 기준이 법률에 따라 상이하고, 이러한 법률에 따른 부처별 정책 대상이 중복 또는 분절되는 전달체계의 문제, 행정부처의 분산, 아동에 대한 인식이나 이해 부족으로 인하여 정책의 효율성을 저해하거나 법률 행위에 있어서 제약 등의 문제를 일으킬 수 있다. 또한 현행 법령에서 아동의 생애주기나 환경, 특성, 상황 등을 고려한 입법이 이루어지지 않아 아동의 다양한 특성을 충분히 고려하고 있지 않다. 예를 들어 이주 아동에 대한 법적 관리 및 보호를 위한 법령이 필요하나 아직 방치되고 있는 상황이다. 이렇게 다양한 법체계로 인하여 법률상의 사각지대를 만들기도 하기에 이를 해결하기 위해 2022년 아동의 권리를 보장하는 통합적인 아동기본법을 제정하기 위해 준비 중에 있다.

본 장에서는 아동복지의 근간이 되는 「아동복지법」과 아동 관련 법률인 「영유아보육법」, 「입양특례법」, 「아동의 빈곤예방 및 지원 등에 관한 법률」과, 기타 아동복지 관련 법인 「모자보건법」과 「한부모가족지원법」, 「유아교육법」을 간단하게 살피고자 한다.

## 2. 아동복지법

아동의 복지를 직접적으로 다루는 「아동복지법」이 어떻게 제정 · 개정되어 왔는지 살펴보고, 「아동복지법」에서 다루고 있는 주요 사회복지 내용이 무엇인지를 알아보자.

### 1) 아동복지법의 제정 및 개정과정

「아동복지법」은 아동이 건강하게 태어나고, 또한 행복하고 안전하게 성장 및 발달을 할 수 있도록 지원하기 위하여 제정된 법률로서 아동을 대상으로 하는 가장 직접적인 법이다. 「아동복지법」의 근간인 아동복리법이 재정되고 공포된 상황을 살펴보면, 한국전쟁으로 인하여 절대적인 빈곤이 만연하고 고아, 기아, 미아와 같이 보호가 필요한 아동들이 급격하게 증가하는 상황에서 「아동복리법」(1961년 12월)이 제정되었다. 주요 내용은 아동복지시설과 탁아소에 대한 규정과 아동에 대한 후원사업, 그리고 해외입양 등의 소극적인 복지정책을 주로 규정하였다.

이후 1970년 급격한 산업화의 영향으로 빈부격차가 심해지며 사회가 구조적으로 변화하기 시작하였다. 따라서 이 시기에는 가족해체로 인한 가출아동, 비행아동, 결손가정 아동, 소년소녀가장 등과 같은 보호가 필요한 아동들이 크게 늘어나기 시작하였다. 이러한 문제를 해결하기 위하여 1981년 아동복리법을 「아동복지법」으로 개정하면서 아동의 비물질적 · 심리적 욕구 등을 충족시키기 위한 전체 아동을 대상으로 하는 아동복지 규정을 만들어, 또한 국가와 국민에게 아동복지의 책임이 있음을 명시하였다.

2000년 1월에는 학대받는 아동의 보호를 위해 학대에 대한 정의와 금지유형 등을 포함하고 아동학대 신고의무의 조항을 신설하였으며, 아동안전에 대한 규정도 포함시켜 전문 개정되었다.

2011년 1월에는 다시 전부 개정되어 아동복지의 현황을 실제적으로 파악하기 위한 아동종합실태조사와 국가의 아동정책을 보다 체계적으로 계획하고 수립하기 위한 아동정책기본계획을 포함해야 하는 규정을 신설하였다.



2017년에는 아동학대예방 및 피해자를 위한 지원 내용(성폭력 예방교육 및 성폭력 피해아동에 대한 지원 확대를 포함한 개정안)들이 새롭게 추가되었다.

2019년에는 아동학대예방 및 방지업무, 보호대상아동 및 취약계층아동에 대한 지원 업무 등 아동지원업무가 별개의 기관에 위탁되어 산발적으로 운영되고 있어서 아동정책을 종합적이고 체계적으로 추진할 수 있는 통합수행기관의 필요함에 따라 아동권리보장원을 설립하고 보호가 필요한 아동이 발견되어 보호종료 이후까지 이어지는 전 과정을 총괄적 · 체계적으로 지원하도록 하였다. 또한 아동학대 관련 정보관리를 위해 운영 중인 국가아동학대정보시스템을 사회보장정보원에서 위탁하도록 하였으며, 초등학교 방과 후 돌봄공백을 해결하기 위한 다함께돌봄센터를 설치 및 운영할 수 있는 법적 근거를 마련하였다.

2020년에는 아동학대전담공무원을 각 지자체에 배정할 수 있도록 하였으며, 이를 통해 아동보호를 강화하고 예방을 위한 홍보영상 확대 등의 개정이 있었다.

2022년에는 「아동복지법」 개정을 통해 고위험군 아동을 예측하는 'e아동행복지원시스템' 구축의 근거를 마련하였다. 또한 아동복지시설에서 만 18세에 보호가 종료되어 홀로서야 하는 아동들을 위해 아동의 의사를 존중하여 최대 24세까지 연장할 수 있도록 하였으며, 자립지원전담기관 설치 및 운영의 근거를 마련하였다. 또한 시의성 있는 아동복지정책 수립을 위하여 아동종합실태조사의 주기를 5년에서 3년으로 변경하였다.

### 2) 아동복지법의 주요 내용

「아동복지법」의 목적은 아동이 건강하게 출생하여 행복하고 안전하게 성장할 수 있도록 아동의 복지를 보장해 주는 것이며, 아동복지를 위한 책임은 국가와 지방자치단체, 그리고 보호자로 규정하였으며, 또한 모든 국민은 아동의 권익과 안전을 존중해야 한다고 명시하였다. 「아동복지법」의 네 가지 기본이념은 다음과 같다.

① 아동은 자신 또는 부모의 성별, 연령, 종교, 사회적 신분, 재산, 장애 유무, 출생지역, 인종 등에 따른 어떠한 종류의 차별도 받지 아니하고 자라나야 한다.

② 아동은 완전하고 조화로운 인격발달을 위하여 안정된 가정환경에서 행복하게 자라나야 한다.

③ 아동에 관한 모든 활동에 있어서 아동의 이익이 최우선적으로 고려되어야 한다.

④ 아동은 아동의 권리보장과 복지증진을 위하여 이 법에 따른 보호와 지원을 받을 권리를 가진다.

「아동복지법」에 따라 아동정책기본계획을 5년마다 수립하여 기존계획에 대한 분석과 평가, 주요 추진과제 및 방법, 재원조달방향 등을 결정하여, 매년 평가하도록 한다. 이러한 과정은 아동정책조정위원회(국무총리가 위원장이며, 교육부, 법무부 등의 9개 부처 장관과 15명 이내 외부 위원으로 구성됨)를 통하여 진행되며, 5년마다 아동의 양육 및 생활환경, 발달과 건강, 안전 및 학대 등을 조사하는 아동종합실태조사가 이루어져야 함을 「아동복지법」에서 규정하고 있다(1차 아동정책기본계획 '15~19'/2차 아동정책기본계획 '20~24').

「아동복지법」에 규정되어 있는 아동복지 내용은 크게 아동보호서비스와 아동학대의 예방 및 방지, 아동안전 및 건강지원, 취약계층아동 통합서비스지원 및 자립지원, 아동복지시설로 이루어져 있다.

아동보호서비스에 관한 법률은 아동의 보호조치에 관한 내용과 사회보장시스템 이용, 보호대상아동의 양육환경 점검이나 시설에서 퇴소조치, 사후 관리, 친권에 대한 내용과 후견인에 대한 규정 등이 포함되어 있으며, 다음은 아동에 대한 금지행위는 다음과 같다.

① 아동을 매매하는 행위

② 아동에게 음란한 행위를 시키거나 이를 매개하는 행위 또는 아동에게 성적 수치심을 주는 성희롱 등의 성적 학대 행위

③ 아동의 신체에 손상을 주거나 신체의 건강 및 발달을 해치는 신체적 학대 행위

④ 아동의 정신건강 및 발달에 해를 끼치는 정서적 학대 행위

⑤ 자신의 보호·감독을 받는 아동을 유기하거나 의식주를 포함한 기본적 보호·양

육 · 치료 및 교육을 소홀히 하는 방임행위

⑥ 장애를 가진 아동을 공중에 관람시키는 행위

⑦ 아동에게 구걸을 시키거나 아동을 이용하여 구걸하는 행위

⑧ 공중의 오락 또는 흥행을 목적으로 아동의 건강 또는 안전에 유해한 곡예를 시키는 행위 또는 이를 위하여 아동을 제3자에게 인도하는 행위

⑨ 정당한 권한을 가진 알선기관 외의 자가 아동의 양육을 알선하고 금품을 취득하거나 금품을 요구 또는 약속하는 행위

⑩ 아동을 위하여 증여 또는 급여된 금품을 그 목적 외의 용도로 사용하는 행위

아동학대의 예방 및 방지에 관한 법률의 내용에는 학대 예방과 방지를 위한 지원, 피해아동에 대한 조치, 피해아동보호계획의 수립, 아동학대사례전문위원회, 아동학대예방의 날, 신고의무자에 대한 교육, 아동학대예방교육, 아동학대에 대한 통보, 피해아동 응급조치에 대한 거부금지, 사후관리, 아동학대정보의 관리 및 제공, 피해아동 및 그 가족 등에 대한 지원, 아동학대 행위자에 대한 상담 · 교육 등의 제공, 아동관련 기관의 취업제한 및 점검 · 확인 · 해임요구, 아동학대에 대한 법률상담, 아동학대 전담의료기관 등이 있다.

아동안전 및 건강지원의 내용에는 안전기준에 대한 설정, 아동안전에 대한 교육, 아동보호구역에 영상정보 처리기기(CCTV) 설치, 아동안전 보호인력 배치, 아동 긴급보호소, 건강한 심신의 보존, 보건소 등이 명시되어 있다.

취약계층아동 통합서비스 지원 및 자립지원의 내용에는 취약계층아동 통합서비스 지원, 자립지원 실태조사, 자립지원계획의 수립, 자립지원전담기관 설치 및 운영, 자립지원 관련 업무의 위탁, 아동자립지원추진협의회, 자산형성 지원사업 등이 제시되어 있다.

마지막으로 아동복지시설에 관한 규정은 아동보호전문기관의 설치와 업무 내용, 아동보호전문기관 성과평가, 가정위탁지원센터 설치, 아동복지시설의 설치, 아동전용시설의 설치, 학대피해아동쉼터의 지정, 아동복지시설 종사자의 교육과 자격, 아동

복지단체 육성 등의 내용이 들어있다.

이 중 아동복지시설의 종류는 ① 아동양육시설 ② 아동일시보호시설 ③ 아동보호치료시설 ④ 공동생활가정 ⑤ 자립지원시설 ⑥ 아동상담소 ⑦ 아동전용시설 ⑧ 지역아동센터 ⑨ 아동보호전문기관 ⑩ 가정위탁지원센터로 분류가 되며, 보다 자세한 설명은 7장 아동복지의 정책과 행정에서 정리해 두었다.

「아동복지법」은 앞서 제시한 바와 같이 아동과 관련한 여러 사회복지서비스(아동보호, 아동학대예방 및 방지, 아동안전 및 건강지원, 취약계층아동 통합서비스 지원, 아동복지시설 등)를 제공한다. 하지만 보편적 복지에 포함되는 영유아 보육이나 유아교육을 다루는 「영유아보육법」과 「유아교육법」 등은 다른 법률로 정해져 있기에 이러한 내용을 다음에서 알아보도록 하겠다.

## 3. 아동복지 관련 주요 법률

아동을 직접적인 복지의 대상으로 지원하는 「아동복지법」 이외에도 아동의 복지와 관련이 깊은 법들을 살펴보면 무상보육과 관련된 「영유아보육법」과 입양아동의 요건 및 절차가 명시된 「입양특례법」, 그리고 부모의 사회 · 경제적 지위에 상관없이 복지와 교육, 문화에서 소외와 차별을 받지 않도록 아동의 빈곤예방 및 지원 등에 관한 법률 등이 있다. 이에 대하여 알아보고자 한다.

### 1) 영유아보육법

「영유아보육법」은 영유아의 심신을 보호하고 건전하게 교육하여 건강한 사회구성원으로 육성함과 동시에 보호자의 경제적 · 사회적 활동이 원활하게 이루어지도록 하여 가정의 복지와 증진에 이바지함을 목적으로 하고 있다.

1991년 보육사업을 일원화하기 위하여 제정되었으며, 2004년 복지의 보편주의 이념이 확대되면서 보육서비스의 질적 향상 및 보육에 대한 공적 책임을 강화하기 위하여 모든 영유아를 대상으로 개정되었다.

2011년 개정안으로 보육시설 및 보육시설 종사자의 명칭이 어린이집 교사 및 보육교직원으로 변경되었으며, 공공기관 및 민간기관, 단체 등에서 어린이집을 위탁하는 것이 가능하도록 개정되었고, 우선 입소 대상자와 무상보육 특례 등이 포함되었다.

2017년에는 보호자에 대한 영유아의 건강 및 양육방법과 보호자의 역할, 영유아의 인권에 대한 교육을 실시할 수 있다는 규정이 신설되었으며, 또한 취약지역이나 공동주택, 산업단지 지역에 국공립어린이집을 우선적으로 설치해야 함을 추가적으로 개정하였다.

2019년에는 어린이집 평가인증제도를 기존의 자발적 신청에 의한 운영이 아닌 전체 어린이집을 대상으로 확대하고, 그 결과를 공개하여 평가의 효과성을 제고하였으며, 어린이집에서 아동학대나 성범죄가 발생한 경우 평가인증등급을 최하위등급으로 조정하도록 개정하였다. 또한 평가의 질 관리를 위하여 한국보육진흥원의 설립 근거 및 업무와 예산 지원 등에 관한 사항을 법률에 명시하였으며, 어린이집 공익신고자 포상금 제도의 근거를 마련하고 보육의 우선 제공 대상에 형제자매가 장애인인 영유아를 추가하였다.

2020년에는 보육교사의 1일 8시간 근무 원칙을 확고히 하기 위해 기본보육과 연장보육으로 구분하여 시간별로 보육교사를 배치할 수 있도록 규정하였으며, 표준보육비용을 3년마다 조사하도록 하였다. 또한 부정한 지원금을 받은 운영자에게 환수할 수 있도록 법률을 개정하였다. 원장이나 교사 자격증의 대여 및 알선을 금지하고, 통학버스 내 영유아 방치사고 예방 및 관리를 위한 제재를 강화하였다. 게다가 감염병 의심자 발생 시 격리 조치 명시, 보육 실태 조사 결과 공표, 유아교육보육위원회와 중복되는 보육정책조정위원회 폐지 등의 법안을 담았다.

2021년에는 CCTV 열람을 원하는 피해보호자가 관련 없는 사람의 모자이크 처리에 과도한 비용이 부담케 되기에 원본을 열람할 수 있도록 법적 근거를 마련하였고, 공공형어린이집 사업의 지정 및 취소 관련 규정 포함 및 어린이집 위생관리기준 미준수 시 제재를 규정하였다. 보호자 교육에 아동학대예방 교육을 포함하여 의무화하고, 중앙육아종합지원센터의 기능 정립, 직장어린이집 설치를 불이행하는 사업장에 1억 원 이하의 과태료 부과할 수 있도록 하였다.

「영유아보육법」의 보육이념을 살펴보면 영유아의 이익을 최우선으로 고려하여 보육이 제공되어야 하며, 영유아가 안전하고 쾌적한 환경에서 건강하게 성장할 수 있도록 하여야 한다. 또한 자신이나 보호자의 성, 연령, 종교, 사회적 신분, 재산, 장애, 인종 및 출생지역 등에 따른 어떠한 차별도 받지 않고 보육되어야 한다고 제시해 두었다. 「영유아보육법」의 주요 내용들을 살펴보면 어린이집 설치와 운영, 보육교직원의 직무와 책무, 영유아의 건강·영양 및 안전, 비용 및 지도, 감독에 대한 내용 등이 있다.

어린이집의 종류는 총 일곱 가지로 다음과 같다.

① 국공립어린이집: 국가나 지방자치단체가 설치·운영하는 어린이집

② 사회복지법인어린이집: 「사회복지사업법」에 따른 사회복지법인(이하 "사회복지법인")이 설치·운영하는 어린이집

③ 법인·단체 등 어린이집: 각종 법인(사회복지법인을 제외한 비영리법인)이나 단체 등이 설치·운영하는 어린이집으로서 대통령령으로 정하는 어린이집

④ 직장어린이집: 사업주가 사업장의 근로자를 위하여 설치·운영하는 어린이집(국가나 지방자치단체의 장이 소속 공무원 및 국가나 지방자치단체의 장과 근로계약을 체결한 자로서 공무원이 아닌 자를 위하여 설치·운영하는 어린이집을 포함)

⑤ 가정어린이집: 개인이 가정이나 그에 준하는 곳에 설치·운영하는 어린이집

⑥ 협동어린이집: 보호자 또는 보호자와 보육교직원이 조합(영리를 목적으로 하지 아니하는 조합에 한정)을 결성하여 설치·운영하는 어린이집

⑦ 민간어린이집: 제1호부터 제6호까지의 규정에 해당하지 아니하는 어린이집

보육서비스가 우선적으로 제공되어야 하는 대상을 법률적으로 명시하고 있으며, 「국민기초생활 보장법」에 따른 수급자, 「한부모가족지원법」 제5조에 따른 보호 대상자의 자녀, 「국민기초생활 보장법」 제24조에 따른 차상위 계층의 자녀, 「장애인복지법」 제2조에 따른 장애인 중 보건복지부령으로 정하는 장애 정도에 해당하는 자의 자녀, 「장애인복지법」 제2조에 따른 장애인 중 보건복지부령으로 정하는 장애 정도에 해당

하는 자가 형제자매인 영유아, 「다문화가족지원법」 제2조 제1호에 따른 다문화가족의 자녀, 「국가유공자 등 예우 및 지원에 관한 법률」 제4조 제1항에 따른 국가유공자 중 전몰군경, 상이자, 순직자의 자녀, 제1형 당뇨를 가진 경우로서 의학적 조치가 용이하고 일상생활이 가능하여 보육에 지장이 없는 영유아, 그 밖에 소득수준 및 보육수요 등을 고려하여 보건복지부령으로 정하는 자의 자녀로 명시되어 있다.

영유아보육의 비용은 2013년 법률 개정이 되면서 무상으로 실시되며, 그 비용은 국가나 지방자치단체가 부담하거나 보조하기로 되어 있다. 어린이집이나 유치원을 이용하지 않는 영유아에 대해서는 영유아의 연령과 보호자의 경제적 수준을 고려하여 양육에 필요한 비용을 지원할 수 있다. 이처럼 보육의 대상과 비용지원 등 공적 지원체계를 강화하고 있음을 알 수 있다.

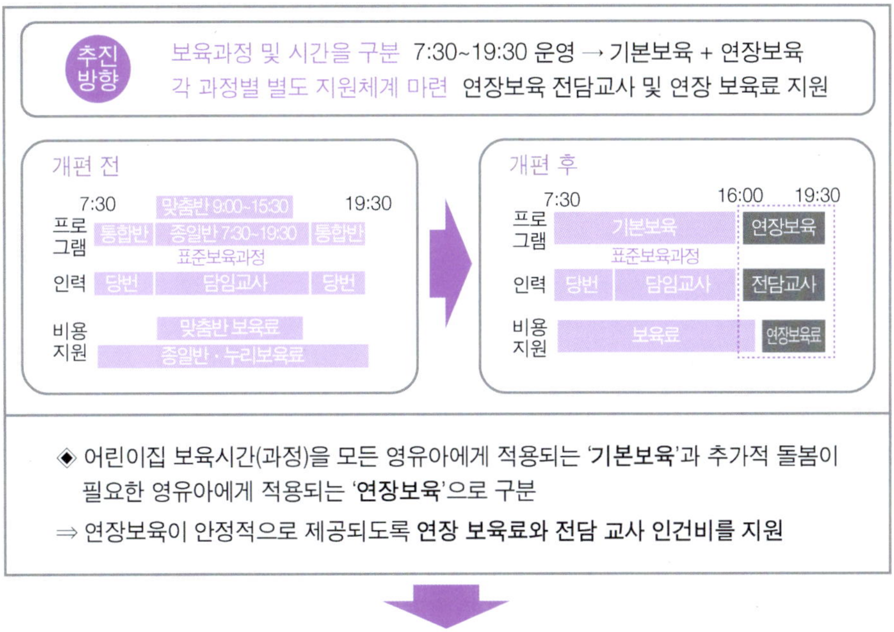


| | |
|---|---|
| (부 모) 부담 없이 필요한 만큼 서비스 이용 | (영유아) 전담교사 배치로 정서적 안정감 |
| (어린이집) 장시간 보육 운영 부담 완화 | (교 사) 업무 부담 및 근무 환경 개선 |

출처: 보건복지부(2021)

그림 6-1 **보육지원 개편 방안**

### 2) 입양특례법

보호가 필요한 아동의 입양과 관련한 조건 및 절차 등에 대한 내용을 포함하고 있는 법률로서 다른 가정의 양자가 되는 아동의 권익과 복지를 증진시키기 위하여 제정되었다. 초기 「입양특례법」은 1961년 「고아입양특례법」으로 제정되었으며 외국인이 한국의 전쟁고아를 입양하는 절차를 간소화하는 데 그 목적이 있었다.

이후 1976년 「입양특례법」으로 개정되면서 고아가 아닌 아동도 입양이 가능하게 되었다. 1995년 입양요건 및 절차를 강화하고 입양아동에게 복지서비스를 제공하는 「입양촉진 및 절차에 관한 특례법」으로 법명도 변경되고 개정되었으나, 2011년 다시 「입양특례법」으로 전부 개정되어 양자의 자격과 입양부모의 요건, 입양기관의 의무와 사후 서비스를 강화하였고, 자신의 입양 정보를 청구할 수 있도록 보완하였다.

2015년에는 국외입양의 사후 관리 항목이 추가되어 사후 서비스에 대한 보완이 이루어졌다(〈표 6-1〉, [그림 6-2]).

2019년에는 「아동복지법」에 따라 아동정책에 대한 종합적인 수행과 아동복지 관련 사업의 효과적 추진을 위해 아동권리보장원을 설립하여 입양아동의 정보 또한 관리하게 되었다.

**표 6-1 | 입양특례법 제25조(사후서비스 제공)**

① 입양기관의 장은 입양이 성립된 후 1년 동안 양친과 양자의 상호적응을 위하여 다음 각 호의 사후관리를 하여야 한다. 국외입양 사후관리에 관한 내용, 방법 등 구체적 사항은 대통령령으로 정한다.〈개정 2015. 5. 18.〉
1. 양친과 양자의 상호적응상태에 관한 관찰 및 이에 필요한 서비스
2. 입양가정에서의 아동양육에 필요한 정보의 제공
3. 입양가정이 수시로 상담할 수 있는 창구의 개설 및 상담요원의 배치

② 입양기관의 장은 해당 국가의 협력기관을 통하여 입양아동이 입양된 국가의 국적을 취득하였는지를 확인하고 그 결과를 제26조에 따른 아동권리보장원의 원장을 통하여 보건복지부장관에게 보고하여야 한다. 〈개정 2019. 1. 15.〉

③ 입양기관의 장은 국외로 입양된 아동을 위하여 모국방문사업 등 대통령령으로 정하는 사업을 실시하여야 한다.

| | 친생부모 입양동의 | 양부모 결연 | 입양의 성립 | 입양의 효과 |
|---|---|---|---|---|
| 종전 | 제한 없음 | 입양기관의 양부모에 대한 가정조사 | 입양신고 (시 · 군 · 구) | 명시적 규정 없음 |
| 변경 | **입양숙려제** (아동의 출생일로부터 1주일이 지난 후에 한 입양 동의만 허용) | **양부모 자격심사 강화** (양친될 자에 대한 아동학대 · 성폭력 등 범죄경력 조회, 입양 전 아동양육에 대한 교육이수 의무화) | **입양허가** (가정법원) ↓ 가족관계 등록신고 | **입양아동에게 친양자 지위 부여** |

출처: 보건복지부(2015)

| 그림 6-2 | **「입양특례법」 개정 전 · 후 국내입양 절차**

### 3) 아동의 빈곤예방 및 지원 등에 관한 법률(약칭: 아동빈곤예방법)

빈곤아동이 부모의 사회적 · 경제적 지위와 상관없이 복지 · 교육 · 문화 등의 분야에서 소외와 차별을 받지 않고, 한 사회의 구성원으로서 조화로운 성장과 건강하고 행복한 삶을 누릴 수 있도록 제도적 기반을 마련하기 위해 제정되었다.

빈부격차가 심해짐에 따라 부모의 가출이나 이혼, 별거, 질병 및 사망 등으로 인한 가족해체가 증가하였으며 이러한 가정의 자녀를 위하여 2011년 「아동의 빈곤예방 및 지원 등에 관한 법률」이 제정되었다.

| 표 6-2 | **「아동빈곤예방법」의 일부**

제1조(목적) 이 법은 빈곤아동이 복지 · 교육 · 문화 등의 분야에서 소외와 차별을 받지 아니하고 한 사회의 구성원으로 건강하게 자랄 수 있도록 제도적 기반을 마련하는 것을 목적으로 한다.

제2조(기본이념) 이 법은 빈곤아동이 부모의 사회적 · 경제적 지위와 상관없이 태어나서 자립할 때까지 충분한 역량을 갖출 수 있도록 균형 있고 조화로운 성장과 건강하고 행복한 삶을 누릴 수 있도록 하는 것을 기본이념으로 한다.

제3조(정의) 이 법에서 사용하는 용어의 뜻은 다음과 같다.〈개정 2011. 8. 4.〉

1. "아동"이란 「아동복지법」 제3조 제1호에 따른 아동을 말한다.

2. "아동빈곤"이란 아동이 일상적인 생활 여건과 자원이 결핍하여 사회적 · 경제적 · 문화적 불이익을 받는 빈곤한 상태를 말한다.
3. "빈곤아동"이란 생활 여건과 자원의 결핍으로 인한 복지 · 교육 · 문화 등의 격차를 해소하기 위하여 지원이 필요한 아동을 말하며, 그 구체적인 기준은 보건복지부령으로 정한다.

제4조(국가 및 지방자치단체의 책무) ① 국가 및 지방자치단체는 복지 · 교육 · 문화 등의 지원 등 빈곤아동정책의 수행에 필요한 법적 · 제도적 장치를 마련하고 업무수행에 필요한 재원을 안정적으로 확보하기 위하여 노력하여야 한다.
② 국가 및 지방자치단체는 빈곤아동의 안전 · 건강 및 복지증진을 위하여 빈곤아동과 그 보호자 및 가정을 지원하기 위한 정책을 수립 · 시행하여야 한다.
③ 국가 및 지방자치단체는 빈곤아동이 어떠한 종류의 차별도 받지 아니하도록 필요한 시책을 마련하여야 한다.

제5조(다른 법률과의 관계) 아동의 빈곤예방 및 지원 등에 관하여 법률을 제정하거나 개정하는 경우에는 이 법의 목적과 기본이념에 부합하도록 하여야 한다.

## 4. 기타 아동복지 관련 법

앞서 살펴본 「아동복지법」과 「영유아보육법」, 그리고 「입양특례법」과 「아동의 빈곤예방 및 지원 등에 관한 법률」 이외에 아동복지와 관련이 있는 법들을 살펴보면 임산부와 모성, 영유아를 대상으로 하는 「모자보건법」, 경제적 및 양육 등에 어려움을 겪을 수 있는 한부모를 위한 「한부모가족지원법」, 그리고 유아 무상교육과 관련된 「유아교육법」 등이 있다. 이와 관련하여 알아보고자 한다.

### 1) 모자보건법

모성 및 영유아의 생명과 건강을 보호하고 건전한 자녀의 출산과 양육을 도모함으로써 국민보건 향상에 이바지하는 것을 목적으로 하며, 주 대상은 임산부(임신 중, 또는 분만 후 6개월 이내)와 모성(임산부 및 가임기 여성), 영유아(출생 후 6년 미만) 등이다. 1973년 가족계획사업을 촉진할 목적으로 제정되어 모자보건 관련 비중이 상대적으로 낮았으나, 1986년 개정되면서 모성과 영유아의 건장을 증진시키기 위한 내용으로 변화하였다.

최근에는 출산장려를 위한 고위험 임산부 지원 및 다태아 임산부 지원, 난임 극복 지원사업 등의 지원에 대한 내용과 산후조리원 관리, 인공임신중절수술 등에 대한 법률, 중앙모자의료센터 지정, 가족계획사업 삭제, 사실상 혼인관계 지원들이 포함되어 개정되었다.

### 2) 한부모가족지원법

한부모가족이 안정적인 가족기능을 유지하고 자립할 수 있도록 지원하여 한부모가족의 생활안정과 복지증진에 기여함을 목적으로 하는 법률이다. 1989년 「모자복지법」으로 제정되어 배우자가 없거나 또는 정신 및 신체장애로 인하여 근로능력이 없는 모자가정에 대한 지원을 목적으로 하였으며, 경제적인 어려움과 자녀의 양육과 취업 등에 관련한 문제를 해결하기 위해 제정되었다.

2002년에 「모 · 부자복지법」으로 명칭을 변경하면서 부자가정도 지원하게 되었고 이후 2007년에 들어 「한부모가족지원법」으로 명칭을 변경함으로써 조부 또는 조모와 생활하는 아동뿐만 아니라 혼인관계에 있지 않은 출산 전 임산부나 출산 후 아동을 양육하는 사람, 다문화 및 청년층 한부모가족도 지원 대상자로 한다.

한부모가족의 날을 매년 5월 10일로 정하여 행사 및 사업을 진행하며, 3년마다 한부모가족에 대한 실태조사를 실시하여 공표한다. 또한 한부모가족 기본계획 및 연도별 시행계획을 수립하도록 하였다. 지원 내용은 생계비와 아동교육 지원비, 그리고 아동양육비 등을 포함한 복지급여를 제공하며, 사업에 필요한 자금이나 아동교육비, 의료비, 주택자금과 같은 영역에 복지자금 대여도 가능하다. 또한 고용의 촉진이나 고용지원, 공공시설 매점 및 시설설치, 공공아동편의시설 우선이용 등의 지원이 있다.

청소년 한부모를 대상으로 교육 및 자립지원, 건강진단, 국민주택 분양 및 임대와 한부모가족 상담전화 설치 등의 지원 등이 명시되어 있다. 한부모가족복지시설의 경우 모자가족 복지시설, 부자가족 복지시설, 미혼모가족 복지시설, 일시지원복지시설, 한부모가족 복지상담소 등이 있으며 기본 생활지원과 공동 생활지원, 자립 생활지원 등을 제공한다.

### 3) 유아교육법

한국전쟁 후 수립된 교육법에도 유치원은 학교로 규정되었으나 1969년에 들어 제1차 국가수준 유치원 교육과정이 제정되었고 1976년이 되어서야 공립유치원이 설립되기 시작하였다. 1979년 제2차 유치원 교육과정이 제정되었으며 1982년 「유아교육진흥법」이 제정되어 최초의 독립행정 기구인 유아교육담당관실이 1983년에 처음 마련되었다. 이후 2004년 「유아교육진흥법」이 폐지되고 「유아교육법」이 제정되어 교육5법(유아교육법, 초·중등교육법, 고등교육법, 평생교육법)이 완성되었다.

「유아교육법」이 제정됨으로써 만 5세 아동의 무상교육을 통한 유아교육 공교육화가 추진되었으며, 법률상으로 초등학교 취학 전 3년의 유아교육을 무상으로 실시하도록 명시하였다(제24조). 유아교육에 드는 비용은 국가 및 지방자치단체가 부담하되, 유아의 보호자에게 지원하는 것을 원칙으로 한다. 또한 유아교육과 보육의 연계 운영에 관한 법률이 포함되어 있다.

| 표 6-3 | 「유아교육법」 제24조(무상교육)

① 초등학교 취학 직전 3년의 유아교육은 무상(無償)으로 실시하되, 무상의 내용 및 범위는 대통령령으로 정한다.〈개정 2012. 3. 21.〉

② 제1항에 따라 무상으로 실시하는 유아교육에 드는 비용은 국가 및 지방자치단체가 부담하되, 유아의 보호자에게 지원하는 것을 원칙으로 한다.〈개정 2010. 3. 24.〉

③ 제2항에 따라 국가 및 지방자치단체가 부담하는 비용은 제4항의 표준유아교육비를 기준으로 교육부장관이 예산의 범위에서 관계 행정기관의 장과 협의하여 고시한다.〈신설 2012. 3. 21., 2013. 3. 23.〉

④ 교육부장관은 제5조 제1항에 따른 중앙유아교육위원회의 심의를 거쳐 표준 유아교육비를 정한다.〈신설 2012. 3. 21., 2013. 3. 23.〉

⑤ 제2항에 따른 지원방법, 제3항에 따른 비용 고시 및 제4항에 따른 표준유아교육비 산정 등에 관하여 필요한 사항은 교육부령으로 정한다.〈개정 2012. 3. 21., 2013. 3. 23.〉

아동복지를 위한 다양한 법들이 제정되어 있어 여러 영역에서 아동을 위한 복지를 실시하고자 노력하고 있다. 기본적인 「아동복지법」에서 아동의 보호와 안전, 건강지원, 그리고 아동학대예방 및 방지 등에 대한 내용들이 정리되어 있으며, 건전한 육성을 위한 「영유아보육법」, 보호가 필요한 아동에게 새로운 가족을 찾아주기 위한 「입양특례법」, 아동이 여러 분야에서 조화롭게 성장시킬 수 있는 아동의 빈곤예방을 위한 법률 등이 있다. 이 외에 아동을 둘러싼 가족이나 환경을 보호하기 위한 「모자보건법」과 「한부모가족지원법」, 그리고 무상교육과 관련된 「유아교육법」 등이 있다.

또한 앞서 언급한 바와 같이 다양한 아동복지 관련 법률의 중복과 전달체계의 문제, 아동에 대한 인식이나 이해 부족으로 인하여 정책의 효율성을 저해하거나 법률 등의 문제를 해결하기 위해 2022년 아동의 권리를 보장하는 통합적인 아동기본법을 제정을 준비 중이기에 보다 체계적이고 효율적인 통합적 법률이 제정되길 기대한다.

Chapter

# 07

# 아동복지의 정책과 행정

「아동복지법」에 의하여 아동복지정책이 만들어지고, 이러한 정책은 실제로 도움이 필요한 아동들에게 전달된다. 본 장에서는 아동복지에 영향을 주는 우리나라의 정책과 행정에 대하여 다루고자 한다. 먼저 아동복지에서 정책이란 어떠한 의미가 있는지 살펴보며, 아동복지정책의 분석 부분에서 아동의 복지와 관련된 국내 정책들과 앞으로의 계획을 같이 살펴볼 것이다. 복지서비스가 전달되는 과정을 '행정'이라고 하며, 행정에는 다양한 전달방식이 존재한다. 공공시설을 통하여 복지서비스가 전달되기도 하며, 국가에서 위탁을 받은 민간시설단체를 통하여 아동복지서비스가 제공되기도 한다. 아동복지 실천을 위한 행정의 개념을 이해하고, 운영주체에 따른 공공 및 민간아동복지의 전달체계, 그리고 아동복지에 필요한 재정을 다루고자 한다.

## 1. 아동복지정책의 의미

아동복지정책(child welfare policy)은 본 장에서 제시한 '아동복지(child welfare)'와 '정책(policy)'이라는 용어가 결합되어 형성되었기에 '정책'의 의미를 살펴보아야 할 것이다.

정책이란 단어는 일상생활에서도 많이 접하는 단어이다. 뉴스에서 국가의 경제나 복지정책의 방향성에 관한 이야기 혹은, 백화점에서 환불정책이 어떻게 되어 있다는 이야기를 한 번쯤은 들어보았을 것이다. 표준국어대사전(2018)은 정책을 '정치적 목적을 실현하기 위한 방책'이라고 하였으며, 사회복지사전(1998)에서는 '추상적으로 어떤 특정 목적을 달성하기 위한 방침'이라고 정의하였다. 또한, 행정학사전(2018)에서는 '정부 또는 정치단체가 그들의 정치적·행정적 목적을 앞으로 실현하기 위해 마련한 방책이나 방침'이라고 하였으며 칸(Kahn, 1979)이라는 학자는 '특정한 목적을 이루기 위해 필요한 행동에 관한 원칙, 그리고 정해진 계획'이라고 하였다.

정책에 대한 다양한 정의를 정리해 본다면 집단이나 기관(정부, 정당, 사기업 등)이 특별한 목적(경제, 복지, 환불 등)을 위하여 정해놓은 원칙(방법, 절차, 행동방침 포함)과 계획(특정 가치에 대한 방향성이 내포됨)이라고 할 수 있다. 따라서 아동복지정책은 아동의 복지와 관련이 있는 다양한 원칙과 계획을 포함한 국가 및 민간차원의 방향성이라고 할 수 있다.

아동복지정책은 정책을 주도하는 주체에 따라서 다양한 형태로 나타날 수 있지만, 일반적으로 복지정책은 국가의 주도하에 이루어지는 계획을 의미한다. 게다가 아동복지의 개념이 앞서 배운 바와 같이 협의의 개념과 광의의 개념으로 나누어져 있기에, 협의의 개념인 특수한 요구를 가진 아동과 가족을 대상으로 하는 아동복지정책과 광의의 개념에 따라 아동에게 영향을 주는 모든 정책과 프로그램, 그리고 활동을 포함하는 포괄적인 아동복지정책을 의미할 수 있다. 본 장에서는 아동복지와 관련된 정책 중 유아교육정책과 보육정책, 아동복지정책 기본계획과 현재 진행 중인 아동복지정책의 종류에 대하여 살펴보고자 한다.

## 2. 아동복지정책의 분석

아동복지는 아동과 관련된 다양한 분야에서 다루고 있기에 아동복지정책을 전반적으로 살펴보기 위해서는 아동복지가 이루어지는 여러 영역을 모두 살펴보아야 한다. 본 장에서는 아동복지가 실현되고 있는 중요 영역 중 유아교육과 보육에서의 복지정책에 대해 살펴보며, 보건복지부에서 담당하는 아동복지의 전반적인 정책계획과 진행 중인 복지정책을 알아보고자 한다.

### 1) 유아교육정책

아동복지의 중요한 요소 중 하나인 교육은 국민들의 높은 관심을 받고 있으며, 또한 그 변화가 최근 20년 동안 급격하게 나타났다. 유아교육을 초등학교와 중학교처럼 정식 학제에 포함시켜 모든 유아들에게 지역적, 사회적, 그리고 경제적 차별 없이 균등한 교육기회를 제공하기 위해 1994년에 만 5세의 취학 전 교육을 공교육화하기 위한 교육개혁위원회가 편성되었다.

이후 1997년 공교육체제 확립을 위한 유아교육개혁방안을 발표하면서 유아학교체제의 전환을 언급하였으나, 실제로 추진되지 못하였다. 이후 2009년에 교육과학기술부(현, 교육부)에서 '유아교육 선진화 추진계획(2009~2012)'을 제시함으로써 선진 유아교육제도를 구축하였고, 미래지향적인 교육과정 운영과 우수 교원 배치 및 활용, 유아교육 지원체계 강화 및 유아학비 부담 경감 등의 5개 정책 분야와 25개의 핵심과제를 선정하여 유아교육에 대한 국가적 지원을 체계화하였다.

교육부는 유아교육 선진화 추진정책(2009~2012)에서 완료하지 못한 정책과제를 보완하고, OECD와 UNESCO 등 국제적인 유아교육정책의 추세에 맞추어 '제1차 유아교육 5개년 발전 기본계획(2013~2017)'을 수립하여 유아교육에 대한 공적 지원체제를 확장하고 누리과정 도입 및 후속 조치에 대한 사항을 포함하여 보육과 단일화를 추진하고자 하였다.

제1차 유아교육 발전 5개년 계획의 추진성과에 관한 연구를 살펴보면 유치원 평가

제도 개선과 누리과정 운영을 위한 현장 지원체제 강화에 대한 실적은 만족할 만한 결과를 달성한 것으로 성과분석에서 나타났으나, 다른 핵심과제 내용은 부분달성으로 미흡하게 나타났다.

이러한 결과를 바탕으로 제2차 유아교육 중장기 발전방향정책 수립(2018~2022)하였으며, 낮은 국공립 유치원 분담 비율, 소외계층 유아교육 기회 부족, 교사 계획서 중심의 경직된 유아교육 체제로 인한 유아중심 교육적 경험 제공의 한계, 정부 주도 교원교육과 관리자중심의 유치원 운영으로 인한 교육현장의 자율성 부족 및 학부모들의 참여 미흡 등의 보완점에 초점을 두었다. 따라서 제2차 기본계획은 '유아교육 국가책임 확대'를 비전으로 공교육의 책임을 강화하고 균등한 교육기회 보장 및 교육의 질 담보를 목표로 하여 네 가지의 세부 과제(① 유아교육의 공공성 강화를 통한 교육의 희망사다리 복원 ② 유아 · 놀이중심의 교육 운영 강화 ③ 학부모와 함께 유아의 건강한 발달 지원 ④ 유아교육 혁신을 위한 행정시스템 구축)를 제시하였다. 그 성과는 다음과 같다.

① 유아교육의 공공성 강화: 국공립유치원(매입 · 공영 · 부모협동 등 포함) 총 885학급 확충(2020년 목표 대비 148% 성과), 누리과정 재정 지원 확대(2019년 22만원 → 2021년 26만원), 취약계층 지원 강화(저소득층 자녀 입학 기회 확대 및 추가 예산 편성 지원, 다문화유아 언어발달 통합교육 지원, 특수유아 통합교육 확대), 저소득층 유아 우선 입학(처음학교로 시스템 연계 사회배려계층 유아 우선 입학기회 제공)

② 유아 · 놀이중심의 교육강화: 2019 개정 누리과정 확정 및 고시, 교사의 놀이지원 역량 강화 현장 지원자료 개발, 보급 및 교연연수 프로그램 운영, 방과후 놀이유치원 운영 확대(2018년 51개원 → 2019년 540개원)

③ 학부모와 함께 유아의 건강한 발달지원: 학부모안심유치원 확대(2018년 141개원 → 2020년 328개원), 학부모 소통 및 참여 강화(권역별 워크숍 진행 및 다큐멘터리 '놀이의 힘', '놀이의 기쁨' 제작 방영, 유치원운영위원회 매뉴얼 개정), 돌봄 공백 해소(전체 유치원의 99.8%가 방과 후 과정 운영, 코로나 인한 휴업기간 동안 90% 이상의 유치원 긴급돌봄 제공, 긴급돌봄지원센터 구축 운영)

④ 유아교육 혁신을 위한 행정시스템 정비: 유치원 투명성 · 공공성 제고(사립유치원

100% K-에듀파인 도입으로 회계 투명 운영), 유치원 평가의 현장적합성 제고(제5주기 유치원 평가 지표 및 평가 개선 지원안 마련), 사립유치원 교사 처우 개선을 위한 기본급 보조지원 확대(2017년 53만 원→2019년 월 65만 원)

2021년에 들어서 유아교육과 보육의 이원화체계를 개편하고자 육아정책연구소는 2022~2027 유아교육·보육 중장기 발전방안 연구를 통해서 유보통합정책의 방향성을 제시하고 있으며, 이에 대한 내용은 보육정책에 대한 설명 후 다시 제시하도록 하겠다.

### 2) 보육정책

1991년 「영유아보육법」이 제정된 이후 2000년도 초반까지 보육비용은 개인이 부담하였다. 양육은 가족의 책임이라는 인식이 사회에 전반적으로 보편화되어 있었으며, 법정 저소득층과 같은 일부 가구들에 대한 보육료 지원만 있었다. 이후 사회와 국가가 보육에 대한 지원을 제공해야 하는 책임이 있다는 인식이 강해지면서 소득별 차등 보육료 지원이 제1차 중장기 보육 기본계획인 '새싹플랜'을 통하여 여성가족부 관할 아래 수립되었다. 이러한 보육정책의 변화는 여성의 사회진출이 증가됨에 따라 보육서비스를 제공하는 것이 중요해졌음을 의미하며, '함께 키우는 건강한 아동'이라는 비전과 함께 진행되었다.

2006년부터 2010년을 목표로 새싹플랜이 수립되었으나, 2009년 보육업무가 복지부로 이관함에 따라 정책이 수정·보완되어 '아이사랑플랜(2009~2012)'으로 재수립되었으며, 국가의 책임을 강조하고 보육서비스를 '여성'이 아닌 '영유아'중심으로 설정하여 '아이와 부모가 행복한 세상'이라는 슬로건을 제시하였다.

이후 제2차 중장기 계획이 2013년부터 2017년에 실시되면서 2013년에는 전면 무상보육이 실시되어 '아이는 행복하고 부모는 안심할 수 있는 세상'이라는 비전으로 보육서비스의 질적 강화를 도모하였다. 이러한 과정에서 영아 시설이용률이 2006년 11.2%에서 2016년 36.0%로 증가하였으며, 어린이집 최초 이용월령 또한 2012년

28.3개월에서 2015년 26.5개월로 점차 빨라졌다.

이러한 보육정책의 성과를 살펴보면 다음과 같이 알 수 있다.

① 전 계층 무상보육을 도입하여 부모부담 감소(2012년 대비 2015년 41% 감소), 맞벌이가정 어린이집 우선 입소보장(2014), 휴일 및 야간시간 연장보육 강화, 맞춤형 보육 도입을 통한 어린이집 이용시간 증진

② 국공립 등 공보육시설을 확충(매년 150개소 이상 지속적으로 증진)

③ 영아 표준보육과정과 유치원과 통합된 누리과정 도입, 평가인증제도 개선을 통한 어린이집 주기적 평가 실시 및 질적 수준 제고

④ 어린이집 부모참여 확대 및 안전관리 강화, 어린이집 참관 건 및 운영위원회 참여보장, CCTV설치 의무화, 아동학대 처벌강화, 전문적 안전관리 지원

⑤ 부모 직접양육 지원체계 도입, 육아종합지원센터로 개편 통한 부모교육 및 상담 등 양육을 지원서비스 제공, 보호자 교육 및 임신, 출산, 육아 관련 사이트 통합 운영

제3차 중장기 보육기본계획(2018~2022)이 2017년 12월에 제시되었으며, '영유아의 행복한 성장을 위해 함께하는 사회'라는 비전으로 보육의 공공성을 보다 강화하고, 동시에 보육서비스의 품질을 개선, 보육체제 개편 및 부모 양육지원 확대를 목표로 제2차 중장기 계획보다 향상된 방향성을 제시하였다.

그 결과는 다음과 같다.

① 보육의 공공성 강화: 국공립이용률 40% 증진을 위한 국공립어린이집 확충목표 106% 달성, 국공립 운영의 공공성 강화(사전컨설팅, 현장평가 및 사후관리 강화), 직장어린이집 설치 확대(90% 이상 계획)

② 보육체계 개편: 2020년 3월 연장보육 도입, 신규 배치 및 환경 조성, 표준보육비용 산정 및 적정 보육료 지원(2020년 평균 3.3% 인상, 2021년 표준보육비용 단가의 97.9%까지 인상), 2019년 표준보육과정 개정

③ **보육서비스 품질 향상: 보육교사 전문성 강화**(대학 중심 신규 자격취득과정 활성화 및 보육교사교육원 및 학점은행제 양성과정 정비 계획수립), **보육교사 적정 처우 보장**(적정근로시간 보장 및 초과근무수당 지급 보장체계마련), **영유아 보유환경개선**(탄력보육 최소화 운영, 교사 대 아동비율 개편방안 마련 계획 발표), **상시적 품질관리 강화**(평가지표 축소 및 평가제도 전환, 이동안전 체험관 및 안전컨설팅 연 100개소 이상 실시, 식중독 예방, 통학차량 안전사고 방지 합동점검 실시 계획)

④ **부모 양육지원 확대: 부모의 양육역량 강화 지원**(자녀 양육 및 부모교육 정보 제공안내, 교육커리큘럼 제공), **시간제 보육서비스 확대**(시간제보육반 5년간 단계적 확대, 육아종합지원센터 서비스 확대 계획), **취약보육 지원 개선**(취약보육실태조사 통한 지원방안 검토 계획 수립)

정부의 노력에도 불구하고 여전히 서비스의 질적 격차 해소, 보육교사 자격기준과 양성체제 정비, 양성기관 질 관리, 교사 대 영유아의 높은 비율, 안전하고 창의적인 환경과 공간의 협소함 등이 개선되어야 할 상황으로 나타나고 있다.

육아정책연구소에서 제시한 2022~2027 유아교육 보육 중장기 발전방안 연구에서 제시한 추후 정책적 방향성은 무상 유아교육과 보육의 완성, 교육과 돌봄을 함께 하는 유보체제 통합, 만 5세 무상교육 실시를 통한 단계적 공교육화, 질적 격차 해소를 통한 형평성 제고, 환경 개선을 통한 개정 누리과정 운영의 질 제고, 우수 영유아 교원의 유입, 근속 및 처우 개선, 유아교육과 보육의 지원체제 강화이다. 앞으로 발전적인 유아교육과 보육정책을 기대할 수 있을 것이다.

### 3) 아동복지정책 기본계획

1957년 「어린이헌장」이 제정된 이후 다양한 아동복지정책이 계획 · 실천되어 왔으며, 빈곤한 아동과 아동의 안전 및 보호육성을 위하여 아동복지정책은 점차 발전적으로 개정되어 왔다. 또한, 요보호아동을 대상으로 진행된 아동복지정책은 점차 아동의 권리를 보장하고 건강을 증진하며, 보다 안전한 사회에서 생활할 수 있도록 영역의 확장이 동시에 이루어졌다.

국내에서 수립된 아동복지정책들을 살펴보면, 1961년 「아동복리법」이 제정됨에 따라 1967년에 탁아시설 설치 5개년 계획정책이 수립 · 진행되었으며, 1981년 「아동복리법」이 「아동복지법」으로 개정되고 1982년 「유아교육진흥법」과 1991년 「영유아보육법」이 제정되면서 1994년에는 보육시설 확충 3개년 계획이 수립되었다.

2000년부터 「아동복지법」이 개정되면서 2001년 어린이 보호 · 육성 종합대책, 2003년 어린이 안전종합대책, 2004년 빈곤아동 · 청소년 종합대책이 수립 · 진행되었으며, 2008년 아동 · 청소년정책 5개년 기본계획을 통하여 아동과 청소년으로 분절되어 진행되었던 복지정책을 연계하고자 노력하였으며, 또한 서로 중복되어 진행되었던 정책을 효율적이고 체계적으로 변환시키고자 노력하였다. 하지만 2010년 3월 청소년 업무가 다시 여성가족부로 이관되면서 아동과 청소년의 통합정책은 실현되지 못하였다. 이러한 분절됨을 극복하고 아동 관련 사업들의 연계성을 확보하고자 2012년 「아동복지법」이 전면 개정되었고, 2013년 '아동종합 실태조사'를 통하여 우리나라 아동정책의 취약부분을 개선하고 UN 아동권리협약 및 UN 아동권리위원회의 권고사항을 정책에 포함하여 구현하고자 2015년 제1차 아동정책기본계획(2015~2019)을 수립하게 되었다. 이후 2020년에는 '아동중심', '권리주체'라는 기조를 바탕으로 제2차 아동정책기본계획(2020~2024)을 수립하였다.

제1차 아동정책기본계획의 비전은 '행복한 아동, 존중받는 아동'으로 아동복지정책의 방향을 아동의 행복과 삶의 질에 초점을 주었다. 이러한 이유는 우리나라 아동의 주관적 행복지수와 삶의 만족도가 OECD 30개 국가 중 최하위인 30번째로 나타났기 때문이며(김미숙 외, 2013), UN 아동권리협약의 주요 원칙 중 하나인 '아동 최선의 이익'을 위한 기반을 마련하기 위함이다. 이러한 목표를 위하여 4개의 핵심정책 영역을 미래를 준비하는 삶, 건강한 삶, 안전한 삶, 함께하는 삶으로 정하고 그 하위에 16개의 중점과제와 158개의 세부과제를 제시하였다.

제1차 아동정책기본계획은 아동분야 최초의 중기계획으로 정책의 종합적인 틀을 제시했다는 점에서 의의가 있다. 하지만 그 평가를 살펴보면 아동 고유의 특성을 반영하기보다는 각 부처의 아동 관련 사업을 나열하는 것에 그쳤고, 다른 정책목표(예: 양육지원체계 – 출산율 제고를 위한 양육비용 부담 완화, 보육 · 돌봄 서비스 제공 등)를 위해 아동을 대상화 ·

객체화한 경향이 있었다. 이러한 과정에서 '행복한 아동'이라는 비전의 체감은 한계가 있었고, 여전히 아동의 삶의 만족도는 여전히 낮은 상태로 유지되었다(2018 아동실태조사 결과 아동 삶의 만족도는 6.10 → 6.57로 소폭 상승).

이러한 문제를 보완하기 위해 다음의 세 가지 사항을 고려하여 2020년 8월 제2차 아동정책기본계획을 수립하였다.

① 아동은 보호가 필요한 존재이며 존엄과 권리를 지닌 주체

② 아동 행복은 성인까지 연결되어 전체 삶에 큰 영향을 주기에 사회 · 국가에 중요한 의미를 가지는 요소임(아동기 낮은 행복감 → 성인기 불행, 삶의 질 저하 → 사회와 국가 발전에 부정적 영향)

③ 선진국은 정책 전반에 아동 관점이 반영되어 아동의 행복이 향상되도록 노력함

제2차 아동정책기본계획의 비전은 '아동이 행복한 나라'이며 아동권리의 존중 및 실현, 아동이 현재 행복을 누릴 수 있는 환경조성을 목표로 하여 네 가지 추진 전략을 세웠다.

① 권리주체 아동권리 실현: 각종 정책에 아동을 고려할 수 있도록 시스템을 개편하고, 아동 참여, 의견 표명권 보장, 권리기반 아동보호 등 생활 속 권리 실현 기반을 조성하여 아동권리 실현을 위한 정책추진체계 마련을 목표로 함. 참여 및 권리보장에 기반한 생활 속 아동권리 실현을 위해 아동청원 도입과 사법 절차상 의견표명 기회 보장, 권리 기반 아동보호와 일상 속 권리보장을 지원하고자 함

② 건강하고 균형있는 발달 지원: 놀이와 학습이 조화로운 학교와 지역사회를 위해 아동발달단계별 할인혜택 등의 아동우대제도 도입, 아동친화도시 연계한 놀이선도지역 선정, 놀이 모형 지역 확산, 학습내용 적정화, 건강습관 형성 관리를 위한 모바일 헬스케어, 아동치과주치의, 만성질환 집중관리, 심리상담 전담인력 확충, 폭력 등으로부터 안전체계 구축 등의 지원 강화

③ 공정한 출발 국가책임 강화: 아동중심 공적 보호 및 돌봄체계 구축을 위한 가정위탁 양육비 지원 확대, 전문가정위탁제고 법제화, 돌봄 확충, 10여 종의 아동시스템 통합, 취약아동에 대한 국가책임의 연속성 확보를 위한 아동가구 공공임대주책 지원

강화, 한부모 자녀 양육 지원 강화, 이주배경 아동 지원 사업 시범도시 운영

④ 코로나19 대응 아동정책 혁신: 소득 시간 양육자 역량 등 종합적인 가정의 양육 역량강화를 위해 아동수당 지급범위 확대, 전국민 고용보험 로드맵에 따른 모성보호 사각지대 보완, 부모교육 체계적 실시, 재난 상황에 대응 가능한 보호 및 돌봄체계 구축을 위한 탄력적 학사제도 운영, 재난 상황 가이드라인 마련, 돌봄취약가정을 위한 아동 AI 서포터즈 도입 추진

아동복지정책은 다음과 같이 지속적으로 발전하고 있다. 다음으로 유아교육 및 보육, 그리고 아동복지 관련 정책을 통한 복지서비스가 어떻게 실제 아동들에게 전달되는지 다음의 행정 측면을 살펴봄으로써 확인해 보고자 한다.

## 3. 아동복지행정의 이해

「아동복지법」에서 국가의 아동복지에 대한 근간을 제시하고, 이 법을 바탕으로 아동복지정책이 아동복지의 방향성과 계획, 그리고 규칙들을 제공해 준다면, 아동복지행정은 실제적으로 복지서비스가 수혜자에게 어떻게 전달되는지에 대한 과정과 전달체제를 의미한다.

'행정'이라는 단어는 정부가 공공의 목적을 달성하기 위하여 행하는 여러 가지 활동 및 내부적 관리를 의미하기에 아동복지의 행정은 보건복지부를 통하여 광역자치단체, 그리고 기초자치단체로 아동복지서비스에 대한 계획과 지시, 그리고 지원과 관리 및 감독이 전달되거나 행해지는 것을 의미할 수 있다. 게다가 행정의 의미를 보다 확대한다면 읍·면·동의 사회복지 및 아동복지 관련 부서 행정담당관 및 공공복지시설과 민간사회복지시설을 통하여 아동복지서비스 수혜를 받는 아동과 아동의 가정에 실제적으로 서비스가 제공되는 집행체제를 포함한다.

아동복지행정의 특징을 정리해 보면 다음과 같다.

첫째, 아동복지행정은 「아동복지법」에서 제시한 국가가 담당해야 하는 아동복지의

책임 범위에 따라 아동 및 가정이 원하는 사회복지서비스를 받을 수 있도록 아동복지정책에서 설정한 방향과 목표를 이용 가능한 자원을 동원하여 충족하고자 하는 수단과 방법을 의미한다. 따라서 「아동복지법」을 근거로 실행되며, 아동복지정책의 계획과 목표를 달성하고자 행정업무를 진행하게 된다.

둘째, 아동복지행정은 아동복지정책의 목표를 달성하기 위하여 어떠한 수단과 방법을 선택하는지, 그리고 그 선택과정과 계획을 포함한 일련의 과정을 모두 포함하는 포괄적 행동을 의미한다. 따라서 행동을 계획하는 조직이나 실제 서비스를 제공하는 기관의 운영도 아동복지행정의 중요한 요소로서 간주한다.

셋째, 아동복지행정은 최종적으로 아동과 가정에 직접 서비스가 직접 전달됨으로써 그 효과가 나타나야 한다. 따라서 수혜를 받는 아동 및 가정에 서비스를 제공하는 사람들은 각종 서비스 분야의 전문가들이어야 하며, 서비스는 체계적으로 제공되어야 하고, 또한 그 효과에 대하여 조사 및 연구를 통하여 보다 발전적인 방향으로 개선될 수 있도록 지속적인 관리 및 감독이 필요하다.

아동복지행정은 정책이 정한 계획과 목표를 향하여 업무가 주로 진행되며, 행동과 계획이 모두 포함된 포괄적인 업무이다. 게다가 최종적으로 서비스가 전달되는 과정이 효율적인지 파악하고 개선 방향에 대한 연구도 포함되어 있어 모든 서비스의 실제적인 부분을 담당하고 있는 것이 아동복지의 행정이라고 할 수 있다.

## 4. 공공아동복지의 전달체제

우리나라의 아동복지를 담당하고 있는 주무부처는 보건복지부이며, 그 외에 여성가족부와 교육부, 고용노동부와 행정안전부 등 대부분의 부처가 아동복지에 관여하고 있다. 1948년 정부 수립과 동시에 사회부가 발족하였고, 이듬해에 보건부가 신설되었다. 1955년에 이르러 보건사회부로 조직이 통합되었으며, 1994년 보건복지부, 2008년 보건복지가족부, 그리고 2010년 이후 보건복지부로 개편되어 운영되고 있다.

그림 7-1 보건복지부의 조직도

보건복지부의 조직은 [그림 7-1]과 같다. 그림의 내용을 토대로 아동복지 관련 부서를 설명하면 인구정책실의 아동복지정책과이며 대부분의 아동복지 관련 정책을 총괄하고 종합계획을 수립·시행한다. 또한, 아동복지법령을 제정하거나 개정에 관한 업무와 아동정책조정위원회, 아동복지서비스의 조사·연구·홍보 및 통계, 아동복지 관련 업무의 중앙부처와 지방자치단체 간 협의 및 조정, 빈곤아동종합대책의 수립 및 조정, 가정위탁, 소년소녀가정에 관한 사항, 아동복지시설, 그룹홈 등 운영·지원에 관한 사항, 「입양특례법」령 제정·개정에 관한 사항, 국내외 입양 제도 개선 및 활성화 종합대책 수립·시행에 관한 사항, 아동발달지원계좌에 관한 사항, 아동 관련 법인 및 단체에 관한 사항, 한국아동복지협회, 한국아동그룹홈협의회에 관한 사항 등을 담당하고 있다.

다음으로 보육 관련 정책을 담당하는 보육정책관이 있어 중앙행정기관 및 지방자치단체의 영유아 정책의 협의·조정 총괄, 영유아 정책에 대한 평가 및 제도 개선, 보육예산의 편성 및 집행의 관리, 보육행정 전산화 및 보육서비스 이용권 제도 운영·관리, 보육교직원의 양성 및 자격관리, 영유아보육료·양육수당 지원 및 가정양육 지원에 관한 사항, 영아·장애아·다문화가족 영유아 등 취약보육서비스 등의 지원에 관한 사항, 표준보육과정 및 보육 프로그램의 개발·보급, 어린이집의 평가인증, 국공립어린이집 등의 확충 및 환경 개선, 어린이집의 설치 및 인가 기준에 관한 사항, 어린이집의 지원 및 지도·감독 등의 업무를 맡고 있다.

보건복지부 이외에 기타 관련 부처로는 여성가족부의 청소년가족정책실이 있으며 주로 미혼모와 한부모의 지원과 관련된 정책 및 지원이나 양육비 지원, 다문화가족 지원, 부모교육 등을 담당하고 있다. 또한 아동청소년보호과에서는 아동 및 청소년의 성보호를 위한 정책 등을 담당하고 있다. 교육부는 유아교육정책과와 방과후돌봄정책과, 그리고 특수교육정책과에서 아동복지와 관련된 행정업무를 진행하고 있으며, 고용노동부는 근로기준정책과에서 청소년 근로권익에 대한 업무를 담당하고 있다.

공공아동복지의 전달체제를 살펴보면 앞서 제시한 각 부처의 기본정책과 계획, 지침업무들이 행정안전부를 거쳐 특별시·광역시·도의 여성가족정책실이나 여성가족국 등으로 전달된다. 따라서 각 시 · 도별 사업지침과 시달사항을 받고 또한 예산을 국고와 도비로 구성하여 자치시 · 군 · 구로 다시 하달하게 된다. 자치 시 · 군 · 구의 복지보건국, 또는 복지환경국 등에서 다시 지역에 맞는 사업지침을 시달하게 되고, 국고와 도비, 그리고 시 · 군 · 구비를 합쳐서 예산을 배정하고 사업을 집행 및 지도하게 된다.

시 · 도 및 시 · 군 · 구에는 아동복지심의위원회를 두어 연도별 아동정책 시행계획에 대한 사항과 아동의 보호조치 및 퇴소조치, 친권행사의 제한이나 친권상실 선고, 후견인의 선임이나 변경 청구, 지원대상아동의 선정과 지원에 관한 사항을 심의한다(아동복지법 제12조). 다시 읍 · 면 · 동의 주민생활지원계나 사회복지계로 내려오면 사회복지 전담공무원을 통하여 서비스보호 대상자를 선정하고 아동복지서비스를 제공해 주며, 사무집행 및 사후관리를 하게 된다. 이러한 과정은 사회복지 전담공무원을 거치지 않고 직접 공공시설로 전달되기도 하며, 또는 민간시설 및 단체를 통하여 아동복지 수혜자로 서비스가 제공되기도 한다.

보건복지부와 여성가족부, 교육부, 그리고 고용노동부와 같은 다양한 부서에서 각자의 정책에 따라 다양한 복지업무들이 생성되고, 수혜자에게 서비스로 제공되어진다.

## 5. 민간아동복지의 전달체제

우리나라 아동복지서비스의 전달체제를 살펴보면 영유아보육기관과 유아교육기관을 제외한 대부분의 아동복지서비스는 사회복지법인과 같은 민간 비영리단체를 주체로 수혜자에게 전달되고 있으며, 정부는 목표와 방향성을 제공하고 보조금과 특혜를 주어 사회복지서비스 주체인 법인을 관리하고 있다. 사회복지기관에서는 부족한 정부보조금을 민간 기부금이나 후원금, 자원봉사들을 통하여 충당하고 있다.

민간위탁중심의 아동복지서비스는 1950년대 전후 심각한 빈곤문제를 해결하고 구호활동을 진행하기 위해 민간기관의 도움을 받아왔으며, 국가는 당시 사회복지 실현을 위한 재정적 어려움으로 민간부문의 공급 주도를 당연하게 여기고 장려하였다.

1961년 「아동복리법」 제정 시 재단법인은 시장이나 도지사의 인가를 얻어 아동복리시설을 설치할 수 있고, 설치 및 운영에 필요한 비용과 아동양육비용의 일부를 국가에서 보조받을 수 있음을 명기하였으며, 1981년 「정부조직법」에서는 법인이나 단체, 그리고 기관이나 개인에게 행정권한을 위탁할 수 있음을 명시하여 '민간위탁'을 법적으로 도입할 수 있도록 법을 제정하였다.

아동복지서비스 중 국민기초생활보장제도의 경우 공공아동복지 전달체계로 제공되고 있으며, 그 외 대부분의 아동복지서비스는 민간위탁으로 인한 민간아동복지 전달체제로 진행되고 있다.

아동복지서비스 관련 시설 및 내용은 다음과 같다.

① **아동양육시설**: 보호대상아동을 입소시켜 보호, 양육 및 취업훈련, 자립지원서비스 등을 제공하는 것을 목적으로 하는 시설

② **아동일시보호시설**: 보호대상아동을 일시보호하고 아동에 대한 향후의 양육대책 수립 및 보호 조치를 행하는 것을 목적으로 하는 시설

③ **아동보호치료시설**: 아동에게 보호 및 치료서비스를 제공하는 시설. 불량행위를 하거나 불량행위를 할 우려가 있는 아동으로서 보호자가 없거나 친권자나 후견인이 입소를 신청한 아동 또는 가정법원, 지방법원소년부지원에서 보호·위탁된 19세 미만인 사람을 입소시켜 치료와 선도를 통하여 건전한 사회인으로 육성하는 것을 목적으로 하고, 정서적·행동적 장애로 인하여 어려움을 겪고 있는 아동 또는 학대로 인하여 부모로부터 일시 격리되어 치료받을 필요가 있는 아동을 보호·치료

④ **공동생활가정**: 보호대상아동에게 가정과 같은 주거 여건과 보호, 양육, 자립지원서비스를 제공하는 것을 목적으로 하며, 가정해체, 방임, 학대, 빈곤, 유기 등의 요보호아동, 18세가 되어 퇴소하는 그룹홈 아동을 대상으로 지원

⑤ **자립지원시설**: 아동복지시설에서 퇴소한 사람에게 취업 준비 기간 또는 취업 후 일정 기간 동안 보호함으로써 자립을 지원하는 것을 목적으로 하는 시설

⑥ **아동상담소**: 아동과 그 가족의 문제에 관한 상담, 치료, 예방 및 연구 등을 목적으로 하는 시설

⑦ **아동전용시설**: 어린이공원, 어린이놀이터, 아동회관, 체육 · 연극 · 영화 · 과학실험전시 시설, 아동휴게숙박시설, 야영장 등 아동에게 건전한 놀이 · 오락, 그 밖의 각종 편의를 제공하여 심신의 건강유지와 복지증진에 필요한 서비스를 제공하는 것을 목적으로 하는 시설

⑧ **지역아동센터**: 지역사회 아동의 보호 · 교육, 건전한 놀이와 오락의 제공, 보호자와 지역사회의 연계 등 아동의 건전육성을 위한 종합적 아동복지서비스를 제공하는 시설

⑨ **아동보호전문기관**: 국가는 아동학대예방사업을 활성화하고 지역 간 연계체계를 구축하기 위해 중앙아동보호전문기관을 두었으며, 지방자치단체는 학대받은 아동의 발견, 보호, 치료에 대한 신속한 처리 및 아동학대예방을 담당하는 지역아동보호전문기관

⑩ **가정위탁지원센터**: 가정위탁을 하고자 하는 가정의 발굴, 가정위탁을 하고자 하는 가정에 대한 조사 및 가정위탁대상아동에 대한 상담, 가정위탁을 하고자 하는 사람과 위탁가정 부모에 대한 교육, 위탁가정의 사례관리, 친부모 가정으로의 복귀 지원, 가정위탁아동의 자립계획 및 사례 관리, 관할 구역 내 가정위탁 관련 정보 등을 제공

⑪ **아동권리보장원**: 아동정책에 대한 종합적인 수행과 아동복지 관련 사업(아동보호서비스 기술지원, 아동학대예방 방지, 가정위탁사업 활성화, 입양 사후관리, 아동 관련 조사 및 통계 구축, 아동 관련 교육 및 홍보, 해외정책 조사 및 사례분석 등)의 효과적인 추진을 위하여 필요한 정책의 수립을 지원하고 사업평가 등의 업무를 수행을 목적으로 설립

민간위탁기관에서 지원하는 아동복지서비스 제공체계 구축의 문제점은 크게 두 가지로 볼 수 있다.

첫째, 보육과 같이 공적인 책임성이 중요한 영역에서도 많은 수가 민간 영역에 의존하고 있기 때문에 공공성의 확보가 어렵다는 점이다. 이러한 측면과 함께 아동복지 수혜자들이 지속적으로 국공립어린이집의 수를 확충하길 바라기에 여러 지자체에서는 국공립 어린이집의 비율을 높이기 위해 노력하고 있다.

둘째, 다양한 공급자에 의하여 서비스가 제공되고 있기 때문에, 수요자중심의 통합적 서비스가 제공되고 있지 않으며, 파편화되고 중복적인 지원이 종종 나타나고 있다. 게다가 여러 민간기관은 각각 다른 상황에 있기에 제공하는 복지서비스의 질과 양이 공급자별로 다르게 나타날 수 있다.

따라서 수요자가 이러한 공급자의 특수성을 세세히 확인하고 지원을 받아야 하는 불편함이 있으며, 중복된 서비스를 받고 있거나 아예 법률로 보장된 서비스를 제공받지 못하는 경우도 있다. 이러한 점을 종합하여 조정할 수 있는 체계가 필요한 실정이다.

아동복지의 실천과정을 통해 직접서비스와 간접서비스를 지원하는 과정과 각 가족의 아동복지서비스를 알아보고자 한다.

# Part III

# 아동복지의 실천

Chapter

08

# 부모와 가정기능 보호서비스

「영유아보육법」이 제정되기 이전에는 보육을 탁아란 용어로 사용하였으나 1991년 1월에 제정된 「영유아보육법」을 계기로 보육이란 용어로 사용하고 있다. 「영유아보육법」 제2조 제2호에 '보육'이라 함은 영유아를 건강하고 안전하게 보호 · 양육하고 영유아의 발달적 특성에 맞는 교육을 제공하는 어린이집 및 가정양육 지원에 관한 사회복지서비스라고 명시되어 있다.

본 고에서는 아동보육의 개념을 중심으로 보육의 필요성, 현황 및 역사 등을 살펴보고자 한다.

## 1. 아동보육의 개념과 필요성

보육은 사회를 주도하는 경제발전, 여성의 사회참여 및 여성의 지위와 역할변화, 자녀교육에 대한 인식 등의 변화에 따라 그 개념과 필요성이 변화되었다. 이에 보육의 사회적 요구를 기반으로 보육의 개념과 필요성을 살펴보고자 한다.

### 1) 아동보육의 개념

「영유아보육법」의 정의에 따르면 보육이란 영유아를 건강하고 안전하게 보호·양육하고 영유아의 발달 특성에 맞는 교육을 제공하는 어린이집 및 가정양육 지원에 관한 사회복지서비스를 말한다. 이와 같이 영유아를 보호하고 양육한다는 기본적 개념은 동일하지만 보육은 시대와 사회적 요구에 따라 그 개념이 변화되어 왔다.

1980년 이전까지의 보육은 부모의 취업이나 질병으로 인해 일정시간 동안 타인이 영유아를 맡아 주는 '단순한 보호'의 차원에 머물러 있었다(김영옥, 진명희, 김혜경, 1995). 이후 1991년 「영유아보육법」의 제정으로 보육이 '보호와 교육'을 포함하며 '가족의 복지증진 기여'라는 목적으로 제공되는 선별적 복지의 개념으로 정립되었다. 그러나 2011년 「영유아보육법」의 개정으로 저소득층 가정의 영유아를 대상으로 하는 '선별적 복지'에서 모든 계층의 영유아를 대상으로 하는 '보편적 복지'로 확대되며 "영유아의 심신을 보호하고 건전하게 교육하여 건강한 사회구성원으로 육성함과 아울러 보호자의 경제적·사회적 활동이 원활하게 이루어지도록 함으로써 영유아 및 가정의 복지 증진에 이바지함을 목적으로 하고 있다.

### 2) 아동보육의 필요성

현대의 산업화, 도시화, 정보화 등의 여러 가지 사회변화는 가족구조에 많은 영향을 미쳐 왔으며 보육에 대한 수요를 증가시켰다. 취업모의 증가, 가족구조의 핵가족화 및 결손가정의 증가, 자녀 양육에 대한 가족기능의 약화 등의 사회적 문제들이 등장함에 따라 보육이 사회적 관심사가 되고 있다. 이에 보육에 대한 필요성을 아동적 측면, 사회적 측면, 국가적 측면으로 나누어 살펴보고자 한다.

### (1) 아동적 측면

보육의 중심이 되는 아동적 측면에서 보육의 필요성을 살펴보고자 한다.

#### ① 영유아의 발달

보육사업은 부모의 경제활동 지원과 같은 직접적인 아동의 발달문제 이외에도 가장 중요한 것은 아동의 발달이다. 「영유아보육법」에 명시된 것처럼 영유아보육의 목적은 무엇보다도 영유아의 건전한 성장에 있는 것이다. 영유아가 성장해 나가는 데 필요한 보호와 교육은 영유아의 기본적인 권리를 보장해 줌으로써 건전하게 발달할 수 있는 기회를 갖게 된다.

보육사업의 목적인 영유아의 건전한 발달을 이끌기 위해서는 보육서비스의 질이 매우 중요한 변수가 된다. 질 높은 보육서비스가 제공되었을 때 영유아의 건전한 발달을 이끌 수 있지만 반대로 질 낮은 보육서비스는 오히려 영유아의 발달을 저해할 수도 있다. 보육의 질을 결정하는 변인들은 여러 가지가 있지만 그중에서도 보육프로그램과 집단의 크기, 교사 변인, 물리적 환경 등이 중요한 요인으로 작용한다. 반달과 코라스니티(Vandall & Corasniti, 1990)에 따르면 절적 수준이 낮은 보육 프로그램은 유아발달에 부정적 영향을 주었고 초등학교 들어가서 더 많은 문제행동을 일으키고, 학업성취도가 낮으며 교사들로부터 의존적인 평가를 더 많이 받는다. 집단의 크기가 적절하고 교사 대 아동의 비율이 낮으며 교사의 수준이 높은 보육시설의 유아가 더 협력적이고 지적 능력이 높으며, 정서적으로 안정적인 경향을 보이는 반면, 집단의 크기가 크고 교사 대 아동의 비율이 높으면 교사의 제한 및 통제하는 행동이 증가하게 된다. 교사 대 아동의 비율이 낮을수록 유아는 불안감을 덜 보이며, 물리적 위험에 덜 노출되고, 유아가 자신의 의견을 제시하거나 협동 등의 상호작용 행동을 많이 할 수 있어 영유아가 발달하는 데 긍정적인 영향을 준다. 교사가 우호적이고 민감한 반응을 보이면 유아는 사회적으로 더 유능해지고, 교사가 민주적일수록 유아는 자발적이고 협동적인 태도를 보여 사회성 발달에 더 긍정적이다.

이러한 결과를 통해 보육환경이 적절한 공간, 위생, 안전 등의 물리적 환경뿐만 아니라 적절한 훈련을 받은 교사 등 질적으로 좋은 보육환경이 주어졌을 때 유아가 긍정적으로 발달할 수 있을 것이다.

② 아동의 권리

영유아보육의 필요성은 근본적으로 그 대상인 영유아를 중심으로 다루어져야 한다. 「세계인권선언」에서도 사회는 아동의 성장발달을 위한 자연적 환경으로서의 공동체 내에서 가족에게 그 책임을 충분히 감당할 수 있도록 필요한 지원을 해주어야 한다고 하였다. 또한 아동은 건전한 발달에 적합한 가정환경과 행복, 사랑, 이해의 분위기에서 성장할 권리가 있다. 모든 아동은 자신의 보호자가 누구인가에 상관없이 자신의 개성을 발달시키고 장차 자아실현을 할 수 있는 기반을 닦을 수 있도록 평등하게 보호받고, 교육받을 기회를 누려야 한다.

유엔은 1989년 「아동권리에 대한 협약」을 채택하였다. 이를 비준한 나라의 정부는 협약에 명시된 아동권리인 생존의 권리, 발달의 권리, 유해한 것으로부터 보호받을 권리, 학대받고 착취당하지 않을 권리, 문화적 · 사회적 삶에 대한 권리를 보장할 의무가 있다. 우리나라는 1991년 12월 23일 비준서를 유엔에 제출하였다. 이에 우리 정부는 영유아를 보호 대상이 아닌 권리주체로 인정하고, 권리를 보장의 의무를 가지게 되었다. 따라서 국가는 각 아동이 처한 상황에 적합한 보호와 교육시설을 제공하여 모든 아동이 최상의 발달을 할 수 있도록 해주어야 한다. 일반아동을 위해 발달에 적합한 보육을 제공함은 물론이고 특히 건강하고 안정된 환경에서 양육될 권리가 상실된 저소득층, 결손가정아동, 장애아동 등도 그들의 권리를 누릴 수 있도록 해 주어야 한다. 일정 연령의 아동이 갖는 공통된 욕구뿐만 아니라 특정 상황에 처한 아동이 가지고 있는 특수한 욕구가 반영된 질 높은 보육이 제공되어야 할 것이다.

### (2) 사회적 측면

우리나라는 1960년 이후 경제 발전이 급속히 진행되면서 여성의 경제 및 사회활동 참여 확대, 가족구조의 핵가족화, 취업모의 증가, 출산율 감소, 결손 빈곤가정의 증가, 부모 학력과 소득이 증가됨에 따라 보육수요가 증대되고 공교육의 욕구가 확대되었다.

### ① 가족구조의 변화와 가족기능의 저하

거주 형태가 도시화되는 현대사회는 급속한 경제 발전과 삶의 양식과 함께 가족구조 및 가족기능의 변화, 가족구성원의 역할의 변화, 가족 수 및 가치관의 변화, 그리고 핵가족화, 가족해체의 증가 및 대안가족의 출현 등이 나타나고 있다.

전통적인 가족구조 속에서는 부모 외에 부모를 대신해서 아동을 양육하는 기능은 물론 문화 전달, 가치 및 규범 등을 사회화해 주는 역할을 할 수 있는 조부모, 고모, 삼촌 등이 존재하여 자녀의 양육 문제를 가족 내에서 해결할 수 있었다. 그러나 부부와 그들의 자녀만으로 구성되는 부부중심의 핵가족에서는 자녀 양육의 기능은 약화되었다. 더구나 부모 중 아버지들은 직업적 · 사회적 일로 자녀 양육에 직접 참여하기 힘든 상황이라 자녀 양육의 책임은 거의 어머니가 감당해야 했다. 핵가족 내에서는 자녀 수의 감소는 아동에 대한 부모의 관심이 증가하였고 이는 자녀에게 이른 시기에 교육이라는 혜택을 주는 것으로 부모역할에 대한 욕구를 해결하고 있다. 따라서 이러한 부모의 욕구를 수용할 수 있는 사회적 제도가 필요하게 되었다. 부모역할에 대한 가치관의 변화는 보육에 대한 필요성의 한 요인이 되고 있다. 최근에는 이혼율의 증가와 부모의 질병이나 사고로 사망한 한부모가족이 늘어남에 따라 아동의 양육 문제는 이젠 가정에만 의존할 수 없는 상황이 되었다.

이와 같이 가족구조의 변화는 가치관의 변화와 삶의 양식의 변화 등과 맞물려 가정 이외의 장소에서 아동을 보호하고 교육하는 국가적 차원의 보육사업을 필요하게 되었다.

### ② 취업모의 증가

여성의 사회참여가 증대된 현대사회에서 어머니 역시 자신을 개발하고 자아실현을 하는 것이 어머니 자신은 물론 자녀들에게도 좋은 영향을 미친다고 생각하여 양육할 자녀가 있어도 취업을 포기하지 않는 경향이 있다. 어머니가 취업을 하지 않은 경우도 취미생활이나 사회봉사 등의 다양한 사회생활에 참여하게 됨으로써 자녀 양육기능을 대행해 줄 사회적 제도가 요구된다. 취업모의 증가는 보육이 필요한 가장 큰 원인으로 작용한다. 우리나라의 경우 여성의 경제활동 참가율이 매년 비율이 증가되고 있다.

여성취업의 증가는 복합적인 원인으로 설명할 수 있다.

첫째, 산업화에 따른 일의 분화와 전문화로 노동력의 수요가 증대하면서 여성 인력을 필요로 하는 직업이 다양하게 개발되었다.

둘째, 여성들의 교육수준 향상에 따라 의식이 변화하여 자아실현과 경제적 자립의 욕구가 강해졌다.

셋째, 가족구조의 변화로 자녀 수가 감소하고 편리한 가사 용품의 사용으로 여가 시간이 늘었기 때문이다(최미현 외, 2000).

여성의 경제활동 참가율이 증가하면서 취업모도 증가하였다. 이로 인해 취업모는 직업적 역할과 가정 내 역할 모두를 수행해야 하는 등 이중적 부담으로 지게 되었고, 가정기능인 보호 및 교육의 기능을 급격히 약화시키는 원인이 되고 있다. 특히, 미취학 자녀를 둔 취업모의 경우 자녀 양육 및 교육 문제가 가장 어려운 것으로 나타났다. 그리고 취업여성의 직업 만족도에 가장 큰 영향을 미치는 요인이 직장에 있는 동안 자녀의 보호 및 교육이며, 만약 아동을 맡아줄 사람이나 시설이 있다면 취학 전 자녀를 둔 기혼여성들의 대부분이 취업을 하겠다는 생각을 가지고 있다는 점 등에서 볼 때 취업모에게 있어 자녀 양육의 문제가 현실적으로 얼마나 절박한 문제인가를 알 수 있다. 이제 취업모가 안고 있는 자녀 양육의 문제는 경제구조의 변화로 야기된 보편적인 문제로서 개별적으로 해결해야 될 것이 아니라 사회 · 국가적 차원에서 다루어야 할 보육사업의 필요성이라 할 수 있다. 우리나라에서도 일 · 가정 양립은 물론 보육 문제해결 등을 다양한 정책이 마련되고 추진되어야 할 것이다.

#### ③ 가치관의 변화

현대사회는 아동의 권리 및 아동발달과 사회화의 측면에서 영유아기에 대한 중요성을 인식하게 되었다. 또한 여성의 일에 대한 인식, 자녀의 양육방식에 대한 변화는 부모와 자녀 역할에 대한 사회적 가치관의 변화를 가져오게 되었다. 이러한 변화는 양질의 보육서비스에 대한 관심을 가져왔다.

현대사회의 부모는 전통사회의 부모들과 달리 자녀 양육에 많은 시간과 경제적 투자를 하기보다는 자신들의 행복과 삶과 생활을 중요하게 생각한다. 그리고 자녀 양육의 책임이 부모에게 전적으로 있다고 생각하기보다는 국가와 사회가 미래세대 양성에 대한 책무가 있음을 보편적으로 인식하게 되었다. 따라서 국가와 사회는 자녀 양육에 대한 책임을 공유하고 가정의 취약한 자녀 양육기능을 보충·보완하는 체계를 제공해야 한다는 국민적 인식이 높아졌다.

### (3) 국가적 측면

#### ① 미래사회에 대한 투자

아동에 대한 조기투자는 성장과 복지의 선순환 구조를 만들고, 사회 문제 예방과 사회통합 등 사회적 환원 효과가 큰 것으로 알려져 있다. 미국 니어(NEER: National Institute for Early Education Research, 2003) 재단은 인적 자본에 대한 투자수익률에 관한 연구를 통해 취학 전 아동에게 각 아동당 1달러를 투자했을 겨우 달러가량의 사회적 환원효과를 가져온다고 보고하였다(정옥분 외, 2013 재인용). 그리고 미국의 랜드연구소(2006)에서는 아동에 대한 1달러의 투자는 16.1달러의 사회적 환원효과가 발생한다고 보고하고 있다(보건복지부, http://www.mohw.go.kr). 이에 따라 선진 각국은 이미 아동에 대한 선제적 투자를 확대해 가고 있는 추세이다.

사회적 환원효과는 다음과 같다(정옥분 외, 2013 재인용).

첫째, 어린 시절에 충분한 영양을 섭취하고 적절한 지적 자극을 주면 아동의 지능과 학업성적이 향상된다.

둘째, 유급생이나 특수학급을 운영할 필요가 적어져 예산을 절감하는 부수적 효과를 기대할 수 있다.

셋째, 건강하게 자란 아이들의 흡연 가능성이 감소하고, 이들이 자라서 사회적 지원을 받아야 할 필요도 낮아진다.

넷째, 아이를 키우는 부담을 사회가 덜어주면 보호자의 경제활동이 활발해지고 가정소득도 늘어난다는 것이다. 아동이 국가 및 사회의 미래를 이끌어갈 주역이라는 점에서 차세대를 보호하고 교육하는 데 국가와 정부의 관심이 더욱 요구된다.

#### ② 저출산의 문제

2014년 6월 16일 미국 중앙정보국(CIA)의 월드팩트북(the world factbook)에 따르면 올해 추정치 기준으로 한국의 합계출산율은 1.25명에 그쳐 분석 대상 224개국 중 219위였다. 이는 OECD 평균(1.65명)에 못 미치는 결과이다. 정부는 2004년부터 출산장려정책으로 인구정책을 전환했으나, 2005년 우리나라의 출산율은 1.076명으로 OECD 가입국 중 가장 낮은 것으로 나타나 우리나라 출산율 저하의 문제가 매우 심각함을 드러내었다. 출산율이 이와 같이 낮아지는 이유로 여성들은 자녀를 믿고 맡길 수 있는 곳이 없으며, 자녀를 양육하고 교육하는 데 너무나 많은 비용이 들고, 가사와 육아 그리고 직장 일을 병행하는 데 어려움을 들고 있다. 우리나라도 저출산에 대한 심각성을 인식하고 출산 장려금, 셋째아 무상교육, 양육수당, 영유아 무상보육 등의 출산 장려책을 제공하고 있으나, 큰 실효를 거두지 못하고 있는 실정이다. 출산율 저하에 따른 아동 인구의 감소는 앞으로의 노동력 부족 및 사회보장비용 부담의 증가로 이어질 것이다. 그러므로 보육시설이 확충으로 시급한 문제의 개선은 물론 임신, 출산, 육아를 사회가 함께 책임지는 근본적인 대책이 필요하다.

| 표 8-1 | **연도별 영유아 추계인구(2021~2030년)** (단위: 명)

| 연도 | | 합 계 | 0세 | 1세 | 2세 | 3세 | 4세 | 5세 | 6세 |
|---|---|---|---|---|---|---|---|---|---|
| 2021 | 계 | **2,487,169** | **273,072** | **291,042** | **319,932** | **347,740** | **385,741** | **428,920** | **440,722** |
| | 남 | 1,275,187 | 139,997 | 149,265 | 164,375 | 178,571 | 197,917 | 219,388 | 225,674 |
| | 여 | 1,211,982 | 133,075 | 141,777 | 155,557 | 169,169 | 187,824 | 209,532 | 215,048 |
| 2022 | 계 | **2,295,053** | **258,445** | **270,134** | **289,489** | **318,649** | **346,395** | **384,339** | **427,602** |
| | 남 | 1,176,829 | 132,516 | 138,465 | 148,410 | 163,693 | 177,861 | 197,183 | 218,701 |
| | 여 | 1,118,224 | 125,929 | 131,669 | 141,079 | 154,956 | 168,534 | 187,156 | 208,901 |
| 2023 | 계 | **2,103,055** | **243,483** | **256,003** | **268,991** | **288,547** | **317,585** | **345,228** | **383,218** |
| | 남 | 1,078,771 | 124,849 | 131,239 | 137,817 | 147,900 | 163,125 | 177,246 | 196,595 |
| | 여 | 1,024,284 | 118,634 | 124,764 | 131,174 | 140,647 | 154,460 | 167,982 | 186,623 |
| 2024 | 계 | **1,945,263** | **231,015** | **241,499** | **255,273** | **268,436** | **287,843** | **316,758** | **344,439** |
| | 남 | 997,606 | 118,453 | 123,804 | 130,807 | 137,510 | 147,515 | 162,684 | 176,833 |
| | 여 | 947,657 | 112,562 | 117,695 | 124,466 | 130,926 | 140,328 | 154,074 | 167,606 |
| 2025 | 계 | **1,831,524** | **232,832** | **230,234** | **241,476** | **255,251** | **268,158** | **287,336** | **316,237** |
| | 남 | 938,883 | 119,379 | 118,016 | 123,734 | 130,772 | 137,341 | 147,235 | 162,406 |
| | 여 | 892,641 | 113,453 | 112,218 | 117,742 | 124,479 | 130,817 | 140,101 | 153,831 |
| 2026 | 계 | **1,759,916** | **246,534** | **232,046** | **230,246** | **241,488** | **255,015** | **267,710** | **286,877** |
| | 남 | 901,739 | 126,409 | 118,945 | 117,966 | 123,718 | 130,624 | 137,090 | 146,987 |
| | 여 | 858,177 | 120,125 | 113,101 | 112,280 | 117,770 | 124,391 | 130,620 | 139,890 |
| 2027 | 계 | **1,731,098** | **259,875** | **245,672** | **232,067** | **230,288** | **241,285** | **254,608** | **267,303** |
| | 남 | 886,907 | 133,254 | 125,941 | 118,901 | 117,966 | 123,586 | 130,392 | 136,867 |
| | 여 | 844,191 | 126,621 | 119,731 | 113,166 | 112,322 | 117,699 | 124,216 | 130,436 |
| 2028 | 계 | **1,734,556** | **272,584** | **258,917** | **245,666** | **232,124** | **230,115** | **240,912** | **254,238** |
| | 남 | 888,712 | 139,775 | 132,740 | 125,883 | 118,909 | 117,849 | 123,370 | 130,186 |
| | 여 | 845,844 | 132,809 | 126,177 | 119,783 | 113,215 | 112,266 | 117,542 | 124,052 |
| 2029 | 계 | **1,762,753** | **284,326** | **271,534** | **258,873** | **245,712** | **231,966** | **229,771** | **240,571** |
| | 남 | 903,189 | 145,801 | 139,218 | 132,662 | 125,886 | 118,799 | 117,646 | 123,177 |
| | 여 | 859,564 | 138,525 | 132,316 | 126,211 | 119,826 | 113,167 | 112,125 | 117,394 |
| 2030 | 계 | **1,814,972** | **294,797** | **283,189** | **271,453** | **258,896** | **245,542** | **231,636** | **229,459** |
| | 남 | 929,989 | 151,175 | 145,203 | 139,121 | 132,653 | 125,769 | 118,602 | 117,466 |
| | 여 | 884,983 | 143,622 | 137,986 | 132,332 | 126,243 | 119,773 | 113,034 | 111,993 |

출처: 보건복지부(2022a)

## 2. 보육사업의 역사

보육사업이란 과거에는 탁아사업이라 하여 저소득층의 자녀들이 이용하거나 근로 또는 질병 등으로 인하여 양육해야 할 아동을 보호할 능력이 없을 경우에 보호자의 위탁을 받아 그 아동을 입소시켜 보호하기 위한 기관으로 요보호아동을 위한 복지사업이라는 의미가 강하였다.

### 1) 보육사업의 정의

현대사회에서 보육사업은 취업 유무, 계층에 상관없이 단순한 보호 차원을 벗어나 교육과 보호를 통합한 개념이며, 영유아의 보호, 교육받을 권리와 부모의 일할 권리를 보호하는 차원에서 영유아의 교육 · 영양 · 건강 · 안전 등 영유아가 최선의 발달을 할 수 있도록 서비스를 제공하는 것이라고 볼 수 있다.

### 2) 보육사업의 발달

우리나라 보육사업의 시초는 1921년 태화 기독교 사회관의 탁아 프로그램이며, 이 프로그램의 성격은 종교적인 취지의 빈민구제 사업적인 성격이 강하였다. 이후 1926년에는 부산 공생 탁아소와 대구 탁아소가 설치된 것으로 보고되고 있다. 광복 이후부터 현재까지의 보육사업의 발달을 구빈적 성격의 보육사업, 탁아소 시기, 어린이집 시기, 새마을유아원 시기, 보육시설 양적 팽창기, 보육시설의 질적 성장기로 나누어 살펴보고자 한다.

#### (1) 구빈적 성격의 보육사업(1945~1960년)

광복 이후에서 1960년까지는 한국전쟁을 전후한 정치적 · 사회적 혼란기로서 정부가 보육사업에 대한 방침을 세우지 못한 시기였고, 당시 대량으로 발생한 전쟁고아나 기아, 미아 등 요보호아동에 대한 각종 보호시설이 주로 외국의 원조로 설치 · 운영되었다. 주로 빈민층가정의 자녀를 단순히 보호해 줄 목적으로 설치된 당시의 보육시설은 임시 구호적 성격을 강하게 띠며 보육의 기능을 다하지 못하였다. 보육을 맡아온 탁아소들은 대부분 종교단체에서 극빈자 자녀를 위한 구빈적 성격을 띤 보호를 제공했다. 1952년 정부가 '후생시설 운영요령'을 마련하고, 탁아시설을 복지후생시설에 포함시켜 지도·감독하려고 노력하였으나 탁아의 개념조차 정립되지 못한 상태로 탁아소는 고아원과 큰 차이 없는 빈민가정의 아동을 보호해 주는 기능을 담당하는 임시 구호적 성격이 강하였다. 이 시기의 탁아소는 전시·전후의 위급한 상황에서 예방적 기능보다 사후적이고 구호적인 서비스를 제공하여 실질적 의미에서 보육정책을 갖지 못하였다.

#### (2) 탁아소 시기(1961~1968년)

1961년 12월 30일에 「아동복리법」이 제정되면서 우리나라에서 본격적인 보육사업이 실시되었으며, '탁아소'가 법정시설로 인정되었다. 「아동복리법」에는 보육시설의 설치기준, 직원 배치기준, 보육기간, 보호내용 등이 규정되어 있으며, 아동의 복리증진과 보장에 대한 내용이 명시되어 있다. 1961년의 「아동복리법」을 살펴보면, 종래의 구빈적인 성격에서 벗어나 아동의 복리를 증진하기 위한 사업으로서 성격이 변화·발전되었음을 알 수 있다. 하지만 「아동복리법」의 제정이 가장 중요한 시사점은 법적인 근거를 제시하였다는 것이다.

1968년에는 '미인가 탁아시설 임시조치 요령'을 공포하여 민간인이 설립하는 보육시설의 증진을 유도하였다. 이 시행령으로 인해 그동안 법인 설립의 까다로운 절차와 시설비용의 과부담으로 시설 인가를 받지 못했던 독지가들은 정부의 권장에 따라 무허가 혹은 소규모시설에서 한시적으로 인가를 받아 보육시설을 운영할 수 있게 되었다. 또한 이 시기에 '탁아소'에서 '어린이집'으로 명칭이 변경되었다. 이름의 변경은 단순히 이름 변경의 의미를 넘어서 탁아소가 단순 보호 혹은 결손아동을 보호하기 위한 곳이라는 기존의 이미지를 벗어나 교육이 이루어지는 곳이라는 이미지를 갖게 되었다.

### (3) 어린이집 시기(1969~1981년)

취업모의 증가와 사회적 필요성의 증대로 인하여 어린이집의 수는 1968년 292개소에서 1976년 607개소로 급격히 증대되었다. 어린이집의 급격한 증대는 시설 및 교사의 질적 문제를 일으켰다. 이에 보건복지부는 질적인 향상을 위하여 '미인가 탁아시설 임시 조치 요령'을 폐지하였다. '미인가 탁아시설 임시 조치 요령'의 폐지는 어린이집의 양적 성장을 둔화시켰으나, 어린이집의 필요성은 점점 증대되었으므로 새로운 방법이 모색됐다.

이러한 보육시설의 필요성의 증대는 1978년 '탁아시설 운영 개선 방안'을 발표하게 만들었다. '탁아시설 운영 개선 방안'은 교육의 기능을 강화하고, 일반가정의 아동에게 개방하는 대신 보육비를 받을 수 있도록 조치하였다. 이 법안은 보육시설에 보호기능뿐 아니라 교육기능을 강화하였다는 데 의의를 갖지만, 본래의 뜻과는 달리 저소득의 자녀들보다 중산층 이상의 상류층 자녀들을 대상으로 실시되는 경향을 나타내었다.

### (4) 새마을 유아원 시기(1982년 유아교육진흥법~1990년)

1980년 제5공화국이 들어서면서 정부는 유아교육을 개혁의 주요 시책으로 삼아 1982년 3월 26일 유아교육진흥종합계획을 수립하고, 12월 31일에 「유아교육진흥법」을 제정 · 공포하였다. 1982년 「유아교육진흥법」의 제정으로 보육시설의 명칭이 '어린이집'에서 '새마을 유아원'으로 전환되면서 유치원화되었다. 기존에 보건사회부에서 관장하던 691개소의 어린이집과 농촌진흥청에서 관장하던 382개의 농번기 탁아소, 1980년 12월부터 내무부에서 설치 · 관장하던 263개소의 새마을 협동 유아원 및 38개소의 민간 유아원 등 1,374개소의 아동 관련 시설은 새마을 유아원으로 통합 일원화되어 내무부에서 관장하게 되었다. 이에 따라 새마을 유아원은 시설 확충과 운영관리는 내무부에서, 장학지도와 교재 · 교구 개발 및 교사 양성은 교육부에서, 아동 급식과 보건 위생은 보건복지부에서 각각 맡아 운영을 하게 되었다. 또 유아교육기관을 유치원과 새마을 유아원으로 나누고, 교육은 유치원에서 보육은 새마을 유아원에서 중점을 두고 실시하도록 하였다.

1982년의 「유아교육진흥법」 실시에도 불구하고 여성의 사회참여 증가와 가족구조의 변화로 급속히 늘어나는 보육 수요를 충족시키기에는 역부족이었다. 또한 보육시설의 설치 목적이 맞벌이 자녀를 보호하고 저소득층 자녀를 교육하는 역할을 병행하는 것임에도 불구하고 실제 운영은 유치원과 같은 반일제로 운영되어졌기에 저소득층 맞벌이 부모의 양육 부담을 줄여주지 못했다.

보육시설 부족과 적절한 서비스의 미비로 인하여 어린 아이들이 크고 작은 사고를 당하는 문제들이 발생하자 노동부에서는 「남녀고용평등법」에 근거하여 1987년 공단지역을 중심으로 시범 탁아소와 공단 탁아소를 설치하여 근로자의 자녀를 우선적으로 보육하도록 하였다. 서울시는 1988년 9월 도시 영세민의 생활 안정을 위하여 보육시설이 없는 곳 33곳의 저소득층 밀집지역에 '88 탁아원'을 개설하였으며, 이후 점차 확대 설치하여 140개소를 운영하였다. 이와는 별도로 도시 빈민가에서는 법적인 근거 없이 운영되는 200여 개의 지역 탁아소들이 생겨 정부에서 해결하지 못하는 부분의 역할을 담당하였다. 하지만 이러한 시설로는 늘어나는 보육수요를 감당할 수 없었다.

#### (5) 보육시설의 양적 팽창기(1991~2003년)

보육사업의 관장 부서가 내무부, 노동부, 교육부, 보건복지부 등으로 다원화되어 있어 효율적으로 사업을 진행하기에는 어려움이 많이 따랐으므로 체계적이고 효율적인 보육사업을 추진하기 위해 별도의 입법과 주관부서의 일원화가 필요하다는 인식이 제기되었다. 이에 제6공화국이 들어서자, 보건사회부에서는 늘어나는 탁아 수요에 적극적으로 대처하 기위해서 보호와 교육을 포괄하는 보육사업을 위한 별도의 독립된 법 제정을 추진하였다. 1990년 12월 18일 정기국회에서 「영유아보육법」안이 통과되면서 1991년 1월 보육사업을 위한 독립법인 「영유아보육법」을 제정하게 된다. 「영유아보육법」이 제정되면서 보육사업 주관부서가 보건복지부로 일원화되었고 종전의 단순한 '탁아' 사업에서 보호와 교육이 통합된 '보육' 사업으로 확대 · 발전되었다.

「영유아보육법」은 건전한 보호와 교육을 제공하여 가족복지를 증진하고, 양육을 사회적으로 책임진다는 전제 아래 국가와 기업주가 보육비용을 부담하도록 의무화하였고, 보육비용을 수혜자 부담 원칙으로 하였다. 저소득층 자녀를 위해서는 국가나 지방자치단체가 보육비를 부담하였다. 보육시설 설립주체는 국가, 지방자치단체, 법인, 개인에 이르기까지 확대되었고, 보육시설 유형은 국·공립보육시설, 민간보육시설, 직장보육시설, 가정보육시설 등으로 구분하였다.

「영유아보육법」의 제정으로 우리나라의 보육사업은 본격적으로 실시되었으나, 수익자 부담을 강조하고, 직장보육시설에 대한 강제 규정이 약하다는 문제가 제기되었다. 그러나 저소득층 아동에 대한 명확한 규정과 일부이지만 국가의 재정 부담을 명시한 점, 그리고 보육교사의 자격에 대해 명확히 규정한 점 등은 기존의 법령들과 비교하였을 때 진일보한 것이다.

1991년 「영유아보육법」 제정 이후 보건복지부가 보육사업을 관할하는 동안 10여 차례의 법령이 개정되었고, 보육시설의 수가 급격히 증가하였다. 하지만 보육시설의 질적인 문제는 여전히 미흡함을 지적 받고 있는 실정이다. 1995년에서 1997년까지 보육시설 확충 3개년 계획을 실시하여 시설 수가 1994년 6,088개에서 1997년에는 15,016개로 증가하였다. 보육시설의 양적 확대를 이룬 것으로 평가되고 있으나 공공보육시설의 확충은 부족하고 정부 지원이 없는 민간보육시설에 의존도가 높은 것으로 나타났다. 「영유아보육법」은 1997년에 개정되어 만 5세 유아에 대한 보육은 무상으로 하되 대통령령에 따라 순차적으로 실시하게 되었다.

#### (6) 보육시설의 질적 성장기(2004년 영유아보육법 개정~현재)

1991년 「영유아보육법」이 제정되면서부터 2003년까지 보육시설이 양적으로 많은 성장을 하였으나 보육시설의 질적 수준은 미흡한 상태로 보육의 공공성 확보가 시급한 상태였다. 이에 국공립보육시설 확충과 보육의 질 향상, 저소득계층 자녀의 보육기회 확보, 방과 후 보육 실시, 정부의 보육료 부담 강화 등을 규정하여 보육의 공공성을 확보하고 보육의 질을 높이기 위한 노력이 다각적으로 모색되었다. 이와 같은 정부의 새로운 인식과 보다 체계적인 정책으로 보육을 사회적 책임으로 인식하여 국가적 차원에서 보육사업을 수용하고자 하였다.

이에 2004년 1월 29일 「영유아보육법」을 전면 개정하여 2005년 1월 30일부터 시행하였다. 또한 「정부조직법」의 개정으로 2004년 6월 12일부터 영유아보육 업무가 보건복지부에서 여성가족부로 이관되었고 보육정책의 질적 수준을 향상하고, 수요자 중심의 보육정책으로 전환하기 위해 2008년 3월 여성가족부에서 보건복지가족부(현, 보건복지부)로 영유아 보육업무가 재이관되어 현재 보건복지부에서 영유아보육업무를 맡고 있다.

2004년 개정된 「영유아보육법」에서 제1차 육아지원정책으로 보육시설 설치 시 인가제도, 보육교사 국가자격증제도, 보육시설 평가인증제도 도입에 관한 보육서비스 향상 방안이 마련되었다. 이후 2005년 제2차 육아지원정책에서 어린이집 표준보육료 산정 및 어린이집 영아 기본보조금제도를 도입해 출산율 제고 및 여성경제활동 참가를 증가시키기 위한 대책을 마련하였다. 2006년부터 공교육 강화를 위해 어린이집 영아 기본보조금을 확대 지원하고 어린이집 차등보육료를 이용자의 평균소득 130% 이하까지 확대하였다(2009).

이후 2008년 보육정책의 질적 수준을 향상하고, 수요자중심의 보육정책으로 전환하였으며 2009년부터 국공립어린이집 확충 및 공공형어린이집을 도입하고 민간어린이집 설치기준을 강화해 보육서비스의 질적 수준을 높였다. 또한 부모의 비용부담을 경감하고 기관 유형에 상관없이 모든 유아가 양질의 유아교육과 보육서비스를 제공받을 수 있도록 5세 누리과정을 도입하고 만 3~5세 누리과정을 확대 실시했다. 또한 0~5세 표준보육과정 개정안을 마련하고 연령별 보육 프로그램을 개발 및 보급하였다. 아이사랑카드(보육전자바우처)를 도입하여 보육비용 지원 및 양육수당을 마련하였고 시설 미이용 가구에 대한 양육수당을 도입하였다. 보육인프라 확충 및 보육교사의 전문성을 강화하기 위해 육아지원센터를 확충하고, 보육교직원의 자격 및 교육을 강화하였다.

2013년부터 5세 누리과정에 이어 3~4세 누리과정을 확대 실시하여 2022년 현재 만 3~5세 누리과정을 실시하고 있다. 2015년 「영유아보육법」 개정을 통해 모든 어린이집 CCTV 설치를 의무화하였다. 이후 아이사랑보육 포털 시스템 구축을 통해 어린이집 검색, 입소 대기, 보육료 결제, 육아정보 및 상담을 제공하여 어린이집의 정보에 대한 편의성을 제고시키고 있다.

### 3) 보육사업의 이념

보육사업의 이념을 보편적 보육관점, 보충적 보육관점, 기본적 보육관점으로 나누어 살펴보고자 한다(임동호, 2009).

#### (1) 보편적 보육관점

보육서비스는 아동이 신체적·정서적으로 건강하게 성장할 수 있는 환경을 보장해주는 필수적인 서비스이므로 모든 아동이 자신이나 보호자의 성, 연령, 종교, 사회적 신분, 재산, 장애, 인종 및 출생지역 등에 따른 어떠한 종류의 차별도 받지 아니하고 보육 받아야 한다고 보는 관점이다. 이러한 측면에서 볼 때 학령기 이전 일정한 연령의 아동은 보육의 기회를 공평하게 가져야 할 뿐만 아니라, 각자의 개성에 따라 다양한 유형의 보육을 받을 수 있어야 한다.

#### (2) 보충적 보육관점

여성의 사회 참여로 인해 가정보육이 어려울 때 제공되는 대리육아로 보는 관점이다. 따라서 이러한 시각에서 보면 취업주부들이나 취업을 원하는 기혼여성들의 욕구가 충족되어야 하며, 이를 위한 보육서비스의 제공이 선결조건이 된다.

#### (3) 기본적 보육관점

보육서비스는 저소득층 아동의 방치 상태를 예방하기 위해서 제공되어야 하는 것으로 보는 관점이다. 이 기준에 따르면 보육은 가정보육이 어려울 때 제공되어야 하며 저소득층의 방치된 아동이나 저소득층 취업모의 아동 등에게 우선적으로 지원이 이루어져야 할 뿐 아니라 재정 부담은 국가가 부담하여야 한다.

### 4) 보육사업의 대상

우리나라 보육사업의 대상과 규모는 보육사업의 이념에 따라 변화되었으며, 현재 우리나라는 「영유아보육법」에 따라 보편적 보육관점을 지향하고 있다. 「영유아보육법」에 따른 보육의 이용 대상이 되는 아동은 6세 미만의 취학 전 모든 아동을 원칙으로 하며, 필요한 경우 어린이집의 원장은 12세까지 연장하여 보육할 수 있다(제27조). 또한 어린이집에 입소할 수 있는 아동의 우선 제공 대상자는 다음과 같다(제28조).

① 「국민기초생활보장법」에 따른 수급자의 자녀

② 「국민기초생활보장법」에 따른 보호 대상자의 자녀

③ 「국민기초생활보장법」에 따른 차상위계층의 자녀

④ 「장애인복지법」에 따른 장애인 중 보건복지부령으로 정하는 장애 정도에 해당하는 자의 자녀

⑤ 「다문화가족지원법」에 따른 다문화가족의 자녀

⑥ 「국가유공자 등 예우 및 지원에 관한 법률」 에 따른 국가유공자 중 전몰군경, 상이자로서 보건복지부령으로 정하는 자, 순직자의 자녀

⑦ 제1형 당뇨를 가진 경우로서 의학적 조치가 용이하고 일상생활이 가능하여 보육에 지장이 없는 영유아

⑧ 그 밖의 소득수준 등을 고려하여 보건복지부령으로 정하는 자의 자녀

### 5) 어린이집의 종류

어린이집의 유형은 어린이집의 운영주체, 장소, 시간, 주요 보육활동 등에 따라 다양하게 분류할 수 있다.

#### (1) 운영주체에 따른 유형

누가 어린이집을 운영하고 비용을 부담하느냐에 보육 유형을 구분하여 볼 수 있

다.「영유아보육법」 제10조에서는 운영주체에 따라 어린이집의 종류를 국공립어린이집, 사회복지법인어린이집, 법인 · 단체 등 어린이집, 직장어린이집, 가정어린이집, 협동어린이집, 민간어린이집으로 구분하여 명시하고 있다.

#### ① 국공립어린이집

국공립어린이집은 국가 또는 지방자치단체가 설립하거나 운영하는 어린이집으로 지역주민 자녀를 보육아동 정원의 50% 이상 보육하는 시설이며 상시 영유아 11인 이상을 보육해야 한다. 국가나 지방자치단체의 장이 인가 절차 없이 직접 설치한다. 국공립어린이집의 배치기준은「영유아보육법」 제12조에 따라 저소득층 밀집지역 및 농어촌지역 등 취약지역과 어린이집이 부족한 지역에 우선적으로 설치하는 등 지역별로 균형 있게 배치하여야 한다.

#### ② 사회복지법인어린이집, 법인 · 단체 등 어린이집

사회복지법인어린이집은 사회복지법인이「사회복지사업법」에 따라 설치 · 운영되는 어린이집이며, 법인 · 단체 등 어린이집은 각종 법인(사회복지법인을 제외한 비영리법인)이나 단체 등이 설치 · 운영하는 어린이집으로서 대통령령으로 정하는 어린이집이다. 사회복지법인어린이집 및 법인 · 단체 등 어린이집의 규모는 상시 영유아 21인 이상을 보육할 수 있는 규모를 갖추어야 한다.

#### ③ 직장어린이집

직장어린이집은 사업주가 사업장의 근로자를 위하여 단독 또는 고용으로 사업장 내 또는 그에 준하는 인근지역과 사원주택 등 사업장 근로자 밀집 거주지역에 설치 · 운영하는 어린이집으로 국가 또는 지방자치단체의 장이 소속공무원을 위하여 설치하고 운영하는 어린이집이다.「영유아보육법」 시행령 제20조 제1항에 의하여 '상시 여성근로자 300명 이상 또는 상시 근로자 500명 이상을 고용하고 있는 사업장'은 직장어린이집을 설치하여야 한다. 상시 영유아 5인 이상을 보육하여야 하며, 보육아동 정원의 1/3 이상이 사업장근로자의 자녀여야 한다. 직장어린이집을 설치하고자 하는 자는 관할 시장 · 군수 또는 구청장에게 사전에 인가를 신청하여야 한다.

#### ④ 가정어린이집

가정어린이집은 개인이 가정 또는 그에 준하는 곳에 설치·운영하는 기관을 말한다. 상시 영유아 5인 이상 20인 이하를 보육하여야 하며 명칭을 '○○어린이집'으로 한다. 설치에는 관할 시장·군수 또는 구청장에게 사전에 인가를 신청해야 한다.

#### ⑤ 부모협동어린이집

부모협동어린이집은 영유아를 둔 보호자 15인 이상이 조합을 결성하여 상호 출자하여 공동으로 어린이집을 설치·운영하는 어린이집으로 상시 영유아 11인 이상 보육하여야 하며, 관할 시장·군수 또는 구청장에게 사전에 인가를 신청해야 한다. 조합원은 아동보육의 필요성이 없거나 기타 조합계약으로 정하는 시기에 탈퇴할 수 있으며, 출자금은 탈퇴 당시 조합의 재산상태 및 지분에 따른다.

#### ⑥ 민간어린이집

민간어린이집은 관할 시장·군수 또는 구청장에게 사전에 인가를 신청하여야 하며, 보육수요와 어린이집의 공급 현황 등을 감안하여 지역별로 균형있게 배치되도록 한다. 상시 영유아 21인 이상을 보육하여야 한다.

### (2) 보육장소에 따른 유형

영유아가 어디서 보육을 받느냐에 따라 보육 유형을 구분하여 볼 수 있다.

#### ① 가정보육

- **자기 집 보육** : 영유아가 자기 집에서 보육을 받는 것으로 영유아의 가족, 이웃, 기관에서 교육받은 베이비시터나 방문보육자에 의해 영유아를 보육하는 것이다. 영유아의 형제가 있을 경우 함께 보육받을 수 있기 때문에 어린 영아의 경우 편안함과 친숙한 가정환경으로 정서적인 안정감을 느낄 수 있다.
- **가정어린이집** : 영유아가 자기 집이 아닌 다른 사람의 집에서 보육받는 형태로 친척집이나 이웃집에서 보육을 받는 경우는 기존에 '놀이방'이라고 불리다가 「영유아보육법」의 개정에 따라 '어린이집'으로 불리는 가정어린이집이다.

② 시설보육

보육을 원하는 영유아가 건물에서 집단으로 보육하는 것으로 국공립어린이집, 사회복지법인어린이집, 법인 · 단체 등의 어린이집, 민간어린이집, 직장어린이집, 부모협동어린이집 등이 이에 속한다.

### (3) 보육시간에 따른 유형

영유아가 하루에 어린이집에서 몇 시간이나 보육을 받느냐에 따라 보육 유형을 구분하여 볼 수 있다.

① 기본보육

기본보육 시간은 09:00~16:00(7시간)로 하며, 지역별 · 어린이집별로 사정에 따라 영유아의 보호자와 협의하여 09:00~16:00 전후 30분 범위 내에서 보육시간을 탄력적으로 조정할 수 있다.

② 연장보육

기본보육시간이 끝나는 16:00~19:30까지 어린이집을 이용하는 영유아에 대해 제공하는 보육서비스를 말한다.

③ 그 밖의 연장보육

기준 보육시간(오전 7시 30분~오후 7시 30분)을 경과하여 최대 24시간까지(최소 21시 이후) 시간을 연장하여 보육하는 것으로 해당 시설의 주간 보육아동을 연장보육하는 것이 원칙이나, 주간에 다른 어린이집 등을 이용한 경우에도 시간연장보육은 가능하다. 시간 연장 보육은 아동을 24시 이전까지 보육하는 것이 원칙이나 불가피하게 일시적으로 24시간 보육을 할 경우에는 아동이 방치되지 않도록 부모와의 연락체계를 정비해야 한다.

- 야간 연장보육 : 19:30~24:00
  * 07:30 이전에 이용하는 경우도 야간연장보육으로 간주
- 야간 12시간보육 : 19:30~익일 07:30
- 24시간 보육 : 07:30~익일 07:30
- 휴일보육 : 일요일, 공휴일 07:30~19:30

④ 시간제보육

시간제보육은 가정양육 시에도 지정된 제공기관에서 시간단위로 보육서비스를 이용하고 이용한 시간만큼 보육료를 지불하는 보육서비스를 의미한다. 지원 대상은 어린이집, 유치원 등을 이용하지 않고 영아수당(현금) 또는 양육수당을 수급 중인 자(6~36개월 미만의 영아수당(현금) 또는 양육수당을 지원받는 영아)이며, 시 · 군 · 구로부터 시간제보육 제공기관으로 지정 받은 어린이집이나 육아종합지원센터 등에서 서비스를 제공한다.

### (4) 보육 대상에 따른 유형

어떤 영유아를 대상으로 보육을 실시하느냐에 따라 보육 유형을 구분해 볼 수 있다.

① 영아전담보육

영아전담보육은 0세에서 만 3세 미만 영유아를 대상으로 제공되는 보육서비스로, 영아를 둔 직장 여성들이 안심하고 사회 · 경제적 활동을 할 수 있도록 적절한 보육환경을 조성하고자 영아전담어린이집을 지원 운영하고 있다. 영아전담어린이집은 2004년 이전 영아전담어린이집으로 지정받았거나 국고보조금으로 영아전담 신축비를 지원받은 시설로 영아전담어린이집은 만 3세 미만의 영아만을 20인 이상 보육할 수 있다.

② 장애전문보육

장애전문보육은 장애아 부모에 대한 부모교육과 더불어 장애아의 가족을 돕기 위한 가족지원서비스가 실시되는 서비스 유형으로, 장애의 정도가 심한 장애아동을 주 대상으로 하며 전문적인 특수교육을 받은 교사, 언어치료사, 물리치료사 등의 전문치료사가 있고 장애아에게 필요한 서비스를 전문적으로 제공해 준다. 장애전문보육을 실시하는 장애아전문어린이집은 12명 이상의 장애영유아를 보육할 수 있는 곳으로, 장애아의 연

령, 장애의 종류 및 정도를 함께 고려하여 반을 편성·운영하고, 12세까지 입소 가능하며 통합보육을 위하여 정원 범위 내에서 40%까지 비장애아를 보육할 수 있다.

③ 장애통합보육

장애통합보육은 장애를 가진 아동과 비장애아가 통합보육하는 보육 형태로 장애아와 비장애아가 같은 공간에서 자연스럽게 상호작용하며 생활하고 학습함으로써 분리교육의 단점을 극복하고자 하는 의도에서 시행하는 서비스이다. 장애통합보육을 실시하는 장애아통합어린이집은 원의 20% 이내(단, 시장·군수·구청장이 장애아통합어린이집으로 지정한 시설로서 시·도지사의 승인을 얻은 경우 정원의 30% 이내에서 장애아 기본반을 편성 운영할 수 있음(2023년 2월까지 한시 적용))에서 장애아 기본반을 편성 운영하거나 장애아 기본반을 별도로 편성하지 않은 채 미취학장애아를 3명 이상 통합보육하고 있는 어린이집(기본반 기준)이다.

④ 가정폭력, 부모의 학대 및 위기 아동의 일시보육

위기보육은 가정폭력, 부모의 학대 및 위기를 경험한 아동을 일시적으로 보육하는 것으로, 가정폭력 및 부모의 학대로 격리가 필요한 요보호아동을 대상으로 위기개입을 통한 아동보호와 아동학대에 따른 심리치료, 일상생활지도, 정서적 안정, 피해아동의 가족치료 등을 통해 가정으로 복귀할 수 있도록 돕는 데 그 목적이 있다.

## 6) 보육교직원

### (1) 어린이집 원장

어린이집 원장의 자격은 자격인정제의 형태로 유지되어 왔으나, 2005년부터 발급된 보육교사 국가자격증제도가 체계화되면서, 보육교사와 마찬가지로 어린이집 원장의 자격증도 2005년 「영유아보육법」의 전면 개정으로 국가자격증제도가 법적으로 마련되었으며, 부칙으로 2007년부터 어린이집 원장의 국가자격증 발급 및 교부가 시행되었다. 어린이집 원장 자격기준은 일반기준과 가정어린이집, 영아전담어린이집, 장애아전문어린이집, 대학 및 시·도지사가 지정한 교육훈련시설에서 운영하는 어린이집 원장으로 구분되어진다. 어린이집 원장의 자격기준은 다음과 같다.

**| 표 8-2 | 원장의 자격기준(영유아보육법 시행령 [별표 1] 〈개정 2021. 12. 7.〉)**

가. 일반기준(300인 이하)

1) 보육교사 1급 자격을 취득한 후 3년 이상의 보육 등 아동복지업무 경력이 있는 사람
2) 「유아교육법」에 따른 유치원 정교사 1급 자격 또는 같은 법에 따른 특수학교(유치원 과정을 말함)의 정교사 자격을 취득한 후 3년 이상의 보육 등 아동복지업무 경력이 있는 사람
3) 유치원 원장의 자격을 가진 사람
4) 「초 · 중등교육법」에 따른 초등학교 정교사 자격 또는 같은 법에 따른 특수학교(초등학교 과정을 말함)의 정교사 자격을 취득한 후 5년 이상의 보육 등 아동복지업무 경력이 있는 사람
5) 「사회복지사업법」에 따른 사회복지사 1급 자격을 취득한 후 5년 이상의 보육 등 아동복지업무 경력이 있는 사람
6) 「의료법」에 따른 간호사 면허를 취득한 후 7년 이상의 보육 등 아동복지업무 경력이 있는 사람
7) 국가 또는 지방자치단체에서 7급 이상의 공무원으로 보육 등 아동복지업무에 5년 이상 근무한 경력이 있는 사람

나. 가정어린이집(20인 이하)

1) 일반기준에서 정한 자격을 갖춘 사람
2) 보육교사 1급 이상의 자격을 취득한 후 1년 이상의 보육업무 경력이 있는 사람

다. 영아전담어린이집

- 만 3세 미만의 영아만을 20명 이상

1) 일반 기준에서 정한 자격을 갖춘 사람
2) 간호사 면허를 취득한 후 5년 이상의 아동간호업무 경력이 있는 사람

라. 장애아전문어린이집

- 「장애아동복지지원법」 제32조에 따른 장애영유아어린이집 중 12명 이상의 장애영유아보육

1) 일반기준에서 정한 자격을 갖춘 사람으로서 대학(전문대학을 포함)에서 장애인복지 및 재활 관련 학과를 전공한 사람
2) 일반기준에서 정한 자격을 갖춘 사람으로서 장애영유아 어린이집에서 2년 이상의 보육업무 경력이 있는 사람

마. 「고등교육법」에 따른 대학(전문대학 포함) 또는 법 제21조 제2항 제2호에 따른 교육훈련시설이 운영(위탁 또는 부설 운영을 말함)하는 어린이집

1) 가목에 따른 일반 기준에서 정한 자격을 갖춘 사람
2) 어린이집을 운영하는 대학의 조교수 또는 교육훈련시설의 전임교수 이상으로서 보육 관련 교과목에 대하여 3년 이상의 교육 경력이 있는 사람

바. 가목부터 라목까지의 어느 하나에 해당하는 사람은 보건복지부령으로 정하는 사전직무교육을 받아야 한다.

출처: 보건복지부(2022f)

일반기준과 가정어린이집, 영아전담어린이집, 장애아전문어린이집의 원장 자격을 취득하기 위해서는 원장사전직무교육을 이수하고 시험에 통과하여야 한다. 원장사전직무교육은 다양한 요구를 지닌 영유아와 부모에게 적합한 질 높은 보육서비스를 제공하기 위해 원장이 보다 높은 전문성을 확보하도록 어린이집 원장 자격기준을 강화하기 위해 시행되었다. 또한 원장사전직무교육 이외에 부가적으로 원장 기준을 세분화하여 명시하고 있는 것은 보육 대상에 따른 전문성을 확보하여 영유아와 부모의 다양한 요구에 부응하도록 하기 위함이다.

(2) 보육교사

보육교사는 앞으로의 무한한 가능성을 가진 영유아가 자신의 잠재력을 충분히 발휘하고 성숙한 인격을 가진 이상적인 인간으로 성장·발달할 수 있도록 도와주는 사람이다. 「영유아보육법」 제2조 제5항에서는 보육교사를 어린이집 영유아의 보육, 건강관리 및 보호자와의 상담, 그 밖에 어린이집의 관리·운영 등의 업무를 담당하는 자로 명시하고 있다.

보육교사는 영유아에게 보호, 교육 및 가족서비스 등 포괄적인 서비스를 제공하는 사람으로 보육을 제공받는 영유아에게 매우 결정적인 영향을 미치기 때문에 보육교사는 보육서비스의 중심이라고 할 수 있다. 보육교사는 영유아의 성장과 발달의 자연스런 과정에 있어 보호와 교육적 측면의 전문가로서 신체적·사회적·정서적·지적 발달을 균형있게 격려할 수 있도록 교육방법을 연구하고 적용하며, 영유아의 연령과 발달수준에 적절한 자극을 제공할 수 있는 환경을 마련할 수 있어야 한다. 보육교사가 이러한 역할을 수행하기 위해서는 교사로서의 전문성을 갖추는 것이 필요하다. 이에 우리나라는 보육서비스의 질적 수준을 향상시키고, 보육교사 자격관리의 효율성 및 투명성을 제고하기 위하여 2004년 「영유아보육법」 전면 개정을 통해 국가자격증 제도를 도입하였으며, 보육교사의 등급을 종전 2등급에서 3등급으로 체계화하였다. 보육교사의 등급별 자격기준은 다음과 같다.

| 표 8-3 | 보육교사 등급별 자격기준

| 구 분 | 자격기준 |
|---|---|
| 보육교사 1급 | 가. 보육교사 2급 자격을 취득한 후 3년 이상의 보육업무 경력이 있는 사람으로서 보건복지부장관이 정하는 승급교육을 받은 사람<br>나. 보육교사 2급 자격을 취득한 후 보육 관련 대학원에서 석사학위를 취득하고 1년 이상의 보육업무 경력이 있는 사람으로서 보건복지부장관이 정하는 승급교육을 받은 사람 |
| 보육교사 2급 | 가. 전문대학 또는 이와 같은 수준 이상의 학교에서 보건복지부령으로 정하는 보육 관련 교과목 및 학점을 이수하고 졸업한 사람<br>나. 보육교사 3급 자격을 취득한 후 2년 이상의 보육업무 경력이 있는 사람으로서 보건복지부장관이 정하는 승급교육을 받은 사람 |
| 보육교사 3급 | 고등학교 또는 이와 같은 수준 이상의 학교를 졸업한 사람으로서 보건복지부령으로 정하는 교육훈련시설에서 정해진 교육과정을 수료한 사람 |

※ 비고

1. "보육 등 아동복지업무 경력"이란 다음의 어느 하나에 해당하는 경력을 말한다.
   가. 「영유아보육법」에 따른 보육시설 또는 보육정보센터에서 근무한 경력
   나. 「유아교육법」에 따른 유치원에서 근무한 경력
   다. 「아동복지법」에 따른 아동복지시설에서 근무한 경력
   라. 「장애인복지법」에 따른 장애영유아 생활시설에서 장애아동과 관련된 업무에 종사한 경력
   마. 「유아교육법」 및 「초 · 중등교육법」에 따른 특수학교(유치원 및 초등학교 과정)에서 특수학교 교원으로 근무한 경력
   바. 법률 제7120호 「유아교육법」 제정으로 폐지되기 전 「유아교육진흥법」에 따른 새마을유아원에서 근무한 경력
   사. 가목부터 바목까지의 아동복지업무를 수행하는 시설 등에서 간호사로 근무한 경력
   아. 국가 또는 지방자치단체에서 7급 이상의 공무원으로 보육 등 아동복지에 관한 행정업무에 종사한 경력
2. "보육업무 경력"이란 다음의 어느 하나에 해당하는 경력을 말한다.
   가. 「영유아보육법」에 따른 보육시설 또는 보육정보센터에서 근무한 경력
   나. 「유아교육법」에 따른 종일제 유치원에서 원장, 원감, 교사로 근무한 경력
3. "아동간호업무 경력"이란 병원의 소아청소년과나 신생아실, 보건소 모자보건센터, 초등학교 보건실 등에서 근무한 경력을 말한다.

출처: 「영유아보육법」 시행령 【별표 1】(제21조 관련) [개정 2021.12.7.]

## 3. 보육사업의 현황

우리나라 아동복지정책은 대리적 서비스로서의 가장 최종적인 선택 수단인 시설보호와 입양에 초점이 맞추어져 있다. 앞으로의 보육정책은 지지적 · 예방적 서비스에

초점을 맞추어야 하며, 아동복지정책이 지역의 특성에 맞게 기획되고 운영될 필요가 있다. 1991년 「영유아보육법」 제정 이후 어린이집은 급격한 양적 팽창을 이루게 되었으나 질적 제고를 위한 노력은 계속되어지고 있다. 정부는 공공성 확충을 위해 노력하고 있으나, 민간어린이집과 가정어린이집이 70% 이상을 차지하고 있는 실정이다. 또한 양적으로 민간어린이집과 가정어린이집이 많음에도 불구하고 정부의 지원이 따르는 국공립어린이집과 같은 일률적인 보육료 산정기준이나 국공립어린이집에 대한 편중된 정부 지원, 어린이집 지도관리를 위한 전문인력 부족, 보육 프로그램 개발과 보조금 부족, 보육교직원의 현직 교육의 비현실성 등으로 인해 보육의 공공성이 무시되고 있는 실정이다. 따라서 정부의 적극적인 자녀 양육 지원 시스템과 지방정부의 정책 의지가 중요하다 할 것이다.

### 1) 보육정책의 현황

정부는 모든 아동에게 양질의 보육서비스를 제공하고 보호자의 보육 비용을 덜어주고자 영유아에게 보육료 확대를 지원하고, 현재 장애아, 두 자녀 이상, 둘째아 지원과 다양한 어린이집을 확충하고 평가인증과 국가자격증제도를 통해 양질의 보육환경을 조성하고 있다.

### 2) 보육아동의 현황

2021년 12월 31일 기준 어린이집에 보육하고 있는 아동의 수는 1,184,716명으로(보건복지부, 2022a), 2014년까지 보육아동이 증가하다 2015년부터 급격한 저출산의 영향으로 보육아동의 수가 줄어들고 있다. 그리고 어린이집을 이용하는 아동 중 가장 높은 비율을 차지하는 연령은 만 2세인 것으로 나타났다. 보육아동이 가장 많이 재원하고 있는 어린이집 유형은 민간어린이집, 국공립어린이집, 가정어린이집 순인 것으로 나타났다.

| 표 8-4 | 보육아동의 현황(2021년 12월 31일 기준) (단위: 명)

| 구분 | | 계 | 국 · 공립 어린이집 | 사회복지법인 어린이집 | 법인 · 단체 등 어린이집 | 민간 어린이집 | 가정 어린이집 | 협동 어린이집 | 직장 어린이집 |
|---|---|---|---|---|---|---|---|---|---|
| 2021 | 계 | 1,184,716 | 268,967 | 72,085 | 30,998 | 535,428 | 208,842 | 3,465 | 64,931 |
| | 남 | 613,695 | 139,664 | 38,046 | 16,150 | 277,125 | 107,330 | 1,873 | 33,507 |
| | 여 | 571,021 | 129,303 | 34,039 | 14,848 | 258,303 | 101,512 | 1,592 | 31,424 |
| 2020 | 계 | 1,244,396 | 253,251 | 78,322 | 34,066 | 578,196 | 230,444 | 3,716 | 66,401 |
| | 남 | 644,496 | 131,303 | 41,100 | 17,710 | 299,290 | 118,878 | 2,010 | 34,205 |
| | 여 | 599,900 | 121,948 | 37,222 | 16,356 | 278,906 | 111,566 | 1,706 | 32,196 |
| 2019 | 계 | 1,365,085 | 232,123 | 86,775 | 38,538 | 664,106 | 273,399 | 4,121 | 66,023 |
| | 남 | 705,867 | 119,993 | 45,411 | 20,101 | 343,060 | 140,965 | 2,205 | 34,132 |
| | 여 | 659,218 | 112,130 | 41,364 | 18,437 | 321,046 | 132,434 | 1,916 | 31,891 |
| 2018 | 계 | 1,415,742 | 200,783 | 92,787 | 41,298 | 711,209 | 302,674 | 4,360 | 62,631 |
| | 남 | 731,498 | 103,444 | 48,702 | 21,633 | 367,436 | 155,682 | 2,272 | 32,329 |
| | 여 | 684,244 | 97,339 | 44,085 | 19,665 | 343,773 | 146,992 | 2,088 | 30,302 |
| 2017 | 계 | 1,450,243 | 186,916 | 96,794 | 43,404 | 738,559 | 321,608 | 4,508 | 58,454 |
| | 남 | 749,266 | 96,611 | 50,741 | 22,625 | 381,384 | 165,414 | 2,308 | 30,183 |
| | 여 | 700,977 | 90,305 | 46,053 | 20,779 | 357,175 | 156,194 | 2,200 | 28,271 |
| 2016 | 계 | 1,451,215 | 175,929 | 99,113 | 45,374 | 745,663 | 328,594 | 4,240 | 52,302 |
| | 남 | 750,122 | 91,124 | 52,038 | 23,638 | 385,046 | 168,970 | 2,197 | 27,109 |
| | 여 | 701,093 | 84,805 | 47,075 | 21,736 | 360,617 | 159,624 | 2,043 | 25,193 |
| 2015 | 계 | 1,452,813 | 165,743 | 99,715 | 46,858 | 747,598 | 344,007 | 4,127 | 44,765 |
| | 남 | 750,621 | 85,961 | 52,333 | 24,279 | 385,507 | 177,103 | 2,166 | 23,272 |
| | 여 | 702,192 | 79,782 | 47,382 | 22,579 | 362,091 | 166,904 | 1,961 | 21,493 |
| 2014 | 계 | 1,496,671 | 159,241 | 104,552 | 49,175 | 775,414 | 365,250 | 3,774 | 39,265 |
| | 남 | 773,987 | 82,306 | 55,049 | 25,478 | 400,579 | 188,152 | 2,012 | 20,411 |
| | 여 | 722,684 | 76,935 | 49,503 | 23,697 | 374,835 | 177,098 | 1,762 | 18,854 |
| 2013 | 계 | 1,486,980 | 154,465 | 108,834 | 51,684 | 770,179 | 364,113 | 3,226 | 34,479 |
| | 남 | 768,523 | 79,934 | 57,048 | 26,670 | 397,270 | 187,899 | 1,735 | 17,967 |
| | 여 | 718,457 | 74,531 | 51,786 | 25,014 | 372,909 | 176,214 | 1,491 | 16,512 |

| 구 분 | | 계 | 국·공립 어린이집 | 사회복지법인 어린이집 | 법인·단체 등 어린이집 | 민간 어린이집 | 가정 어린이집 | 협동 어린이집 | 직장 어린이집 |
|---|---|---|---|---|---|---|---|---|---|
| 2012 | 계 | 1,487,361 | 149,677 | 113,049 | 51,914 | 768,256 | 371,671 | 2,913 | 29,881 |
| | 남 | 769,573 | 77,321 | 59,562 | 26,867 | 397,021 | 191,722 | 1,572 | 15,508 |
| | 여 | 717,788 | 72,356 | 53,487 | 25,047 | 371,235 | 179,949 | 1,341 | 14,373 |
| 2011 | 계 | 1,348,729 | 143,035 | 112,688 | 50,676 | 706,647 | 308,410 | 2,286 | 24,987 |
| | 남 | 699,806 | 73,850 | 59,408 | 26,341 | 366,164 | 159,878 | 1,248 | 12,917 |
| | 여 | 648,923 | 69,185 | 53,280 | 24,335 | 340,483 | 148,532 | 1,038 | 12,070 |
| 2010 | 계 | 1,279,910 | 137,604 | 114,054 | 51,126 | 671,891 | 281,436 | 1,898 | 21,901 |
| | 남 | 665,305 | 71,195 | 60,124 | 26,846 | 348,844 | 146,009 | 1,051 | 11,236 |
| | 여 | 614,605 | 66,409 | 53,930 | 24,280 | 323,047 | 135,427 | 847 | 10,665 |
| 2009 | | 1,175,049 | 129,656 | 112,338 | 52,718 | 623,045 | 236,843 | 1,655 | 18,794 |
| 2008 | | 1,135,502 | 123,405 | 113,894 | 53,818 | 615,647 | 210,438 | 1,491 | 16,809 |
| 2007 | | 1,099,933 | 119,141 | 118,211 | 55,906 | 612,484 | 177,623 | 1,444 | 15,124 |
| 2006 | | 1,040,361 | 114,657 | 120,551 | 58,808 | 582,329 | 148,240 | 1,238 | 14,538 |
| 2005 | | 989,390 | 111,911 | 125,820 | 56,374 | 552,360 | 129,007 | 933 | 12,985 |
| 2004 | | 930,252 | 107,335 | 135,531 | 48,414 | 507,398 | 119,787 | 미분류 | 11,787 |
| 2003 | | 858,345 | 103,474 | 140,994 | 37,911 | 461,640 | 103,935 | 미분류 | 10,391 |
| 2002 | | 800,991 | 103,351 | 142,035 | 30,289 | 425,647 | 90,939 | 미분류 | 8,730 |
| 2001 | | 734,192 | 102,118 | 161,419 | 16,483 | 369,044 | 77,247 | 미분류 | 7,881 |
| 2000 | | 686,000 | 99,666 | 157,993 | 15,949 | 336,625 | 67,940 | 미분류 | 7,807 |
| 1999 | | 640,915 | 99,866 | 151,652 | 13,195 | 301,630 | 67,294 | 미분류 | 7,278 |

출처: 보건복지부(2022a)

| 표 8-5 | **연령별 보육아동 현황(2021년 12월 31일 기준)** (단위: 명)

| 구분 | | | 계 | 국 · 공립 어린이집 | 사회복지법인 어린이집 | 법인 · 단체 등 어린이집 | 민간 어린이집 | 가정 어린이집 | 협동 어린이집 | 직장 어린이집 |
|---|---|---|---|---|---|---|---|---|---|---|
| | | | 설립주체별 | | | | | | | |
| 전국 | 계 | 계 | 1,184,716 | 268,967 | 72,085 | 30,998 | 535,428 | 208,842 | 3,465 | 64,931 |
| | | 남 | 613,695 | 139,664 | 38,046 | 16,150 | 277,125 | 107,330 | 1,873 | 33,507 |
| | | 여 | 571,021 | 129,303 | 34,039 | 14,848 | 258,303 | 101,512 | 1,592 | 31,424 |
| | 만 0세 | 계 | 119,621 | 16,924 | 3,300 | 1,251 | 36,657 | 58,751 | 86 | 2,652 |
| | | 남 | 62,556 | 8,884 | 1,751 | 671 | 19,339 | 30,549 | 47 | 1,315 |
| | | 여 | 57,065 | 8,040 | 1,549 | 580 | 17,318 | 28,202 | 39 | 1,337 |
| | 만 1세 | 계 | 252,542 | 50,600 | 10,259 | 4,017 | 94,521 | 80,327 | 433 | 12,385 |
| | | 남 | 130,283 | 26,141 | 5,259 | 2,027 | 48,777 | 41,408 | 216 | 6,455 |
| | | 여 | 122,259 | 24,459 | 5,000 | 1,990 | 45,744 | 38,919 | 217 | 5,930 |
| | 만 2세 | 계 | 301,914 | 65,259 | 15,313 | 6,171 | 131,567 | 68,293 | 723 | 14,588 |
| | | 남 | 154,935 | 33,573 | 8,065 | 3,221 | 67,494 | 34,603 | 381 | 7,598 |
| | | 여 | 146,979 | 31,686 | 7,248 | 2,950 | 64,073 | 33,690 | 342 | 6,990 |
| | 만 3세 | 계 | 190,393 | 50,339 | 14,972 | 6,562 | 103,331 | 856 | 751 | 13,582 |
| | | 남 | 99,397 | 26,231 | 7,879 | 3,442 | 53,998 | 443 | 448 | 6,956 |
| | | 여 | 90,996 | 24,108 | 7,093 | 3,120 | 49,333 | 413 | 303 | 6,626 |
| | 만 4세 | 계 | 161,020 | 43,182 | 13,532 | 6,188 | 85,844 | 327 | 711 | 11,236 |
| | | 남 | 83,665 | 22,489 | 7,074 | 3,287 | 44,455 | 181 | 378 | 5,801 |
| | | 여 | 77,355 | 20,693 | 6,458 | 2,901 | 41,389 | 146 | 333 | 5,435 |
| | 만 5세 | 계 | 154,363 | 41,643 | 12,865 | 6,115 | 82,354 | 260 | 736 | 10,390 |
| | | 남 | 79,887 | 21,697 | 6,754 | 3,157 | 42,429 | 127 | 390 | 5,333 |
| | | 여 | 74,476 | 19,946 | 6,111 | 2,958 | 39,925 | 133 | 346 | 5,057 |
| | 만 6세 이상 | 계 | 4,863 | 1,020 | 1,844 | 694 | 1,154 | 28 | 25 | 98 |
| | | 남 | 2,972 | 649 | 1,264 | 345 | 633 | 19 | 13 | 49 |
| | | 여 | 1,891 | 371 | 580 | 349 | 521 | 9 | 12 | 49 |

출처: 보건복지부(2022a)

### 3) 어린이집의 현황

전국에 운영되고 있는 어린이집은 1990년대 중반 9,085개소에서 2021년 12월 31일 기준 33,246개소로 약 3.5배 이상 양적인 확대가 이루어졌다. 그러나 1995년 전국에 설치 · 운영되고 있는 어린이집 중 국공립어린이집 비율은 11.3%였으나, 2021년 전체 어린이집 중 국공립어린이집 비율은 16.4%, 민간어린이집은 31.9%로 나타났다.

표 8-6 **어린이집 현황(2021년 12월 31일 기준)** (단위: 명)

| 구 분 | 계 | 국 · 공립 어린이집 | 사회복지법인 어린이집 | 법인 · 단체 등 어린이집 | 민간 어린이집 | 가정 어린이집 | 협동 어린이집 | 직장 어린이집 |
|---|---|---|---|---|---|---|---|---|
| 2021 | 33,246 | 5,437 | 1,285 | 640 | 10,603 | 13,891 | 142 | 1,248 |
| 2020 | 35,352 | 4,958 | 1,316 | 671 | 11,510 | 15,529 | 152 | 1,216 |
| 2019 | 37,371 | 4,324 | 1,343 | 707 | 12,568 | 17,117 | 159 | 1,153 |
| 2018 | 39,171 | 3,602 | 1,377 | 748 | 13,518 | 18,651 | 164 | 1,111 |
| 2017 | 40,238 | 3,157 | 1,392 | 771 | 14,045 | 19,656 | 164 | 1,053 |
| 2016 | 41,084 | 2,859 | 1,402 | 804 | 14,316 | 20,598 | 157 | 948 |
| 2015 | 42,517 | 2,629 | 1,414 | 834 | 14,626 | 22,074 | 155 | 785 |
| 2014 | 43,742 | 2,489 | 1,420 | 852 | 14,822 | 23,318 | 149 | 692 |
| 2013 | 43,770 | 2,332 | 1,439 | 868 | 14,751 | 23,632 | 129 | 619 |
| 2012 | 42,527 | 2,203 | 1,444 | 869 | 14,440 | 22,935 | 113 | 523 |
| 2011 | 39,842 | 2,116 | 1,462 | 870 | 14,134 | 20,722 | 89 | 449 |
| 2010 | 38,021 | 2,034 | 1,468 | 888 | 13,789 | 19,367 | 74 | 401 |
| 2009 | 35,550 | 1,917 | 1,470 | 935 | 13,433 | 17,359 | 66 | 370 |
| 2008 | 33,499 | 1,826 | 1,458 | 969 | 13,306 | 15,525 | 65 | 350 |
| 2007 | 30,856 | 1,748 | 1,460 | 1,002 | 13,081 | 13,184 | 61 | 320 |
| 2006 | 29,233 | 1,643 | 1,475 | 1,066 | 12,864 | 11,828 | 59 | 298 |
| 2005 | 28,367 | 1,473 | 1,495 | 979 | 12,769 | 11,346 | 42 | 263 |
| 2004 | 26,903 | 1,349 | 1,537 | 966 | 12,225 | 10,583 | 미분류 | 243 |
| 2003 | 24,142 | 1,329 | 1,632 | 787 | 11,225 | 8,933 | 미분류 | 236 |
| 2002 | 22,147 | 1,330 | 1,633 | 575 | 10,471 | 7,939 | 미분류 | 199 |
| 2001 | 20,097 | 1,306 | 1,991 | 313 | 9,490 | 6,801 | 미분류 | 196 |
| 2000 | 19,276 | 1,295 | 2,010 | 324 | 8,970 | 6,473 | 미분류 | 204 |

출처: 보건복지부(2022a)

이와 같은 수치는 우리나라 보육사업이 민간에 의존하여 추진 · 발전되어 왔으며, 여전히 민간 의존도가 높음을 알 수 있다. 이는 어린이집에서 보육되고 있는 아동의 수에서도 확인할 수 있는데, 2021년 12월 31일 기준 국공립어린이집에 재원 중인 아동보다 민간 어린이집에 재원 중이 아동의 수가 2배 이상 많은 수치를 나타내고 있다.

구체적으로 살펴보면 2021년 12월 31일 기준, 33,246개소의 어린이집에서 1,184,716명의 아동이 보육서비스를 제공 받고 있다. 어린이집 현황을 살펴보면 국공립어린이집 5,437개소에서 268,967명이, 사회복지법인어린이집 1,285개소에서 72,085명, 법인·단체 등 어린이집 640개소에서 30,998명, 민간어린이집 10,603개소에서 535,428명, 가정어린이집 13,891개소에서 208,842명, 협동어린이집 142개소에서 3,465명, 직장어린이집 1,248개소에서 64,931명의 아동이 보육기관을 이용하고 있음을 알 수 있다. 전체 기관에서 민간어린이집과 가정어린이집의 수가 다른 기관 유형보다 많음을 알 수 있으며, 아직 미비하기는 하지만 국공립어린이집과 직장어린이집의 수가 증가하고 있다.

| 표 8-7 | **어린이집 일반 현황(2021년 12월 31일 기준)** (단위: 개소, 명, %)

| 구 분 | | | 계 | 국·공립 어린이집 | 사회복지법인 어린이집 | 법인·단체 등 어린이집 | 민간 어린이집 | 가정 어린이집 | 협동 어린이집 | 직장 어린이집 |
|---|---|---|---|---|---|---|---|---|---|---|
| 어린이집 수 | 개소(A) | | 33,246 | 5,437 | 1,285 | 640 | 10,603 | 13,891 | 142 | 1,248 |
| | (비중) | | 100 | 16.4 | 3.9 | 1.9 | 31.9 | 41.8 | 0.4 | 3.8 |
| 아동수 | 정원(B) | | 1,557,496 | 326,210 | 113,294 | 46,084 | 715,671 | 259,901 | 4,636 | 91,700 |
| | (비중) | | 100 | 20.9 | 7.3 | 3 | 46 | 16.7 | 0.3 | 5.9 |
| | 현원(C) | 계 | 1,184,716 | 268,967 | 72,085 | 30,998 | 535,428 | 208,842 | 3,465 | 64,931 |
| | | 남 | 613,695 | 139,664 | 38,046 | 16,150 | 277,125 | 107,330 | 1,873 | 33,507 |
| | | 여 | 571,021 | 129,303 | 34,039 | 14,848 | 258,303 | 101,512 | 1,592 | 31,424 |
| | (비중) | | 100 | 22.7 | 6.1 | 2.6 | 45.2 | 17.6 | 0.3 | 5.5 |
| | 이용률 | | 76.1 | 82.5 | 63.6 | 67.3 | 74.8 | 80.4 | 74.7 | 70.8 |
| 보육 교직원 수 | 인원(D) | 계 | 321,116 | 67,191 | 17,673 | 7,351 | 123,655 | 83,758 | 1,009 | 20,479 |
| | | 남 | 11,261 | 1,305 | 1,754 | 579 | 6,511 | 880 | 22 | 210 |
| | | 여 | 309,855 | 65,886 | 15,919 | 6,772 | 117,144 | 82,878 | 987 | 20,269 |
| | (비중) | | 100 | 20.9 | 5.5 | 2.3 | 38.5 | 26.1 | 0.3 | 6.4 |
| 어린이집1개당 아동수(C/A) | | | 35.6 | 49.5 | 56.1 | 48.4 | 50.5 | 15 | 24.4 | 52 |
| 보육교직원1인당 아동수(C/D) | | | 3.7 | 4 | 4.1 | 4.2 | 4.3 | 2.5 | 3.4 | 3.2 |

* 아동수: 현원(기본, 야간 12시간, 24시간, 방과후) 기준
출처: 보건복지부(2022a)

어린이집 개소와 어린이집을 이용하는 아동 수가 증가함에 따라 어린이집에 근무하는 보육교직원의 수도 증가하였다. 2001년 전국 어린이집에 근무하는 보육교직원 수가 10만 3,924명이었는데 2021년에는 321,116명으로 조사되었다. 이 중 보육교직원의 성별은 남성보다는 여성의 수가 현저히 많음을 알 수 있다.

**표 8-8 보육교직원 현황(2021년 12월 31일 기준)** (단위: 명)

| 구 분 | | 계 | 국·공립 어린이집 | 사회복지법인 어린이집 | 법인·단체 등 어린이집 | 민간 어린이집 | 가정 어린이집 | 협동 어린이집 | 직장 어린이집 |
|---|---|---|---|---|---|---|---|---|---|
| 2021 | 계 | 321,116 | 67,191 | 17,673 | 7,351 | 123,655 | 83,758 | 1,009 | 20,479 |
| | 남 | 11,261 | 1,305 | 1,754 | 579 | 6,511 | 880 | 22 | 210 |
| | 여 | 309,855 | 65,886 | 15,919 | 6,772 | 117,144 | 82,878 | 987 | 20,269 |
| 2020 | 계 | 325,669 | 59,974 | 18,313 | 7,695 | 129,306 | 89,552 | 1,030 | 19,799 |
| | 남 | 11,598 | 1,207 | 1,797 | 610 | 6,845 | 914 | 23 | 202 |
| | 여 | 314,071 | 58,767 | 16,516 | 7,085 | 122,461 | 88,638 | 1,007 | 19,597 |
| 2019 | 계 | 331,444 | 50,436 | 18,835 | 8,062 | 139,344 | 95,763 | 1,043 | 17,961 |
| | 남 | 12,392 | 1,094 | 1,861 | 647 | 7,542 | 1,017 | 27 | 204 |
| | 여 | 319,052 | 49,342 | 16,974 | 7,415 | 131,802 | 94,746 | 1,016 | 17,757 |
| 2018 | 계 | 333,420 | 41,122 | 19,139 | 8,259 | 146,386 | 100,987 | 1,051 | 16,476 |
| | 남 | 12,956 | 971 | 1,882 | 668 | 8,118 | 1,100 | 26 | 191 |
| | 여 | 320,464 | 40,151 | 17,257 | 7,591 | 138,268 | 99,887 | 1,025 | 16,285 |
| 2017 | 계 | 330,217 | 36,098 | 18,845 | 8,254 | 146,920 | 104,176 | 1,066 | 14,858 |
| | 남 | 13,648 | 954 | 1,895 | 691 | 8,644 | 1,260 | 28 | 176 |
| | 여 | 316,569 | 35,144 | 16,950 | 7,563 | 138,276 | 102,916 | 1,038 | 14,682 |
| 2016 | 계 | 321,766 | 32,937 | 18,920 | 8,436 | 145,609 | 101,891 | 979 | 12,994 |
| | 남 | 14,124 | 941 | 1,928 | 726 | 9,013 | 1,330 | 29 | 157 |
| | 여 | 307,642 | 31,996 | 16,992 | 7,710 | 136,596 | 100,561 | 950 | 12,837 |
| 2015 | 계 | 321,067 | 30,823 | 18,933 | 8,637 | 145,724 | 105,124 | 970 | 10,856 |
| | 남 | 14,447 | 942 | 1,908 | 725 | 9,226 | 1,470 | 29 | 147 |
| | 여 | 306,620 | 29,881 | 17,025 | 7,912 | 136,498 | 103,654 | 941 | 10,709 |
| 2014 | 계 | 311,817 | 28,977 | 19,045 | 8,749 | 141,977 | 102,947 | 856 | 9,266 |
| | 남 | 14,270 | 884 | 1,878 | 729 | 9,117 | 1,527 | 25 | 110 |
| | 여 | 297,547 | 28,093 | 17,167 | 8,020 | 132,860 | 101,420 | 831 | 9,156 |

| 구 분 | | 계 | 국 · 공립 어린이집 | 사회복지법인 어린이집 | 법인 · 단체 등 어린이집 | 민간 어린이집 | 가정 어린이집 | 협동 어린이집 | 직장 어린이집 |
|---|---|---|---|---|---|---|---|---|---|
| 2013 | 계 | 301,719 | 26,750 | 18,765 | 8,703 | 136,180 | 102,731 | 730 | 7,860 |
| | 남 | 13,182 | 806 | 1,768 | 672 | 8,304 | 1,534 | 18 | 80 |
| | 여 | 288,537 | 25,944 | 16,997 | 8,031 | 127,876 | 101,197 | 712 | 7,780 |
| 2012 | 계 | 284,237 | 23,725 | 18,011 | 8,094 | 126,239 | 101,273 | 614 | 6,281 |
| | 남 | 10,496 | 643 | 1,492 | 556 | 6,255 | 1,475 | 17 | 58 |
| | 여 | 273,741 | 23,082 | 16,519 | 7,538 | 119,984 | 99,798 | 597 | 6,223 |
| 2011 | 계 | 248,635 | 22,229 | 17,491 | 7,724 | 112,779 | 82,911 | 485 | 5,016 |
| | 남 | 8,663 | 501 | 1,364 | 496 | 5,076 | 1,161 | 14 | 51 |
| | 여 | 239,972 | 21,728 | 16,127 | 7,228 | 107,703 | 81,750 | 471 | 4,965 |
| 2010 | | 229,084 | 20,980 | 17,368 | 7,708 | 104,531 | 73,895 | 398 | 4,204 |
| 2009 | | 206,912 | 19,397 | 17,042 | 7,988 | 95,668 | 62,863 | 348 | 3,606 |
| 2008 | | 175,729 | 17,132 | 16,145 | 7,653 | 84,140 | 47,348 | 298 | 3,013 |
| 2007 | | 169,585 | 15,628 | 16,020 | 7,687 | 83,088 | 44,167 | 345 | 2,650 |
| 2006 | | 156,306 | 14,910 | 16,226 | 8,206 | 78,960 | 35,425 | 252 | 2,327 |
| 2005 | | 136,916 | 13,656 | 15,922 | 7,220 | 70,384 | 27,492 | 267 | 1,975 |
| 2004 | | 125,147 | 13,145 | 16,797 | 6,519 | 63,319 | 23,621 | 미분류 | 1,746 |
| 2003 | | 125,931 | 14,957 | 24,666 | 5,212 | 59,400 | 19,946 | 미분류 | 1,750 |
| 2002 | | 117,572 | 15,180 | 25,866 | 3,103 | 53,982 | 17,896 | 미분류 | 1,545 |
| 2001 | | 103,924 | 14,500 | 23,155 | 2,147 | 49,065 | 13,675 | 미분류 | 1,382 |

출처: 보건복지부(2022a)

특별한 요구를 가진 영유아를 보육하는 것을 특수보육이라고 하는데, 우리나라 특수보육어린이집 유형에 해당되는 어린이집은 영아전담어린이집과 장애아전문어린이집, 장애아통합어린이집, 방과후어린이집, 야간연장어린이집, 휴일어린이집, 24시간 어린이집이 있다. 영아전담어린이집은 2004년 이전 영아전담어린이집으로 지정 받았거나 국고보조금으로 영아전담 신축비를 지원받는 어린이집을 의미한다. 장애아전문어린이집은 「장애아동 복지지원법」 제32조에 따라 요건을 갖추고, 상시 12명 이상의 장애아(단, 미취학장애아 9명 이상 포함)를 보육하는 어린이집이며, 장애통합어린이집은 원의 20% 내에서 장애아종일반을 편성 · 운영하거나 장애아종일반을 별도로 편성하지 않은 채 미취학장애아를 3명 이상 통합보육하고 있는 어린이집이다. 야간연장어린이집은 기준보육시간(07:30~19:30)을 경과하여 최대 24:00까지 시간을 연장하여 보육하는 어린이집이고, 24시간어린이는 24시간동안 보육서비스를 제공하는 어린이집이다. 그리고 휴일어린이집은 일요일 및 공휴일에 보육하는 어린이집이며, 방과후 어린이집은 초등학생을 대상으로 방과후 보육서비스를 제공하는 어린이집을 말한다. 2021년 12월 31일 기준 특수보육어린이집 현황을 살펴보면 〈표 8-9〉와 같다.

**표 8-9 특수보육어린이집 일반현황(2021. 12. 31. 기준)** (단위: 개소, 명)

| 구분 | | | 설립주체별 | | | | | | | |
|---|---|---|---|---|---|---|---|---|---|---|
| | | | 총계 | 국·공립 어린이집 | 사회복지법인 어린이집 | 법인·단체 등 어린이집 | 민간 어린이집 | 가정 어린이집 | 협동 어린이집 | 직장 어린이집 |
| 영아전담 | 어린이집 | 어린이집수 | 344 | 54 | 39 | 14 | 192 | 45 | 0 | 0 |
| | 아동 | 아동정원 | 14,418 | 2,669 | 2,113 | 563 | 8,173 | 900 | 0 | 0 |
| | | 영아아동현원 | 10,432 | 2,141 | 1,334 | 368 | 5,824 | 765 | 0 | 0 |
| | 보육교직원 | 영아반보육교사 | 2,316 | 463 | 290 | 86 | 1,295 | 182 | 0 | 0 |
| 장애아전문 | 어린이집 | 어린이집수 | 178 | 47 | 101 | 5 | 24 | 1 | 0 | 0 |
| | 아동 | 아동정원 | 8,457 | 1,910 | 5,367 | 277 | 885 | 18 | 0 | 0 |
| | | 장애아동현원 | 6,264 | 1,523 | 3,848 | 183 | 700 | 10 | 0 | 0 |
| | 보육교직원 | 장애아반보육교사, 특수교사, 치료사 | 2,684 | 644 | 1,660 | 76 | 298 | 6 | 0 | 0 |
| 장애아통합 | 어린이집 | 어린이집수 | 1,317 | 1,072 | 45 | 36 | 140 | 10 | 2 | 12 |
| | 아동 | 아동정원 | 113,084 | 89,778 | 4,319 | 3,220 | 13,421 | 195 | 57 | 2,094 |
| | | 장애아동현원 | 5,578 | 4,206 | 218 | 240 | 870 | 17 | 4 | 23 |
| | 보육교직원 | 장애아반보육교사, 특수교사, 치료사 | 1,988 | 1,544 | 76 | 80 | 274 | 5 | 3 | 6 |
| 방과후 | 어린이집 | 어린이집수 | 175 | 35 | 38 | 36 | 57 | 6 | 1 | 2 |
| | 아동 | 아동정원 | 14,935 | 2,941 | 4,107 | 2,445 | 4,951 | 120 | 77 | 294 |
| | | 방과후아동현원 | 1,465 | 367 | 117 | 594 | 314 | 16 | 16 | 41 |
| | 보육교직원 | 방과후반보육교사 | 102 | 28 | 15 | 33 | 22 | 0 | 1 | 3 |
| 야간연장 | 어린이집 | 어린이집수 | 7,671 | 2,905 | 317 | 140 | 1,793 | 2,353 | 7 | 156 |
| | 아동 | 아동정원 | 409,278 | 190,761 | 27,689 | 10,133 | 119,313 | 43,173 | 298 | 17,911 |
| | | 야간연장아동현원 | 19,949 | 4,322 | 867 | 392 | 6,611 | 6,899 | 37 | 821 |
| | 보육교직원 | 야간연장보육교사 | 5,589 | 1,477 | 235 | 126 | 1,863 | 1,587 | 8 | 293 |
| 휴일 | 어린이집 | 어린이집수 | 283 | 166 | 34 | 13 | 38 | 25 | 0 | 7 |
| | 아동 | 아동정원 | 20,200 | 12,507 | 3,054 | 1,121 | 2,263 | 469 | 0 | 786 |
| | | 휴일아동현원 | 112 | 24 | 36 | 4 | 12 | 20 | 0 | 16 |
| | 보육교직원 | 휴일반보육교사 | 98 | 27 | 19 | 10 | 31 | 5 | 0 | 6 |

| 구 분 | | | 설립주체별 | | | | | | | |
|---|---|---|---|---|---|---|---|---|---|---|
| | | | 총 계 | 국·공립 어린이집 | 사회복지법인 어린이집 | 법인·단체 등 어린이집 | 민간 어린이집 | 가정 어린이집 | 협동 어린이집 | 직장 어린이집 |
| 24시간 | 어린이집 | 어린이집수 | 145 | 50 | 11 | 1 | 40 | 41 | 0 | 2 |
| | 아동 | 아동정원 | 7,553 | 3,502 | 567 | 64 | 2,398 | 773 | 0 | 249 |
| | | 24시간아동현원 | 401 | 64 | 38 | 1 | 193 | 105 | 0 | 0 |
| | 보육교직원 | 24시간보육교사 | 144 | 25 | 8 | 1 | 67 | 39 | 0 | 4 |

* 보육교사: 담임교사, 방과후 보육교사, 24시간보육교사, 야간연장교사(월급여형/단시간형), 보조교사, 누리과정보조교사(비담임 30시간 이상/비담임 30시간 미만), 대체교직원, 연장보육반 전담교사, 대체교사
* 영아 아동현원: 보육나이가 0, 1, 2세인 아동현원
* 영아반 보육교사수: 0세반/1세반/2세반/0,1혼합반/1,2혼합반/2,3혼합반을 담당하는 보육교사 수
* 장애 아동현원: 아동자격이 '(영유아, 누리, 방과후) 장애아'인 아동현원
* 장애아반 보육교사, 특수교사, 치료사 수: 장애아반을 맡고 있는 일반 보육교사 혹은 특수교사, 치료사의 수
* 방과후: 방과후전담+방과후통합 어린이집
* 방과후 보육교사 수: 아동이 1명 이상 배치된 방과후반을 맡고 있는 보육교사 수
* 야간연장 보육교사 수: 아동이 1명 이상 배치된 야간연장 반을 맡고 있는 보육교사 수
* 휴일반 보육교사 수: 아동이 1명 이상 배치된 휴일 반을 맡고 있는 보육교사 수
* 24시간 보육교사 수: 보육교사 구분이 24시간 보육교사인 보육교직원 수

출처: 보건복지부(2022a)

특수보육을 실시하는 특수보육어린이집은 우리나라 전체 기관 33,246개소 중 10,113개소이며, 이러한 수치는 전체 어린이집 중 대략 30.4% 정도를 차지한다. 특수보육어린이집 중 가장 많은 유형은 야간연장어린이집이었으며, 장애아통합어린이집, 영아전담어린이집, 휴일어린이집, 장애아전문어린이집, 방과후어린이집, 24시간어린이집 순인 것으로 나타났다.

### 4) 보육지원 정책 및 보육서비스의 현황

#### (1) 보육업무 수행부서

현재 보육업무는 보건복지부 산하 제1차관 인구정책실의 보육정책관에서 맡고 있으며, 보육정책과, 보육사업기획과, 보육기반과로 나누어 업무를 수행하고 있다.

보건복지부

↓

제1차관

↓

인구정책실

↓

보육정책관

↓

**보육정책과**

- 중앙부처 및 지방자치단체의 영유아 정책 지원 정책 협의 · 조정 · 총괄
- 영유아 정책에 대한 조사 · 연구 · 평가 및 제도개선
- 영유아 정책에 관한 종합계획의 수립 및 연도별 시행계획의 총괄
- 보육정책위원회의 운영
- 보육 관련 법령의 관리 · 운영
- 보육재정의 중장기 투자계획 수립
- 보육예산의 편성 · 집행관리 및 정산 · 결산
- 보육서비스 이용권 제도(보육전자바우처)의 운영 및 관리
- 보육행정 전산화
- 지방자치단체 보육공무원 교육
- 보육개발원의 설립 및 지도 · 감독
- 영유아 및 영유아보육 지원 정책에 대한 홍보 및 국민인식 개선사업
- 보육 관련 대외협력 및 교류활성화의 지원
- 보육통계의 생산 및 관리
- 어린이집연합회 등 법인 · 단체의 지도 · 감독
- 보육교직원 처우 개선에 관한 사항
- 보육교직원의 양성 및 교육훈련의 지원
- 보육교직원의 경력 및 자격관리
- 「영유아보육법」에 따른 어린이집의 설치 · 인가 기준의 수립 및 관리
- 국공립어린이집 등 어린이집의 확충 및 지원계획 수립
- 직장보육서비스의 확충
- 육아종합지원센터의 확충 및 운영 · 관리

**보육사업기획과**

- 영유아 보육료의 지원
- 양육수당 지원에 관한 사항
- 표준보육비용에 관한 사항
- 영유아 및 부모 지원 보육서비스의 개발
- 영아 · 장애아 및 다문화가족 영유아 등 취약보육서비스 등 지원에 관한 사항
- 보육료 · 양육수당 지원 대상자 선정 및 적정관리에 관한 사항
- 보육료 · 양육수당 지원 대상자 소득기준액 결정에 관한 사항
- 부모교육 및 관련 정보 제공에 관한 사항
- 국공립어린이집 등의 인건비 지원
- 맞춤형 보육 자격기준 및 관리에 관한 사항
- 가정양육 지원에 관한 사항
- 보육지원체계 기획 · 연구 및 일시보육 지원

**보육기반과**

- 어린이집의 설치 및 운영 지원
- 어린이집의 기능 보강 등 환경개선 지원
- 어린이집의 운영비 지원
- 어린이집에 대한 지도 · 점검
- 어린이집운영위원회의 설치 및 운영
- 보육아동의 건강 · 영양 · 안전 등의 관리
- 어린이집 평가인증계획 수립 및 평가인증제도 운영
- 표준보육과정 및 보육 프로그램의 개발 · 보급
- 협동어린이집의 활성화
- 시간연장형, 종일형, 방과후 어린이집 등의 보육서비스 지원에 관한 사항

그림 8-1 **보육업무 수행부서**

### (2) 보육지원정책 및 보육서비스의 현황

#### ① 국가 수준의 표준보육과정 · 누리과정

국가가 제시하고 있는 '표준보육과정'과 2013년 유치원과 어린이집의 3~5세 유아에게 적용되는 '3~5세 누리과정'은 각 기관의 보육과 교육과정이 이 기준을 충족하여 운영하도록 하는 지침 역할을 하게 된다. 표준보육과정과 누리과정에 대한 이해는 영유아 보육과정 운영과 조직의 근간이 되므로 매우 중요하다.

#### 가. 표준보육과정

표준보육과정은 만 6세 미만의 영유아가 갖추어야 할 바람직하고 적합한 태도와 가치, 지식과 기술을 포함하여, 이를 통해 영유아의 잠재력을 최대한 발휘하고 영유아가 어른으로 성장하도록 보육목표를 정하고 있다. 또한 표준보육과정의 운영을 통해 보육환경의 질을 높이고 교사의 역할을 강화하며 부모, 가족, 지역사회와의 협력을 꾀하도록 하고 있다. 2004년 1월 「영유아보육법」 전부 개정을 통해 표준보육과정의 개발 · 보급을 위한 근거를 마련했으며, 2006년 11월 「영유아보육법」 시행규칙 개정을 통해 표준보육과정을 구체화하여 2007년 표준보육과정이 고시되었다. 5세 누리과정고시 이후에 누리과정과의 연계를 반영 2011년 제2차 표준보육과정 개정 연구되고 2012년 제2차 표준보육과정 고시되었다. 2013년 표준보육과정은 3~4세 누리과정이 제정되고 5세 누리과정이 개정됨에 따라 이를 포괄하고 수정하여 0~1세 보육과정, 2세 보육과정, 만 3~5세 보육과정을 포함한 「제3차 어린이집 표준보육과정」을 개정 고시하였다. 그리고 2019년 어린이집에 다니는 0~5세 대상 보육과정 중 3~5세를 위한 보육과정(누리과정)이 개정되었고, 0~2세는 어린이집만 해당되므로 보건복지부 주관으로 0~5세 영유아의 연속적 경험과 연령 간 발달적 연계를 위하여 누리과정 개정 방향 및 내용을 고려하여 제3차 어린이집 표준보육과정 중 0~1세 및 2세 보육과정의 개정이 필요한 상황이었다. 이를 위해 2019년 10월부터 누리과정 및 표준보육과정 연구진을 중심으로 제3차 어린이집 표준보육과정(0~2세) 개정 연구를 통해 0~1세 보육과정과 2세 보육과정의 영역별 내용을 개정하였고, 0~2세 보육과정과

3~5세 보육과정(누리과정)을 포괄하는 총론의 일부를 개정하여, 2020년 4월 9일에 「제4차 어린이집 표준보육과정」을 고시하였으며, 2020년 9월 1일부터 어린이집 현장에 적용되었다.

### 나. 누리과정

누리과정은 어린이집과 유치원 어디를 이용하든 생애 첫 출발선에서 수준 높고 균등한 교육기회를 보장하기 위해 시행된 제도로 2011년 누리과정 도입을 확정(만 5세는 2011년, 3~4세는 2012년 발표)하고, 관련 법령 개정 후 2012년 3월 만 5세아, 2013년 3월 만 3~4세아에게 도입되었다. 이에 2013년부터 만 3~5세 유아는 심신의 건강과 조화로운 발달을 도와 민주시민의 기초를 형성하는 것을 목적으로, 어린이집 · 유치원 구분없이 동일한 내용을 배우게 되었다. 2019년 새로운 시대의 요구에 따라 교육내용을 간략화하고 유아가 주도하는 놀이를 통해 배움이 구현될 수 있도록 유아 · 놀이중심 교육과정으로 나아가고자 누리과정이 개정되어 2020년 3월 1일부터 유치원과 어린이집 현장에 적용되었다. 2019개정 누리과정에서는 누리과정의 성격에 대해 누리과정은 3~5세 유아를 위한 국가 수준의 공통 교육과정으로 규정하고 있다. 이를 위해 국가수준의 공통성과 지역, 기관 및 개인 수준의 다양성을 추구한다. 또한 유아의 전인적 발달과 행복, 유아중심과 놀이중심, 유아의 자율성과 창의성 신장을 추구한다. 그리고 유아, 교사, 원장(감), 학부모 및 지역사회가 함께 실현해가는 것을 추구한다.

#### ② 어린이집평가제

2018년 12월 11일 「영유아보육법」 개정안이 공포됨에 따라 2019년 6월 12일부터 어린이평가제가 시행되었다. 평가제 시행은 지금까지 평가인증을 신청한 어린이집에 한해서만 이루어진 어린이집의 질 관리가 전국 모든 어린이집으로 확대되었다는 점에서 의미가 크다. 어린이집평가제는 전체 어린이집의 질 관리를 위하여 평가 자체에 목적을 두기보다, 정기적인 평가를 통해 어린이집이 지속적으로 보육의 질적 수준을 향상시키고 유지하게 함으로써 영유아의 안전과 건강, 조화로운 성장과 발달을 도모하여 부모가 믿고 맡길 수 있는 안심 보육환경 조성에 기여하고자 한다.

어린이집평가제의 시행 목적은 다음과 같다.

첫째, 상시적 보육서비스 질 관리를 위해 주요 핵심지표를 중심으로 질 관리 표준을 제시하고 어린이집 스스로 질적 수준을 제고하도록 한다,

둘째, 전체 어린이집에 대한 주기적 평가를 통하여 보육서비스 품질관리의 사각지대를 해소하고 전반적인 보육서비스 수준을 지속적으로 관리하여 국가의 책무성을 강화하고자 한다.

셋째, 궁극적으로 평가제를 통해 보육서비스의 질 향상을 제고함으로써 영유아의 안전과 건강, 조화로운 성장과 발달을 도모하고자 한다. 이를 위해 영유아의 인권과 놀 권리를 보장하고 영유아가 건강하고 행복하게 성장할 수 있는 안심 보육환경을 조성하며, 보육교직원이 영유아보육에 집중할 수 있는 여건을 조성한다.

어린이집평가제는 전체 어린이집에 대하여 평가를 주기적으로 진행하고 결과 등급에 따라 관리하도록 설계되었다. 어린이집에는 평가의무가 부여되므로 「영유아보육법」 제44조 제4의6호에 따라 평가를 거부, 방해 또는 기피하거나 거짓, 그 밖의 부정적 방법으로 평가를 받는 경우 그에 따른 시정명령 및 행정처분을 받을 수 있다.

어린이집평가제의 특징을 제시하면 다음과 같다.

**| 표 8-10 | 어린이집평가제의 특징**

| 구 분 | 내 용 |
|---|---|
| 평가 대상 | • 전체 어린이집 |
| 평가 절차 | • 평가 대상 통보 → 기본사항 확인 및 자체점검 → 현장평가 → 종합평가(총 3개월)<br>대상통보 (한국보육진흥원) ⇨ 기본사항 확인 및 자체점검보고서 제출 (지자체, 어린이집) ⇨ 현장평가 (현장 평가자) ⇨ 종합평가, 결과통보 (종합평가 위원회) |
| | • 참여수수료 전액 국가 부담 |
| | • 기본사항: 사전점검사항 5개, 위반이력사항<br>- 사전점검사항 미준수는 D등급 부여, 위반이력사항 발생 시 차하위등급 부여 |

| 구 분 | 내 용 |
|---|---|
| | • 소위원회와 종합평가위원회에서 심의, 등급 결정<br>* 필수지표 및 요소 미충족 시 A등급 불가 |
| | • 재참여, 재평가 과정 폐지 |
| 평가 결과 | • 4등급(A, B, C, D) |
| 평가주기 | • A, B등급 3년/C, D등급 2년 |
| 결과공표 | • 전체 어린이집의 결과 공시<br>- 평가결과, 평가이력 등 공개 |
| 사후관리 및 등급조정 | • 평가 후 관리<br>- 연차별 자체점검보고서 제출(A, B등급)<br>- 사후방문지원(C, D등급 의무 실시)<br>- 확인점검(평가 관련 민원발생, 법 위반 및 행정 처분, 정보공시 부실 어린이집 등에 대하여 불시점검)<br>- 평가 등급 조정 및 관리<br>- 법 위반 및 행정처분 발생 시 최하위등급 조정 |
| 결과활용 | • 평가 등급별 행·재정적 지원 등<br>• 지도점검 연계(2회 연속 D등급 어린이집) |

어린이집 평가는 정해진 주기에 따라 대상을 선정하여 통보함으로써 시작된다. 대상통보는 총 2회에 걸쳐 진행되는데, 선정통보(1차)는 현장평가 6개월 이전에, 확정통보(2차)는 현장평가 2개월 전에 통보된다. 확정통보를 받은 어린이집에 대해서는 통보 익월부터 기본사항 확인 및 자체점검, 현장평가, 종합평가 등의 과정이 3개월간 진행된다. 각 어린이집의 평가시기는 평가주기와 연계하여 진행되는데, 정해진 평가주기 외 신규 개원, 대표자 변경, 행정 처분 등의 사유 발생 시에는 별도로 정해진 평가시기에 맞춰 통보가 이루어진다. 또한 어린이집평가제 시행 이후에는 평가참여 수수료를 국가가 전액 부담한다.

출처: 보건복지부 · 한국보육진흥원(2022)

| 그림 8-2 | 어린이집평가제 운영체계

어린이집평가제 지표는 4영역, 18지표, 59항목으로 구성되어 있다.

표 8-11 **어린이집평가제 지표**

| 영 역 | 내 용 |
|---|---|
| 보육과정 및 상호작용 | • 총 5개의 평가지표로 구성<br>• 영유아의 권리존중, 어린이집의 보육철학과 표준보육과정에 기초한 보육계획 및 실행, 영유아의 놀이 및 활동에 대한 적절한 지원, 영유아 간 상호작용 지원, 보육과정 운영에 대한 평가를 실시하고 있는지에 대해 평가함 |
| 보육환경 및 운영관리 | • 총 4개의 평가지표로 구성<br>• 실내 공간 구성 및 운영, 실외 공간 구성 및 운영, 기관운영, 가정 및 지역사회 연계가 원활하게 이루어지고 있는지에 대해 평가함 |
| 건강 · 안전 | • 총 5개의 평가지표로 구성<br>• 실내 · 외 공간의 청결 및 안전, 급 · 간식, 건강증진을 위한 교육 및 관리, 등 · 하원의 안전, 안전교육과 사고예방 등에 대해 평가함 |
| 교직원 | • 총 4개의 평가지표로 구성<br>• 원장의 리더십, 보육교직원의 근무환경, 보육교직원의 처우와 복지, 보육교직원의 전문성 제고 등에 대해 평가함 |

출처: 보건복지부 · 한국보육진흥원(2022)

### ③ 임신육아종합포털 아이사랑

임신육아종합포털 아이사랑(http://www.childcare.go.kr)은 신뢰성 있는 영유아보육 정보 및 맞춤형 보육서비스를 제공하는 국가보육포털로써 기존의 '아이사랑 보육포털'(http://www.childcare.go.kr)이 확대 개편하여 오픈하였다. 각 시 · 도 육아정보센터 홈페이지를 통합하여 연동함으로써 보육 관련 각종 상담, 구인구직, 교육 관련 정보 등을 아이사랑 보육포털 한 곳에서 해결할 수 있다. 부모는 아이사랑 보육포털의 어린이집 찾기(위성/지도)를 통하여 전국의 모든 어린이집 관련 정보를 알 수 있으며, 집근처 가까운 곳을 검색하고 기본 정보를 토대로 어린이집을 비교해 볼 수 있다. 보육료와 관련한 정부의 지원이 궁금한 부모의 경우 시 · 군 · 구청이나 관련 기관에 일일이 문의하지 않아도 아동 및 가구 정보를 기준으로 정부지원 보육료와 지방정부의 다양한 보육료 지원사업을 확인할 수 있다. 아이사랑카드 소지자의 경우 카드 결제 관련 정보를 조회할 수 있으며, 인터넷 결제도 아이사랑 보육포털을 통해 가능하다.

또한 영유아 자녀에게 알맞은 추천식단, 나들이 · 문화정보, 육아정보, 교육 프로그램 등 알차고 유익한 각종 정보를 이용할 수 있으며, 육아, 어린이집 이용, 보육료 등 각종 보육 관련 온라인 상담을 임신육아종합포털 아이사랑을 통해 할 수 있다. 보육 관련 종사자(어린이집 원장, 보육교사 등)는 시 · 군 · 구청에 직접 방문하여 확인하던 경력 관련 사항을 재직 여부와 관계없이 시간과 장소에 구애받지 않고 아이사랑 보육포털을 통해 본인의 자격(시설장 자격, 보육교사 1 · 2 · 3급) 및 경력 확인이 가능하다. 여러 홈페이지에서 각각 제공되고 있던 종사자 자격관리, 평가인증제도, 어린이집 안전공제회 등 어린이집과 관련된 각종 제도 또한 아이사랑 보육포털에서 종합적으로 만나볼 수 있다.

#### ④ 영유아 보육료 지원

2012년 3월부터 우리나라는 소득이나 재산과 무관하게 0~5세 전체 영유아의 보육료를 전면 지원하고 있다. 지원방식은 부모보육료 결재권자가 국민행복카드(기발급된 아이행복카드, 아이사랑카드도 포함한 보육료 지원카드)로 결제하면 해당 어린이집으로 입금이 이루어진다. 지원금액은 영유아의 출석일수에 따라 달라지는데 해당 달에 출석일수가 11일 이상이면 월 부모보육료 단가의 100%, 출석일수가 6~10일이면 월 부모보육료 단가의 50%, 출석일수가 1~5일이면 부모보육료 단가의 25%가 원으로 지원된다. 다만, 아동의 질병 · 부상 또는 부모의 입원으로 아동이 어린이집에 나오지 못할 경우, 결석 시작일로부터 치료기간 또는 퇴원일까지 최대 2개월, 부모의 출산으로 아동이 어린이집에 나오지 못할 경우, 출산일을 기준으로(출산일 포함한 전후 가능) 최대 2개월, 감염병 유행과 어린이집 주변의 고농도 미세먼지 발생으로 인한 결석, 자연재해, 재난 발생 및 기타 이에 준하는 것으로서 지자체장(시 · 도지사 또는 시 · 군 · 구청장)이 필요하다고 인정하는 경우, 그리고 경조사로 인하여 어린이집에 나오지 못할 경우, 사유별 기준일에 따라 출석인정 특례를 두어 아동의 보육료 지원을 하고 있다.

#### ⑤ 수요자 요구에 맞는 보육서비스

다양한 요구를 가진 수요자 요구에 맞는 보육서비스를 제공하기 위해 노력하고 있다. 수요자 요구에 맞는 보육서비스를 제공하기 위해 다문화가정 영유아와 관련한 다문화 특성화 어린이집 지정과 한국어교육 프로그램 지원, 보육교사 대상 다문화 관련 교육을 강화하고 있다. 장애아동과 관련하여 보육환경 개선과 법적 · 제도적 지원 강화로서 지역별 균형 있는 장애아어린이집 확충, 편의시설 · 장비 구입 지원 및 장애아어린이집의 특수교사 자격을 특수학교 교사 수준으로 강화하고 있다. 저소득층 아동과 관련하여 포괄적 보육서비스를 제공하고 있으며, 드림스타트사업과 연계하여 보육서비스 이외에 건강 · 영양 · 가족지원, 인지능력 향상 등 서비스 제공과 사례관리를 하고 있다. 또한 다양한 시간 유형의 보육서비스 제공을 위해 시간연장 보육교사를 지원하고 있으며, 방과 후 어린이집과 지역아동센터를 통해 방과 후 아동보호의 보완적 역할을 수행하고 있다.

#### ⑥ 어린이집 건강 · 영양 · 안전관리 강화

어린이집 사고 예방 및 사후 보상제도를 위해 "어린이집 안전공제회"를 설립하였으며, 어린이집 안전사고 예방사업과 안전사고 보상 등 사후관리를 실시하고 있다. 또한 어린이집 아동과 교직원의 복리후생 증진을 위해 지원하고 있다. 또한 어린이집 건강관리를 위한 예방접종 내역 확인 의무를 강화하고 보건소 활용 건강교육 · 보건서비스 제공 등 영유아 건강 · 영양 관리제도를 개선하고 있다. 건강 · 영양, 안전관리, 응급 처치 등에 대한 매뉴얼 보급 등 안전기준 정비와 교육 강화에 힘쓰고 있다.

#### ⑦ 아이행복카드(구, 아이사랑카드)

i-사랑카드의 법적 근거는 「영유아보육법」 제11조와 「영유아보육법」 시행령 제19조에 따라 보건복지부장관, 시 · 도지사 및 시장 · 군수 · 구청장은 매 5년마다 중장기 보육계획을 수립하고 매년 시행계획을 수립 · 시행 의무가 있으며, 중장기보육계획으로 2006년 "새싹플랜(2006~2010)"을 수립하였으나, 새 정부 국정철학과 보육정책 환경 변화를 반영하여 이를 수정 · 보완한 "아이사랑플랜(2009~2012)"을 마련하였다.

보육료 지원체계가 2009년 9월 1일부터 i-사랑카드로 바뀌었다. 지금까지 시 · 군 · 구를 통해 지원해 왔던 정부 지원 보육료가 2009년 9월 1일부터 i-사랑카드를 통해 어린이집에 지급되고 있다. i-사랑카드란 지금까지 보조금 형식으로 어린이집에 지급하던 정부 지원 보육료를 이용권(전자바우처) 형태로 부모에게 지급하여 직접 보육료(정부 지원금+부모 부담금)를 결제하도록 만든 카드이다. 보육정책의 체감도를 높이고 수요자중심 보육정책을 실현하기 위하여, 보육료를 어린이집에 지급하는 대신에 전자카드 형태로 부모에게 직접 지급하여 어린이집을 이용하면서 결제하도록 하는 보육전자 바우처(구, 아이사랑카드) 제도를 도입하였다. 보육 전자 바우처의 도입과 시행으로 부모의 정책 체감도가 향상되었으며, 보육료 신청 · 지급 · 정산 등에 수반되는 어린이집과 행정기관의 업무 부담도 대폭 경감되었다.

#### ⑧ 아이돌봄서비스

아이돌봄서비스란 맞벌이를 하거나 갑자기 아이를 돌볼 수 없는 일이 생겼을 때 육아 도우미가 방문하여 아이를 돌보아주는 영유아보호(돌봄/안전)서비스이다. 양육공백이 발생하는 만 12세 이하 자녀가 있는 가정을 정부에서 지원하고, 양육공백이 발생하지 않는 가정은 전액 본인부담으로 이용할 수 있다. 아동의 연령, 부모의 취업 등 양육공백, 자녀 양육 정부지원 중복금지 기준을 모두 충족하면 정부지원이 가능하며, 가구소득에 따라 서비스 유형별 정부지원의 범위가 달라진다. 보육료, 유아학비, 가정양육수당과 중복지원하지 않는다.

아동의 연령 기준은 서비스 유형에 따라 다르다. 시간제서비스는 생후 3개월~만 12세 이하의 아동, 영아종일제서비스는 생후 3개월~만 36개월 이하의 영아이다. 정부 지원이 가능한 양육공백가정 기준 및 우선순위는 취업한부모가정, 맞벌이가정, 장애부모가정(가정에서 아동을 양육하는 아버지 또는 어머니가 장애인인 경우), 다자녀가정(만 12세 이하 아동이 3명 이상, 만 36개월 이하 아동이 2명 이상, 중증(1~3급) 장애아 자녀를 포함하여 아동이 2명 이상일 경우 비장애아를 돌봄), 기타 양육부담가정(아버지 또는 어머니가 입증 가능한 장기입원 등의 질병을 앓고 있는 경우, 아버지 또는 어머니가 학교에 재학 중이거나 취업 준비 중(입증 가능해야 함)인 경우, 어머니의 출산으로 출생아동의 형제자매를 돌볼 수 없을 경우)이다. 기준 중위소득 120% 이하의 가정을 대상으로 지원하되, 소득 수준에 따라 차등지원한다.

⑨ 공공형어린이집

공공형어린이집이란 우수한 민간어린이집, 가정어린이집이 안정적인 운영과 품질관리를 위한 운영비를 지원 받으면서 국공립어린이집 수준의 공공보육 인프라로서 기능하는 새로운 유형의 어린이집이다. 정부가 운영비를 지원하는 대신 운영 기준은 국공립어린이집 기준을 적용하며, 민간·개인 및 가정어린이집 90개소를 대상으로 2011년부터 추진하고 있다. 평가인증점수가 90점 이상인 민간·가정어린이집 중 최근 2년 이내에 행정처분을 받은 이력이 없고, 각종 기본 요건을 충족한 어린이집을 대상으로 일련의 절차를 거쳐 선정하도록 하고 있다.

공공형어린이집은 어린이집 품질관리를 위해서 보육교직원의 전문성 강화, 운영의 투명성 제고, 운영 지원 및 관리를 하도록 하고 있다. 보육교직원의 전문성은 원장연수, 교사연수, 공모전 참가 등이 있고, 운영의 투명성을 위해서는 재무회계 개별 컨설팅과 재무회계 소그룹 교육을 받도록 하고 있다. 그리고 운영 지원 및 관리를 위해서 홈페이지 및 지원 시스템을 운영하고, 보육 관련 전문정보를 제공하며, 전문가 인프라를 운용하도록 하고, 관계기관교육 및 간담회를 개최하는 활동을 한다.

⑩ 어린이집 정보공시

어린이집 전반의 주요 정보를 객관적이고 투명하게 공개하는 제도다. 이를 통해 부모들이 보다 쉽고 편리하게 어린이집 정보를 이용할 수 있도록 하는 데 그 목적을 두고 있다. 「영유아보육법」 제49조의2에 법적 근거로 두고 있다. 정보공시 주요 내용은 「영유아보육법」 제49조 제2항에 명시된 어린이집의 시설, 설치·운영자, 보육교직원 등 기본 현황, 어린이집 보육과정에 관한 사항, 보육료와 그 밖의 필요경비에 관한 사항, 어린이집 예산·결산 등 회계에 관한 사항, 영유아의 건강·영양 및 안전관리에 관한 사항, 보육여건 및 어린이집 운영에 관한 사항으로, 공시 횟수는 항목별 변경주기에 따라 연, 매월, 수시로 공시된다.

### ⑪ 보육통합정보시스템(CIS: Childcare Integrated Systems)

보육통합정보시스템이란 아이들의 돌봄에 관한 부분을 통합한 시스템이다. 정부에서는 아이행복카드를 효율적으로 관리하고 부모의 보육서비스 정보 접근성 및 어린이집과 행정기관의 편리성을 제고하기 위한 통합시스템이다. 정부에서 어린이집 보조금 지원의 투명성, 보육업무의 효율성, 보육행정, 수행과정의 신속성, 보육정보화를 위해 어린이집과 지방자치단체, 중앙정부를 연결하기 위해 개발된 어린이집업무 전산행정망을 말한다.

### ⑫ 시간제보육서비스

무상보육지원을 받지 아니하는 영유아에 대하여 필요한 경우 시간제보육서비스를 지원할 수 있다. 시간제보육서비스는 가정양육 시에도 지정된 제공기관에서 시간단위로 보육서비스를 이용하고 이용한 시간만큼 보육료를 지불한다. 시간제보육서비스는 「영유아보육법」 제26조의2, 같은 법 시행령 제21조의3, 같은 법 시행규칙 제28조의2에 법적 근거를 두고 있다. 지원 대상은 어린이집, 유치원 등을 이용하지 않고 영아수당(현금) 또는 양육수당을 수급 중인 자(6~36개월 미만 영아수당(현금) 또는 양육수당을 지원받는 영아)이다. 제공기관은 시·군·구로부터 시간제보육 제공기관으로 지정 받은 어린이집, 육아종합지원센터 등이며, 관리기관은 시·도 육아종합지원센터이다. 지원시간은 월 80시간이며, 이용시간은 월요일부터 금요일 오전 9시부터 오후 6시까지 이용 가능하다. 시간제보육서비스를 이용하기 위해서는 임신육아종합포털을 통해 온라인 신청과 유선 신청을 해야 한다.

### ⑬ 아동수당

2017년 말 국회에서 2인 이상 가구 소득 수준 90% 이하 아동에게 아동수당을 지급함을 내용으로 예산이 확정된 이후, 2018년 2월에 「아동수당법」이 통과됨으로써 제도 도입이 확정되었다. 아동수당제도는 아동에게 아동수당을 지급하여 아동 양육에 따른 경제적 부담을 경감하고 건강한 성장환경을 조성함으로써 아동의 기본적 권리와 복지를 증진하는 것을 목적으로 한다. 2022년 4월부터 취학 여부와 관계없이 아동수당의 지급 대상은 만 8세 미만의 아동(0~95개월)으로, 만 8세 생일이 도래하는 달의 전 달까지 최대 96개월간 지급된다. 지급 금액은 수급아동 1인당 월 10만 원이며, 지급방식은 현금 지급(계좌이체)을 원칙으로 한다. 대상아동이 있으면 보호자가 읍 · 면 · 동 주민센터를 방문하여 신청할 수 있다.

## 4. 보육사업의 과제

보육은 단순히 영유아들을 보호 · 교육하는 것은 물론 그들의 가족기능을 보강하고 지원하는 가정복지 증진에 기여하는 복지서비스이다. 최근 우리나라는 저출산의 문제, 취약계층, 장애나 다문화 등과 같은 사회적 문제에 대한 해결방안으로서 사회복지 차원에서의 보육서비스가 강조되고 있다.

보육서비스는 단기적으로는 유아교육기관이 부모의 경제활동을 가능하도록 도우며 부모의 육아 부담을 경감시켜 주어 가족복지에 기여한다. 장기적으로는 모든 아동들에게 삶의 출발선을 동등하게 하는 기회평등을 제공하여 아동의 빈곤 감소와 범죄 예방을 통해서 사회통합과 사회응집력을 확대하는 등 다양한 긍정적 외부효과를 발생시킨다(Friendly, 1997; Vandell & Wolfe, 2000).

### 1) 아동중심 보육서비스 강화

보육사업은 영유아의 이익을 최우선으로 고려하여 제공되어야 하고, 영유아가 안전하고 쾌적한 환경에서 건강하게 성장할 수 있도록 하여야 한다는 이념 하에 실시되며 보육사업의 일차적 목적은 영유아를 건강한 사회구성원으로 육성하는 것이다. 따라서 보육사업의 일차적 대상은 영유아가 되어야 하고 영유아의 권리존중과 안전, 발달증진을 위한 보육정책이 수립되어야 한다. 우리나라의 보육사업은 구빈정책의 일환으로 시작되었고, 주로 저소득층을 위한 사회적 서비스 차원에서 전개되어 왔다. 그리고 최근에는 저출산 · 고령화 현상을 타개하고자 하는 목적이 보육사업의 두드러진 경향이다. 정책이나 제도에 대한 논의는 성인의 관점에서 이루어지기 쉽다. 영유아들은 그들의 권익을 위한 의견을 직접적으로 개진할 통로가 거의 없기 때문에 더욱 그들의 부모나 이해관계자의 입장과 필요에 의해 정책과 사업이 진행된다. 그러나 보육복지정책과 사업은 아동중심적 관점에서 아동권익을 최우선으로 보장하는 방향에서 논의·전개되어야 하고 이차적으로 가족복지를 증진하고 사회·경제적 활동에 기여할 수 있도록 해야 한다.

### 2) 보육교사의 전문성 및 업무환경의 개선

앞으로 여성의 경제활동 참가율 증가로 보육이 필요한 아동이 늘어남으로써 전문 보육교사의 수요는 더욱 증가할 것으로 예상된다. 그러므로 영유아 보육교사가 수행하는 일이 매우 중요한 의미를 지닌다. 「영유아보육법」에 규정하고 있는 보육의 의미와 같이 보육교사는 가정의 양육 책임을 대신하고 돌봄과 교육을 담당하고 영유아의 발달적 특성에 적합한 교육을 제공하는 사회복지서비스를 제공한다.

세계 많은 나라가 영유아기의 교육과 보호를 모두 중요시하고 있으며, 돌봄에 대해 나딩스(Noddings, 1984)는 사람과 동식물, 사람이 만든 사람과 제도에 대한 돌봄 혹은 배려가 곧 배움이라고 말하며 교사는 매우 특별하고 보다 전문화된 돌봄의 관계를 가져야 한다고 하였다. 또한 돌봄의 윤리를 강조하면서 영유아의 생각을 경청하는 것은 교육학적으로 분명히 중요하며 보살핌을 실현하는 것은 전문성이 요구되는 매우 중요한 과정(Noddings, 2004)임을 시사하였다. 이러한 관점에서 돌봄은 교사의 유능함을 의미하며 보살핌을 수행하기 위해서는 교사에게 더욱 풍부하고 폭넓은 교육이 강조되어야 한다. 그러나 돌봄이라는 특성은 사회문화적 편견으로 그 의미가 절하되어 왔다. 특히 영아보육을 하는 보육교사들은 영아보육의 특성상 먹이고 씻기고 잠재우는 등의 돌봄이 절대적이다보니 교사 자신의 역할에 대한 전문성을 인식하지 못한다(안선희, 김지은, 2010). 따라서 일반인과 교사 자신의 인식 부족으로 인해 돌봄의 전문성이 훼손되지 않아야 하며 이를 위해 전문성이 있는 돌봄을 위한 영유아교사들의 노력과 교사로서의 정체성 확립이 필요하다.

이와 같이 사회복지서비스는 궁극적으로 아동의 건강하고 건전한 발달과 부모의 일·가정 양립을 추구한다. 따라서 양질의 보육서비스를 제공하기 위해 영유아교사는 서비스의 질을 결정하는 가장 중요한 행위자로서 전문적 자질이 요구된다.

보육교사는 단순 반복 또는 기술적인 직무가 아니고 미래세대를 양성하는 주요 업무를 수행하며, 영유아의 발달과 교육에 대한 지식과 기술을 가진 전문직임을 교사 스스로가 인식하여 직업적 책무감과 직업윤리를 갖도록 하며 직업적 인식과 위상을 높일 필요가 있다. 보육교사의 처우는 보육교사의 보수, 근무조건 및 후생복지를 포함한다. 보육교사의 처우는 보육교사들이 자신의 전문적 직무를 원활히 할 수 있도록 지원하는 중요한 요소이다. 또한 자신의 직업에 대해 자긍심을 가지고 책임감 있게 보육교사로서의 직무를 수행할 수 있도록 사기 진작을 위한 필수조건이기도 하다. 보육서비스의 질을 결정하는 중요한 요소인 보육교사의 전문성은 개인 차원의 자질도 중요하지만 전문성을 유지하면서 발전할 수 있도록 하는 제도 및 근무환경과 밀접하다. 이를 위해 어린이집에 유용한 정보 및 자료를 제공할 수 있는 육아종합지원센터의 기능 활성화 및 확대가 필요하며, 교사들의 실질적으로 보수교육을 받을 수 있도록 대체교사 지원이 필요하다. 또한 보육교사가 자신의 직무를 원활하게 수행할 수 있도록 교사 연수를 강화하고, 자율장학을 활성화하고, 교사의 자기계발 및 연구시간을 보장하고, 어린이집 내에 연구공간이 확보되도록 해야 한다. 특히 장시간의 근무와 적은 휴가일수는 보육교사의 만성적인 피로와 업무집중도의 감소 등 여러 가지 폐해가 있으므로 보육교사의 근무환경을 개선해야 한다.

### 3) 포괄적 보육서비스의 제도화

보육서비스는 영유아의 전인적 발달을 돕고 나아가 영유아의 가족을 지원하며, 지역사회와 협력하는 서비스이다. 따라서 보육서비스의 질적 향상을 위해서는 보육아동과 가족, 지역사회가 함께하는 포괄적 보육서비스가 제도화되어야 한다(문선화 외, 2013). 지역사회 내에서 보육시설이 복지기능을 수행하기 위해서는 우선적으로 지역사회 주민과 부모가 직접 보육활동에 참여할 수 있는 기회가 제공되어야 한다.

또한 보육서비스의 질적 수준 향상을 위해서는 보육 대상의 특성을 고려한 다양한 보육서비스 제공과 포괄적 보육 프로그램 개발이 필요하다. 이와 같은 보육 프로그램은 가족의 지원을 목표로 하여 어린이집과 영유아, 가정, 지역사회 그리고 여러 복지 관련 기관이 상호 협력함으로써 전문가와의 상담, 가정 내 문제 발견 및 예방, 부모 지원 등을 효과적으로 지원하도록 해야 한다.

Chapter

09

# 다양한 가족과 아동복지서비스

한국사회는 최근까지 수십 년간 비약적인 발전과 변화를 경험하였다. 경제적인 발전과 더불어 사회적인 측면에서도 많은 변화가 있었는데 그중에서도 가족은 다양한 변화를 겪고 있다. 이혼율의 증가로 인한 한부모가족이 지속적으로 증가 현상을 나타내고 있어, 가족 유형은 배우자의 부모나 방계가족으로 구성된 확대가족, 부모세대에서 분가하여 일가를 이룬 핵가족, 직업이나 취업을 중심으로 한 맞벌이가족 등 생활 조건이나 가족구성원의 수로 인한 구분으로 집단별 분류가 기본단위였다.

그러나 현대사회는 정보와 통신의 발달과 가족구성원의 다양한 관계와 조건 속에서 매우 다양하게 분류된다. 사회가 복잡해지고 빠르게 변화하는 과정을 통해 삶의 질과 연계된 분류와 생활환경과 직업관 등에 의한 가족구성원의 요구와 생활변화를 통해 가족구성원은 더욱 다양해지고 가족구조는 매우 세분화되는 경향을 보인다. 이에 본 장에서는 다양한 가족에 대한 이해를 통해 이들 가정과 자녀들의 아동복지서비스를 살펴보고자 한다.

## 1. 한부모가족

### 1) 한부모가족의 이해

「한부모가족지원법」에서는 배우자와 사별 또는 이혼을 했거나 배우자로부터 유기된 사람과 배우자의 건강장애로 장기간 노동력을 잃어버린 사람이 미성년 자녀를 양육하며 살아가는 가족으로 정의하고 있다. 여기에는 부모가 사망했거나 생사를 알 수 없는 미성년 자녀를 양육하는 조손가족도 포함된다(한부모가족지원법 제4조 정의).

따라서 한부모가족이란 아버지와 자녀 또는 어머니와 자녀로 이루어진 가정으로 사별, 이혼, 유기, 별거 등의 사유로 발생되어지며 부모 중 한 사람이 단독으로 부모의 역할을 수행하는 가정의 형태로서 아버지(父)나 어머니(母) 중 한 사람과 그 자녀로 구성되어 있는 가정을 말한다. 그 중에서도 아버지나 어머니가 만 24세 미만인 경우를 '청소년 한부모'로 정하고 있으며 아버지가 자녀를 양육하는 가정을 '부자가족', 어머니가 자녀를 양육하는 가정을 '모자가족'이라고 정의한다.

#### (1) 한부모가족의 개념

2007년 10월 「모자복지법」에서 명칭이 바뀐 「한부모가족지원법」 제4조에 의하면 "한부모가족이란 모자가족 또는 부자가족을 말한다. 모자가족이란 어머니가 세대주(세대주가 아니더라도 세대원을 사실상 부양하는 자를 포함한다)인 가족을 말한다. 부자가족이란 어버지가 세대주(세대주가 아니더라도 세대원을 사실상 부양하는 자를 포함한다)인 가족을 말한다. 여기서 모(母) 또는 부(父)는 배우자와 사별 또는 이혼하거나 배우자로부터 유기(遺棄)된 자, 정신이나 신체장애로 장기간 노동능력을 상실한 배우자를 둔 자, 미혼자(사실혼[事實婚])의 관계에 있는 자를 말한다. 또한 「한부모가족지원법」으로 개정되면서 조부모와 그의 손자녀만으로 이루어진 가구인 조손가족 또한 지원 대상에 포함되어 있다(한부모가족지원법 제5조의2).

그러나 국내에서는 한부모가족에 대한 정의가 학자에 따라 또는 기관마다 각기 다른 견해를 갖고 있어 합의된 정의를 만들어 내기가 쉽지 않다. 전반적으로 한부모가족에 대한 통일된 명칭이 없어 필요와 상황에 따라 한부모가정, 한부모가족, 한부모가구 등 각기 다르게 사용되고 있지만 그 의미는 같다고 할 수 있다.

한부모가족이란 용어는 그동안 부정적인 명칭인 편부모가족이나 편부모가정, 편부모가구 등으로 사용되어 오다가 여성 민우회에서 1997년부터 편부모 대신 '한부모'란 용어를 사용하게 되었다. '한'은 하나라는 의미와 우리말로 "크다, 온전한, 가득한"이라는 뜻을 포함하고 있어, '하나라도 충분하며 온전하다'의 의미를 포함한 것으로 결손의 의미를 나타내는 '편부모'란 용어보다 긍정적인 의미를 담고 있다.

### (2) 한부모가족의 권리와 책임

「한부모가족지원법」 제3조에서는 다음과 같이 한부모가족의 권리와 책임을 명시하고 있다.

① 한부모가족의 모(母) 또는 부(父)는 임신과 출산 및 양육을 사유로 합리적 이유 없이 교육·고용 등에서 차별을 받지 아니한다.

② 한부모가족의 모 또는 부와 아동은 한부모가족 관련 정책결정 과정에 참여할 권리가 있다.

③ 한부모가족의 모 또는 부와 아동은 그가 가지고 있는 자산과 노동능력 등을 최대한으로 활용하여 자립과 생활 향상을 위하여 노력하여야 한다.

또한 한부모가족의 날을 법으로 명시하였다(제5조의3).

① 한부모가족에 대한 국민의 이해와 관심을 제고하기 위하여 매년 5월 10일을 한부모가족의 날로 한다.

② 국가와 지방자치단체는 한부모가족의 날의 취지에 맞는 행사 등 사업을 실시할 수 있다.

### (3) 한부모가족의 유형

#### ① 부나 모의 사망에 의한 한부모가족

질병과 사고에 의해 빚어지는 한쪽 부모의 사망으로 한부모가 되는 가족이다.

#### ② 이혼에 의한 한부모가족

이혼은 혼인한 남녀가 생존 중에 성립된 결합관계를 협의나 재판상의 절차를 거쳐서 혼인관계를 해소하는 행위를 말한다. 이혼의 원인으로는 가족 간의 불화나 경제적 문제 등으로 인한 이혼이 점점 줄어들고 있는 반면에, 부부간의 불화에 의한 이혼은 점점 증가하고 있다(통계청, 2014). 혼인과 달리 이혼은 이미 형성된 혼인공동체를 해소하는 것으로, 사회 및 자녀에 미치는 영향이 크므로 이에 대한 합리적 규제와 재산 분할, 자녀 양육 등에 대한 대책을 마련하여 이혼에 의한 파장을 최소로 하는 정책이 필요하다.

#### ③ 유기에 의한 한부모가족

배우자 유기에 의한 한부모가족의 부부가 별거하고 있는 상태에서 부부 중의 한쪽이 자녀를 양육하면서 가족생활을 영위하는 경우를 말한다. 여기에서 부부란 법적으로 혼인관계에 있는 부부와 이혼의 부부 모두를 포함한다. 그러나 부자가족보다 모자가족이 많은 편이지만, 배우자 유기는 고의적인 것으로 남편에 의해서 주로 발생되고 있다.

#### ④ 미혼에 의한 한부모가족

미혼에 의한 한부모가족은 법적으로 혼인을 하지 않은 상태에서 아이를 갖게 되어 아이를 낳게 됨으로써 발생하는 가족을 말한다. 통상적으로 법적 요건을 갖추어서 한 번도 결혼을 한 적이 없는 상태로 부모가 된 미혼부·모를 말하며, 엄격하게는 자신의 배우자 이외의 사람과 관계를 맺어 부모가 된 기혼부모까지 포함한다.

#### ⑤ 조손가족

조손가족은 보무모와 그의 손자녀만으로 이루어진 가구로 손자녀의 양육자인 조부모가 생계를 꾸려 나가거나 가구를 대표하고, 손자녀에 대한 부양과 양육의 책임을 지고 있는 가족을 말한다. 즉, 만 18세 미만의 3세대와 1세대만으로 구성되어 있는 가족을 말한다.

#### ⑥ 청소년 한부모가족

만 24세 이하(만 25세 미만)의 청소년이 부모가 되어 자녀를 키우는 경우를 청소년 한부모가족이라 말한다. 청소년기에 임신, 출산, 양육의 부모역할을 해야 하는 상황으로 인해 학업중단, 가족과의 단절 등이 초래되어 사회적으로 고립되고, 영유아 자녀의 양육에 대한 어려움이 매우 크며, 경제적 능력의 부족으로 빈곤계층으로 진입할 위험이 높다.

## 2) 한부모가족의 형성 원인 및 현황

과거의 한부모가족은 주로 배우자의 사망으로 인해 발생하였으나, 급변하는 현대사회에서는 이혼, 사망, 별거, 유기 그리고 미혼모 등의 발생으로 한부모가족의 수가 점차 증가하고 있는 추세이다.

### (1) 한부모가족의 형성 원인

우리나라의 경우 1990년대 후반기에 이르러 한부모가족의 수가 빠르게 증가하고 있다. 한부모가족은 결합 형태에 따라 아버지와 자녀로 구성된 부자가족, 어머니와 자녀로 구성된 모자가족으로 나뉘고 발생 원인에 따라서는 사망, 이혼, 별거, 유기, 미혼모가족, 유배우 등으로 구분된다. 한부모가족의 형성 원인은 사별 29.7%, 이혼 32.8%, 미혼모·부 11.6%로 사별 이외의 요인으로 한부모가족이 형성되는 비율이 점차 높아지고 있다(여성가족부, 2021).

### (2) 한부모가족의 현황

한부모가족 중 저소득 한부모가족의 수가 상대적으로 많은 비중을 차지하고 있어서 경제적 지원은 물론 다양한 지원이 정책적으로 필요하다는 사실을 보여주고 있다.

표 9-1 **전체가구 대비 한부모가족 현황** (단위: 천 가구)

| 구 분 | | 2015 | 2016 | 2017 | 2018 | 2019 | 2020 | 2021 |
|---|---|---|---|---|---|---|---|---|
| 전체 가구 대비 한부모 가구 현황 | 전체가구 | 15,887 | 17,339 | 17,687 | 17,951 | 18,206 | 18,457 | 18,705 |
| | 한부모가구 | 1,370 | 1,594 | 1,639 | 1,677 | 1,714 | 1,749 | 1,783 |
| | 저소득 한부모가족 | 124 | 185 | 189 | 218 | 222 | 225 | 230 |
| | 한부모가족 (한부모가족 지원법) | 57 | 108 | 115 | 131 | 140 | 142 | 131 |
| | 비율 | 8.6 | 9.2 | 9.3 | 9.3 | 9.4 | 9.4 | 9.5 |

출처: 여성가족부(2021)

'2021년 한부모가족 실태조사' 결과 수집된 표본은 총 3,300가구다. 응답자들의 연령분포는 40대가 60.7%로 가장 많았으며, 평균연령은 43.6세였다. 응답자들의 학력은 고졸 이하가 55.4%로 절반 이상을 차지하였고, 대학 이상이 40.4%, 중졸 이하는 3.9%였으며, 혼인상태는 이혼이 81.6%, 사별이 11.6%, 기타가 6.8% 순이었다.

(단위: %, 2015년: n=2,552, 2018년: n=2,500, 2021년: n=3,300)

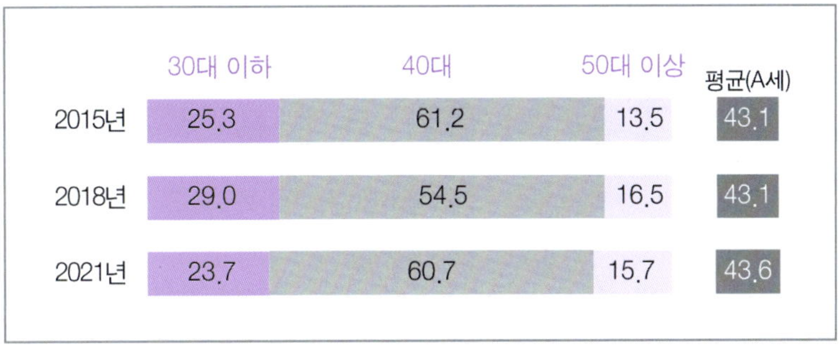


그림 9-1 **한부모 연령**

(단위: %, 2015년: n=2,552, 2018년: n=2,500, 2021년: n=3,300)

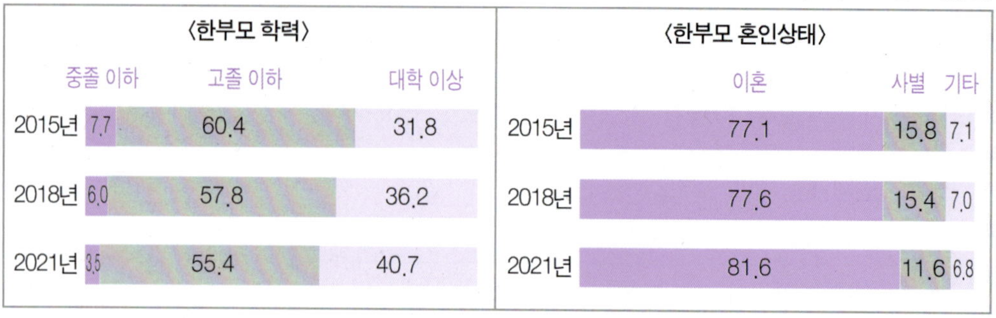


| 그림 9-2 | **한부모 학력과 한부모 혼인상태**

2018년 조사와 비교했을 때 40대의 비율은 증가하고 30대 이하와 50대 이상이 차지하는 비중은 감소하였다. 학력은 대학 이상의 비중이 다소 높아졌고, 혼인 지위는 이혼의 비율은 늘고 사별과 기타의 비율은 다소 줄어들었다.

가구구성은 모자로 구성된 가구가 53.4%로 가장 많았으며, 다음으로는 부자가구가 20.7%, 모자와 기타 가구원으로 이루어진 가구가 14.0%, 부자와 기타 가구원으로 이루어진 가구가 11.9% 순을 보였다.

(단위: %, 2015년: n=2,552, 2018년: n=2,500, 2021년: n=3,300)

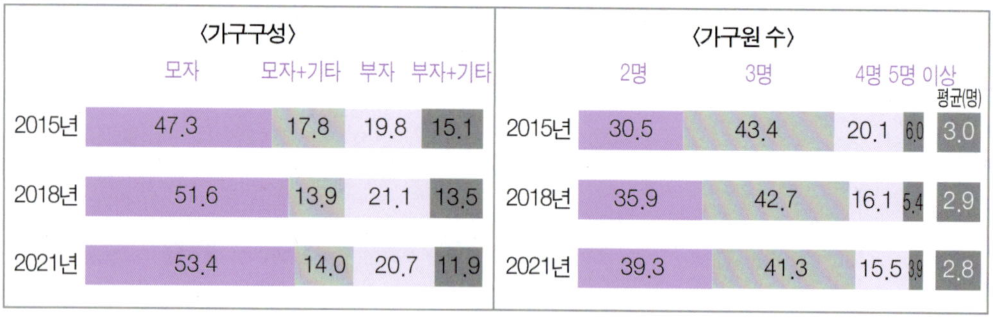


| 그림 9-3 | **가구구성과 가구원 수**

평균 가구원 수는 2.8명이었고, 가장 높은 비율을 차지한 가구원 수는 3명(41.3%), 그 다음으로는 2명(39.3%), 4명(15.5%), 5명 이상(3.9%) 순이었다. 자녀수는 1명이 57.0%, 2명이 36.9%로 평균 1.5명이다. 자녀 중 가장 어린 자녀의 연령은 평균 12.4세인 것으

로 집계됨을 알 수 있었다. 중학생 이상이 56.3%로 가장 많았고, 그 다음으로 초등학생(31.7%), 미취학 연령(12.1%) 순의 분포를 보였다.

지난 조사들과 비교할 때, 모자가구 및 모자 기타 가구의 비율은 상대적으로 증가하는 추세이며, 부자 기타가구는 계속 감소하고 있음을 알 수 있었으며 가구규모와 관련해서는 2인 가구의 숫자는 증가하고 3인 이상 가구의 비중은 계속 감소하여 상대적으로 가구 규모는 계속 작아지고 있는 추세였다.

### (3) 한부모가족 아동의 현황

2021년 2월 기준하여 저소득 한부모가족 현황 보고자료를 토대로 보면, 한부모가족 아동 수는 전체 209,302명이며 모자가족이 차지하는 비율(73.9%)이 가장 높게 나타나고, 다음으로는 부자가족(24.8%), 청소년 모자가족(0.8%), 조손가족(0.3%), 청소년 부자가족(0.1%)의 순으로 나타났다.

표 9-2 「한부모가족지원법」상 지원 대상 가구의 자녀 현황 (2021년 2월 기준, 단위: 명)

| 구 분 | 합 계 | 6세 미만 | 8세 미만 | 10세 미만 | 12세 미만 | 15세 미만 | 18세 미만 | 22세 미만 |
|---|---|---|---|---|---|---|---|---|
| 합계 | 209,302 | 17,325 | 113,346 | 15,057 | 18,628 | 39,768 | 55,199 | 49,980 |
| 모자가족 | 154,737 | 13,054 | 10,200 | 11,287 | 13,904 | 29,064 | 39.721 | 37,507 |
| 부자가족 | 52,008 | 2,565 | 2,975 | 3,690 | 4,660 | 10,546 | 15,267 | 12,305 |
| 조손가족 | 700 | 17 | 32 | 51 | 64 | 158 | 210 | 168 |
| 청소년 모자가족 | 1,607 | 1,469 | 113 | 25 | 0 | 0 | 0 | 0 |
| 청소년 부자가족 | 250 | 219 | 26 | 4 | 0 | 0 | 1 | 0 |

출처: 여성가족부(2021)

이 중 미혼모를 포함한 청소년 한부모가족의 수는 통계청 장래인구 가구에 대한 추계가 꾸준히 증가하고 있어 이들에 대한 복지지원 마련이 시급함을 알 수 있다.

(단위: %, 2015년: n=2,552, 2018년: n=2,500, 2021년: n=3,300)

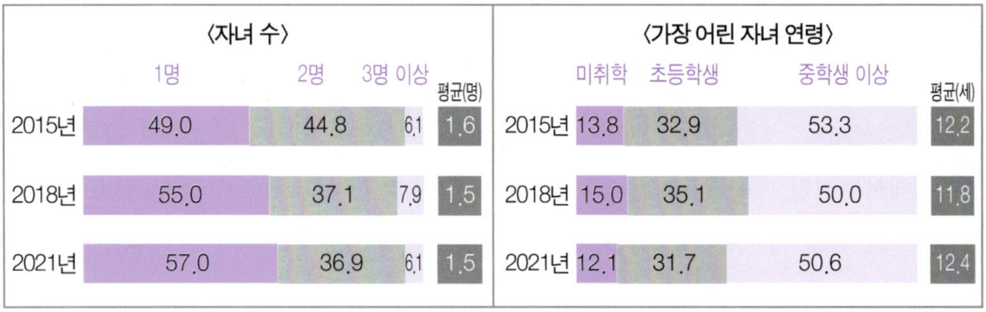


그림 9-4 **자녀 수와 가장 어린 자녀 연령**

또한, 양육비 채권은 응답자의 10명 중 2명(약 22%)만이 양육비 채권을 가지고 있었으며, 양육비를 받기로 한(양육비 채권 소지) 한부모 중 약 27%는 양육비를 지급받지 못하고 있었다. 양육비 청구 소송과 이행절차 이용 비율은 각각 6.7%, 5.9%로 2015년에 비해 각각 2.1%p, 3.4% 증가하였다. 정부 정책에서 10명 중 4명은 정부지원을 받고 있으며, 본인이 자립할 수 있다고 생각하는 비율이 높았다. 한부모의 18.5%는 국가기초생활수급, 28.0%는 차상위 또는 저소득 한부모가족이 지원을 받고 있었다.

**2022년 양육비 이행 관련 달라지는 제도**

- 「양육비 이행확보 및 지원에 관한 법률」 개정(2021.6.10. 시행)
  - 감치명령에도 불구하고 양육비를 지급하지 않는 경우 운전면허 정지 요청 가능
  - 한시적 양육비 긴급지원한 경우 양육비 채무자 동의 없이 신용·보험정보 조회가 가능하며 양육비 채무자가 긴급지원액을 납부하지 않을 경우 국세 체납처분의 예에 따라 징수
- 「양육비 이행확보 및 지원에 관한 법률」 개정(2021.7.13. 시행)
  - 감치명령에도 불구하고 양육비를 지급하지 않는 경우 출국금지 요청 및 명단공개 가능
  - 감치명령에도 불구하고 1년 이내 양육비를 지급하지 않는 경우 형사처벌 가능

**[ 양육비이행관리원 설치(2015.3.25) 후 달라진 점 ]**

| 양육비이행관리원 설치 전 | 양육비이행관리원 설치 후 |
| --- | --- |
| 상대방 연락두절 · 재산은닉, 불편한 상대방 대면, 감정 대립, 소송 번거로움, 생계활동 지장, 오랜 시일 소요, 비싼 소송비용, 중간에 불이행하면 다시 처음부터 소송 등 어려움 | 가장 효과적인 서비스를 콕 집어!<br>자녀가 성년이 될 때까지 계속 지원!<br>→ 한부모 아동의 안정적 성장 도모 |

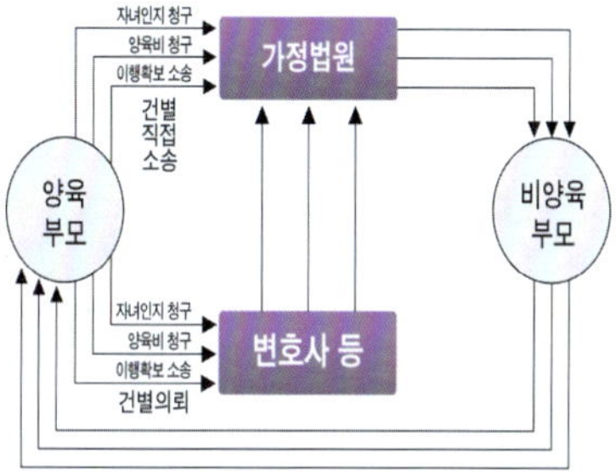


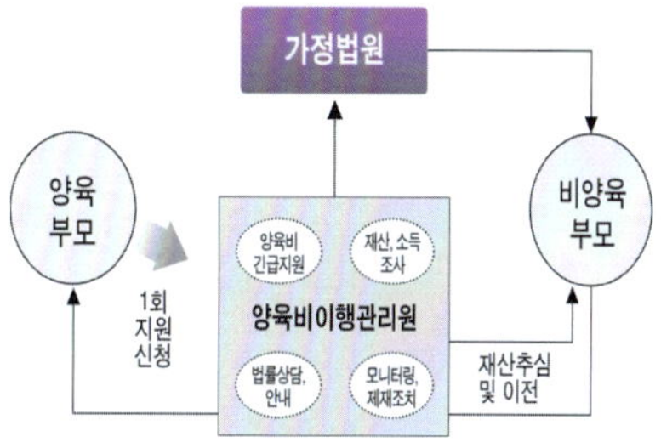


〈원스톱 종합지원 서비스〉

**[ 양육비 이행 지원 종합서비스 서비스 내용 ]**

- 양육비 상담
- 양육비 청구 및 이행확보 등을 위한 법률 지원 또는 협의 성립 지원
- 법원의 양육비 확정 판결에 따른 이행지원 및 이행여부 모니터링 확인
- 양육비 채무 불이행자에 대한 제재 조치 지원
- 한시적 양육비 긴급 지원 및 비양육부모의 양육책임에 대한 인식 개선
- 양육비 이행 지원에 관한 제도 연구, 프로그램 지원
- 양육비 이행 촉진을 위한 비양육부 · 모와 미성년 자녀의 면접교섭 지원

**[ 궁금사항 문의 ]**

- 전화, 방문 및 홈페이지 등을 통해 상담 및 양육비 이행확보 신청 등 가능
  - 상담전화(지역번호 없이 1644-6621), 홈페이지(www.childsupport.or.kr) 등 참조
  - * 주소: 서울특별시 서초구 반포대로 217 서울지방조달청 본관 5층 양육비이행관리원<br>서울특별시 마포구 월드컵로 37 웰빙센터 7층 한국건강가정진흥원 가족전용상담전화

또한, 한부모가족의 자녀돌봄 실태를 자녀의 연령별로 나누어 살펴본 결과, 미취학 자녀(만 7세 미만)의 경우 보육시설 · 어린이집이나 유치원 등 시설보육을 통해 자녀를 돌보는 사례가 84.0%, 학원까지 포함하면 84.9%로 시설보육 이용률이 상당히 높으며 한

부모가 직접 돌보는 경우는 9.0%, 조부모인 경우는 5.5%로 조사되었다.

2018년 조사와 비교해보면, 보육시설(어린이집)(-0.2%p)과 본인 직접 돌봄(-0.1%p), 유치원(-2.3%p)은 감소한 반면, 조부모 돌봄(+1.8%p)은 증가한 것으로 확인되고 정부 지원 아이돌봄서비스의 경우, 2018년 0.3%에서 2021년 0.2%로 소폭 감소하였다.

(단위: %, 2015년: n=2,552, 2018년: n=2,500, 2021년: n=3,300)

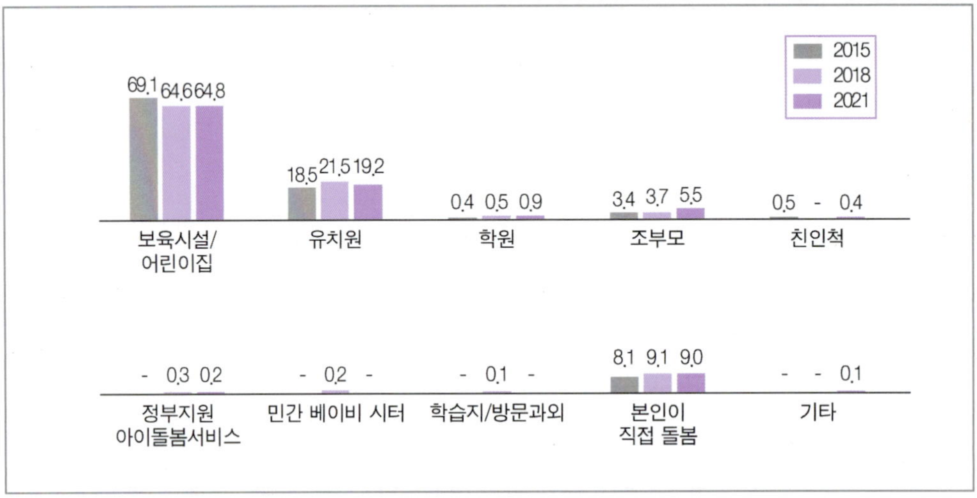


| 그림 9-5 | **돌봄-미취학 자녀(1순위)**

## 3) 한부모가족의 어려움

한부모가족은 가족구성에 따라 부자가족, 모자가족으로 분류되며, 형성 배경에 따라 이혼가족, 사별가족, 미혼모가족 등으로 분류된다. 한부모가족은 공통적으로 사회적 편견으로 인한 어려움이나 자녀 양육 문제 등과 같은 어려움을 공유하는 한편, 가족 형성 배경과 형태에 따라 각기 다른 경험과 어려움에 부딪힌다.

### (1) 부자가족의 어려움

부자가족은 어머니의 부재로 인한 자녀의 정서적 문제, 가사부담 등의 스트레스를 경험한다. 부자가족의 아버지는 직장생활과 가사, 자녀 양육을 동시에 하는 것이 힘들고, 자녀가 10세 이하인 경우 더 심각한 어려움을 경험한다. 즉, 한부모가족은 이전에 그들이 수행하던 어머니 또는 아버지로서의 역할 이외에 배우자가 하던 역할도 함께 수행해야 하는 상황에서 긴장과 부담감을 느끼며, 가족생활에 필요한 모든 역할을 혼자서 해내야 하는 어려움에 처하게 된다. 한편 부자가족은 생계를 부양해야 한다는 책임감, 어머니의 역할도 감당해야 한다는 부담감, 사회활동의 위축, 부자가정에 대한 사회의 왜곡된 인식 및 낙인에 대한 두려움 등으로 어려움을 경험할 가능성이 높다.

### (2) 모자가족의 어려움

모자가족은 소득의 감소 또는 상실로 인한 경제적 문제와 자녀 양육 문제, 역할 긴장 등과 관련한 스트레스를 많이 받는다. 어머니의 양육태도에서, 어머니의 애정적 태도는 안정성, 협력성을 키우며 아동이 정서적 안정을 갖게 되어 자기 자신을 긍정적으로 생각하고 친구관계 또한 긍정적 관계를 유지한다고 한다.

반면, 어머니의 거부적이거나 통제적인 양육태도는 사회적 활동성, 과민성, 협조성과 관련, 사회성이 낮아지고 공격적이며 사회적으로도 위축되고 내면적 갈등이 극대화되어 반항적이고 반사회적인 공격행동을 하는 성격이 되기 쉽다고 한다. 다시 말하면 어머니의 양육태도가 애정적인 양육일 때 아동은 긍정적이고 안정적이며 타인과 협력할 줄 알고 사회적으로도 활동성을 보인다는 것이다. 또한 어머니의 양육태도의 애정이 높을수록 자존감이 높아지고 아동의 사회적인 능력을 증대시킨다. 특히 여성은 남성의 보호를 받아야 한다는 사회인식에서 비롯된 편견은 모자가족을 심리적으로 위축시키며, 자신에 대한 부정적 정체감을 갖게 함으로써 사회생활이나 가정생활 전반에 걸쳐 어려움을 겪게 한다(이소희 외, 2004). 그러나 모자가족 또한 반대 성의 자녀 양육에 있어서 공감대 형성에 어려움을 겪는다고 알려져 있으며 경제적 빈곤과 함께 이혼가족일 경우 자녀들과 같이 신체적 · 심리적 고충도 함께 겪는다고 알려져 있다.

### (3) 미혼모(부)가족의 어려움

미혼모(未婚母, 문화어: 해방처녀)는 결혼을 하지 않은 상태로 자녀를 낳은 여자, 미혼부(未婚父)는 결혼을 하지 않은 상태로 자녀가 있는 남자를 말한다. 미혼모는 사회, 문화, 경제, 정치적 요인들에 의해 깊은 영향을 받는다. 현실적으로 미혼모들은 임신으로 인한 사회적 낙인, 미혼부(未婚父)의 존재를 배제한 채 미혼모에게만 책임을 묻는 이중적 성규범, 분만 이후의 아기 입양여부 그리고 사회 재적응 등의 어려운 문제를 개인이 혼자 책임지고 있는 상황이다. 대다수의 미혼모는 정서적으로 불안정한 발달단계에 있으며 준비되지 않은 임신으로 인해 많은 정서적 혼란을 겪는다. 또 자신이 낳은 아이를 떠나보낸 것에 대해 깊은 상처가 남는 것이 대다수 미혼모의 현실이다.

### (4) 한부모가족 아동의 어려움

부모의 이혼을 경험한 자녀는 결혼유지부모 자녀에 비해 인지적·학업적 적응, 사회적·행동적 적응, 정서적 적응에 문제가 있으며 전반적인 적응상의 문제에서 더 많은 어려움을 경험한다.

한부모가족의 아동들은 일반 양부모가정에 비해 부모역할의 상실 및 심리적 동일시 대상의 부재로 인한 갈등 및 불안감 내재, 경제적 어려움, 정서적 교류의 양적·질적 결핍 등으로 인한 대인관계에 문제를 보이며 관계맺음의 어려움을 겪기도 하고 일부 비행이나 일탈행동을 일삼기도 한다.

아동기 자체도 신체적·심리적 급성장을 통한 불균형으로 혼란과 불안감이 생기는데, 가정환경마저 결손으로 인한 심리적 불안과 혼란까지 가중될 시 그 고통과 스트레스는 아동기의 발달과업을 충실히 수행하는 데 방해가 된다고 볼 수 있을 것이다. 이렇듯 아동기에 발달과업을 원활히 수행하지 못하면 성인이 되어서도 자아정체감이 올바로 정립되지 않아 바람직한 자아존중감을 형성하기 어렵고 심각한 문제 상황에 놓이기도 한다.

한부모가족의 아동의 특징을 살펴보면, 첫째, 부모역할의 상실 및 사회적 갈등을 겪으며 부재하는 한쪽 부모의 역할을 대신해서 무엇을 어떻게 하고 문제해결 및 처리과정을 모르는 역할갈등이 생긴다. 둘째, 심리적 동일시 대상의 부재로 부자가족은 자녀의 심리적 안정을 주는 정서적인 어머니와의 상호작용 부재로 인한 결핍으로 자녀의 건전하고 건강한 성격을 저해할 우려가 있다. 모자가족은 정서적으로는 부자가족보다 안정될 수 있으나 무엇보다 경제적인 문제가 가장 큰 장애로 긴장감, 열등감 및 열악한 환경에 처해 불안한 심리상태를 조성할 수 있다. 셋째, 사회적 · 정서적 결핍으로 인한 대인관계 결여이다.

한부모가족은 아동이 자신의 고민이나 문제 발생 시 의논하거나 의지할 부모의 상실감과 상황에 따른 적정한 피드백이나 동일시 대상의 부재로 인해 아동은 불안정한 자아정체감을 형성하고 낮은 성취도, 역할 혼미가 일어난다. 한쪽 부모를 상실한 자녀는 애정이나 인정의 욕구가 덜 충족되는 경향이 있으며 별거나 이혼, 재혼 등의 정신적 갈등 등의 영향으로 인해 자발성이 약하며 열등감이 강하며 무기력하고 비사교적인 특성을 갖게 되어 자존감이 낮고 위축되어 있는 경우가 많다. 또한 긍정적 사고보다 부정적이며 회의적인 사고에 사로잡히기도 하고 자신을 무가치하고 실제보다 낮은 가치를 부여하며 자신감이 없으며 대인관계에 어려움을 겪게 된다. 이러한 역할 혼미는 사회적 · 심리적 불안감 속에 자신을 통제하고 조절하는 어려움을 겪게 되거나 결손에 따른 문제아적인 성격을 띠거나 문제행동을 저지르게 되는 경우가 많다.

### 4) 한부모가족 지원정책

한부모가족 지원정책을 보면 정부와 지자체의 지원 현황과 그 내용을 알 수 있다.

#### (1) 사회보험

사회보험의 경우 배우자의 사망으로 인한 한부모가족일 경우 「국민연금법」, 「공무원연금법」, 「사립학교연금법」, 「산업재해보상법」 등을 통해 경제적 지원을 받을 수 있으나, 배우자의 사망에 의한 한부모가 아닌 경우에는 사회보험으로부터 소득보장을 위한 지원은 아주 제한적이다.

### (2) 아동복지법

1997년 IMF 이후 가족해체 및 기능의 약화로 정상적 아동보육이 행해지지 않는 실직가정 및 저소득가정, 한부모가족 아동들을 위한 방과 후 아동보육서비스 형태로 공부방 사업이 진행되었다. 이후 2003년 12월 「아동복지법」 재개정 이후 공부방은 「아동복지법」 제16조 제11항에서 '지역아동센터' 아동복지시설로 확정 · 운영되고 있다.

### (3) 한부모가족지원법

1989년 「모자복지법」 제정 이전의 모자가정에 대한 복지는 「아동복지법」과 「생활복지법」에 의하여 이루어져 왔다. 1982년에 부녀보호사업 전국연합회는 「모자복지법」 초안을 마련하였고, 1984년 한국여성개발원은 편부모가족 지원방안에 관한 연구를 통해 「모자복지법」 제정의 필요성과 시급성을 알렸다. 이러한 배경에서 1988년 12월에 모자복지법안이 제안되었고, 국회의 심의를 거쳐 1989년 4월 1일에 제정되어 같은 해 7월 1일부터 시행되었다.

2017년 12월에는 만 24세 이하 저소득 청소년 한부모와 한부모가족이 생활안정과 복지증진과 경제적 어려움을 겪을 경우 미혼모자가족복지시설을 이용할 수 있도록 이용 범위를 확대하며, 한부모가족에 대하여 정보 및 체계적인 상담서비스를 제공하기 위한 한부모가족 상담전화의 설치 근거를 마련하는 등 한부모가족 지원에 필요한 제도적 미비점의 보완을 위한 법 개정이 이루어졌다.

「한부모가족지원법」에 나타난 한부모아동 지원에 관한 내용은 제12조, 제14조, 제16조, 제17조 등이다.

### (4) 국민기초생활 보장법

한부모가족을 위한 국가의 공공부조는 저소득일 경우 「국민기초생활 보장법」에 의해 '생계지원'과 '자활 및 고용지원'이 해당된다. 공공부조의 대상은 그 대상이 극빈층에 국한되어 있으며 경제적으로 매우 어려운 한부모가족의 경제적 어려움을 해결하기에는 부족한 실정이라 할 수 있다.

### (5) 건강가정기본법

2004년 2월에 건강한 가정생활의 영위와 가족의 유지 및 발전을 위한 국민의 권리·의무와 국가 및 지방자치단체 등의 책임을 명백히 밝히고, 가정문제의 적절한 해결방안을 강구하며 가족구성원의 복지증진에 이바지할 수 있는 지원정책을 강화함으로써 건강가정 구현에 기여하는 것을 목적으로 제정되고, 2005년 1월부터 시행된 「건강가정기본법」에 따라 '제1차 건강가정 기본계획(2006~2010)'을 수립하였다.

표 9-3 「건강가정기본법」의 아동 관련 지원 내용

| 조 항 | 지원 내용 |
|---|---|
| 제34조의2 한국건강가정 진흥원의 설립 등 | ① 다양한 가족의 삶의 질 제고 및 가족역량 강화를 위한 가족정책을 효율적이고 체계적으로 지원하기 위하여 한국건강가정진흥원(이하 "진흥원")을 설립한다.<br>⑤ 진흥원은 다음 각 호의 사업을 한다.<br>4. 「양육비 이행확보 및 지원에 관한 법률」에 따른 양육비 이행 전담기관 운영<br>5. 다문화가족, 한부모가족, 조손가족 등 취약 가족의 역량강화 지원사업 |

우리나라에서는 사적인 영역이라고 여겨왔던 한부모가족에 대한 포괄적 지원체계 구축을 추진하고 있다. 또한 한부모가족에 대한 가정생활교육, 가정상담, 문화 프로그램 등 통합적인 서비스 프로그램이 실시되고 있다. 한부모가족 아동 관련 지원 내용은 제34조 제2항에 명시되었다.

## 5) 한부모가족을 위한 사회복지서비스

우리나라 한부모가족을 위한 사회복지서비스는 1989년 「모자복지법」 제정을 통해 저소득 모자가족을 중심으로 2002년에는 「모·부자복지법」으로, 2007년에는 「한부모가족지원법」으로 개정되었고 대상자도 점차 확대되어 2008년부터 미혼모·부를 포함하는 남녀 한부모가족뿐만 아니라 조손가족도 포함하였다.

또한, 2017년에는 만 24세 이하 저소득 청소년한부모와 한부모가족도 미혼모자가족복지시설을 이용할 수 있도록 이용 범위를 확대하였다. 이혼, 사별 및 경제적 어려움 등으로 인해 한부모가족이 증가하고 있다. 이에 한부모가족의 생활 안정과 자립을 위해 각종 지원제도를 마련하여 실시하고 있다.

### (1) 한부모가족복지시설

한부모가족이 「한부모가족지원법」을 통해 지원받을 수 있는 시설보호로는 모자가족복지시설, 부자가족시설, 미혼모자가족복지시설, 일시지원복지시설, 한부모가족복지상담소로 2021년 12월 현재 총 129개소로 생활시설 125개소와 이용시설 4개소가 있다. 한부모가족복지시설의 종류는 다음과 같다.

**표 9-4 한부모가족복지시설의 종류와 현황**

| 구분 | | 내용 |
|---|---|---|
| 모자가족복지시설 | 모자가족에게 다음의 어느 하나 이상의 편의를 제공하는 시설 | |
| | 기본생활지원 | 생계가 어려운 모자가족에게 일정 기간 동안 주거와 생계를 지원 |
| | 공동생활지원 | 자립적인 생활이 어려운 모자가족에게 일정 기간 동안 공동생활을 통하여 자립을 준비할 수 있도록 주거 등을 지원 |
| | 자립생활지원 | 자립욕구가 강한 모자가족에게 일정 기간 동안 주거를 지원 |
| 부자가족복지시설 | 부자가족에게 다음의 어느 하나 이상의 편의를 제공하는 시설 | |
| | 기본생활지원 | 생계가 어려운 부자가족에게 일정 기간 동안 주거와 생계를 지원 |
| | 공동생활지원 | 독립적인 생활이 어려운 부자가족에게 일정 기간 동안 공동생활을 통하여 자립을 준비할 수 있도록 주거 등을 지원 |
| | 자립생활지원 | 자립욕구가 강한 부자가족에게 일정 기간 동안 주거를 지원 |
| 미혼모자가족복지시설 | 미혼모자가족과 출산 미혼모 등에게 다음의 어느 하나 이상의 편의를 제공하는 시설 | |
| | 기본생활지원 | 미혼여성의 임신·출산 시 안전 분만 및 심신의 건강 회복과 출산 후 아동의 양육 지원을 위하여 일정 기간 동안 주거와 생계를 지원(제5조에 따른 지원 대상자 중 미혼이 아닌 여성의 임신·출산 시 안전 분만과 출산 후 양육 지원 포함) |
| | 공동생활지원 | 출산 후 해당 아동을 양육하지 아니하는 미혼모 또는 미혼모와 그 출산 아동으로 구성된 미혼모자가족에게 일정 기간 동안 공동생활을 통하여 자립을 준비할 수 있도록 주거 등을 지원 |
| 일시지원 복지시설 | | 배우자(사실혼 관계에 있는 사람을 포함)가 있으나 배우자의 물리적·정신적 학대로 아동의 건전한 양육이나 모의 건강에 지장을 초래할 우려가 있을 경우 일시적 또는 일정 기간 동안 모와 아동 또는 모에게 주거와 생계를 지원하는 시설 |
| 한부모가족복지상담소 | | 한부모가족에 대한 위기·자립 상담 또는 문제해결 지원 등을 목적으로 하는 시설 |

### (2) 저소득 한부모가족을 위한 복지서비스

홀로 양육과 생계, 학업 등을 병행하느라 어려움을 겪고 있는 한부모가족이 이용 가능한 정부지원서비스로는 임신 · 출산, 양육 · 생계, 시설 · 주거, 교육 · 취업, 금융 · 법률 등이 있다.

#### ① 임신 · 출산

임신 · 출산 지원은 임신으로 도움이 필요한 미혼모 · 부 및 홀로 아이를 양육하는 한부모가족을 위하여 임신부터 출산, 양육까지 다양한 상담서비스를 지원하는 서비스이다. 미혼모(자)시설 입소, 산모 건강관리, 임신 · 출산 · 진료비 지원, 저소득 기저귀 · 조제분유 지원, 산모 · 신생아 건강관리 지원 등이 제공되고 있다.

#### ② 양육 · 생계

저소득 한부모가족의 아동양육비, 아동교육 지원비, 생활보조금 등의 지원을 통해 아동의 건강한 성장과 가정의 생활안정 도모를 위한 지원서비스로 양육 · 생계 지원서비스는 한부모가족의 한부모가 아이들을 부담 없이 키울 수 있도록 양육비 등을 지원하고 돌봄서비스를 지원한다.

#### ③ 시설 · 주거

한부모가족 한부모들이 안전하게 자녀를 양육할 수 있도록 주거를 지원하는 서비스이다.

#### ④ 교육 · 취업

저소득 한부모가족의 자립을 위한 교육 및 맞춤형 일자리를 제공하는 서비스이다.

#### ⑤ 금융

취약계층 맞춤형 금융지원을 하는 서비스이다.

⑥ 미혼모 · 부 초기 지원

미혼모 · 부가 아기를 스스로 양육하고자 할 경우 초기 위기에 대처할 수 있도록 서비스를 제공하여 양육은 물론 자립에 이르도록 지원하며, 지원기관을 통해 미혼모의 임신초기부터 상담 및 정보 제공, 자녀출산과 양육 시 응급지원서비스를 제공하는 서비스이다.

⑦ 무료 법률구조사업

「한부모가족지원법」에 의한 한부모가족 무료 법률구조사업이다.

⑧ 이혼 전 · 후 가족관계 회복사업

협의이혼이 전체 이혼의 80% 이상을 차지하고 있으나, 외국에 비해 이혼 절차가 매우 간소하나 신중한 결정 유도와 2008년부터 협의이혼 시 숙려기간(자녀가 없는 경우 1개월, 있는 경우는 3개월) 제도를 두고 있으나, 강제가 아닌 권고조항에 그쳐 활성화에 한계가 있어 시작한 사업이다.

법원 등과 연계하여 이혼준비 가족 또는 이혼 후 가족에 대한 상담 및 교육서비스 등을 제공함으로써 신중한 이혼의사 결정을 지원하며, 이혼 과정에서 미성년 자녀가 겪게 되는 심리 · 정서적 불안과 고통의 최소화 및 가정과 학교생활에 대한 적응력 제고 등 아동의 건전한 성장을 지원한다. 현재 우리나라는 자녀 양육비, 자녀면접교섭권 등에 대한 충분한 숙고 없이 이혼이 결정되고, 자녀에 대한 심리 · 정서적 상담이 없어 아동복리에 취약한 상황이다.

### (3) 청소년 한부모가족을 위한 복지서비스

「한부모가족지원법」 제4조 1의2, 제12조, 제17조의3, 「한부모가족지원법」 시행규칙, 「한부모가족지원법」 제9조의2에 의해 소득 인정액이 기준 중위소득 60% 이하인 청소년 한부모가족(부 또는 모가 만 24세 이하인 경우)에게는 다음과 같은 복지서비스가 제공된다.

표 9-5 **청소년 한부모가족을 위한 복지서비스**

<table>
<tr><th>항 목</th><th>지원 대상</th><th>지원 내용</th></tr>
<tr><td>청소년 한부모 자립 지원 사업</td><td>소득 인정액이 기준 중위소득 60% 이하이면서 모 또는 부의 나이가 만 24세 이하인 청소년 한부모가구</td><td>2018년 청소년 한부모가족 아동양육비 소득인정액 기준<br>* 한부모가족증명서 발급 대상: 기준 중위소득 72% 이하
<table>
<tr><th>구분</th><th>2인</th><th>3인</th><th>4인</th><th>5인</th></tr>
<tr><td>청소년 한부모가족</td><td>1,708,258</td><td>2,209,890</td><td>2,711,521</td><td>3,213,152</td></tr>
</table></td></tr>
<tr><td>미혼모 대안 위탁교육 (검정고시 학습비)</td><td>청소년 한부모 자립지원사업을 통하여 중위소득 60% 이하(국민기초생활 보장 수급자 포함) 청소년 한부모</td><td>학업이 중단된 한부모에게 학업지원 학습비(연 154만 원 이내) 및 교육비도 지원</td></tr>
<tr><td>아동 양육비</td><td>청소년 한부모가족 내의 자녀</td><td>소득 인정액 기준 중위소득 60% 이하(국민기초생활 보장 생계급여 수급자 제외) 청소년 한부모 가구의 아동 1인당 월 180,000원 지원</td></tr>
<tr><td>고교생 학비</td><td>소득 인정액 기준 중위소득 53~60% 이하(국민기초생활 보장 생계급여 수급자 제외) 청소년 한부모가구의 부 또는 모가 고등학교에 재학하는 청소년</td><td>정규 고교 과정 이수 시 입학금 · 수업료 실비지원</td></tr>
<tr><td>자립지원 촉진수당</td><td>국민기초생활 보장 생계급여 · 의료급여 수급자인 청소년 한부모</td><td>학업이나 취업 등 자립활동 시 월 100,000원 지원</td></tr>
</table>

한편, 국가적 차원에서도 한부모가족의 적응을 위해 정부의 여러 부처가 지원하고 있는 것을 살펴볼 수 있다. 보건복지부에서는 저소득층 한부모가족을 대상으로 국민기초생활보장제도와 의료급여사업을 지원하고 있으며, 여성가족부에서는 복지급여와 같은 다양한 급여서비스, 기타 부처의 감면혜택 및 서비스를 지원하고 있다. 한부모가족의 아동 및 청소년을 대상으로 지역아동센터, 청소년 방과 후 교실 등의 시설을 통해 생활지도, 급식, 학습지도, 경제교육, 독서지도 등을 하여 부족한 한부모의 보살핌을 보완하도록 지원하고 있다.

### 6) 한부모가족을 위한 지원방안

한부모들은 대다수가 임금 수준이 낮거나 재취업이 어려운 상황에 처해 있다. 이러한 측면에서 볼 때, 고용대책의 마련이 시급하다.

#### (1) 경제적 자립의 기회 확대

한부모들의 경제적 취약성을 극복하고 자립할 수 있도록 직업 관련 서비스에 관한 정책적 방안이 마련되어야 한다.

첫째, 적극적인 직업훈련의 참여 유도이다. 직업훈련 기간 동안 생계를 보장하여 재취업의 기회를 마련한다.

둘째, 직업훈련을 통한 취업과의 연계성 강화가 필요하다. 직업훈련과 동시에 체계적이고 전문화된 상담을 통해 제대로 취업까지 연결할 수 있도록 하는 것이다.

#### (2) 자녀의 성장단계에 따른 특화된 양육지원서비스 제공

한부모들이 경험하는 자녀 양육상의 어려움은 자녀의 연령이나 성장단계에 따라 다르다. 이는 곧 한부모가족에게 제공되는 자녀 양육 지원정책 또한 한부모와 그 자녀의 생애주기와 필요에 따라 보다 세분화되어 제공되어야 함을 의미한다. 예를 들어 자녀 양육 초기 단계(미취학자녀 양육 등)에는 양육, 교육 관련 정보 제공이나 자녀돌봄 서비스 지원을, 학령기 단계에는 자녀진로 지도나 부모-자녀 관계 지원, 부모역할 지원, 부모상담서비스 등이다. 한부모가족 자녀의 성장단계에 따른 다양성을 고려한 정책 설계가 필요할 것이다.

#### (3) 돌봄 공백을 메우기 위한 아이돌봄서비스 등 틈새 돌봄 강화

보육 교육시설과 기관을 통한 돌봄서비스는 상당히 확대되었으나, 시설보육이 장시간 근로나 일시보육 등 긴급한 수요에 대응하는 데에는 한계가 있다. 특히 한부모가족은 주변에 인적 자원이 충분하지 않아, 자녀가 돌봐주는 어른이 없이 혼자 있는 비율이나 시간이 상당하다. 아이돌봄서비스는 이와 같이 사회적 지지망이 열악한 한부모들이 경험할 수 있는 보육시설의 사각지대를 채워 주는 역할을 할 수 있어야 한다.

### (4) 보육 · 교육시설의 이용 접근성

미취학 아동에 대한 보편적 보육 · 유아교육 서비스가 확장된 것처럼, 초등학생 아동을 위한 보편적 돌봄지원체계를 구축해 나갈 필요가 있다. 이를 위해 초등돌봄교실 등 방과 후 학교와 지역아동센터 돌봄체계를 강화할 필요가 있다. 또한 이미 상당히 확장된 영유아보육지원서비스는 휴일, 야간 보육 등 취약보육을 확대하고, 점진적인 비용부담 완화를 지속해 나가는 등 접근성을 보다 제고할 필요가 있다.

### (5) 자녀와의 관계 증진 프로그램 확대 및 강화

중학생 이상의 자녀를 양육하는 한부모들의 경우 자녀와의 대화 어려움이나 생활지도의 어려움 등 자녀와의 관계적 측면의 어려움을 경험하며 특히 부자가족의 경우 더 두드러진다. 한부모와 자녀 간의 관계를 증진할 수 있는 다양한 여가 프로그램, 상담 프로그램을 발굴 · 보급하는 한편, 현재 저소득층을 중심으로 제공되고 있는 문화바우처 등을 청소년기 자녀를 둔 한부모가족에게도 확대 지원하는 등 관련 지원서비스 확충이 이루어져야 할 것이다.

### (6) 심리 · 정서지원서비스 강화

이혼이나 사별 등의 여러 이유로 한부모가족이 형성된 한부모들은 상담 등 전문적인 서비스를 받아 한부모가 환경에 대한 통제력 및 자존감을 회복하고 가족기능을 강화할 수 있도록 해야 한다. 한부모가족이 되더라도 부모와 자녀가 심리적 상처를 줄이고 새로운 환경에 대한 바람직한 적응과 건강한 삶을 사는 것이 필요하다.

### (7) 양육비 긴급지원제도의 확대 및 안정화

양육비 이행확보 전담기구 설치로 실효성을 높이는 것도 중요하지만 경제적 능력이 없는 비양육부모의 경우, 지급이 어렵거나 지급받기 전까지 공백기간이 발생하게 된다. 양육부모의 안정적 양육비 수급을 위해 제도의 안정화가 필요하다.

### (8) 저소득 한부모를 위한 주거보장 확대 및 강화

한부모의 주거 안정성은 저소득 한부모가족의 자립을 방해하는 중요한 요인으로 시설보호와 재개보호 측면에서 모두 서비스를 제공할 수 있도록 해야 한다. 2013년부터 여성가족부에서 민간재원을 활용한 임대주택 공급이 시작되었고, 2015년에 5, 10년 건설임대주택 특별공급 대상에 한부모 관련 규정이 추가되는 등 한부모가족의 주거지원을 위한 제도가 확대되어 왔다. 그럼에도 불구하고 주거 관련 지원은 상당히 낮은 수준이다.

현재 한부모가족에게 제공되는 주거지원은 국민주택이나 임대주택의 순위 배정 시 우선권 지급, 한부모가족 복지시설에 일정 기간 입소할 자격부여 등 주택공급방식과 기초생활수급가구를 대상으로 지급되는 주거급여, 저소득가구 전세자금 등 주거비 지원방식이 있으나 실질적인 지원 내용은 매우 제한적이며 이용률도 높지 않은 편이다. 한부모가족의 생활 여건에 맞는 주거급여지원제도를 마련하여 저소득 및 취약계층 한부모가 안정적인 생활을 영위할 수 있도록 지원해야 할 것이다.

또한, 공공임대주택에 대한 인지도는 대체로 높은 편이나, 한부모가족복지시설이나 주거비 지원정책 등에 대한 인지도는 상대적으로 낮다. 그러므로 이와 관련된 주거정책의 홍보에도 힘을 써야 할 것이다.

## 2. 조손가족

조손가족의 사회보장서비스는 한부모가정의 현황과 연계가 되고 지원서비스와 유사한 개념과 정책이 많으므로 본 장에서는 현황을 지원하지 않음을 밝힌다.

### 1) 조손가족의 이해

「한부모가족지원법」에서는 조손가족의 범위를 공적인 지원을 목적으로 하는 협의의 개념으로 '부모의 유기 등의 이유로 65세 이상 조부모가 18세 미만의 아동을 양육하는 가정'이라 정의한다. 여성가족부는 조손가족이란 65세 미상의 조부모와 18세 이하의 손자녀만으로 이루어진 가족을 조손가족이라 규정하였다.

#### (1) 조손가족의 개념

조손가족이란 용어의 사용과 함께 조손가족에 대한 연구가 본격화된 것은 1990년대 후반이라 볼 수 있다. 조손가족은 IMF로 인한 사회·경제적 위기로 가족해체 과정에서 새로운 가족유형의 하나로 자리를 잡게 되었다. 조손가족 조부모는 만 18세 이하의 손자녀와 동거하며, 손자녀의 경제, 사회, 정서, 신체, 교육적 욕구를 일차적으로 책임을 지는 부모역할을 담당하는 조부모를 의미한다.

#### (2) 조손가족의 유형

조손가족의 유형으로는 여성가족부(2020)의 조손가족 실태조사에 따르면, 손자녀 양육을 주로 책임지고 있는 조부모 중 남자는 17.3%이고 여자는 82.7%였으며 이중에 배우자와 동거하며 손자녀를 양육하는 양조부모가 17.1%에 불과하였으며 나머지 82.9%는 한 조부모가족으로 손자녀를 양육하는 것으로 조사되었다. 또한 90% 이상이 조모와 손자녀로 이루어진 한부모가족임을 알 수 있었다(여성가족부, 2020).

## 2) 조손가족의 형성 원인 및 현황

우리나라는 1990년 이후 많은 사회적 변화를 겪고 있으며, 이는 가족유형에 있어서도 다를 바 없다. 저출산율 및 저혼인율 등으로 인해 인구증가율은 둔화됨에도 불구하고, 소득증대와 의료기술 등의 발달로 평균수명은 늘어나, 노인인구는 유래 없는 증가세를 보이고 있어, 고령화사회를 지나 노년사회의 도래를 예상하고 있다.

### (1) 조손가족의 형성 원인

조손가족이 형성되게 된 주요 이유는 손자녀의 '친부모 이혼이나 재혼'에 의한 경우가 전체의 53.2%로 반을 넘었고, '친부모 가출이나 실종'에 의한 경우가 14.7%, '친부모의 질병이나 사망'에 의한 경우가 11.4%였으며, '친부모의 실직이나 파산' 및 '친부모 취업(맞벌이)' 등 경제적 이유로 조손가족을 이루게 된 경우는 각각 7.6%와 6.7%였다. 이런 현상은 우리나라의 이혼율이 해마다 증가하는 추세라는 점을 고려해 볼 때, 앞으로 조손가족의 증가 가능성을 예측해 볼 수 있다.

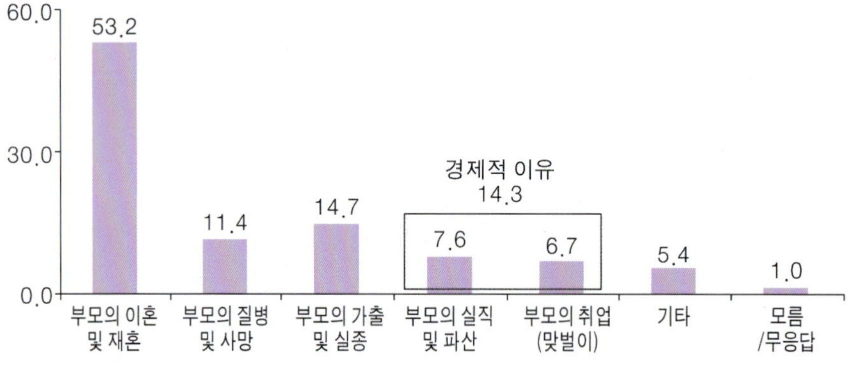


출처: 여성가족부(2020)

그림 9-6 **손자녀 양육 이유**

### (2) 조손가족 현황

여성가족부의 2020년 조손가구의 실태조사에서는 정책 대상으로서의 조손가족을 만 65세 이상의 조부모와 만 18세 이하 손자녀로 규정하고, 행정안전부의 주민등록

전산망을 활용하여, 전국의 조손가족 수를 동·읍·면 단위로 산출한 결과 모집단의 총 조손가구 수가 51,852세대로 나타났다. 그러나 통계청(2019)의 조손가족의 현황은 조부모와 손자녀가 거주하는 조손가족의 형태를 띤 모든 세대수를 조사한 가구 수(119,294세대)이므로 통계는 상이할 수밖에 없다.

양육하고 있는 손자녀들의 평균 연령은 13.3세로 집계되었으며, 7세부터 12세 사이의 손자녀는 50.3%, 13세부터 18세까지의 손자녀는 47.0%인 반면, 6세 이하의 손자녀는 2.7%로 나나났다. 2020년 여성가족부가 실시한 조손가족 대상으로 실태조사 보고서에 의하면 조부모의 인구사회학적 특징을 다음과 같이 보고하고 있다.

| 표 9-6 | **조부모의 인구사회학적 특징**

| 항 목 | 내 용 |
|---|---|
| 연령 | • 평균 만 72.6세<br>• 조부는 평균 만 73.1세, 조모는 만 72.5세 |
| 부부동거 | • 조부모 부부가 동거하며 손자녀 양육(17.1%)<br>• 조부모 중 한 사람만이 손자녀(82.9%) |
| 학력 | • 초등학교 졸업 이하(82.3%), 중졸(10.0%), 고졸(5.5%), 대졸 이상(1.3%) |
| 월평균 가구소득 | • 평균 59.1만 원 정도<br>• 40만 원 미만(20.1%), 40~80만 원 미만(44.0%), 80만 원 이상(17.9%) |

| 표 9-7 | **손자녀의 인구사회학적 특징**

| 항 목 | 내 용 |
|---|---|
| 가구당 손자녀 수 | • 평균 1.4명<br>• 손자녀 1명(66.2%), 2명 이상(33.8%) |
| 손자녀 연령 | • 평균 13.3세<br>• 6세 이하(2.7%), 7~12세(50.3%), 13~18세(47.0%) |
| 손자녀 교육 수준 | • 미취학(2.6%), 초등학생(31.6%), 중학생(32.5%), 고등학생(33.2%) |
| 손자녀 혈연관계 | • 친손자녀(80.8%, 외손자녀(17.7%) |
| 친부모 생사 여부 | • 친부 생존(74.0%), 행방불명(14.5%)<br>• 친모 생존(61.9%), 행방불명(31.8%) |

| 표 9-8 | **손자녀 양육실태**

| 항 목 | 내 용 |
|---|---|
| 주 양육자 | 조부모(86.6%), 어린이집 등 시설 위탁(7.2%) |
| 미취학 손자녀 | 어린이집(놀이방)(70.3%), 유치원(26.2%) |
| 초등학생 이상 손자녀 등교나 진학 여부 | • 학업중단(1.9%)<br>• 이유: 아이가 학교에 적응하지 못해서(47.0%), 당장 돈을 벌어야 하기 때문(4.8%), 중병 또는 장애(4.7), 학비가 없어서(3.4%), 무응답(40.0%) |
| 학업중단, 포기 손자녀 주간 실태 | • 특별히 하는 일 없이 지낸다(40.3%), 생업을 돕거나 아르바이트를 한다(23.6%), 다른 동생들을 돌보거나 가사를 돕고 있는 경우(1.7%), 병치료를 위해 요양(2.8%), 무응답(31.6%) |
| 손자녀 방과 후 생활 실태 | • 학원이나 독서실을 다니는 경우(32.8%), 형제나 친구들과 놀며 소일하는 경우(32.6%), 가사를 돕고나 동생을 돌보는 경우(5.6%), 아르바이트로 돈을 버는 경우(1.7%), 가족의 생업을 돕는 경우(0.8%) 등 경제활동을 하는 경우가 전체의 2.5% |

출처: 여성가족부(2020)

### 3) 조손가족의 어려움

조손가족은 할머니, 할아버지와 함께 생활하며 윗세대의 지혜와 연륜을 전수받을 수 있고 가족 간의 유대감을 느낄 수 있다는 장점이 있지만, 경제적 어려움, 손자손녀로 인한 일상생활의 제약과 양육 부담감, 건강 문제 등의 어려움에 봉착하고 있다.

조손가족의 아동들은 부모를 상실함으로써 동일시의 대상과 사회적 지지자를 상실하게 된다. 이로 인해 정서적 혼란과 심리적으로 불안정한 상태에 놓이게 된다. 부모의 상실로 인한 두려움과 당혹감 그리고 분노를 가지며, 우울, 불안, 사회적 철회 등 다양한 심리적 부적응과 낮은 자존감 문제를 겪는다. 또한 사회적 상호작용의 단절 또는 감소로 인해 대인관계상의 문제를 경험하며, 사회적 기술이 낮아 학교 부적응 문제도 경험할 수 있다.

가족해체로 인해 손자녀를 양육하고 있는 조부모들은 성인자녀의 잘못된 상황을 자신의 탓으로 생각하여 자식을 제대로 길러내지 못했다는 자책과 노화, 손자녀를 양육할 만한 능력이 있는가 하는 자신의 부적절성을 생각하게 된다. 게다가 문제해결 능력과 자신감을 상실하게 하는 조부모의 빈곤한 생활 조건은 조부모를 더욱더

무기력하게 만든다. 또한 노년기에 신체적 쇠약함과 심리 · 정서적 외로움과 소외감에 더하여 대부분 경제적 어려움을 겪고 있다. 자녀의 이혼과 별거, 맞벌이 등으로 손자녀를 양육해야 하는 조부모 앞에 놓여있는 손자녀를 돌봐야 하는 부담감과 갈등, 경제적 부담의 배가 등 손자녀를 양육해야 하는 어려움이 있다.

### 4) 조손가족을 위한 지원정책

우리나라는 아직 조손가족을 위한 정책이 마련되어 있지 않다. 노인이나 아동을 대상의 정책이나 부분적으로 지원을 받을 수 있는 정도이다. 조손가족 지원정책으로는 여성가족부의 「한부모가족지원법」에 의한 한부모가족 지원 대상자로 조손가족이 포함되어 있으나 이 경우에는 저소득 조손가족을 대상으로 하고 있고 지원규모도 손자녀 양육지원만을 하고 있다.

그러나 「국민기초생활 보장법」상 수급지원 대상이 되는 저소득 조손가족은 의료보호나 주거급여를 지원받을 수 있으며, 65세 이상 조부모는 기초연금을 받을 수 있다. 조손가족아동의 경우 가정위탁대리의 양육지원을 받을 수 있다.

#### (1) 국민기초생활보장제도

국민기초생활보장제도의 수급자로 선정되면 조손가족은 의료비 중 본인부담금을 면제받을 수 있다. 또한 갑자기 중대 질병으로 생계를 유지할 수 없는 위기 상황에는 긴급 복지지원제도를 통해 최대 300만 원 범위에서 검사와 치료 등의 의료비를 지원받을 수 있다. 중 · 고등학교 입학 또는 재학하는 자와 이와 동등한 학력이 인정되는 각종 학교나 평생교육시설의 학습에 참가하는 자에 대해 학비(입학금, 수업료), 교과서비, 부교재비, 학용품비를 지급하고 있다.

#### (2) 한부모가족지원제도

「한부모가족지원법」은 2007년 「모 · 부자복지법」이 개정되면서 조손가족을 특례조항으로 규정하여 조손가족을 보호지원 대상으로 포함하고 있다. 지원 내용으로는 저소득 한부모가구를 위한 양육비 · 교육비 지원, 저소득 한부모가족세대 건강보험료 지원, 가족역량강화지원서비스 등이 있다.

#### (3) 건강가정지원센터

여성가족부에서 전국의 지방자치단체에 건강가정지원센터를 설립하고 가족지원 프로그램을 지원하고 있으나 가족해체 위기에 처한 가족 전체를 대상으로 하기 때문에 조손가족을 지원하기 위한 전문기관은 아니다. 2007년 전북의 익산과 충남의 천안시에 건강가정지원센터에서 조손가족 지원사업을 추진한 이래 2010년에는 서울시 송파구, 경기도 광명시, 경기도 연천군, 강원도 동해시, 충남 논산시, 경남 김해시 등 조손가족 지원 프로그램을 실시하고 있다. 또한, 2022년 현재 지방자치단체의 건강가정지원센터와 다문화가족지원센터를 통폐합하여 가족센터로 개명하였다.

### 5) 조손가족을 위한 사회복지서비스

현재 우리나라의 조손가족을 지원하는 제도는 한부모가족과 크게 차이가 나지 않는다.

#### (1) 조손가족 통합지원서비스(조손가족 희망사다리사업)

조손가구의 열악한 생활환경 및 빈곤으로 인해 조부모는 손자녀의 교육과 건강에 소홀해지고, 아동의 경우 학습능력 저하, 정서적 문제 등이 야기되므로 국가에서 손자녀 양육부담 경감 및 조손가장의 건강관리 지원을 통해 조손가족의 통합적 지원체계 마련으로 조손가족의 삶의 질 향상을 추구하는 것을 조손가족 통합지원서비스이다.

지원 대상은 65세 이상 가구주 또는 그의 배우자와 만 18세 미만 손자녀가 생계 · 주거를 함께 하는 저소득 조손가족이다. 단, 가구주의 연령이 55세 이상 65세 미만이거나, 가구소득 기준을 초과하더라도 지방자치단체장, 학교장 등이 지원이 필요하다고 인정하여 추진하는 조손가족은 지원 가능하다. 지원내용으로는 학습 · 정서지원, 생활가사지원, 주거환경개선지원, 유관기관 연계지원, 교육 · 상담 · 문화 프로그램 및 자조모임 운영지원 등을 지원한다.

### (2) 기초연금제도

기초연금제도는 2014년 7월 1일부터 시행되었다. 기존에는 기초노령연금제도가 시행되고 있었으나 2014년 5월 2일 「기초연금법」에 따라 기초연금으로 통합되었다.

### (3) 노인복지서비스

지역사회기관 및 노인복지관에서 시행하는 정서서비스 및 교육문화서비스, 가족단위 서비스(가족교육, 가족역할훈련, 상담서비스 등) 등이 있다.

### (4) 손자녀 관련 지원정책

#### ① 가정위탁제도

「아동복지법」 제2조에 의해 요보호아동을 보호 · 양육하기 적합한 가정에 일정 기간 위탁 양육하게 하는 가정위탁제도가 시행되고 있으며 이 중 대리양육 가정위탁이 친조부모 또는 외조부모에 의한 손자녀 양육이므로 조손가족의 가족 형태로 볼 수 있다.

#### ② 드림스타트

저소득층 아동의 정서발달과 건강한 성장을 위해 시행하는 능동적 복지사업이다.

#### ③ 아이돌보미 지원사업

아이돌보미 지원사업은 일시적이고 긴급한 돌봄이 필요한 가정으로 전국가구 월평균 소득의 100% 이하, 0세(3개월 이상)~만 12세 아동이 있는 서비스 이용 희망가정 대상으로 아이돌보미서비스를 제공한다.

#### ④ 지역아동센터

지역아동센터는 사회적 돌봄이 필요한 아동 · 청소년들에게 통합교육 및 복지활동을 제공한다.

### 6) 조손가족을 위한 지원방안

혈연중심 우리 사회에서 조손가족의 조부모는 손자녀를 돌봄의 대안으로 선택될 가능성이 높고, 조부모가 돌보지 않을 경우 이에 대처할 수 있는 자원이 부족한 우리의 현실에서는 더욱 선호될 수밖에 없다고 보며, 부모를 대신하여 조부모가 손자녀를 돌보는 환경으로서 중요한 역할을 감당하고 있기에 사회적인 차원에서 개입하여 이들을 보호하고 지원해야 한다.

#### (1) 경제적 지원

우리나라 조손가족의 최대 현안은 경제적 빈곤이다. 현재 조손가족과 관련하여 시행되고 있는 법률은 「한부모가족지원법」, 「아동복지법」과 각 지방자치단체별 조손가족 지원조례가 있다. 이러한 법률들은 대부분 대리양육위탁가정으로 지정된 조손가족을 대상으로 하고 있다.

조손가족의 빈곤문제는 물질적인 어려움과 더불어 조부모와 손자녀 모두의 정신건강에도 큰 영향을 미친다. 조부모에게 있어 빈곤의 문제는 노화를 겪으며 손자녀를 양육해야 하는 신체적 부담과 더불어 경제적인 부담까지 가중시켜 스트레스를 증가시킨다. 또한 경제적 빈곤으로 인한 일상에서의 지원 미비는 아동으로 하여금 가족에 대한 지지를 낮게 지각하는 결과를 가져오고 이는 문제행동으로 이어질 수 있다.

조손가족은 가족구성상 현 시점에서 경제적 자립을 통해 생활수준을 향상시킬 수 있는 가족이 아니므로 무엇보다도 이들의 생활수준을 향상시키고, 삶의 질을 높일 수 있는 물질적 지원책을 강구하는 것이 급선무이다.

#### (2) 사회적 인식 전환

조손가족의 경우, 가계 담당자인 노령의 조부모와 미성년 손자녀만으로 이루어진 가족구조상 생계담당 능력이 상대적으로 약할 수밖에 없어, 외부의 지원이 절실한 실정이다. 조손가족을 일탈적 가족유형이 아니라 노령화 사회, 나아가 노년사회에서

구조적으로 등장하게 되는 새로운 가족유형임을 전제하고, 조손가족의 구성원들이 나름의 상황에서 보다 나은 생활을 영위하기 위한 복지정책 수립의 필요하다. 또한 조손가족의 조부모와 손자녀들이 당면하고 있는 다양한 문제들을 이해하고 어려움과 부적응 및 갈등을 해소할 수 있도록 사회적인 관심이 필요하다.

### (3) 심리 · 정서적 지원

조손가족 손자녀는 낮은 자아존중감과 함께 우울, 불안, 감정조절 및 표현 미숙 등의 부정적 정서를 경험하고, 가족기능에 대해 낮게 지각하고 있는 것으로 나타났다. 또한 조손가족의 아동들은 부모의 부재에 의해 남겨진 허탈감뿐만 아니라 숨겨진 분노, 애정결핍 증상 등으로 인해 정서상의 문제들을 가지고 있고, 높은 공격 성향과 행동문제를 나타내는 경향이 많다. 그러나 조손가족의 손자녀의 경우 교사 혹은 사회적 지지가 아동의 심리적응 문제에 긍정적 영향을 주는 요인이 될 수 있다는 연구결과가 있다. 즉, 교사의 지원에 의해서 손자녀의 학교생활 적응도가 달라질 수 있는 것이다.

### (4) 개별화된 지원서비스

가족의 해체를 경험하면서 약화된 가족의 정서적 유대관계는 조손가족 아동의 사회 부적응 문제나 가족구성원 간의 심리적 · 관계적 갈등의 문제 등과 결부되어, 가족의 제 기능을 발휘하기 어렵게 한다. 따라서 사회차원의 관심과 사회적 보호서비스가 요구된다. 특히 조손가족에서 성장하고 있는 손자녀들이 사회적 약자로서 소외당하지 않을 다양한 복지서비스를 개발 · 강화하는 것이 필요하다.

## 3. 다문화가족

우리나라는 아이슬란드, 일본과 더불어 지구상 몇 안 되는 단일민족사회로 인식되어 오다가 1990년대 이후 외국인근로자의 유입, 국제결혼에 따른 이주여성의 증가, 북한이탈주민의 증가 등으로 다민족, 다문화, 다인종사회로 급격히 재편성되었다. 이에 우리나라 정부는 '결혼이민자'에 대해서는 인도주의적 관점에서 취업이 가능한 거주(F-2)와 국적을 취득하는 데 최대한 편의를 제공하고 있다.

### 1) 다문화가족의 정의와 법적 개념

2006년 4월에는 '결혼이민자가족 사회통합지원 대책'을 수립·추진하였으며, 그 일환으로 「재한외국인 처우 기본법」, 국제결혼중개업체의 등록제 도입을 주된 내용으로 하는 「결혼중개업의 관리에 관한 법률」, 「다문화가족지원법」 등을 제정·시행하며 정부차원에서 다문화가족의 사회적 통합을 지원하는 적극적인 정책적 관심과 노력을 기울이기 시작하였다.

현재 한국의 다문화가족의 범위는 정부 각 부처별, 전문가 집단별로 다르게 정의된다. 2008년 제정된 「다문화가족지원법」 제2조에는 '다문화가족이란 결혼이민자나 출생 시부터 대한민국 국적을 취득한 자, 「국적법」에 따라 귀화허가를 받은 자로 이루어진 가족'으로 정의하여 결혼이민자가족에 국한하고 있다. 또한, 2007년 제정된 「재한외국인 처우 기본법」 제2조에서는 '재한외국인'을 "대한민국의 국적을 가지지 아니한 자로서 대한민국에 거주할 목적을 가지고 합법적으로 체류하고 있는 자"로 정의하고 '결혼이민자'는 "대한민국 국민과 혼인한 적이 있거나 혼인관계에 있는 재한외국인"으로 정의함으로써 국적취득 이전과 이후로 분리하고 있는 것을 알 수 있다.

또한, 북한이탈주민에 대한 법적 정의는 우리와 동일한 문화를 가진 사람들이지만, 오랫동안 문화의 단절로 인해 이질화되었고 국적이 대한민국 국민이 아니었기 때문에 겪는 문화적 충격과 갈등을 고려하여 다문화가족으로 포함하기도 한다.

이렇듯 아동복지 관점에서 다양한 가정아동에 대한 복지서비스를 살펴보기 전에 다문화가족과 북한이탈주민가족을 정의하고 다문화가족과 북한이탈주민가족의 아동에 대한 개념을 이해해야 한다. 전체적으로 다문화가족으로 구분하나 본 장에서는 다문화가족과 북한이탈주민가족을 구분하지 않고 고찰해 보았다. 그러므로 먼저, 다문화가족과 북한이탈주민가족에 대한 개념과 범위를 살펴보도록 한다.

### 2) 다문화가족에 대한 개념과 범위

다문화가족이란 우리와 다른 민족 또는 다른 문화적 배경을 가진 사람들이 포함된 가정을 통칭하는 용어로 한 가정 내의 인종과 문화의 차이는 물론 가치, 문화, 종교, 성, 생활양식 등 문화적 다양성의 중요성을 강조하는 개념이다. 다문화가족에 대한 정의는 협의의 개념과 광의의 개념으로 나누어볼 수 있는데, 광의의 개념은 자국 내에 거주하는 모든 외국인 가정을 포함하며, 협의의 개념은 단순히 거주하는 것이 아니라 가족 중 한 명이 국적을 취득해 구성된 가정을 의미한다.

2008년에 제정된 「다문화가족지원법」에 다문화가족의 용어는 협의의 개념을 사용하여 결혼한 이민자, 귀화허가를 받은 자와 출생 시부터 대한민국 국적을 취득한 자로 이루어진 가족을 의미한다.

**「다문화가족지원법」에 제시된 다문화가족의 개념**
**(다음 사항 중 하나에 해당되는 가족)**

첫째, 재한외국인 처우 기본법 제2조 제3호의 결혼이민자와 국적법 제2조에 따라 출생 시부터 대한민국 국적을 취득한 자로 이루어진 가족

둘째, 국적법 제4조에 따라 귀화허가를 받은 자와 같은 법 제2조에 따라 출생 시부터 대한민국 국적을 취득한 자로 이루어진 가족

다문화가족과 관련된 용어로는 혼혈가정, 국제결혼가정 등을 들 수 있으며 법률적으로는 국제결혼가정이란 용어가 더 많이 사용되었다. 사회적으로 두 가지 이상의 인종 사이에서 결합된 가정의 형태를 의미하는 혼혈가정은 혼혈이라는 단어 자체가 가지고 있는 상징적 차별성과 특수성으로 인해 2세대들에게는 부정적 효과를 낳을

수 있다. 국제결혼가정은 단순히 결혼 당사자만을 의미하고 국적이 다른 사람과의 결혼을 의미하기 때문에 그 결혼으로 인해 형성된 가족구성원 모두를 지칭하기에는 한계가 있다. 따라서 다문화가족이라는 용어는 이들 가정을 비차별적으로 수용하고 국제결혼가정이 주는 부정적 이미지를 해소할 수 있다는 의미에서 큰 호응을 얻고 있다. 이로 인해 다문화가족은 한국인이 외국인과 결혼한 국제결혼가정, 외국인근로자가 한국에서 결혼하거나 본국에서 결혼하여 형성된 가족이 국내로 이주해 온 경우, 북한에서 태어나서 한국에 입국하거나 한국에서 다른 국가의 외국인을 만나 결혼한 새터민 가정까지를 포함하게 된다.

### 3) 다문화가족의 일반적 특징

#### (1) 다문화가족의 가구 특성

2021년 다문화가족의 실태조사에 의하면 다문화가족 가구는 전체 346,017가구이며, 결혼이민자가구가 82.4%(285,005가구), 기타귀화자가구가 17.6%(61,012가구)이다.

거주지역을 살펴보면 수도권(서울 · 경기 · 인천) 거주는 56.1%로 2018년(55.6%) 대비 0.5%p 증가했으며, 동 지역 거주자(76.8%)가 읍면 지역 거주자(23.2%)에 비해 3배 이상 많다.

가족 구성은 부부+자녀 가구 35.5%, 부부 가구 30.0%, 한부모 가구 10.9%, 1인 가구 8.3% 등이며, 부부 가구의 비중이 '18년(17.0%) 대비 13.0%p 증가했다. 가구 원수로는 평균 가구원 수가 2.82명이며, 평균 자녀 수는 0.88명으로 2018년(0.95명) 대비 감소했고, 무자녀 가구가 42.0%로 5.3%p 증가했다.

또한, 다문화가족 가구의 자녀 양육과 자녀관계를 살펴보면 만 5세 이하는 한국어 지도(26.8%), 만 6세 이상은 학습지도(50.4%)에서 가장 큰 어려움을 느끼는 것으로 조사됐다.

자녀관계는 결혼이민자 · 기타귀화자의 자녀관계 만족도는 4.54점으로 2018년(4.44점)보다 다소 높아졌다. 만 5세 이하 자녀 양육이 어렵다고 응답한 비율은 73.7%로

2018년(78.2%) 대비 4.5%p 감소했고, 그 중 가장 큰 어려움은 한국어 지도(26.8%), 긴급돌봄(20.5%) 순이다. 즉, 만 5세 이하의 자녀 양육에 있어서 다문화가족 가구는 한국어 지도(26.8%), 긴급돌봄(20.5%), 양육의견 차이(15.8%), 학제정보 부족(8.0%) 등으로 어려움을 겪고 있는 것으로 알 수 있었다.

만 6세 이상 자녀 양육이 어렵다고 응답한 비율은 88.1%로 5세 이하보다 높았고, 학습지도(50.4%)에 가장 큰 어려움을 겪고 있었다.

이는 앞으로 유아교육기관이나 지역사회로의 진입을 의미하는 것으로 다문화가족의 부모와 자녀를 위한 적극적인 지원이 요구된다. 특히 다문화가족의 자녀들은 부모의 한 분이 외국인이라는 특수성 때문에 의사소통의 부족, 외부와 교류부족으로 인해 더 많은 어려움을 가지고 있다. 다문화가족 어머니들은 언어의 장벽과 문화, 가치관의 차이로 어린 자녀를 양육하는 데 여러 가지 문제들이 발생하는 빈도가 높고, 자녀 양육의 어려움을 가지고 있다.

### (2) 다문화가구 자녀의 일반 특성

① 다문화가구의 평균 자녀 수는 0.88명으로 2018년(0.95명), 2015년(1.02명)과 비교해서 지속적으로 하락, 무자녀 비중이 42.0%로 지속적으로 상승하였다.

② 다문화가족 자녀의 평균 연령은 9.93세로 2018년(8.32세)보다 증가하였다.
- 8세 미만 구간의 비율이 줄고 9세 이상 연령대 비율이 일제히 증가
- 자녀 연령의 증가는 국제결혼 감소 및 다문화 출산 건수 감소의 영향이나 부부 2인 가구의 급속한 증가로 볼 때, 다문화가구 내에서의 저출산 현상도 포착됨
- 다문화 출생 건수의 감소로 향후에도 자녀의 평균 연령은 상승할 것으로 예상

③ 만 5세 이하 미취학 자녀 중 ECEC 참여율은 71.%이다. 23.3%는 교육/돌봄시설에 자녀를 보내지 않은 채 양육수당을 수령, 교육/돌봄시설에 보내지 않으면서 양육수당도 받지 않는 가구는 2.6%이다.
- 만 3~5세의 경우에는 91.8%가 ECEC에 참여함으로써 동일 연령 대상 우리나

라 전체 아동의 ECEC 참여율과 유사

④ 팬데믹으로 인해 다문화가구에서도 아동 돌봄의 부담이 증가한 것으로 확인되고 있다.

- 팬데믹 이전보다 이후 영유아 돌봄기관(이전 42.5%, 이후 41.9%)이나 학원(이전 6.1%, 이후 3.2%)에 보내는 비율은 감소
- 반면 부모(이전 75.7%. 이후 79.0%)나 조부모와 친인척(이전 26.8%, 이후 27.4%)의 돌봄 비율이 증가

⑤ 전체 저학년 자녀의 42.4%가 평일에 혼자 방치되는 시간이 있다. 주중 기준으로 평일 방치 시간은 평균 1.10시간으로 2018년 조사(평균 1.30시간)보다 감소하였다.

⑥ 다문화가구 자녀들의 순취학률(NER)을 집계한 결과, 초등학교 취학률 95.3%, 중학교 95.7%, 고등학교 94.5%, 고등교육기관 40.5%이다.

- 초 · 중 · 고 모두 국민 일반(초 98.4%, 중 97.9%, 고 96.1%)에 비해 미달이나, 상당히 근사한 수준으로 올라옴.
- 다만 고등교육 취학률이 국민 일반 대비 31.0%p 낮아 이에 대한 면밀한 원인 파악과 정책적 관심이 필요함.

⑦ 다문화가족 전체 자녀 중 국내 성장 자녀는 90.7%, 외국 거주 경험 자녀는 4.6%, 외국 주로 성장 자녀는 4.8%이다.

여성가족부(2021)가 결혼이민자 · 귀화자 등의 한국생활에서의 어려움을 조사한 결과에서 언어문제(21.1%), 경제적 어려움(19.8%), 자녀 양육의 어려움(7%)이라고 응답하였으며 이 외에도 다문화가족들은 양육방식을 둘러싼 배우자 또는 가족 간의 갈등으로 어려움을 호소하기도 하였다.

다문화가족의 부모가 자녀 양육 시 갖게 되는 어려움은 다음과 같다.

첫째, 의사소통의 어려움을 가지고 있다. 한국어가 능숙하지 못해 소통이 되지 않아 부부간에 많은 갈등과 의사소통의 문제를 겪고 있으며 한국어가 서툰 어머니가 자녀

에게 한국어를 교육시킬 능력이 부족하다.

둘째, 서로 다른 문화 차이로 갈등을 겪고 있다. 다문화가족의 어머니가 한국의 풍습이나 양육방식의 차이로 인해 자녀를 양육하는 데 어려움이 있다.

또한, 학령기 아동의 자녀들은 여러 가지 이유로 차별을 받고 있으며, 여러 가지 문제들을 안고 살아가고 있는데, 한국 다문화가족 자녀들의 어려움은 다음과 같다.

첫째, 다문화가족의 자녀들은 기초학습능력이 낮은 경향이 있다. 이들은 비 다문화가족의 자녀에 비해서 학업 면에서 다소 미흡한 부분이 있는데 이는 그들의 부모가 대부분 사회적·경제적 기반이 취약하여 소득이 낮고 학습환경이 열악하기 때문이다.

둘째, 언어발달 지체현상과 문화 부적응으로 인해 야기되는 문제들이다. 다문화가족 자녀의 경우 어머니의 모국어 사용이 금기시되는 분위기에서 자라는 경우가 많아 한국어와 어머니의 모국어 모두가 미숙한 경우가 많다는 것이다. 이후 2015년 정부는 다문화가족의 결혼이민자들의 모국어로 양육하고 언어지원을 할 수 있도록 이중언어 사용을 지원하고 있으나 사회나 원가정의 분위기로 매우 어려움을 겪고 있다.

셋째, 다문화가족의 자녀는 비다문화가족 자녀에 비해 정체성 혼란을 더 많이 경험하게 된다. 부모가 외국인이므로 한국과 다른 문화를 접하게 되고 문화적·언어적인 차이와 자신이 혼혈이라는 사실은 다문화가족 자녀의 정체성 형성에 부정적인 영향을 미치게 된다.

넷째, 사회적 편견으로 인해 다문화가족의 자녀는 집단 따돌림을 당할 우려가 있다. 이로 인해 정서적 충격을 경험하게 된다. 이는 정서적으로 민감한 학생들이 편견과 차별을 견디지 못하고 학교를 포기하는 사례가 되어 사회 문제가 될 우려가 있다 (교육부, 2021).

이와 같이 한국의 다문화가족의 자녀들은 성장과정에서 또래와의 관계에서 어려움이 발생하거나, 다문화가족이 경제적인 어려움과 사회적 차별과 편견으로 인해 받는 스트레스가 자녀들에게 반영되어 자녀의 심리상태에 부정적인 영향을 준다(오성배, 2005; 정은희, 2004).

### 4) 다문화가족 가정의 복지서비스 실천

다문화가족의 복지서비스를 부모 역할 수행과 양육 및 다문화가족 지원정책을 통해 살펴보고자 한다. 우리 정부는 제1차 다문화가족정책 기본계획을 실시하는 2011년부터 2012년까지 2년간 3,278억 원(중앙 1,815억 원/지자체 1,463억 원)을 투입하였다. 중앙정부 정책 분야별로 '결혼이민자의 안정적 정착 및 자립역량 강화 분야의 예산이 가장 많은 비중(40%)을 차지했다.

제2차 다문화가족 정책기본계획(2013~2017)이 종료됨에 따라, 여성가족부는 2017년 4월부터 한국여성정책연구원과 함께 전문가 및 관계 기관 등이 참여하는 세미나, 자문회의 등을 열고 제3차 기본계획(안)을 마련했다. 제3차 다문화가족정책기본계획(안)은 '차별 없는 다문화사회 구현과 다문화가족의 참여 확대'를 목표로 5대 영역을 선정하고 정책과제를 발굴했다(여성가족부, 2017).

- 결혼이민자의 장기정착화 및 다양한 가족유형의 발생
- 자녀의 학령기 진입 등 변화된 정책환경을 감안한 결혼이민여성의 인권보호
- 안정적 가족생활을 위한 지원 강화
- 다문화가족 자녀의 학업역량 및 사회진출 지원 강화 등을 중점 추진방향으로 삼고 있음

또한, 정부가 가정폭력 피해를 입은 이주여성을 위한 전문상담소를 만든다. 피해여성이 머물 수 있는 보호시설을 늘리고, 자립을 위한 지원금도 신설한다. 청소년기에 접어든 다문화가족 자녀들을 위해서는 성장 지원 프로그램을 확대한다. 정부는 2018년 2월 12일 정부서울청사에서 제21차 외국인정책위원회와 제15차 다문화가족정책위

원회의 연석회의를 열고 이런 내용을 담은 '제3차 외국인정책 기본계획'과 '제3차 다문화가족정책 기본계획'을 확정했다. 이번에 수립한 기본계획은 2022년까지 추진된다(여성가족부, 2018).

국제결혼이 줄어들자 다문화가족 증가추세는 주춤해졌지만, 10년 넘게 국내에 장기 정착하는 다문화가족 비율은 늘고 있다고 정부는 파악했다. 다문화가족 자녀는 20만 명으로 대다수가 본격적으로 7~12세 초등학령기에 들어섰다. 이에 따라 3차 다문화가족정책 기본계획은 정착한 다문화가족과 청소년기에 접어든 다문화가족 자녀에 초점을 두고 세워졌다. 정부는 2019년부터 가정폭력 피해를 입은 이주여성을 지원하는 전문상담소 신설을 추진한다. 또 가정폭력 피해 이주여성 보호시설을 지난해 26개소에서 올해 28개소로 늘리고, 외국인 등록이 안 된 이주여성도 입소할 수 있게 제도를 개선한다. 가정폭력 피해 이주여성에게 지원되는 임대주택은 현재 295호에서 315호로 늘리기로 했다. 가정폭력 피해자가 보호시설에서 나온 후에도 자립할 수 있도록 지원금 신설도 추진한다(여성가족부, 2018).

또한, 2018년부터 한국 국적을 가진 자녀를 기르는 외국 국적의 한부모에 대해서도 근로·자녀 장려금을 지원한다. 지금까지는 아이가 한국 국적이더라도 한국 국적을 가진 배우자가 있어야만 장려금을 신청할 수 있었다. 아울러 불법 국제결혼 중개와 이 과정에서 일어나는 인권침해를 예방하기 위해 올해 베트남에 '국제결혼 이민관'을 파견한다.

다문화가족 자녀지원을 위해서는 청소년 성장지원사업을 확대한다. 2017년 전국 107개 다문화가족지원센터에서 운영하던 다문화가족 자녀 성장지원 프로그램을 2018년 152개소까지 늘리고, 앞으로는 전체 217개 다문화가족센터에서 전부 시행하게 할 계획이다.

또한, 정부는 외국인 정책과 관련해서는 앞으로 5년간 이민을 양적으로만 늘릴 것이 아니라 우수 연구자를 유치하는 등 인재 유치에 힘쓰겠다는 방침도 세웠다. 2017년부터 실시된 외국인 체류실태조사를 통해 앞으로 외국인의 취업 분야, 임금 등에 대한 경제·고용 데이터베이스를 만들고, 이민기록정보원을 신설해 통계를 분석·평가하기로 했다(여성가족부, 2020).

### 5) 다문화가족과 북한이탈주민가족 아동의 개념

다문화가족 아동은 다문화가족의 정의를 근거로 하고 북한이탈주민가족을 포함하여 우리와 다른 문화적 배경을 가진 외국인 배우자와 한국인 사이에서 출생한 아동을 지칭한다. 따라서 한국인 아버지와 외국인 어머니 또는 외국인 아버지와 한국인 어머니로 구성된 다문화가족, 외국인근로자 가정, 북한이탈주민가족에서 태어난 18세 미만의 아동이 된다.

**국제결혼을 통해 태어난 자녀들을 부르는 용어**

- 아메라시안(Amerasian): 한국전쟁 이후 미군 아버지와 한국인 어머니 사이에서 태어난 자녀들
- 아리따이한(Lain Daihan): 1960~70년대 베트남전쟁에 참전한 한국인 아버지와 베트남 어머니 사이에서 태어난 자녀들
- 코시안(Kosian): 1990년 이후 외국이주노동자들과 우리나라 사람들 간의 결혼을 통해 태어난 자녀들로 한국인과 아시아인 사이에서 태어났다고 하여 생긴 용어

다문화가족과 관련된 연구를 바탕으로 다문화가족 아동의 유형을 구분해 보면 국제결혼가정, 외국인근로자 가정, 북한이탈주민가족 등 세 집단으로 구분하거나 그 외 한민족아동, 한국전쟁 후 한국인과 미군 사이에서 태어난 아동으로 구분된다. 이처럼 다문화가족 아동의 유형은 매우 다양하고 그 범위 설정에 대한 논의도 다양하여 「다문화가족지원법」상의 법 개정과 관련된 쟁점이 되기도 하였다.

북한이탈주민가족의 아동은 본래 사실상 국민이지만 다른 나라로 이주하였다는 점과 남한 지역의 문화와 다른 점을 가지고 있다는 점에 의해 사회적응에 쉽지 않다는 점에서 한 유형으로 분류된다.

즉, 남한에서 생활하면서 북한이탈주민가족의 아동은 불안과 걱정, 외로움, 남한아동에 대한 열등감, 고향친구에 대한 그리움 등의 심리적 부적응을 경험하고 있다. 특히 불안감은 사회적인 조건과 환경이 바뀌거나 개인의 변화가 생기면 누구에게나 일어나는 것이지만 북한이탈가정 아동의 경우 그 정도가 심하다.

남한 입국 초기에는 남한의 생활에 대해 잘 알지 못하기 때문에 불안을 경험하게 되지만 점점 친구 관계나 학습에 대한 자신감 상실 등이 불안의 주요 원인이 된다. 2개월 간 이루어지는 '하나원'에서의 생활은 자신감과 안정감을 갖게 하지만 학교나 친구관계에 대한 어려움으로 인해 좌절을 겪으며 자신감이 낮아진다(박모란, 2002).

**북한이탈주민가족의 자녀들을 부르는 용어**

- 새터민 아동: 통일부에서 용어 선정을 통해 전자공청회(2004. 9.13~26)을 인터넷 포털사이트를 사용하여 설문조사를 진행하여 선정된 용어로 2005년부터 사용하고 있으며 새터민의 자녀는 그 자녀들을 일컫는다.
- 북한이탈주민 자녀: 공식적으로 군사분계선 이북지역에 주소, 직계가족, 직장 등을 둔 자로 북한을 벗어나 외국국적을 취득하지 않은 자의 자녀를 말한다(북한이탈주민의 보호 및 정착지원에 관한 법률 제2조).
- 탈북민 자녀: 탈북난민, 북한출신 남한이주자 등 다양한 용어가 사용된 초기 시기의 용어로 부정적인 이미지를 주고 정체성에 혼란이 있다고 하여 사용하지 않는다.

이렇듯 다문화가족과 북한이탈주민가족에 대한 용어가 존재하듯 우리 사회는 다름에 대한 이해를 위해 국민을 구성요소와 적응문제에 따라 분류하고 있음을 알 수 있다.

본서에서는 같은 문화가 아니더라도 삶의 양식이 복잡하더라도 현재 같은 국적을 갖고 있는 모든 사람들에게 동등하고 평등한 인권이 보장되었으면 한다. 즉, 다양함을 용어로 구분하는 것에 대한 의미를 부여치 않았으면 한다. 이에 각 가정의 고유특징을 살펴보고자 한다.

## 4. 북한이탈주민가족

### 1) 북한이탈주민가족에 대한 개념과 범위

북한이탈주민이란 용어는 북한을 탈출하여 북한 이외의 지역에 체류하는 북한주민을 일컬으며 북한에 주소, 직계가족, 배우자, 직장 등을 두고 있는 사람으로서 북한을 벗어나 후 외국국적을 취득하지 않은 사람을 말한다(북한이탈주민의 보호 및 정착지원에 관한 법률 제2조 제1호). 즉, 북한이탈주민은 북한을 탈출해 현재 남한에 거주하는 사람을 말한다.

통일부(2005)는 탈북자라는 용어가 부정적인 인식을 심어줄 수 있다는 취지에서 새로운 명칭인 "새로운 터전에서 삶을 시작하는 사람"이라는 '새터민'이라는 명칭을 사용할 것을 권장하였다. 그러나 탈북단체들이 '새터민'이라는 용어 사용에 대해 부정적인 입장을 보이는 등 용어 개념의 문제를 제기하자 2008년 11월 통일부는 가급적 '새터민'이라는 용어를 쓰지 않겠다고 발표하여 공식적인 명칭을 '북한이탈주민'으로 사용하고 있다. 즉, 북한이탈주민가족은 북한을 이탈하여 현재 남한사회에 거주하면서 정부로부터 법률적·행정적 지원을 받는 가정을 의미한다.

이들 가정유형은 첫째, 처음부터 가족단위로 입국한 경우, 둘째, 가정 중 일부가 먼저 입국하고 나중에 가정에 합류한 경우, 셋째, 혼자 입국하여 한국에서 가정을 이룬 경우를 일컫는다.

### 2) 북한이탈주민가족의 일반적 특징

북한이탈주민가족은 입국 초기에 상당한 부적응 양상을 나타내고 있으며, 이들이 경험하고 있는 부적응은 탈북과 제3국에서의 경험으로 인하여 형성된 후 해결되지 못한 채 심리적 문제로 남아 있으며 쉽게 없어지기 어렵다. 특히 입국 초기의 북한이탈주민가족의 자녀는 상당한 수준의 심리·사회적 부적응 양상을 나타내고 있어 적절한 개입이 이루어지지 않을 경우 심각한 상태로 악화될 수 있다(양계민, 황순택, 2008).

이들 가정의 특징을 살펴보면 다음과 같다.

첫째, 북한이탈주민가족의 자녀는 전반적인 사회적 관계형성에 있어서 문제를 보이고 있다. 이는 생태학적 측면에서 북한이탈주민의 대다수는 사회적 규범과 같은 제도적인 영향이 미치지 않는 함경도 출신이 많아 이 지역은 '너와 나'의 관계만을 중요시하는 탓에 사회성이 약할 수밖에 없다(박병규, 2009). 아동은 부모와의 상호작용을 통하여 성장과 사회화 과정을 발달시키게 된다(전정미, 2005). 북한에서 태어나 성장했던 북한이탈주민 가정의 부모는 자신이 경험했던 양육방식으로 자녀를 양육하게 된다(강현숙, 2009). 북한이탈주민가족의 자녀는 부모로부터 사회화나 이러한 환경에 노출되어 있기 때문에 비슷한 성향을 가지게 되고 남한에서의 사회성도 약해질 수밖에 없다.

둘째, 북한이탈주민가족의 자녀들은 또래관계와 상호작용의 어려움이 있다. 이는 중국에서 체류하며 주변에서 경험한 긴장으로 인하여 타인과 서로 터놓고 의사소통을 하는 경우가 드물었던 환경의 영향도 있다. 이는 중국의 공안에게 항상 쫓겼던 생활로 인하여 친구관계에서도 연락처를 주고받는 것이 어려울 정도로 사회적 기술이 부족하다. 사회적 기술이 부족한 이들은 학교에서 친구들과 관계를 형성하고 상호작용을 하는 것을 어려워하고 있으며 학교와 또래관계에서의 적응이 매우 어려움이 있다고 호소한다.

셋째, 북한이탈주민 자녀는 사회관계나 학교생활 적응에 문제를 갖고 있다. 대인관계에서의 소외감과 외로움을 경험한 북한이탈주민가족의 자녀는 새로운 관계를 준비하는 적응에 있어 또 다른 스트레스를 받으며 사회적응이나 학교적응에 어려움을 겪게 된다(이선애, 2020).

이러한 일반적 특징을 통해 비다문화가족의 자녀와 국가 및 사회의 지원이나 적응 프로그램이 필요함을 알 수 있을 것이다. 이에 교사는 각 교육실제에서 나타나는 다문화가족과 그 자녀들의 어려움과 두려움을 적극 이해하고 지원책을 연구해야 할 것이다.

다문화가족과 북한이탈주민가족의 그 자녀들은 우리나라의 국민으로서 국가와 국민의 권리를 평등하게 수행하고 보장받을 권리가 있다. 이에 다문화가족과 북한이탈주민가족 그 자녀들의 적응과 사회통합을 위해 정부나 사회 및 기관에서 수행하는 복지서비스의 실천과정을 살펴보도록 한다.

### 3) 북한이탈주민가족의 복지서비스 실천

정부는 북한이탈주민들이 우리 사회 일원으로 자립 · 자활 의지를 갖고 안정적으로 정착하도록 「북한이탈주민의 보호 및 정착지원에 관한 법률」(1997.1.14. 제정)에 따라 다양한 정책적 지원을 시행하고 있다. 이들을 위한 복지서비스의 실천 내용을 살펴보면 다음과 같다.

첫째, 2012년에 북한이탈주민 정착지원사무소(제2 하나원) 시설을 확충하고, 교육 프로그램으로 여성특화교육을 강화하고 심리안정 및 건강회복 지원을 강화하고자 노력한다.

둘째, 조속한 자립 · 자활을 지원하기 위해 북한이탈주민이 가장 큰 애로를 호소하는 취업문제 해결을 위해 노동부 · 기업 등과 유기적 협력관계를 구축하고 '북한이탈주민 일자리 창출 사업'을 진행한다.

셋째, 북한이탈주민의 보호 및 정착지원에 관한 법률이 개정되어 2010년 9월 27일 시행하였다. 이 법률은 북한이탈주민지원재단 · 북한이탈주민 예비학교 설립, 취업지원 강화방안 등의 내용이 포함하고 있다.

넷째, 북한이탈주민의 보호 및 정착지원에 관한 법률 개정(2013.8, 2014.1, 2014.5)을 하였으며 북한이탈주민 자산형성 지원, 취업 · 교육 등 실태조사 근거마련, 기본계획(3년 주기) 신설, 자산형성제도 도입 등을 시행하고 있다.

북한이탈주민가족의 정착지원 복지서비스는 북한이탈주민가족이 남한에 이주하여 새로운 생활과 문화에 적응할 수 있도록 지원하는 매우 중요한 요소이다. 통일부가 북한이탈주민의 정착지원체제를 시행하는 과정은 다음과 같다(통일부, 2011).

① 보호 요청 및 국내 이송

- 보호 요청 시 외교부, 관계부처에 상황 보고 및 전파
- 해외 공관 또는 주재국 임시 보호시설 수용
- 신원 확인 후 주재국과 입국 교섭 및 국내 입국 지원

② 합동 신문

- 입국 후 국가정보원, 경찰청 등 관계기관의 합동 신문
- 조사 종료 후 사회적응 교육시설인 하나원으로 신병이관

③ 보호결정

- 북한이탈주민대책협의회 심의를 거쳐 보호 여부 결정
- 보호결정 세대단위 결정

④ 하나원의 정착 준비

- 사회적응교육(12주)
- 문화적 이질감 해소, 심리 안정, 진로지도 상담 등
- 가족관계 등록, 주거 알선 등 정착 준비를 마친 후 거주지 전입

⑤ 거주지 보호

- 사회적 안전망 편입(생계 · 의료급여)
- 취업지원: 고용지원금, 무료 직업훈련, 자격 인정 등
- 교육지원: 특례 편입학과 등록금 지원
- 보호담당관제: 거주지 · 취업 · 신변보호 담당관제 운영

⑥ 민간 참여

- 주민지역적응센터(하나센터) 지정 운영
- 정착도우미제: 민간자원봉사자와의 연계

- 북한이탈주민지원재단(정부예산 지원)
- 종합상담, 생활 안정, 취업, 교육 및 장학, 연구, 인식 개선에 관한 지원
- 민간 지원 역량을 연계하는 거점 역할 간 참여

또한, 국내에 입국하여 정착한 북한이탈주민에게 국가적 차원의 보호, 정착 지원 정책과 같은 서비스가 제공되고 있다. 이러한 북한이탈주민 보호와 지원체제서비스는 다음과 같다(통일부, 2021).

표 9-9 **북한이탈주민 보호와 지원체제서비스**

| 구 분 | 항 목 | 지원 내용 |
|---|---|---|
| 정착금 | 기본금 | 1인 세대 기준 600만 원 지급 |
| | 장려금 | 직업훈련, 자격증 취득, 취업 장려금 등 최대 2,440만 원 |
| 주거 | 가산금 | 노령, 장애, 장기치료 등 최대 1,540만 원 |
| | 주택알선 | 임대아파트 알선 |
| 취업 | 주거 지원금 | 1인 세대 기준 1,300만 원 |
| | 직업훈련 | 훈련기간 중 훈련수당 월 10~20만 원 지급(노동부) |
| | 고용 지원금 | 급여 2분의 1(70만 원 한도)을 최대 3년간 지원, 채용 기업주에게 지원 |
| | 취업보호담당관 | 전국 55개 고용지원센터에 지정, 취업 상담 · 알선 |
| | 기타 | 취업보호(우선구매), 영농 정착 지원, 특별임용 등 |
| 사회복지 | 생계급여 | 국민기초생활 보장 수급권자(1인 세대 월 약 42만 원) |
| | 의료보호 | 의료급여 1종 수급권자로서 본인 부담 없이 의료 혜택 |
| | 연금특례 | 보호결정 당시 50세 이상~60세 미만은 국민연금 가입특례 |
| 교육 | 특례 편 · 입학 | 대학 진학 희망자의 경우 대학 특례 입학 |
| | 학비 보조 | 중 · 고등학교와 국립대 등록금 면제, 사립대 50% 보조 |
| 정착도우미 | - | 1세대당 1~2명의 정착도우미 지정, 초기 정착 지원(전국 2,000여 명) |
| 보호담당관 | - | 거주지보호담당관(200여 명), 취업보호담당관(55명), 신변보호담당관(800여 명) |

출처: 통일부(www.unikorea.go.kr)

다문화가족과 북한이탈주민가족의 실태와 현황조사를 비롯하여 각 가정이 갖고 있는 특징과 개인적 문제를 제시해 보았다. 각 가정마다 다양한 문제가 발생하고 그 문제로 인해 갈등하여 어려움을 갖고 있어서 사회적응과 사회통합의 문제가 있음도 알아보았다. 본 장을 통해 이들 가정의 문제를 다각적으로 이해하고 지원하려는 정부와 지자체의 노력도 볼 수 있다. 문제는 해결해야 할 분야이므로 더욱 적극적인 관심과 이해가 필요하다.

Chapter

10

# 장애아동의 복지서비스

아동복지는 아동이 건강하게 출생하여 행복하고 안전하게 자랄 수 있도록 하는 것에 목적을 둔다. 「아동복지법」 제2조에서는 기본이념으로 아동은 자신 또는 부모의 성별, 연령, 종교, 사회적 신분, 재산, 장애 유무, 출생지역, 인종 등에 따른 어떠한 종류의 차별도 받지 아니하고 자라나야 한다고 명시하고 있어 아동복지에서의 아동의 범주가 모든 아동을 포함하고 있음을 알 수 있다. 이는 장애아동도 비장애아동과 같이 아동복지의 대상이 될 뿐 아니라 권리를 가지고 있는 존재임을 알 수 있다.

장애아동을 위한 복지가 중요한 이유는 인간의 발달과정에서 아동기는 결정적 시기로 아동의 잠재능력을 최대한 개발하고 잔존하는 능력을 최대한 보존하여 장애로 인한 손상을 최소화할 뿐 아니라 개입의 효과를 최대화할 수 있기 때문이다. 또한 장애아동에 대한 복지는 아동을 양육하는 부모뿐 아니라 사회의 안녕을 위해서도 중요하다. 이에 본 장에서는 장애아동의 개념과 유형, 장애아동의 복지서비스 실태 및 정책, 그리고 문제점에 대해 알아보고자 한다.

## 1. 장애아동의 개념과 유형

인간의 존엄성을 구현해야 하는 복지의 가치실현과 행복할 권리가 있는 아동의 행복권 보장이라는 측면에서 장애아동복지는 가까운 미래를 준비하는 주요한 과제 중 중요한 부분이다. 장애아동복지에 대해 살펴보기 위해서는 우선적으로 장애아동의 개념과 유형에 대해 알아볼 필요가 있다.

### 1) 장애아동의 개념

장애아동의 개념을 정의하기에 앞서 장애의 개념을 먼저 정의해 보고자 한다. 장애에 대한 개념은 시대와 나라마다 차이가 있으나, 장애의 개념은 크게 협의의 개념과 광의의 개념으로 구분할 수 있다. 협의의 개념은 의학적 관점으로 장애를 신체 또는 정신의 기능저하와 이상, 상실, 또는 신체 일부의 훼손 등을 의미하며, 광의의 개념은 신체 또는 정신의 저하, 상실 같은 의학적 수준에서의 장애뿐만 아니라 이로 인해 발생되는 능력의 저하와 사회적 불이익을 포함한다(이순자 외, 2012). 과거 장애의 개념을 협의의 개념으로 국한하였다면, 점차 장애는 광의의 개념으로 이해되고 있다.

이러한 관점의 변화는 UN의 장애인에 대한 정의를 통해서도 엿볼 수 있는데, 1975년 UN의 「장애인 권리선언」에서는 선천적이든 후천적이든 신체적·정신적 능력의 결여 때문에 개인 혹은 사회생활에 필요한 것을 자기스스로 완전히 혹은 부분적으로 확보할 수 없는 사람을 장애인으로 정의하고 있다. 또한 1979년 UN 총회에서 장애를 개인과 그 환경 간의 관계로 파악해야 한다고 함으로써 장애의 정의에 기능상의 장애뿐만 아니라 사회적 불리도 포함되어야 함을 명시하고 있다(공계순 외, 2009).

1980년 세계보건기구(WHO)의 국제장애분류(ICIDH: International Classification of Impairments, Disabilities, and Handicaps)에 따르면, 장애는 기능장애와 능력장애, 그리고 사회적 불리의 개념으로 정의된다.

첫째, 기능장애는 심리적, 생리적 또는 해부학적 구조나 기능의 상실 또는 비정상을 뜻한다. 일시적 또는 영구적인 손실이나 비정상이 특징이며 사지, 기관, 피부 또는 정신적 기능체계를 포함한 신체의 다른 구조의 비정상, 결손 또는 손실의 발생이나 존재를 포함한다. 기능장애에는 지적장애, 언어장애, 청각장애, 시각장애, 내과적 장애, 골격계장애, 신체기형, 전신적 기형 등이 포함된다.

둘째, 능력장애는 기능장애로부터 야기된 것으로서 인간에게 정상적인 것으로 간주되는 범위 내에서 또는 그러한 방식으로써 활동을 수행하는 능력의 제약 또는 결여를 뜻한다. 능력장애는 기능장애의 직접적 결과로서 일상적으로 기대되는 활동수행 및 행동의 과다 또는 결핍이 특징이다. 이는 신변처리능력이나 운동활동능력이 떨어지며 태도장애, 의사소통장애, 개인 일상생활 동작장애, 운동장애, 가사활동장애, 상황적 장애 등이 포함된다.

셋째, 사회적 불리는 사회적 차원에서의 장애의 개념으로 기능장애나 능력장애로부터 야기되는 것으로서 연령, 성, 사회적 문제적 요인에 따른 정상적인 역할의 수행을 제약 또는 방해하는 개인에 대한 불이익을 의미한다. 이는 기능장애나 능력장애가 사회화된 것으로서 개인의 손상이나 기능제약으로 인해 사회생활에 대한 참여에서 제한을 받거나 지장을 초래하는 것을 말한다. 사회적 불리에는 신체적 자립핸디캡, 이동성 핸디캡, 직업상 핸디캡, 사회통합 핸디캡 등이 포함된다.

우리나라 「장애인복지법」에서는 장애인이란 신체적 · 정신적 장애로 오랫동안 일상생활에서 상당한 제약을 받는 자로 명시하고 있으며, 「장애아동 복지지원법」에서는 장애아동을 18세 미만의 장애가 있는 사람으로 정의된다. 이렇게 보았을 때 장애아동이라 함은 18세 미만의 신체적 · 정신적 장애로 일상생활에서 상당한 제약을 받는 자, 즉 18세 미만의 신체적 · 정신적 장애로 인해 보호와 양육, 교육과 재활 및 사회적응에 있어 특별한 보호서비스를 필요로 하는 아동이라고 정의할 수 있다(전남련 외, 2012).

### 2) 장애아동의 유형

우리나라 장애인에 대한 기준은 「장애인복지법」과 「장애인 등에 대한 특수교육법」에 제시되어 있다. 「장애인복지법」에 규정된 장애인의 종류는 지체장애, 뇌병변장애, 시각장애, 청각장애, 언어장애, 지적장애, 자폐성장애, 정신장애, 신장장애, 심장장애, 호흡기장애, 간장애, 안면장애, 장루·요루장애, 뇌전증장애로, 신체적 장애 중 외부신체 기능의 장애에는 지체장애, 뇌병변장애, 시각장애, 청각장애, 언어장애, 안면장애가 있으며, 내부기관의 장애에는 신장장애, 심장장애, 간장애, 호흡기장애, 장루·요루장애, 뇌전증장애가 있다. 그리고 정신적 장애는 지적장애, 정신장애, 자폐성장애에 해당된다.

「장애인복지법」에 규정된 장애의 종류 및 기준에 대해 자세히 살펴보면 다음과 같다.

표 10-1 「장애인복지법」의 장애의 종류 및 기준

| 장애의 종류 | | | 기준 |
|---|---|---|---|
| 신체적 장애 | 외부신체의 기능 | 지체장애인 | 가. 한 팔, 한 다리 또는 몸통의 기능에 영속적인 장애가 있는 사람<br>나. 한 손의 엄지손가락을 지골(指骨: 손가락 뼈) 관절 이상의 부위에서 잃은 사람 또는 한 손의 둘째손가락을 포함한 두 개 이상의 손가락을 모두 제1지골 관절 이상의 부위에서 잃은 사람<br>다. 한 다리를 리스프랑(Lisfranc: 발등뼈와 발목을 이어주는) 관절 이상의 부위에서 잃은 사람<br>라. 두 발의 발가락을 모두 잃은 사람<br>마. 한 손의 엄지손가락 기능을 잃은 사람 또는 한 손의 둘째손가락을 포함한 손가락 두 개 이상의 기능을 잃은 사람<br>바. 왜소증으로 키가 심하게 작거나 척추에 현저한 변형 또는 기형이 있는 사람<br>사. 지체(肢體)에 위 각 목의 어느 하나에 해당하는 장애정도 이상의 장애가 있다고 인정되는 사람 |
| | | 뇌병변장애인 | 뇌성마비, 외상성 뇌손상, 뇌졸중(腦卒中) 등 뇌의 기질적 병변으로 인하여 발생한 신체적 장애로 보행이나 일상생활의 동작 등에 상당한 제약을 받는 사람 |
| | | 시각장애인 | 가. 나쁜 눈의 시력(만국식시력표에 따라 측정된 교정시력. 이하 같음)이 0.02 이하인 사람<br>나. 좋은 눈의 시력이 0.2 이하인 사람<br>다. 두 눈의 시야가 각각 주시점에서 10도 이하로 남은 사람<br>라. 두 눈의 시야 2분의 1 이상을 잃은 사람<br>마. 두 눈의 중심 시야에서 20도 이내에 겹보임[복시(複視)]이 있는 사람 |
| | | 청각장애인 | 가. 두 귀의 청력 손실이 각각 60데시벨(dB) 이상인 사람<br>나. 한 귀의 청력 손실이 80데시벨 이상, 다른 귀의 청력 손실이 40데시벨 이상인 사람<br>다. 두 귀에 들리는 보통 말소리의 명료도가 50퍼센트 이하인 사람<br>라. 평형 기능에 상당한 장애가 있는 사람 |

| 장애의 종류 | | | 기준 |
|---|---|---|---|
| | | 언어장애인 | 음성 기능이나 언어 기능에 영속적으로 상당한 장애가 있는 사람 |
| | | 안면장애인 | 안면 부위의 변형이나 기형으로 사회생활에 상당한 제약을 받는 사람 |
| | 내부기관의 장애 | 신장장애인 | 신장의 기능부전(機能不全)으로 인하여 혈액투석이나 복막투석을 지속적으로 받아야 하거나 신장기능의 영속적인 장애로 인하여 일상생활에 상당한 제약을 받는 사람 |
| | | 심장장애인 | 심장의 기능부전으로 인한 호흡곤란 등의 장애로 일상생활에 상당한 제약을 받는 사람 |
| | | 호흡기 장애인 | 폐나 기관지 등 호흡기관의 만성적 기능부전으로 인한 호흡기능의 장애로 일상생활에 상당한 제약을 받는 사람 |
| | | 간장애인 | 간의 만성적 기능부전과 그에 따른 합병증 등으로 인한 간기능의 장애로 일상생활에 상당한 제약을 받는 사람 |
| | | 장루 · 요루 장애인 | 배변기능이나 배뇨기능의 장애로 인하여 장루(腸瘻) 또는 요루(尿瘻)를 시술하여 일상생활에 상당한 제약을 받는 사람 |
| | | 뇌전증 장애인 | 뇌전증에 의한 뇌신경세포의 장애로 인하여 일상생활이나 사회생활에 상당한 제약을 받아 다른 사람의 도움이 필요한 사람 |
| 정신적 장애 | | 지적장애인 | 정신 발육이 항구적으로 지체되어 지적 능력의 발달이 불충분하거나 불완전하고 자신의 일을 처리하는 것과 사회생활에 적응하는 것이 상당히 곤란한 사람 |
| | | 자폐성 장애인 | 소아기 자폐증, 비전형적 자폐증에 따른 언어 · 신체표현 · 자기조절 · 사회적응 기능 및 능력의 장애로 인하여 일상생활이나 사회생활에 상당한 제약을 받아 다른 사람의 도움이 필요한 사람 |
| | | 정신장애인 | 장애질환에 따른 감정조절행동사고 기능 및 능력의 장애로 일상생활이나 사회생활에 상당한 제약을 받아 다른 사람의 도움이 필요한 사람<br>가. 지속적인 양극성 정동장애(情動障碍, 여러 현실 상황에서 부적절한 정서 반응을 보이는 장애), 조현병, 조현정동장애(調絃情動障碍) 및 재발성 우울장애<br>나. 지속적인 치료에도 호전되지 않는 강박장애, 뇌의 신경학적 손상으로 인한 기질성 정신장애, 투렛장애(Tourette's disorder) 및 기면증 |

출처: 「장애인복지법」 시행령 [별표 1] 장애의 종류 및 기준에 따른 장애인(제2조 관련) 〈개정 2021. 4. 13.〉

또한, 「장애인 등에 대한 특수교육법」에서는 특수교육 대상자의 장애를 시각장애, 청각장애, 지적장애, 지체장애, 정서 · 행동장애, 자폐성장애, 의사소통장애, 학습장애, 건강장애, 발달지체로 규정하고 있다. 「장애인 등에 대한 특수교육법」에 규정된 특수교육 대상자 선정 기준에 대해 자세히 살펴보면 다음과 같다.

표 10-2 「장애인 등에 대한 특수교육법」의 특수교육 대상자 선정기준

| 특수교육 대상자 | 대상자 선정기준 |
|---|---|
| 시각장애 | 시각계의 손상이 심하여 시각기능을 전혀 이용하지 못하거나 보조공학기기의 지원을 받아야 시각적 과제를 수행할 수 있는 사람으로서 시각에 의한 학습이 곤란하여 특정의 광학기구 · 학습매체 등을 통하여 학습하거나 촉각 또는 청각을 학습의 주요 수단으로 사용하는 사람 |
| 청각장애 | 청력 손실이 심하여 보청기를 착용해도 청각을 통한 의사소통이 불가능 또는 곤란한 상태이거나, 청력이 남아 있어도 보청기를 착용해야 청각을 통한 의사소통이 가능하여 청각에 의한 교육적 성취가 어려운 사람 |
| 지적장애 | 지적 기능과 적응행동상의 어려움이 함께 존재하여 교육적 성취에 어려움이 있는 사람 |
| 지체장애 | 기능 · 형태상 장애를 가지고 있거나 몸통을 지탱하거나 팔다리의 움직임 등에 어려움을 겪는 신체적 조건이나 상태로 인해 교육적 성취에 어려움이 있는 사람 |
| 정서 · 행동장애 | 장기간에 걸쳐 다음의 어느 하나에 해당하여, 특별한 교육적 조치가 필요한 사람<br>가. 지적 · 감각적 · 건강상의 이유로 설명할 수 없는 학습상의 어려움을 지닌 사람<br>나. 또래나 교사와의 대인관계에 어려움이 있어 학습에 어려움을 겪는 사람<br>다. 일반적인 상황에서 부적절한 행동이나 감정을 나타내어 학습에 어려움이 있는 사람<br>라. 전반적인 불행감이나 우울증을 나타내어 학습에 어려움이 있는 사람<br>마. 학교나 개인 문제에 관련된 신체적인 통증이나 공포를 나타내어 학습에 어려움이 있는 사람 |
| 자폐성 장애 | 사회적 상호작용과 의사소통에 결함이 있고, 제한적이고 반복적인 관심과 활동을 보임으로써 교육적 성취 및 일상생활 적응에 도움이 필요한 사람 |
| 의사소통 장애 | 다음의 어느 하나에 해당하여 특별한 교육적 조치가 필요한 사람<br>가. 언어의 수용 및 표현 능력이 인지능력에 비하여 현저하게 부족한 사람<br>나. 조음능력이 현저히 부족하여 의사소통이 어려운 사람<br>다. 말 유창성이 현저히 부족하여 의사소통이 어려운 사람<br>라. 기능적 음성장애가 있어 의사소통이 어려운 사람 |
| 학습장애 | 개인의 내적 요인으로 인하여 듣기, 말하기, 주의집중, 지각(知覺), 기억, 문제해결 등의 학습기능이나 읽기, 쓰기, 수학 등 학업 성취 영역에서 현저하게 어려움이 있는 사람 |
| 건강장애 | 만성질환으로 인하여 3개월 이상의 장기입원 또는 통원치료 등 계속적인 의료적 지원이 필요하여 학교생활 및 학업 수행에 어려움이 있는 사람 |
| 발달장애 | 신체, 인지, 의사소통, 사회 · 정서, 적응행동 중 하나 이상의 발달이 또래에 비하여 현저하게 지체되어 특별한 교육적 조치가 필요한 영아 및 9세 미만의 아동 |
| 중복장애 | 두 가지 이상 중복된 장애를 지닌 특수교육 대상자로 다음 각 목의 구분에 따른 장애를 지닌 사람으로서 제1호부터 제6호까지의 규정에 따른 특수교육 대상자에 대한 |

| 특수교육 대상자 | 대상자 선정기준 |
|---|---|
| | 각각의 교육지원만으로 교육적 성취가 어려워 특별한 교육적 조치가 필요한 사람<br>가. 중도중복(重度重複)장애: 다음의 구분에 따른 장애를 각각 하나 이상씩 지니면서 각각의 장애의 정도가 심한 경우. 이 경우 장애의 정도는 법 제14조 제1항에 따른 선별검사의 결과, 제9조 제4항에 따라 제출한 진단서 및 「장애인복지법」 시행령 제2조 제2항에 따른 장애의 정도 등을 고려하여 정한다.<br>1) 지적장애 또는 자폐성장애<br>2) 시각장애, 청각장애, 지체장애 또는 정서 · 행동장애<br>나. 시청각장애: 시각장애 및 청각장애를 모두 지니면서 시각과 청각에 의한 학습이 곤란하고 의사소통 및 정보 접근에 심각한 제한이 있는 경우 |

출처: 「장애인 등에 대한 특수교육법」 시행령 [별표] 특수교육 대상자 선정 기준(제10조 관련)〈개정 2022. 6. 28.〉

### 특수교육 대상자 선별검사 및 진단 · 평가 영역

| 구분 | | 영역 |
|---|---|---|
| 장애 조기 발견을 위한 선별검사 | | 1. 사회성숙도검사 2. 적응행동검사<br>3. 영유아발달검사 |
| 진단 · 평가 영역 | 시각장애 · 청각장애 및 지체장애 | 1. 기초학습기능검사 2. 시력검사<br>3. 시기능검사 및 촉기능검사(시각장애의 경우에 한함)<br>4. 청력검사(청각장애의 경우에 한함) |
| | 지적장애 | 1. 지능검사 2. 사회성숙도검사<br>3. 적응행동검사 4. 기초학습검사<br>5. 운동능력검사 |
| | 정서 · 행동장애 자폐성장애 | 1. 적응행동검사 2. 성격진단검사<br>3. 행동발달평가 4. 학습 준비도검사 |
| | 의사소통 장애 | 1. 구문검사 2. 음운검사<br>3. 언어발달검사 |
| | 학습장애 | 1. 지능검사 2. 기초학습기능검사<br>3. 학습 준비도 검사 4. 시지각 발달검사<br>5. 지각운동발달검사 6. 시각운동통합발달검사 |

비고: 특수교육 대상자 선정을 위한 장애유형별 진단 · 평가 시 장애인증명서 · 장애인수첩 또는 진단서 등을 참고자료로 활용할 수 있다.

참고: 「장애인 등에 대한 특수교육법」 시행규칙 교육부령 제101호 일부개정 2016. 06. 23. [별표] 특수교육 대상자 선별검사 및 진단 · 평가 영역(제2조 제1항 관련)

이와 같이 장애아동의 개념과 유형을 살펴보면, 과거 단순히 장애를 의학적 관점에서 바라보는 협의의 개념에서 현재에는 광의의 개념으로 이해되고 있다. 장애아동을 어떠한 관점에서 바라보고 어떤 기준으로 분류하는가는 장애에 대한 인식에 영향을 미치는 중요한 요인이 될 수 있다. 즉 장애에 대한 인식은 장애가 발생되었을 때 장애인 등록률과 장애아동의 잔존하는 능력을 보전하기 위한 재활치료서비스 등에 영향을 미친다.

여기에서는 우리나라의 장애아동복지서비스 실태에 대해 알아보고자 한다.

## 2. 장애아동의 실태

장애아동은 18세 미만의 신체적 · 정신적 장애로 인해 보호와 양육, 교육과 재활 및 사회적응에 있어 특별한 보호서비스를 필요로 하는 아동으로, 여기서는 2021년 장애인 등록현황과 2020년 장애인 실태조사를 근거로 장애아동의 현황을 살펴보고자 한다. 2021년 장애인 등록인 수는 2,644,700명인 것으로 나타났다.

2021년 장애 추정 인구 중 후천적 장애율이 80.0%로 장애가 선천적으로 발생하는 비율보다 후천적으로 발생하는 비율이 높으나, 2011년을 기준으로 후천적 장애율이 점차 감소하는 경향성을 보이고 있다. 2021년 등록 장애인 2,644,700명 중 남자 1,528,280명, 여자 1,116,420명이었으며, 이 중 0~17세까지 아동 장애인은 77,961명(남아 51,904명, 여아 26,057명)으로 전체 장애인 등록인 수 대비 3.0%이었다. 그리고 대체로 연령이 증가하면서 장애 출현률이 높아지는 경향을 보이고 있어 연령 증가에 따른 후천적 장애의 증가를 의미한다고 볼 수 있다.

| 표 10-3 | 0~17세 등록장애인 수(2021년 12월 31일 기준)

| 연 령 | 계 | 남 자 | 여 자 |
|---|---|---|---|
| 0 | 28 | 16 | 12 |
| 1 | 409 | 201 | 208 |
| 2 | 801 | 420 | 381 |
| 3 | 1,599 | 949 | 650 |
| 4 | 2,734 | 1,792 | 942 |
| 5 | 4,121 | 2,773 | 1,348 |
| 6 | 5,591 | 3,879 | 1,712 |
| 7 | 5,449 | 3,774 | 1,675 |
| 8 | 5,449 | 3,743 | 1,706 |
| 9 | 6,123 | 4,156 | 1,967 |
| 10 | 6,279 | 4,302 | 1,977 |
| 11 | 5,911 | 4,016 | 1,895 |
| 12 | 5,348 | 3,611 | 1,737 |
| 13 | 5,442 | 3,628 | 1,814 |
| 14 | 5,886 | 3,873 | 2,013 |
| 15 | 5,266 | 3,410 | 1,856 |
| 16 | 5,484 | 3,508 | 1,976 |
| 17 | 6,041 | 3,853 | 2,188 |
| 합계 | 77,961 | 51,904 | 26,057 |

출처: 보건복지부(2022e)

2021년 등록 장애인 중 장애유형별 출현율을 살펴보면 전체 장애인 등록인 중 지체장애가 가장 큰 비중을 차지하고 있으며, 청각장애, 시각장애, 뇌병변장애, 지적장애, 정신장애, 신장장애, 자폐성장애, 언어장애, 장루 · 요루장애, 간장애, 호흡기장애, 뇌전증, 심장장애, 안면장애 순이었다.

| 표 10-4 | **장애유형별 출현률(2021년 12월 31일 기준)**

| 장애유형 | 계 | 남 자 | 여 자 |
|---|---|---|---|
| 지체 | 1,191,462 | 691,136 | 500,326 |
| 시각 | 251,620 | 149,321 | 102,299 |
| 청각 | 411,749 | 216,505 | 195,244 |
| 언어 | 23,064 | 16,374 | 6,690 |
| 지적 | 221,557 | 133,375 | 88,182 |
| 뇌병변 | 248,308 | 142,600 | 105,708 |
| 자폐성 | 33,650 | 28,218 | 5,432 |
| 정신 | 104,214 | 52,958 | 51,256 |
| 신장 | 102,135 | 60,527 | 41,608 |
| 심장 | 5,166 | 3,340 | 1,826 |
| 호흡기 | 11,541 | 8,503 | 3,038 |
| 간 | 14,433 | 10,119 | 4,314 |
| 안면 | 2,712 | 1,582 | 1,130 |
| 장루 · 요루 | 16,012 | 9,856 | 6,156 |
| 뇌전증 | 7,077 | 3,866 | 3,211 |
| 합계 | 2,644,700 | 1,528,280 | 1,116,420 |

출처: 보건복지부(2022e)

2017년 장애인 실태조사 결과에 따르면, 향후 보육 · 교육 시 가장 필요한 것으로 20.8%가 장애아 전담보육시설 확대를 꼽았고, 장애아동 발달재활사업 확대(19.9%), 특수교육 보조인력 증원(12.4%), 교사의 전문성 확보(9.4%)인 것으로 나타났었다.

| 표 10-5 | **향후 보육 · 교육 시 가장 필요한 것**

| 구 분 | % |
|---|---|
| 장애아 전문 보육시설 확대 | 20.8 |
| 장애아동 발달재활서비스 확대 | 19.9 |
| 교육도구나 기자재 사용 시 편리성 확보 | 3.4 |
| 교사의 전문성 확보 | 9.4 |
| 특수교육 보조인력 증원 | 12.4 |
| 교사 및 교육기관의 확대 | 7.4 |
| 학교 내 편의시설 확대 | 2.5 |
| 등 · 하교 편리성 지원 | 3.8 |
| 교육에 대한 충분한 정보 제공 | 8.0 |
| 고등교육 지원 강화 | 3.0 |
| 부모교육 상담 지원 확대 | 1.1 |
| 교육비 부담 감소 | 8.4 |
| 기타 | - |
| 계 | 100.0 |

출처: 보건복지부, 한국보건사회연구원(2018)

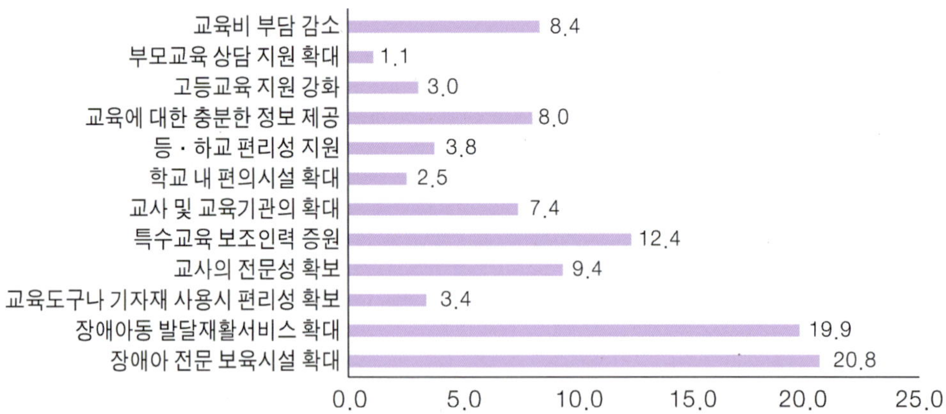


| 그림 10-1 | **보육교육에서 가장 필요한 지원**

2017년 장애인 실태조사 결과에서 향후 보육·교육 시 가장 필요하다고 인식한 장애아전담보육시설 현황과 장애아동발달재활사업의 현황에 대해 살펴보면, 장애아 전담보육시설은 꾸준히 증가하고 있는 추세이지만 여전히 장애아동을 보육할 장애아 전담보육시설은 부족한 실정이다.

| 표 10-6 | **장애아전문·통합시설 현황**

| 구분 | 2012 | 2013 | 2014 | 2015 | 2016 | 2017 | 2018 | 2019 | 2020 | 2021 |
|---|---|---|---|---|---|---|---|---|---|---|
| 장애아 전문시설 | 171 | 172 | 174 | 175 | 177 | 178 | 177 | 176 | 177 | 178 |
| 장애아 통합시설 | 836 | 867 | 872 | 899 | 911 | 946 | 1,000 | 1,100 | 1,211 | 1,317 |
| 계 | 1,007 | 1,039 | 1,046 | 1,074 | 1,088 | 1,124 | 1,177 | 1,276 | 1,388 | 1,495 |

출처: 보건복지부(2017, 2018, 2019, 2020, 2021)

또한 장애아동에 대한 발달재활서비스의 지속적 확대 등에 따라 2011년 56.0%에서 2014년 62.5%, 2017년 69.4% 19세 이하 장애아동의 재활치료서비스 이용률이 증가하였다. 하지만 2020년 18세 이하 장애아동의 재활치료서비스 이용률은 57.9%로 재활치료서비스를 이용하지 않는 이유에 대해 주위에 의료기관이 없고 치료비가 부담의 이유를 들고 있어 재활치료의 물리적 접근성과 함께 경제적 접근성을 높이는 것이 필요한 상황이다.

| 표 10-7 | **장애아동 재활치료서비스 이용률** (단위: %)

| 2011년 | 2014년 | 2017년 | 2020년 |
|---|---|---|---|
| 56.0 | 62.5 | 69.4 | 57.9 |

주: 연령별로 제시되지 않아 19세 이하의 재활치료서비스 이용률을 제시하였음. 2021년의 수치는 18세 이하의 재활치료서비스 이용률을 제시하였음
출처: 보건복지부, 한국보건사회연구원(2018; 2021)

이와 같이 우리나라 장애아동의 장애 출현률은 연령이 증가하면서 높아지는 경향성을 보인다. 이를 통해 점차 선천적 장애보다 후천적 장애의 발생 빈도가 더 높아지고 있음을 알 수 있다. 또한 현재 우리나라에서는 장애아 전담보육시설을 확충하고

자 노력하고 있으나 수요에 비해 아직 부족하여 지속적으로 장애아 전담보육시설을 증설시켜야 할 것이다. 장애아동에 대한 현황은 우리나라의 장애아동 관련 복지정책을 수립하는 데 기초자료가 된다.

다음에서는 우리나라의 장애아동 관련 복지정책에 대해 살펴보고자 한다.

## 3. 장애아동의 복지 관련 정책

과거 우리나라 장애아동의 복지를 위한 사업들은 보육사업을 제외하고는 근본적으로 장애아동에 대한 보편적 복지가 아니라 저소득층 장애아동에 대한 선별적 복지의 성격이 강하였다. 그리고 복지정책도 주로 성인기 장애인들을 중심으로 수립되고 있으며, 복지지원 전달체계나 연계협력 체계가 미비하여 분절된 복지서비스가 이루어지고 있어서 장애아동과 그 가족에 대한 종합적인 지원 대책이 필요하였다. 이에 2011년 8월 4일 장애아동을 위한 「장애아동 복지지원법」이 제정되었다. 최근 장애아동의 복지 관련 정책은 국가와 지방자치단체가 장애아동의 특별한 복지적 욕구에 적합한 지원을 통합적으로 제공함으로써 장애아동이 안정된 가정생활 속에서 건강하게 성장하고 사회에 활발하게 참여할 수 있도록 하며, 장애아동 가족의 부담을 줄이고자 노력하고 있다.

### 1) 장애아동의 복지 관련 정책

2018년 4월 25일 보건복지부에서는 제5차 장애인정책종합계획(2018~2022)을 발표하였다. 장애인의 자립생활이 이루어지는 포용사회를 비전으로 두고 5대 분야 22개 중점과제 70개 세부과제를 정책과제로 정하였다. 5대 분야 22개 중점과제를 간략히 살펴보면 다음과 같다.

출처: 보건복지부(2018)

그림 10-2 **제5차 장애인정책종합계획 정책 비전도**

5대 분야 22개 중점과제 중 장애아동과 밀접하게 관련된 분야별 추진과제를 소개하면, 활동지원 내실화 등 복지서비스 확대, 재활의료 전달체계 구축 및 접근성 강화, 장애영유아보육 및 교육지원 강화가 있다. 이에 대해 소개하면 다음과 같다.

### (1) 활동지원 내실화 등 복지서비스 확대

#### ① 장애아동 가족지원서비스 확대

• 장애아동 발달재활서비스 대기수요 해소를 위해 지원인원 확대(연간 700명) 및 서비스 지원액 연간 2만 원씩 단계적 확대: 최대 22만원 → 최대 30만원(2019~)

• 장애아 가족돌봄서비스 지원 강화를 위해 장애아 가족 양육지원서비스 지원인원(연간 500명) 및 돌봄서비스 지원시간 단계적 확대(2018~): 돌봄서비스 지원시간 480시간(2017) → 528시간(2018) → 600시간(2019)

- 소득기준 초과로 서비스 신청이 불가능한 경우에도 '장애아 돌보미'서비스를 이용할 수 있도록 자부담 이용 방안 마련(2018~)

#### ② 장애인 보조기기 지원 확대

• 장애인의 의료비 부담 경감을 위해 장애인 보장구 건강보험급여 확대(2018~)

- 의료적 필요성이 높은 품목을 발굴하여 급여 적용을 확대하고, 품목에 대한 기능상 유형 분류를 통해 지급 세분화: 수동휠체어 기능별 유형별 세분화틸트, 리클라인 일반형 및 활동형
- 보조기기 실사용 여건을 반영하여 사용연한 조정 및 급여기준액 현실화: 시각장애인 보장구(2019), 의지보조기(2020)

• 저소득 장애인 보조기기 지원 사업 확대(2018)

- 장애인보조기기 교부사업 지원기준액 현실화 및 일상생활 지원품목의 단계적 확대(2018년 28개 → 2022년 42개 품목)
- 보조기기 수리, 사례관리 등 사후관리서비스 강화를 위해 지역 보조기기센터 미설치 7개 시 · 도에 센터 설치 확대(~2022)

### (2) 재활의료 전달체계 구축 및 접근성 강화

#### ① 어린이 재활의료 체계 구축

• 현재 공급이 부족한 중증장애아동의 집중재활치료를 확대하기 위해 권역별 공

공 어린이 재활의료기관 건립 및 운영지원(2018~)

- 병원 건립 시 특수학교 건립이 연계되도록 하여 장애아동의 치료와 교육이 병행될 수 있는 여건 조성

• 장애아동에 적합한 정기적 평가 및 교육상담서비스를 제공하는 '장애아동 건강주치의(장애아동 건강관리의사)' 서비스 도입(2019. 시범사업)

• 경증 장애아동 및 장애 청소년이 가까운 곳에서 재활치료를 받을 수 있도록 재활치료 수가 개선을 통한 민간 소아재활 인프라 확충

### (3) 장애영유아보육 및 교육 지원 강화

#### ① 장애영유아보육 지원 강화

• 장애아전문어린이집 및 장애아통합어린이집 확충

- 장애아전문어린이집 및 장애아통합어린이집 확충, 시설·기능 보강 지원: 1,124개소(2018) → 1,184개소(2022) 매년 12개소씩 5년간 60개소 신설

• 장애아전문어린이집 및 장애아통합어린이집 교직원 인건비 지원 확대

#### ② 특수교육 대상자 조기 발견 및 교육지원 강화

• 특수교육 대상자 조기 발견체계 구축

- 특수교육 대상자 조기 발견 및 교육 지원을 위해 관계부처 사업과 연계하여 특수교육 홍보 강화: 장애등록 및 영유아 검진 장애 유소견자에 대한 특수교육 안내, 표준모자보건수첩 등에 특수교육 관련 정보 제공 등

• 특수교육 대상자 교육지원 강화

- 유아 단계부터 통합교육 활성화를 위해 전일제 통합 형태의 통합유치원 및 유치원 특수학급 확대: 통합유치원은 1개(2017) → 17개(2022), 유치원특수학급은 731학급(2017) → 1,131학급(2022)
- 영유아의 발달단계 및 장애특성을 고려한 교수·학습 자료 개발·보급

## 2) 장애아동의 복지 관련 서비스

장애아동은 18세 미만의 신체적 · 정신적 장애로 인해 보호와 양육, 교육과 재활 및 사회적응에 있어 특별한 보호서비스를 필요로 하는 아동으로 부모 및 가족의 보호가 필요한 존재이다. 그러므로 우리나라의 장애아동복지 관련 서비스는 장애아동뿐만 아니라 부모 및 가족을 서비스 대상으로 포함하여 서비스를 확대해 가고 있다. 현재 우리나라에서 실시하고 있는 장애아동을 위한 복지 관련 서비스 중 장애아 무상 보육료 지원과 장애아 가족 양육 지원, 발달장애인 부모상담 지원, 장애인활동 지원, 발달재활서비스, 언어발달 지원에 대해 알아보고자 한다.

### (1) 장애아 무상 보육료 지원

장애아 무상 보육료 지원 대상은 만 0세에서 만 12세 이하의 장애인 복지카드를 소지한 미취학 장애아동을 대상으로 한다. 다만 만 5세 이하인 경우 장애 소견이 있는 의사진단서를 제출하거나 만 3세에서 만 8세까지의 아동 중 특수교육 대상자 진단 · 평가 결과 통지서를 제출한 경우 장애아 무상 보육료를 지원 받을 수 있는데, 장애아 무상 보육료는 가구 소득 수준과 무관하게 지원된다. 2022년 기준 장애아 무상 보육료의 지원 단가는 다음과 같다.

| 표 10-9 | 장애아 무상보육료 지원 단가

| 구 분 | 지원 단가/월 |
|---|---|
| 종일반 | 478,000원 |
| 방과후 | 239,000원 |
| 만 3~5세 누리장애아보육 | 478,000원 |

출처: 보건복지부(2022e)

### (2) 장애아 가족 양육 지원

장애아 가족 양육 지원은 중증장애아동에 대해 양육자의 질병, 사회활동 등 일시적 돌봄서비스 필요시 일정한 교육과정을 수료한 돌보미를 파견하여 장애아동 보호 및 휴식 지원을 목적으로 한다. 대상은 만 18세 미만 장애 정도가 심한 장애아와 생계 및 주거를 같이하는 가정이다.

장애아 가족 양육 지원은 가구소득에 따라 지원 여부에 따라 자기부담 비율이 결정되어지는데, 장애아동의 가족소득이 기준 중위소득 120%를 기준으로 이하인 경우 연 840시간 이내에서 무료로 장애아 가족 양육 지원을 받을 수 있다. 기준 중위소득 120% 이하여도 연 840시간을 초과하거나, 기준 중위소득 120% 이상인 경우 시간당 이용요금을 부담한다.

### (3) 발달장애인 부모상담 지원

발달장애인 부모상담 지원은 과중한 돌봄 부담을 가지고 있는 발달장애인 부모에게 집중적인 심리 · 정서적 상담서비스를 제공하여 우울감 등 부정적 심리 상태를 완화시켜 궁극적으로 발달장애인 가족의 기능 향상을 도모하는 것을 목적으로 한다.

발달장애인(장애인복지법에 근거한 지적 · 자폐성 장애인) 부모상담은 발달장애인 자녀를 가진 부모 및 보호자를 대상으로, 개별 및 집단 형태로 상담서비스를 지원한다. 1인당 월 160,000원을 바우처로 12개월간 지원되며, 서비스 이용자에게 서비스 지원 연장이 필요하다고 판단되는 경우 1회에 한하여 최대 12개월까지 연장할 수 있다.

### (4) 장애인활동 지원

장애인활동 지원은 신체적 · 정신적 사유로 일상생활과 사회생활을 하기 어려운 장애인에게 활동지원서비스를 제공함으로써, 장애인의 자립생활을 지원하고 가족의 부담을 줄여 장애인의 삶의 질 향상을 목적으로 한다.

장애인활동 지원은 만 6세~만 65세 미만의 자로 혼자 일상생활과 사회생활을 하기 어려운 「장애인복지법」상 모든 등록 장애인(단, 만 65세 미만으로 「장애인 장기요양법」에 의한 장기요양 급여를 받는 사람은 제외) 또는 활동지원급여를 받는 도중 만 65세 도래에 따라 노인장기요양인정 신청을 하여 등급 외 판정을 받은 사람을 대상으로 지원된다. 활동지원급여에는 활동보조, 방문목욕, 방문간호가 있다.

- 활동보조: 신체활동, 가사활동, 사회활동지원, 기타 서비스 제공
- 방문목욕: 요양보호사가 목욕시설을 갖춘 장비를 이용, 수급자의 가정 등을 방문하여 목욕서비스 제공
- 방문간호: 의사, 한의사 또는 치과의사의 지시에 따라 간호사가 수급자 가정 등을 방문하여 간호, 진료의 보조, 요양에 관한 상담, 구강위생 서비스 제공

### (5) 발달재활서비스

발달재활서비스는 성장기의 정신적 · 감각적 장애아동의 기능 향상과 행동발달을 위한 적절한 발달재활 서비스 지원 및 정보 제공을 목적으로 한다. 발달재활서비스는 만 18세 미만의 뇌병변 · 지적 · 자폐성 · 언어 · 청각 · 시각 장애아동으로 장애인복지법상 등록 장애아동 중 기준 중위소득 180% 이하인 경우에 지원된다.

다만 장애인 등록이 안 된 만 6세 미만 아동은 의사진단서(검사자료 포함)로 대체 가능하다. 발달재활서비스를 지원받는 아동은 매월 발달 서비스 바우처를 지원 받으며, 바우처를 통해 언어 · 청능, 미술, 음악, 행동 · 놀이, 심리, 감각 · 운동 등 발달재활서비스를 선택하여 이용할 수 있다.

### (6) 언어발달 지원

언어발달 지원은 한쪽 부모 및 조손가정의 한쪽 조부모가 시각 · 청각 · 언어 · 지적 · 뇌병변 · 자폐성 등록 장애인인 만 12세 미만 비장애아동 중 가구소득이 기준 중위소득의 120% 이하인 경우에 지원(소득별 차등지원)받을 수 있다.

언어발달 지원을 받게 되면, 언어재활 바우처를 지원받게 되며, 바우처를 통해 언어발달진단서비스, 언어 · 청능재활 등 언어재활서비스, 독서지도, 수화지도 등을 이용할 수 있다. 단 논술지도, 학습지도 등 교과목 수업이나 학습지를 이용한 지도는 사용할 수 없다.

## 4. 장애아동 복지서비스의 문제점

현재 우리나라의 장애아동 복지서비스에서 가장 우선적으로 해결해야 할 문제는 장애아동 발생률을 보다 감소시켜 가야 한다는 것과 장애아동에 대한 경제적 지원 미비, 장애아동 전문인력의 부족, 장애아동에 대한 사회적 편견, 장애아동에 대한 정책 및 서비스를 제공하는 부처 간의 협조체계 미비 등이 있다.

### 1) 장애발생 예방정책 강화

장애아동의 발생을 예방하는 정책은 기초적이면서도 가장 효과가 있다. 우리나라의 장애아동 발생률은 점차 감소하고 있으나 지금보다 감소시켜 가야 한다. 장애 예방을 위해 산모에 대한 산전·산후 교육 및 관리의 강화와 영유아에 대한 건강검진의 내실화, 그리고 교통사고 등 각종 안전사고 교육 의무화, 장애아동 예방을 위한 교육과 홍보 등의 예방서비스에 대한 국가의 역할을 보다 강화해야 한다.

### 2) 경제적 지원 및 장애아동 전문 인력의 확충

장애아동 가족의 경우 장애아동을 돌보기 위해 부모의 사회활동이 제약되고 지속적인 치료비 지출이 증가해 경제적 어려움이 가중되어진다. 아직까지는 우리나라에서 장애아동 가족에게 제공되고 있는 소득보장정책은 매우 제한적으로 제공되고 있어, 장애아동 가족에 대한 경제적 지원이 확충되어야 한다. 또한 장애아동 관련 전문인력의 역할과 책임, 인원 규정 등을 명확히 하고 전문 인력의 다양화와 확충이 이루어져야 한다.

### 3) 장애아동에 대한 사회인식의 변화

장애아동에 대한 사회적 편견은 우리 사회 곳곳에 존재하고 있다. 장애아동은 입학과 전학, 학교생활 전반에서 사회적 차별을 경험하고 있다. 따라서 장애아동에 대한 사회적 인식 개선과 변화를 위한 노력이 절실히 필요하다.

특히, 장애인에 대한 인식이 유아기에 형성되기 시작하므로 장애인을 이해할 수 있는 교육이 지속적으로 이루어져야 한다. 또한 일반학교의 학생과 교사, 학부모의 장애인식 개선을 통해 장애인에 대한 편견 해소 및 통합교육 분위기 확산이 필요하다.

### 4) 효율적 관리체계 구축

우리나라 장애인에 대한 정책 및 서비스를 제공하고 있는 기관은 보건복지부와 교육부, 문화체육관광부, 국토교통부, 여성가족부, 법무부, 행정안전부 등 매우 다양하다. 따라서 각 부처의 장애인정책 및 서비스가 뚜렷한 목표 하에 일관성 있게 추진될 수 있도록 긴밀한 협조체제 유지 및 연계·조정기능 강화가 필요하다.

Chapter 11

# 학대아동과 시설아동의 복지서비스

아동학대는 동 · 서양을 막론하고 역사적으로 오랫동안 빈번하게 있어왔던 일이지만, 사회 문제로 인식하게 된 것은 그리 오래되지 않았다. 또한 아동학대가 대부분 가정 내에서 발생하기 때문에 가정 문제로 치부되어 사회적 관심을 받지 못하였다. 아동학대는 아동의 신체적 · 심리적 · 정서적 손상을 가져와 건강한 성장발달을 저해할 뿐 아니라 평생 깊은 상처로 남는다.

특히 아동은 정신적 · 신체적으로 미성숙한 상태에 있기 때문에 자기방어 능력이 없다는 점에서 심각한 장애를 입을 수 있으며, 학대 받는 아동은 다른 사람에 대한 신뢰감을 형성하지 못해 이후 다른 사람과의 관계를 맺는 데 어려움을 겪게 된다. 또한 파괴적인 행동이나 극단적으로 소극적 태도를 지니게 되어 또래와의 관계형성에 어려움을 겪으며, 학대받은 아동은 청소년 비행을 저지르거나 범죄 또는 반사회적 행동을 하기도 한다.

아동학대의 영향으로 가장 심각한 것은 아동학대의 피해자인 아동이 이후 부모가 되어 아동학대의 가해자가 된다는 것이다. 왜냐하면 아동은 자신의 아동기에 부모 역할에 대한 학습을 하므로 아동학대를 당한 아동은 이후 부모가 되었을 때 바람직한 자녀 양육 방법이나 역할을 습득하지 못하기 때문에 지신의 자녀를 부적절한 방법으로 양육하여 아동학대의 악순환의 원인이 된다. 그러므로 아동학대의 예방과 방지를 위한 사회적 인식과 노력이 무엇보다도 중요하다 할 것이다.

이에 본 고에서는 아동학대의 개념과 유형, 아동학대의 현황과 관련법, 시설아동복지서비스의 실태와 발달과정, 그리고 아동보호서비스의 실천과정과 향후 과제에 대해 제시하고자 한다.

## 1. 아동학대의 개념과 유형

20세기에 들어서면서 아동의 권리 사상이 대두되어진 후 점차 아동 권리가 중요하게 인식되어지고 있지만 아동학대는 점차 증가하고 있다. 아동학대는 사후 개입보다는 예방이 중요하다. 왜냐하면 아동학대의 경험은 아동이 건강하고 행복하게 성장하는데 정신적·육체적 어려움을 유발시켜 건강한 성인으로 자라지 못하도록 한다. 아동학대를 예방하기 위해서는 우선 아동학대에 대한 개념과 아동학대 유형별 특성에 대해 이해하는 것이 필요하다. 이에 아동학대에 대한 개념과 유형별 특성에 대해 알아보고자 한다.

### 1) 아동학대의 개념

아동학대의 개념은 넓은 의미와 좁은 의미로 살펴볼 수 있다. 넓은 의미에서 아동학대는 보호자를 포함한 주변의 모든 환경이 아동의 적절한 발달과 복지의 보장을 현재 저해하거나 저해할 가능성이 있는 것을 의미한다. 좁은 의미에서 아동학대는 보호자가 아동을 의도적으로 학대하는 행위로서 결과가 명백히 나타나는 것을 의미한다. 과거에는 아동학대를 협의의 의미로 보았으나 최근에는 아동학대를 아동복지나 "아동의 잠정적 발달을 위협하는 보다 넓은 범위의 행동"으로 확대하여, 신체적 학대뿐만 아니라 정서적 학대나 방임, 아동의 발달을 저해하는 행위나 환경, 더 나아가 아동의 권리보호에 이르는 매우 포괄적인 개념으로 규정하고 있다.

미국의 아동보호서비스법에서는 "아동학대와 방임이란 만 18세 미만의 아동이 그의 부모나 후견인으로부터 신체적, 정신적 또는 복지 상태에 위해나 위협을 받고 있는 상황"으로 정의하고 있다. 우리나라의 「아동복지법」 제3조 제7항에서는 "보호자를 포함한 성인에 의하여 아동의 건강·복지를 해치거나 정상적 발달을 저해할 수 있는 신체적·정신적·성적 폭력, 가혹행위 및 아동의 보호자에 의하여 이루어지는 유기와 방임"으로 학대를 규정하여 적극적인 가해행위뿐만 아니라 소극적 의미의 단순 체벌 및 훈육까지 아동학대의 정의에 명확히 포함하고 있다.

## 2) 아동학대의 유형

우리나라 「아동복지법」에 명시된 학대의 정의에 따라 아동학대의 학대 유형을 구분하면 아동학대는 신체적 학대, 정서적 학대, 성적 학대, 방임으로 나누어볼 수 있다.

### (1) 신체적 학대

신체학대란 보호자가 아동에게 신체적 손상을 입히거나 또는 신체적 손상을 입도록 허용한 우발적 사고를 제외한 모든 행위를 포함한다. 신체적 손상이란 구타나 폭력에 의한 멍이나 화상, 찢김, 골절, 장기 파열, 기능의 손상 등을 말하며 또한 충격, 관통, 열, 화학물질이나 약물과 같은 다른 방법에 의해서 발생된 손상을 포함한다.

어떠한 이유에서도 생후 36개월 이하의 영아에게 가해진 체벌은 학대로 간주한다. 구체적인 신체학대 행위에는 직접적으로 신체에 가해지는 행위, 도구를 사용하여 신체를 가해하는 행위, 완력을 사용하여 신체를 위협하는 행위, 유해한 물질로 신체에 가해지는 행위가 포함된다.

직접적으로 신체에 가해지는 행위에는 손, 발 등으로 때림, 꼬집고 물어뜯는 행위, 조르고 비트는 행위, 할퀴는 행위 등이 해당되며, 도구를 사용하여 신체를 가해하는 행위에는 도구로 때림, 흉기 및 뾰족한 도구로 찌름 등이, 완력을 사용하여 신체를 위협하는 행위에는 강하게 흔듦, 신체부위 묶음, 벽에 밀어붙임, 떠밀고 잡음, 아동 던짐, 거꾸로 매닮, 물에 빠트림 등이 해당된다. 그리고 신체에 유해한 물질로 신체에 가해지는 행위에는 화학물질 혹은 약물 등으로 신체에 상해를 입히는 행위, 화상을 입힘 등이 해당된다.

### (2) 정서적 학대

정서적 학대란 아동에게 가해진 신체적 구속, 억제 혹은 감금, 언어적 또는 정서적 위협, 기타 가학적 행위를 포함한다. 아동의 인격, 존재, 감정이나 기분을 심하게 무시하거나 모욕하는 행위, 명백하게 아동에게 가해진 잔혹하고 학대적인 부당한 대우를 포함하며 신체적 혹은 성적 학대에 대한 위협이나 위해 행위, 고의적 반복적으로 아동에게 의식주를 제공하지 않는 행위, 아동에게 부당한 노동을 강요하거나 상업적으로 아동을 이용하는 행위를 말한다.

구체적인 정서학대 행위에는 원망적/거부적/적대적 또는 경멸적인 언어폭력, 잠을 재우지 않는 것, 벌거벗겨 내쫓는 행위, 형제나 친구 등과 비교, 차별, 편애하는 행위, 가족 내에서 왕따 시키는 행위, 아동이 가정폭력을 목격하도록 하는 행위, 아동을 시설 등에 버리겠다고 위협하거나 짐을 싸서 쫓아내는 행위, 미성년자 출입금지업소에 아동을 데리고 다니는 행위, 아동의 정서 발달 및 연령상 감당하기 어려운 것을 강요하는 행위(감금, 약취 및 유인, 아동 노동 착취), 다른 아동을 학대하도록 강요하는 행위 등이 해당된다.

### (3) 성적 학대

성적 학대란 성기나 기타의 신체적 접촉을 포함하여 강간, 성적 행위, 성기 노출, 자위행위, 성적 유희 등 보호자를 포함한 성인의 성적 충족을 목적으로 아동에게 가해진 신체적 접촉이나 상호작용을 말한다.

구체적인 성적 학대 행위에는 아동의 옷을 벗기거나 벗겨서 관찰하는 등의 관음적 행위, 성관계 장면을 노출, 나체 및 성기 노출, 자위행위 노출 및 강요, 음란물을 노출하는 행위 등 자신의 성적 만족을 위해 아동을 관찰하거나 아동에게 성적인 노출을 하는 행위, 구강추행, 성기추행, 항문추행, 기타 신체부위를 성적으로 추행하는 행위 등 아동을 성적으로 추행하는 행위, 아동에게 유사성행위를 하는 행위, 성기삽입, 구강성교, 항문성교 등 성교를 하는 행위, 성매매를 시키거나 성매매를 매개하는 행위가 해당된다.

### (4) 방임

방임이란 보호자가 고의적 반복적으로 아동에 대한 양육 및 보호를 소홀히 함으로써 아동의 건강이나 복지를 해치거나 혹은 정상적인 발달을 저해할 수 있는 모든 행위를 말한다. 방임의 종류에는 물리적 방임, 교육적 방임, 의료적 방임이 있다.

물리적 방임은 건강보호의 거부와 지연, 유기, 축출, 부적절한 감독 등을 의미하며, 아동에게 기본적인 의식주를 제공하지 않거나 불결한 환경이나 위험한 상태에 아동을 방치하는 행위, 아동의 출생신고를 하지 않는 행위, 보호자가 아동을 두고 가출한 경우, 보호자가 친족에게 연락하지 않고 무작정 아동을 친족집 근처에 두고 사라진 경우 등이 물리적 방임에 해당된다.

교육적 방임은 아동의 지속적인 무단결석의 허용, 학교등록의 포기, 특수교육에 대한 무관심 등을 의미하며, 보호자가 아동을 특별한 사유 없이 의무교육을 시키지 않거나 아동의 무단결석을 방치하는 행위가 포함된다.

의료적 방임은 아동에게 필요한 의학적 처치 및 개입을 하지 않는 것을 의미한다.

그 외에 아동에게 적절한 양육과 사랑을 제공하지 못하는 것, 심리적 보살핌을 소홀히 하는 것, 아동에게 약물이나 술 등 부적절한 행동을 허용하는 것 등이 방임에 해당된다.

표 11-1 | **아동학대의 유형별 징후와 후유증**

| 학대 유형 | 정 의 | 징 후 | 후유증 |
|---|---|---|---|
| 신체적 학대 | 부모 또는 보호자가 의도적으로 아동에게 신체적 상해를 가하는 것을 의미 | 상처, 채찍자국, 화상, 골절, 절상, 성인과의 접촉회피, 공격적이거나 위축된 극단적 행동, 부모에 대한 두려움과 공포 및 경계심을 보임 | 두개골 골절, 복부-고막파열, 열창, 화상, 시력상실, 치아 및 사지 골절 등의 외상과 우울증, 공포증, 자살행동, 공격적 행동을 보임 |
| 정서적 학대 | 언어, 정서, 심리적 위협, 억제감금, 기타 가학적 행위 | 정신지체와 언어장애, 공격적 행동, 낮은 자긍심, 불안감, 또래 관계 어려움, 자해 및 자살행동이 나타나기도 함 | 자아기능의 손상, 급성불안반응으로 나타나는 손상반응, 대상관계의 이상, 원시적 방어기제, 충동조절 이상, 자아개념 손상, 학교부적응 등이 있음 |
| 성적 학대 | 보호자를 포함한 성인이 자신의 성적 충족을 목적으로 18세 미만의 아동에게 행하는 모든 성적 행위 | 수면장애, 신경질, 가해자에 대한 공포심과 불안증세, 나이에 부적합한 행동, 관심을 끌려는 행동, 지나치게 의존하는 행동들을 보임<br>청소년기에 이르면 성적 방종, 고독, 우울, 슬픔 등의 자아개념의 손상과 관련된 행동변화 및 비행, 성적 모독에 대한 호소 등이 나타남 | 복부통증, 구토, 요도관 감염, 외음부의 출혈, 상처, 인두감염, 성병, 성도착증 등의 증세가 있음<br>갑작스런 체중감소나 증가, 수면장애, 강박적인 자위행위, 조숙한 성적 놀이 등을 나타냄<br>퇴행행동, 배변훈련의 실패, 잦은 목욕, 이유 없는 울음이나 자폐적 행동 등을 보임 |

| 학대유형 | 정 의 | 징 후 | 후유증 |
|---|---|---|---|
| 방임 | 고의적·반복적으로 아동양육 및 보호를 소홀히 함으로써 아동의 건강과 복지를 해치거나 정상적 발달을 저해할 수 있는 모든 행위 | 신체적 징후: 지속적인 배고픔, 불결한 위생상태, 의학적 치료의 부족, 불안정감, 수업 중 조는 태도 등<br>행동적 징후: 음식을 구걸하거나 훔침, 비행, 또는 도둑질, 학교에 일찍 등교하고 늦게 귀가하는 것 등 | 영양불량으로 신체가 허약하고 몸과 옷이 불결하며 이유 없이 지각과 결석을 하고 방과 후 집에 가지 않고 서성거릴 때가 있음 |

이와 같이 아동학대의 개념은 과거 보호자 및 성인이 아동을 의도적으로 학대하는 행위로서 결과가 명백하게 나타나는 신체적 학대만을 학대로 보는 협의의 의미로 보았으나 최근 아동학대는 보호자를 포함한 주변의 모든 환경이 아동의 적절한 발달과 복지의 보장을 현재 저해하거나 저해할 가능성이 있는 것으로 보는 광의의 의미로 규정되고 있다. 따라서 아동학대의 유형도 신체적 학대뿐만 아니라 정서적 학대, 성적 학대, 방임으로 규정하고 있다.

다음에서는 우리나라의 아동학대의 현황과 관련법에 대해 살펴보고자 한다.

## 2. 아동학대 현황과 관련법

2000년 「아동복지법」 개정을 통해 아동학대와 관련한 사업에 공적 개입체계가 마련되면서 아동학대예방사업이 본격적으로 실시되었으며, 2012년 아동보호전문기관의 친권상실선고 청구제도 마련, 신고의무자군 확대 등이 시행되었다. 뿐만 아니라 아동학대예방과 홍보 강화 등에 대한 규정을 법률에 명시함으로써 전 국민의 아동학대예방에 대한 관심 및 인식 증대를 위해 노력하고 있다. 여기에서는 아동학대의 연도별 현황과 피해아동 및 학대자의 특성, 아동학대의 유형에 대해 살펴보고 「아동복지법」과 「아동학대범죄의 처벌 등에 관한 특례법」에 명시된 아동학대 관련법과 관련된 주요 내용을 살펴보고자 한다.

### 1) 아동학대 현황

우리나라 「아동복지법」 제22조 '아동학대의 예방과 방지의무'에서는 "국가와 지방자치단체는 아동학대의 실태를 파악하고, 아동학대의 예방 및 방지에 관한 정책수립을 위하여 아동학대 실태조사를 실시하고 그 결과를 발표해야 한다"라고 명시되어 있다.

아동학대의 효율적인 예방과 치료 및 대책 마련을 위해서는 아동학대의 실태를 정확히 파악하는 것이 무엇보다 중요하다. 여기서는 '2021 아동학대 연차 보고서'(보건복지부, 2022)를 토대로 아동학대 현황을 살펴보고자 한다.

#### (1) 연도별 아동학대 현황

연도별로 살펴보면, 아동학대는 매해 지속적으로 증가하고 있다. 아동학대 발생률의 증가는 이혼 증가, 경제적 요인 등에 따른 가정해체 등으로 인한 사회적인 요인과 아동학대 신고의무자 교육 및 홍보를 통한 아동인권 및 학대에 대한 인식의 강화로 인한 아동학대 신고율이 높아진 결과로 보여진다. 하지만 아동인권 보호에 적극적인 선진국과 비교하면 우리나라의 신고율과 발견율은 여전히 매우 낮은 수준이다.

| 표 11-2 | **연도별 아동학대 현황**

| 구 분 | 1990 | 1995 | 2000 | 2001 | 2003 | 2004 | 2005 | 2006 | 2007 | 2009 | 2010 |
|---|---|---|---|---|---|---|---|---|---|---|---|
| 사례수 | 968 | 731 | 975 | 2,105 | 2,921 | 3,891 | 4,633 | 5,202 | 5,581 | 5,685 | 5,657 |
| 구 분 | 2011 | 2012 | 2013 | 2014 | 2015 | 2016 | 2017 | 2018 | 2019 | 2020 | 2021 |
| 사례수 | 6,058 | 6,403 | 6,796 | 10.027 | 11,715 | 18,700 | 34,169 | 36,417 | 41,389 | 42.251 | 53,932 |

출처: 보건복지부(2022c)

#### (2) 피해아동

① 피해아동의 성별 및 연령

2021년 아동학대로 신고 접수된 사례 52,083건 중 아동학대로 판단된 37,605건(72.2%)이었으며, 피해아동의 성별은 남아 18,952건(50.4%), 여아 18,653건(49.6%)으로 남아의 비율이 0.4% 높은 것으로 나타났다. 아동학대 피해아동의 성별이 크게 차이가 나지 않고, 아동학대가 피해아동의 성별과 무관하게 이루어지고 있음을 알 수 있다.

| 표 11-3 | 피해아동의 성별

| 구 분 | 남 | 여 | 계 |
|---|---|---|---|
| 건수(%) | 18,952(50.4%) | 18,653(49.6%) | 18,700(100.0) |

출처: 보건복지부(2022b)

피해아동의 연령은 중학생에 해당되는 만 13~15세 아동이 피해아동 전체의 23.1%로 가장 높은 비중을 차지하였고, 다음으로 초등학교 고학년에 해당하는 만 10~12세(23.0%), 초등학교 저학년에 해당되는 만 7~9세(19.2%)인 것으로 나타났다. 이들의 공통점은 모두 학령기에 해당되며, 전체 피해아동의 65.3%를 차지한다. 이들의 아동학대 비중이 높은 이유는 첫째, 학령기 아동이 학교 및 학원 등 외부 환경에 상대적으로 많은 시간이 노출되어 학대사실이 발견될 가능성이 높고, 둘째, 학교의 교사를 포함한 아동학대 신고의무자가 상대적으로 아동의 건강이나 위생 상태를 면밀하게 관찰할 수 있는 기회가 많아 학대의심 사례를 발견할 수 있는 가능성이 높기 때문이다.

| 표 11-4 | 피해아동의 연령

| 연 령 | *N* | % |
|---|---|---|
| 0~3세 | 3,621 | 9.6 |
| 4~6세 | 4,776 | 12.7 |
| 7~9세 | 7,219 | 19.2 |
| 10~12세 | 8,657 | 23.0 |
| 13~15세 | 8,693 | 23.1 |
| 16~17세 | 3,882 | 10.3 |
| 계 | 37,605 | 100.0 |

출처: 보건복지부(2022b)

학령기 이전의 아동들은 자기방어적인 능력이 거의 없을 뿐 아니라 의사표현을 전혀 할 수 없어 학대 사실이 외부로 노출될 가능성이 상대적으로 낮음에도 불구하고 아동발달에 있어 결정적 시기인 영유아기에 해당하는 만 6세 미만 아동은 피해아동 전체의 22.3%를 차지하였다. 영유아기는 부모와 애착을 형성하게 되는데 학대를 경험한 아동은 학대를 경험하지 않은 아동보다 불안정한 애착을 보일 가능성이 높다. 불안정한 애착을 경험한 아동은 부모와 신뢰관계를 형성하지 못할 가능성이 높고, 이는 향후 경험하는 대인관계 형성에도 부정적인 영향을 미칠 수 있으므로 영유아 학대를 방지하기 위한 대책이 요구되어진다.

#### ② 피해아동의 가족유형

피해아동의 가족유형을 분석한 결과, 친부모가정 23,838건(63.4%), 모자가정 4,618건(12.3%), 부자가정 3,707건(9.9%), 재혼가정 1,980건(5.3%) 순으로 나타났다.

| 표 11-5 | **피해아동의 가족유형**

| 가족 유형 | 친부모 가족 | 부자 가정 | 모자 가정 | 미혼부모 가정 | 재혼 가정 | 친인척 보호 | 동거 (사실혼포함) | 가정 위탁 | 입양 가정 | 시설 보호 | 기타 | 계 |
|---|---|---|---|---|---|---|---|---|---|---|---|---|
| *N* | 23,838 | 3,707 | 4,618 | 506 | 1,980 | 443 | 644 | 90 | 117 | 169 | 1,493 | 37,605 |
| % | 63.4 | 9.9 | 12.3 | 1.3 | 5.3 | 1.2 | 1.7 | 0.2 | 0.3 | 0.4 | 4.0 | 100.0 |

출처: 보건복지부(2022b)

### (3) 학대 행위자

#### ① 학대 행위자의 성별 및 연령

아동학대로 판단된 37,605건 중 학대 행위자 성별은 남성 20,557건(54.7%), 여성 17,048건(45.3%)로 남성이 여성보다 아동학대를 더 많이 하고 있는 것으로 나타났다.

| 표 11-6 | **학대 행위자의 성별**

| 성 별 | 남 | 여 | 계 |
|---|---|---|---|
| 건수(%) | 20,557(54.7) | 17,048(45.3) | 37,605(100.0) |

출처: 보건복지부(2022b)

아동학대 행위자의 연령을 살펴보면 40대가 17,482건(46.5%)로 가장 많았으며, 다음으로는 30대가 10,130건(26.9%), 50대 5,614건(14.9%), 20대 2,725건(7.2%) 순으로 나타났다. 이러한 결과는 앞서 살펴보았던 아동학대 피해아동 중 가장 높은 비율을 차지했던 연령이 초등학교와 중학교 시기에 해당되는 학령기 아동이었던 것과 관련지어볼 때 학대 행위자가 30~40대의 학령기 자녀를 둔 학부모임을 알 수 있다.

여기서 눈여겨볼 것은 만 19세 이하에서 이루어진 학대가 118건(0.3%)이나 된다는 것이다. 전체 학대건수로 본다면 낮은 수치일 수 있으나 19세 이하에 해당되는 학대 행위자는 학대 행위자이면서 동시에 보호받아야 할 대상이기 때문이다.

표 11-7 **학대 행위자의 연령**

| 연령(만) | 건수(비율) | |
|---|---|---|
| 19세 이하 | 118 | 0.3 |
| 20~29세 | 2,725 | 7.2 |
| 30~39세 | 10,130 | 26.9 |
| 40~49세 | 17,482 | 46.5 |
| 50~59세 | 5,614 | 14.9 |
| 60~69세 | 986 | 2.6 |
| 70세 이상 | 341 | 0.9 |
| 파악 안됨 | 209 | 0.6 |
| 계 | 37,605 | 100.0 |

출처: 보건복지부(2022b)

### ② 학대 행위자와 피해아동과의 관계

학대 행위자와 피해아동의 관계를 살펴보면, 부모에 의해 아동학대가 발생한 경우는 31,486건으로 전체 아동학대 발생 건수의 83.7%에 해당된다. 부모에 의해 아동학대가 발생한 경우 친부에 발생한 아동학대 건수는 16,944건(45.1%), 친모 13,380건(35.6%), 계부 702건(1.9%), 계모 340건(0.9%)인 것으로 나타났다.

대리양육자에 의해 아동학대가 발생한 경우는 3,609건(9.6%)이었으며, 대리양육자 중 보육교직원 1,221건(3.2%), 초·중·고 교직원 1,089건(2.9%)인 것으로 나타났다. 이외에 친인척은 435건(1.2%), 이웃 및 낯선 사람 등의 타인은 658건(1.7%), 기타 355건(0.9%)인 것으로 나타났다. 이러한 결과는 아동학대를 가장 많이 하는 학대 행위자는 부모이며, 그중에서도 친부인 것을 알 수 있다.

| 표 11-8 | 학대 행위자와 피해아동과의 관계

| 관계 | | N | % |
|---|---|---|---|
| 부모 | 친부 | 16,944 | 45.1 |
| | 친모 | 13,380 | 35.6 |
| | 계부 | 702 | 1.9 |
| | 계모 | 340 | 0.9 |
| | 양부 | 68 | 0.2 |
| | 양모 | 52 | 0.1 |
| | 소계 | 31,486 | 83.7 |
| 친인척 | 친조부 | 193 | 0.5 |
| | 친조모 | 383 | 1.0 |
| | 외조부 | 99 | 0.3 |
| | 외조모 | 177 | 0.5 |
| | 친인척 | 435 | 1.2 |
| | 형제자매 | 230 | 0.6 |
| | 소계 | 1,517 | 4.0 |
| 대리양육자* | 부모의 동거인 | 403 | 1.1 |
| | 유치원 교직원 | 140 | 0.4 |
| | 초 · 중 · 고교 직원 | 1,089 | 2.9 |
| | 학원 및 교습소 종사자 | 319 | 0.8 |
| | 보육교직원 | 1,221 | 3.2 |
| | 아동복지시설 종사자 | 217 | 0.6 |
| | 기타 시설 종사자 | 93 | 0.2 |
| | 청소년 관련 시설 종사자 | 58 | 0.2 |
| | 위탁부 | 6 | 0.0 |
| | 위탁모 | 17 | 0.0 |
| | 베이비시터 | 46 | 0.1 |
| | 소계 | 3,609 | 9.6 |
| 타인 | 이웃 | 200 | 0.5 |
| | 낯선 사람 | 458 | 1.2 |
| | 소계 | 658 | 1.7 |
| 기타 | | 355 | 0.9 |
| 계 | | 37,605 | 100.0 |

* 대리양육자는 어떤 형태로든 다른 사람의 자녀를 하루의 일정시간 동안 대신 양육해주는 사람
출처: 보건복지부(2022b)

### (4) 아동학대의 사례 유형

피해아동이 경험한 학대를 신체적 학대, 정서적 학대, 성학대, 방임으로 나누어 살펴본 결과, 총 아동학대사례 건수(중복 포함)는 37,605건이었으며, 아동학대 사례유형 중 중복학대가 16,026건(42.6%)으로 가장 많았고, 정서학대가 12,351건(32.8%), 신체학대 5,780건(15.4%), 방임 2,793건(7.4%), 성학대 755건(1.7%) 순으로 나타났다. 이러한 결과는 아동학대가 한 가지 학대 유형보다는 두 가지 이상의 학대가 복합적으로 이루어짐을 알 수 있다.

**표 11-9 아동학대의 사례 유형**

| 유 형 | | *N* | % |
|---|---|---|---|
| 신체학대 | | 5,780 | 15.4 |
| 정서학대 | | 12,351 | 32.8 |
| 성 학 대 | | 655 | 1.7 |
| 방임 | | 2,793 | 7.4 |
| 중복학대 | 신체학대 · 정서학대 | 13,538 | 36.0 |
| | 신체학대 · 성학대 | 27 | 0.1 |
| | 신체학대 · 방임 | 302 | 0.8 |
| | 신체학대 · 정서학대 · 성학대 | 107 | 0.3 |
| | 신체학대 · 정서학대 · 방임 | 798 | 2.1 |
| | 신체학대 · 정서학대 · 성학대 · 방임 | 16 | 0.0 |
| | 정서학대 · 성학대 | 218 | 0.6 |
| | 정서학대 · 방임 | 1,011 | 2.7 |
| | 정서학대 · 성학대 · 방임 | 5 | 0.0 |
| | 성학대 · 방임 | 4 | 0.0 |
| | 소계 | 16,026 | 42.6 |
| 계 | | 28,482 | 100.0 |

출처: 보건복지부(2022b)

이와 같이 아동학대는 점차 지속적으로 증가하는 경향성을 보이고 있으나 단순히 아동학대 발생률이 늘어나고 있다는 관점이 아니라 다각적인 관점으로 접근해 보는 것이 필요하며, 아동학대 발견율과 신고율을 제고하기 위한 노력이 필요하다 할 것이다. 또한 아동학대 피해자 특성을 살펴보면, 연령의 차이는 있으나 모든 연령에서 아동학대가 일어나고 있으며, 아동을 학대하는 학대자 중 가장 많은 수를 차지하는 것은 친부모였다. 그리고 이들이 가지고 있는 문제 중 양육태도 및 방법과 관련된 문제가 가장 많은 비중을 차지하고 있음을 통해 아동학대와 관련한 부모교육이 보다 확대되어야 할 필요성이 있다고 보여진다.

### 2) 아동학대 관련법

우리나라의 아동학대와 관련된 법률에는 「아동복지법」, 「형법」, 「청소년보호법」, 「교육기본법」, 「초·중등교육법」, 「정신보건법」, 「경찰관 직무집행법」, 「아동학대범죄의 처벌 등에 관한 특례법」, 「가정폭력범죄의 처벌 등에 관한 특례법」, 「성폭력방지 및 피해자보호 등에 관한 법률」, 「아동보호 심판규칙」, 「아동복지법」 시행령, 「아동학대범죄의 처벌 등에 관한 특례법」 시행령 등이 있다. 이 중 아동학대에 대한 규정을 최초로 한 법은 「아동복지법」이며, 여기에서는 금지행위에 아동학대에 대한 규정을 함으로써 아동학대예방을 위한 법적 근거의 초시가 되었다. 또한 우리나라의 아동학대에 대한 국가의 공적 개입은 1998년 「가정폭력범죄의 처벌 등에 관한 특례법」이 시행되면서부터 시작되었다.

그리고 2000년에 「아동복지법」이 전면 개정된 후부터 이 법에 근거하여 전국 주요 도시에 아동학대예방센터가 설치·운영되면서 아동학대에 대한 국가적 개입이 전격적으로 확대되기 시작했다. 2008년에는 아동학대방지법안 내용이 「아동복지법」 개정안에 포함되면서, 아동학대 부분이 보강·시행되었다.

특히, 2008년에 개정된 「아동복지법」에는 그동안 법률적 뒷받침이 미약했던 아동학대 개념과 금지 유형이 명확히 규정되었고, 아동학대와 관련한 여러 조항이 신설되어 법적·제도적 기틀을 다지고 아동학대에 대한 많은 변화를 수반하는 계기가 되었다(이순자 외, 2012).

또한 2011년 전면 개정된 「아동복지법」에서는 아동종합실태조사 시행, 금지행위 확대, 친권상실 청구 대상 확대, 아동학대의 예방과 방지, 아동학대 행위자의 계도를 위한 교육 등에 관한 홍보영상을 방송, 신고의무자의 보수교육에 아동학대예방 및 신고의무와 관련된 교육내용 포함, 신고의무자의 범위 확대, 아동보호전문기관의 현장조사 권한 및 업무수행 방지금지 구체적 명시 등 피해아동에 대한 적극적인 보호지원이 강화되었다.

「아동복지법」은 아동학대와 관련한 내용을 지속적인 개정을 통해 강화해 왔는데, 2012년에는 아동보호구역 영상정보처리기기 설치 의무화와 신고의무자의 신고 위반 시 과태료 부과에 대한 내용을 일부 개정하였으며, 2014년에는 「아동학대범죄의 처벌 등에 관한 특례법」에 따라 관련 조문을 정비하고, 아동학대 관련 범죄 전력자가 아동 관련 기관에 취업하는 것을 10년 동안 제한하는 등 아동학대의 예방 및 피해자 지원에 관한 내용을 정하였다.

2015년에는 아동학대 사건이 발생한 경우 피해아동의 가족구성원 파악을 통한 사후 조치를 실효성 있게 하도록 아동보호전문기관의 장의 신분조회 등 조치의 범위에 가족관계등록부의 증명서를 포함하고, 아동학대를 1차적으로 발견할 수 있는 사람인 아동학대 신고의무자에 대한 신고의무 고지 및 교육을 강화하며, 아동에 대한 체벌 등의 금지를 명시하였다.

2016년에는 보호대상아동에 대한 보호조치 강화, 아동보호전문기관 내 진술녹화실 설치·운영, 학대피해아동쉼터에 대한 법적 근거를 마련, 아동보호전문기관을 아동복지시설에 포함 등의 내용을 개정하였다.

2017년에는 2회의 개정이 있었는데, 아동복지심의위원회 활성화와 아동학대 관련 범죄자 취업제한 대상기관 확대, 모든 신고의무자에 대한 교육 실시, 인식 제고를 위한 아동학대예방교육 실시, 학대피해아동에 대한 법률상담 지원 및 아동학대 전담의료기관 지정 근거를 마련하여 학대피해아동에 대한 지원을 강화 등의 내용을 규정하였다.

2018년에는 기존법이 아동학대 관련 범죄전력자가 형이나 치료감호의 집행이 종료된 후부터 일률적으로 10년 동안 아동 관련 기관을 운영하거나 아동 관련 기관에 취업 등을 제공할 수 없도록 하고 있으나, 헌법재판소가 이에 대해 2018년 6월 28일 위헌결정을 내림에 따라 해당 규정은 효력을 상실하게 되었다. 이에 헌법재판소의 위헌결정 취지를 반영하여 법원이 아동학대 관련 범죄로 형 등을 선고할 때 최장 10년의 기간 범위 내에서 아동 관련 기관에의 취업제한 명령을 선고하는 등의 조치를 마련함으로써 위헌성을 해소하고, 이러한 취업제한 명령을 선고받은 자의 아동 관련 기관 취업 여부를 연 1회 이상 점검 · 확인 대상에 아동 관련 기관 운영자도 법률에 포함하고자 하였다.

2019년에는 보건복지부장관이 아동정책에 대한 종합적인 수행과 아동복지 관련 사업의 효과적인 추진을 위하여 아동권리보장원을 설립 및 운영하도록 법적 근거를 마련하였다.

2020년에는 아동학대전담공무원을 두어 아동학대 신고접수, 현장조사, 응급보호, 피해아동과 그 가족 및 아동학대 행위자에 대한 상담 · 조사 업무 등을 수행하도록 하였다. 또한 아동학대를 예방하고 아동보호체계를 강화하기 위한 대책을 마련하기 위하여 학대 고위험군 아동을 예측하는 시스템인 'e아동행복지원시스템'의 구축 근거를 마련하고, 학대 고위험군 아동 정보를 토대로 하여 보건복지부장관 및 시장 · 군수 · 구청장으로 하여금 양육환경 조사, 복지서비스 제공, 수사기관 또는 아동보호전문기관과의 연계 등의 조치를 실시하도록 하며, 보건복지부 · 교육부 · 지방자치단체 등 관계부처 간 학대 고위험군 아동에 대한 정보 공유를 강화하였다.

2021년에는 시의성 있는 아동복지정책의 수립을 위하여 아동종합실태조사의 주기를 5년에서 3년으로 변경하였으며, 아동학대신고 의무자에 대한 교육관리를 강화, 영유아에 대한 아동학대예방교육은 외부전문가가 실시하도록 규정하고 있다.

앞서 언급했듯 2014년에는 아동학대범죄에 대한 처벌을 강화하고 아동학대범죄가 발생한 경우 긴급한 조치 및 보호가 가능하도록 제도를 마련함으로써, 아동학대에 대한 강력한 대처와 예방을 통해 아동이 건강한 사회구성원으로 성장하도록 하려는 목적으로 「아동학대 범죄 처벌 등에 관한 특례법」을 제정하였다. 「아동학대 범죄 처벌 등에 관한 특례법」에는 아동학대범죄의 처벌 및 그 절차에 관한 특례와 피해아동에 대한 보호절차 및 아동학대 행위자에 대한 보호처분을 규정하였다.

「아동학대 범죄 처벌 등에 관한 특례법」은 아동학대와 관련하여 2016년과 2017년에 개정되었는데, 2016년에는 아동학대 범죄 신고자에 대한 해고 등 불이익조치 금지, 신고자에게 불이익 조치를 한 자에 대한 처벌조항과 신고자에 대한 보호조치 신설 등의 내용이 규정되었다. 2017년에는 피해아동보호명령 상담 · 치료 위탁을 추가하고, 보호처분 등을 이행하지 아니한 자 및 아동학대 치료 프로그램 이수명령을 불응한 자에 대한 벌금형을 상향하여 처벌을 강화하였다. 2018년에는 피해아동보호명령에 아동보호전문기관, 상담소 등에의 상담 · 치료 위탁을 추가하여 학대피해아동의 보호 규정을 보완하였으며, 2019년에는 아동학대 행위를 예방하기 위한 시 · 도지사 또는 시장 · 군수 · 구청장의 역할을 확대하고, 아동학대사건에 대한 대응을 철저히 하도록 하며, 아동학대 범죄사건의 발생부터 사례관리의 종료까지 아동보호의 공백이 발생하지 않도록 하는 등 현행 제도의 운영상 나타난 일부 미비점을 개선 · 보완하고자 하였다. 따라서 피해아동보호명령의 기간을 3개월 단위로 연장할 수 있도록 하던 것을 6개월 단위로 연장할 수 있도록 하고, 총 기간의 상한을 4년으로 하던 것을 성년에 도달하는 때까지로 하였다. 그리고 아동의 학대피해가 학대현장 이외의 장소에서 확인되고 재학대가 발생할 위험이 급박 · 현저한 경우에 응급조치가 가능하도록 하고, 응급조치, 임시조치를 통해 피해아동뿐만 아니라 피해아동의 형제자매인 아동 및 피해아동과 동거하는 아동의 보호가 가능하도록 하였다. 2021년에는 현장출동, 현장조사 및 응급조치 등 현행법상 아동학대사건 대응 절차의 미비점을 개선 · 보완함으로써 아동학대범죄를 예방하고 피해아동 보호를 강화하였으며, 아동학대범죄를 범한 사람이 아동을 사망에 이르게 했을 때의 처벌 규정(무기 또는 5년 이상의 징역 → 사형, 무기 또는 7년 이상의 징역)을 강화하였다.

여기서는 「아동복지법」과 「아동학대 범죄 처벌 등에 관한 특례법」에 명시된 아동학대 관련법과 관련된 주요내용을 중심으로 간략히 정리하여 소개하고자 한다.

### (1) 「아동복지법」상에 명시된 아동학대 관련 내용

#### ① 아동학대에 대한 정의 규정

- 제3조 제7항 정의 [개정 2014.1.28., 2016.3.22.] [[시행일 2016.9.23.]]
- "아동학대"란 보호자를 포함한 성인이 아동의 건강 또는 복지를 해치거나 정상적 발달을 저해할 수 있는 신체적 · 정신적 · 성적 폭력이나 가혹행위를 하는 것과 아동의 보호자가 아동을 유기하거나 방임하는 것을 말한다.

#### ② 금지행위

- 제17조 금지행위 [개정 2014.1.28., 2021.12.21.] [[시행일 2022.6.22.]]

1. 아동을 매매하는 행위
   : 10년 이하의 징역에 처함
2. 아동에게 음란한 행위를 시키거나 이를 매개하는 행위 또는 아동에게 성적 수치심을 주는 성희롱 등의 성적 학대 행위
   : 10년 이하의 징역 또는 1억 원 이하의 벌금에 처함
3. 아동의 신체에 손상을 주거나 신체의 건강 및 발달을 해치는 신체적 학대 행위
   : 5년 이하의 징역 또는 5천만원 이하의 벌금에 처함
4. 아동의 정신건강 및 발달에 해를 끼치는 정서적 학대 행위(「가정폭력범죄의 처벌 등에 관한 특례법」 제2조 제1호에 따른 가정폭력에 아동을 노출시키는 행위로 인한 경우를 포함)
   : 5년 이하의 징역 또는 5천만 원 이하의 벌금에 처함
5. 자신의 보호 · 감독을 받는 아동을 유기하거나 의식주를 포함한 기본적 보호 · 양육 · 치료 및 교육을 소홀히 하는 방임행위
   : 5년 이하의 징역 또는 5천만 원 이하의 벌금에 처함
6. 장애를 가진 아동을 공중에 관람시키는 행위
   : 5년 이하의 징역 또는 5천만 원 이하의 벌금에 처함
7. 아동에게 구걸을 시키거나 아동을 이용하여 구걸하는 행위
   : 5년 이하의 징역 또는 5천만 원 이하의 벌금에 처함

8. 공중의 오락 또는 흥행을 목적으로 아동의 건강 또는 안전에 유해한 곡예를 시키는 행위 또는 이를 위하여 아동을 제3자에게 인도하는 행위
   : 1년 이하의 징역 또는 1천만 원 이하의 벌금에 처함
9. 정당한 권한을 가진 알선기관 외의 자가 아동의 양육을 알선하고 금품을 취득하거나 금품을 요구 또는 약속하는 행위
   : 3년 이하의 징역 또는 3천만 원 이하의 벌금에 처함
10. 아동을 위하여 증여 또는 급여된 금품을 그 목적 외의 용도로 사용하는 행위
    3년 이하의 징역 또는 3천만 원 이하의 벌금

### ③ 친권상실 청구

• 제18조(친권상실 선고의 청구 등)

• 시 · 도지사, 시장 · 군수 · 구청장 또는 검사는 아동의 친권자가 그 친권을 남용하거나 현저한 비행이나 아동학대, 그 밖에 친권을 행사할 수 없는 중대한 사유가 있는 것을 발견한 경우 아동의 복지를 위하여 필요하다고 인정할 때에는 법원에 친권행사의 제한 또는 친권상실의 선고를 청구하여야 함

• 아동복지시설의 장 및 「초 · 중등교육법」에 따른 학교의 장은 제1항의 사유에 해당하는 경우 시 · 도지사, 시장 · 군수 · 구청장 또는 검사에게 법원에 친권행사의 제한 또는 친권상실의 선고를 청구하도록 요청할 수 있음 [개정 2016.3.22.] [[시행일 2016.9.23.]]

• 시 · 도지사, 시장 · 군수 · 구청장 또는 검사는 제1항 및 제2항에 따라 친권행사의 제한 또는 친권상실의 선고 청구를 할 경우 보장원 또는 아동보호전문기관 등 아동복지시설의 장, 아동을 상담 · 치료한 의사 및 해당 아동의 의견을 존중하여야 함 [개정 2020.12.29.] [[시행일 2021.6.30.]]

• 시 · 도지사, 시장 · 군수 · 구청장 또는 검사는 제2항에 따라 친권행사의 제한 또는 친권상실의 선고 청구를 요청받은 경우에는 요청받은 날부터 30일 내에 청구 여부를 결정한 후 해당 요청기관에 청구 또는 미청구 요지 및 이유를 서면으

로 알려야 함

- 제4항에 따라 처리결과를 통보받은 아동복지시설의 장 및 학교의 장은 그 처리결과에 대하여 이의가 있을 경우 통보받은 날부터 30일 내에 직접 법원에 친권행사의 제한 또는 친권상실의 선고를 청구할 수 있음 [개정 2014.1.28., 2016.3.22.] [[시행일 2016.9.23.]]

④ 아동학대의 예방과 방지 의무

- 제22조(아동학대의 예방과 방지 의무)
- 국가와 지방자치단체는 아동학대의 예방과 방지를 위하여 다음의 조치를 취하여야 함
  1. 아동학대의 예방과 방지를 위한 각종 정책의 수립 및 시행
  2. 아동학대의 예방과 방지를 위한 연구 · 교육 · 홍보 및 아동학대 실태조사
  3. 아동학대에 관한 신고체제의 구축 · 운영
  4. 피해아동의 보호와 치료 및 피해아동의 가정에 대한 지원
  5. 그 밖에 대통령령으로 정하는 아동학대의 예방과 방지를 위한 사항
- 지방자치단체는 아동학대를 예방하고 수시로 신고를 받을 수 있도록 긴급전화를 설치하여야 함. 이 경우 그 설치 · 운영 등에 필요한 사항은 대통령령으로 정함 [개정 2014.1.28.] [[시행일 2014.9.29.]]
- 시 · 도지사 또는 시장 · 군수 · 구청장은 피해아동의 발견 및 보호 등을 위하여 다음 각 호의 업무를 수행하여야 함 [신설 2020.4.7.] [[시행일 2020.10.1.]]
  1. 아동학대 신고접수, 현장조사 및 응급보호
  2. 피해아동, 피해아동의 가족 및 아동학대 행위자에 대한 상담 · 조사
  3. 그 밖에 대통령령으로 정하는 아동학대 관련 업무
- 시 · 도지사 또는 시장 · 군수 · 구청장은 제3항 각 호의 업무를 수행하기 위하여 아동학대전담공무원(이하 "아동학대전담공무원")을 두어야 함 [신설 2020.4.7.] [[시행일 2020.10.1.]]

- 아동학대전담공무원은 「사회복지사업법」 제11조에 따른 사회복지사의 자격을 가진 사람으로 하고 그 임용 등에 필요한 사항은 해당 시 · 도 또는 시 · 군 · 구의 조례로 정함 [신설 2020.4.7.] [[시행일 2020.10.1.]]
- 보장원은 아동학대예방사업의 활성화 등을 위하여 다음 각 호의 업무를 수행함 [신설 2019.1.15., 2020.4.7.] [[시행일 2020.10.1.]]
  1. 아동보호전문기관에 대한 지원
  2. 아동학대예방사업과 관련된 연구 및 자료 발간
  3. 효율적인 아동학대예방사업을 위한 연계체계 구축
  4. 아동학대예방사업을 위한 프로그램 개발 및 평가
  5. 아동보호전문기관 · 학대피해아동쉼터 직원 및 아동학대전담공무원 직무교육, 아동학대예방 관련 교육 및 홍보
  6. 아동보호전문기관 전산시스템 구축 및 운영
  7. 그 밖에 대통령령으로 정하는 아동학대예방사업과 관련된 업무
- 시 · 도지사 또는 시장 · 군수 · 구청장, 보장원의 장 또는 아동보호전문기관의 장은 다음 각 호의 구분에 따른 업무를 수행하기 위하여 필요한 경우 아동정보시스템의 아동학대 관련 정보 또는 자료를 활용할 수 있음 [개정 2020.4.7., 2020.12.29.] [[시행일 2022.7.1.]]

### ⑤ 아동학대 신고의무자에 대한 교육

- 제26조(아동학대 신고의무자에 대한 교육)
- 관계 중앙행정기관의 장은 「아동학대범죄의 처벌 등에 관한 특례법」 제10조 제2항의 어느 하나에 해당하는 사람(이하 "아동학대 신고의무자")의 자격 취득 과정이나 보수교육 과정에 아동학대예방 및 신고의무와 관련된 교육 내용을 포함하도록 하여야 하며, 그 결과를 보건복지부장관에게 제출하여야 함 [개정 2014.1.28., 2015.3.27., 2021.12.21.] [[시행일 2022.6.22.]]
- 관계 중앙행정기관의 장 및 시 · 도지사는 아동학대 신고의무자에게 본인이 아

동학대 신고의무자라는 사실을 고지할 수 있고, 아동학대예방 및 신고의무와 관련한 교육(이하 이 조에서 "신고의무 교육")을 실시할 수 있음 [신설 2015.3.27.] [[시행일 2015.9.28.]]

- 아동학대 신고의무자가 소속된 기관 · 시설 등의 장은 소속 아동학대 신고의무자에게 신고의무 교육을 실시하고, 그 결과를 관계 중앙행정기관의 장에게 제출하여야 함 [신설 2015.3.27., 2017.10.24.] [[시행일 2018.4.25.]]
  : 신고의무 교육을 실시하지 아니한 자는 300만원 이하의 과태료를 부과함 [[시행일 2016.9.23.]]
  : 아동안전에 대한 교육(성폭력예방교육, 아동학대교육, 실종 · 유괴의 예방과 방지, 감염병 및 약물의 오남용 예방 등 보건위생관리, 재난대비 안전, 교통안전)을 실시하지 아니한 자는 300만 원 이하의 과태료를 부과함 [[시행일 2022.6.22.]]

### ⑥ 피해아동 응급조치 강화

- 제27조의3(피해아동 응급조치에 대한 거부금지)
- 「아동학대범죄의 처벌 등에 관한 특례법」 제12조 제1항 제3호 또는 제4호에 따라 사법경찰관리, 아동학대전담공무원이 피해아동을 인도하는 경우에는 아동학대 관련 보호시설이나 의료기관은 정당한 사유 없이 이를 거부하여서는 아니 됨 [개정 2019.1.15., 2020.4.7.] [[시행일 2020.10.1.]]

### ⑦ 아동학대 관련 범죄전력자의 아동 관련기관의 취업제한

- 제29조의3(아동 관련 기관의 취업제한 등)
- 법원은 아동학대 관련 범죄로 형 또는 치료감호를 선고하는 경우에는 판결(약식명령을 포함)로 그 형 또는 치료감호의 전부 또는 일부의 집행을 종료하거나 집행이 유예 · 면제된 날(벌금형을 선고받은 경우에는 그 형이 확정된 날을 말함)부터 일정기간 아동을 운영하거나 아동 관련 기관에 취업 또는 사실상 노무를 제공할 수 없도록 하는 명령(취업제한명령)을 아동학대 관련 범죄 사건의 판결과 동시에 선고(약식명령의 경우에는 고지를 말함)하여야 함. 다만, 재범의 위험성이 현저히 낮은 경우나 그 밖에 취업을

제한하여서는 아니 되는 특별한 사정이 있다고 판단하는 경우에는 그러하지 아니함 [개정 2016.1.19. 제13805호(주택법), 2016.3.22., 2016.5.29. 제14224호(정신건강증진 및 정신질환자 복지서비스 지원에 관한 법률), 2017.9.19, 2017.10.24, 2018.12.11, 2019.1.15, 2020.4.7, 2020.12.29., 2021.12.21.] [[시행일 2022.6.22.]]

- 아동 관련기관의 설치 또는 설립인가 · 신고를 관할하는 중앙행정기관의 장, 지방자치단체의 장, 교육감 또는 교육장은 아동 관련 기관을 운영하려는 자에 대하여 본인의 동의를 받아 관계기관의 장에게 아동학대 관련 범죄 전력 조회를 요청하여야 함. 다만, 아동 관련 기관을 운영하려는 자가 아동학대 관련 범죄 전력 조회 회신서를 중앙행정기관의 장, 지방자치단체의 장, 교육감 또는 교육장에게 직접 제출한 경우에는 아동학대 관련 범죄 전력 조회를 한 것으로 봄 [개정 2017.9.19., 2018,12.11.] [[시행일 2019.6.20.]]
  : 아동학대 관련 보호시설의 장이 피해아동의 인수를 거부한 경우에는 1천만 원 이하의 과태료를 부과함 [신설 2014.1.28.] [[시행일 2014.9.29.]]
- 아동 관련 기관의 장은 그 기관에 취업 중이거나 사실상 노무를 제공 중인 사람 또는 취업하려 하거나 사실상 노무를 제공하려는 사람에 대하여 아동학대 관련 범죄 전력을 확인하여야 하며, 이 경우 본인의 동의를 받아 관계 기관의 장에게 아동학대 관련 범죄 전력 조회를 요청하여야 한다. 다만, 취업자등이 아동학대 관련 범죄 전력 조회 회신서를 아동 관련 기관의 장에게 직접 제출한 경우에는 아동학대관련범죄 전력 조회를 한 것으로 봄 [개정 2018.12.11.] [[시행일 2019.6.12.]]
  : 아동 관련 기관의 장이 아동학대 관련범죄 전력을 확인하지 아니하는 경우에는 500만 원 이하의 과태료를 부과함 [신설 2014.1.28.] [[시행일 2014.9.29.]]

### ⑧ 아동보호전문기관의 설치

- 제45조(아동보호전문기관의 설치 등)
- 지방자치단체는 학대받은 아동의 치료, 아동학대의 재발 방지 등 사례관리 및 아동학대예방을 담당하는 아동보호전문기관을 시 · 도 및 시 · 군 · 구에 1개소

이상 두어야 함. 다만, 시·도지사는 관할 구역의 아동 수 및 지리적 요건을 고려하여 조례로 정하는 바에 따라 둘 이상의 시·군·구를 통합하여 하나의 아동보호전문기관을 설치·운영할 수 있음 [개정 2014.1.28, 2019.1.15., 2020.4.7.] [[시행일 2020.10.1.]]

- 아동보호전문기관을 통합하여 설치·운영하는 경우 시·도지사는 아동보호전문기관의 설치·운영에 필요한 비용을 관할 구역의 아동 수 등을 고려하여 시장·군수·구청장에게 공동으로 부담하게 할 수 있음 [개정 2019.1.15.] [[시행일 2019.7.16.]]
- 시·도지사 및 시장·군수·구청장은 아동학대예방사업을 목적으로 하는 비영리법인을 지정하여 제2항에 따른 아동보호전문기관의 운영을 위탁할 수 있음 [개정 2019.1.15.] [[시행일 2019.7.16.]]

#### ⑨ 아동학대 행위자에 대한 처벌 강화

- 제72조(상습범)/제73조(미수범)
- 상습적으로 17조 금지행위를 범한 자는 그 죄에 정한 형의 2분의 1까지 가중함
- 제17조 금지행위 미수범은 처벌함

### (2) 「아동학대범죄의 처벌 등에 관한 특례법」상에 명시된 아동학대 관련 내용

#### ① 아동학대범죄의 처벌에 관한 특례

- 제3조(다른 법률과의 관계)/제4조(아동학대 살해·치사)/제5조(아동학대 중상해)/제6조(상습범)/제7조(아동복지시설의 종사자 등에 대한 가중처벌)/제59조(보호처분 등의 불이행죄)
- 아동학대범죄에 대하여는 「아동학대범죄의 처벌 등에 관한 특례법」을 우선 적용함. 다만, 「성폭력범죄의 처벌 등에 관한 특례법」, 「아동·청소년의 성보호에 관한 법률」에서 가중 처벌되는 경우에는 그 법에서 정한 바에 따름
- 아동학대범죄를 범한 사람이 아동을 사망에 이르게 한 때에는 사형, 무기 또는 7년 이상의 징역에 처함

- 아동학대범죄를 범한 사람이 아동의 생명에 대한 위험을 발생하게 하거나 불구 또는 난치의 질병에 이르게 한 때에는 3년 이상의 징역에 처함
- 상습적으로 아동학대범죄를 범한 자는 그 죄에 정한 형의 2분의 1까지 가중함. 다만, 다른 법률에 따라 상습범으로 가중 처벌되는 경우에는 그러하지 아니함
- 아동학대 신고의무자가 보호하는 아동에 대하여 아동학대범죄를 범한 때에는 그 죄에 정한 형의 2분의 1까지 가중함
- 상습적으로 피해아동 보호처분을 불이행한 아동학대 행위자는 5년 이하의 징역이나 5천만 원 이하의 벌금에 처함 [개정 2017.12.19.]
- 임시조치, 보호처분, 피해아동보호명령, 임시보호명령을 이행하지 않은 아동학대 행위자는 2년 이하의 징역 또는 2천만 원 이하의 벌금 또는 구류에 처함
- 이수명령을 부과받은 사람이 보호관찰소의 장 또는 교정시설의 장의 이수명령 이행에 관한 지시에 불응하여 「보호관찰 등에 관한 법률」 또는 「형의 집행 및 수용자의 처우에 관한 법률」에 따른 경고를 받은 후 재차 정당한 사유 없이 이수명령 이행에 관한 지시에 불응한 경우 벌금형과 병과된 경우에는 500만 원 이하의 벌금, 징역형의 실형과 병과된 경우에는 1년 이하의 징역 또는 1천만 원 이하의 벌금에 처함 [개정 2017.12.19.]

### ② 아동학대범죄의 신고의무

- 제10조(아동학대범죄 신고의무와 절차)
- 누구든지 아동학대범죄를 알게 된 경우나 그 의심이 있는 경우에는 특별시·광역시·특별자치시·도·특별자치도, 시·군·구 또는 수사기관에 신고할 수 있음 [개정 2020.3.24.] [[시행일 2020.10.1.]]
- 다음의 어느 하나에 해당하는 사람이 직무를 수행하면서 아동학대범죄를 알게 된 경우나 그 의심이 있는 경우에는 아동보호전문기관 또는 수사기관에 즉시 신고하여야 함 [개정 2016.5.29., 2016.5.29. 제14224호(정신건강증진 및 정신질환자 복지서비스 지원

에 관한 법률), 2019.1.15. 제16248호(아동복지법), 2020.3.24.] [[시행일 2020.10.1.]]

: 아동학대신고의무자가 아동학대가 신고를 하지 않을 경우 1천만원 이하의 과태료를 부과함

1. 가정위탁지원센터의 장과 그 종사자
2. 아동복지시설의 장과 그 종사자(아동보호전문기관의 장과 그 종사자는 제외)
3. 「아동복지법」 제13조에 따른 아동복지전담공무원
4. 「가정폭력방지 및 피해자보호 등에 관한 법률」 제5조에 따른 가정폭력 관련 상담소 및 같은 법 제7조의2에 따른 가정폭력피해자보호시설의 장과 그 종사자
5. 「건강가정기본법」 제35조에 따른 건강가정지원센터의 장과 그 종사자
6. 「다문화가족지원법」 제12조에 따른 다문화가족지원센터의 장과 그 종사자
7. 「사회복지사업법」 제14조에 따른 사회복지 전담공무원 및 같은 법 제34조에 따른 사회복지시설의 장과 그 종사자
8. 「성매매방지 및 피해자보호 등에 관한 법률」 제5조에 따른 지원시설 및 같은 법 제10조에 따른 성매매피해상담소의 장과 그 종사자
9. 「성폭력방지 및 피해자보호 등에 관한 법률」 제10조에 따른 성폭력피해상담소, 같은 법 제12조에 따른 성폭력피해자보호시설의 장과 그 종사자 및 같은 법 제18조에 따른 성폭력피해자통합지원센터의 장과 그 종사자
10. 「소방기본법」 제34조에 따른 구급대의 대원
11. 「응급의료에 관한 법률」 제2조 제7호에 따른 응급의료기관등에 종사하는 응급구조사
12. 「영유아보육법」 제7조에 따른 육아종합지원센터의 장과 그 종사자 및 제10조에 따른 어린이집의 원장 등 보육교직원
13. 「유아교육법」 제20조에 따른 교직원 및 같은 법 제23조에 따른 강사 등
14. 삭제 [2016.5.29.] [[시행일 2016.11.30.]]
    「의료기사 등에 관한 법률」 제1조에 따른 의료기사
15. 「의료법」 제3조 제1항에 따른 의료기관의 장과 그 의료기관에 종사하는 의료

인 및 의료기사

16. 「장애인복지법」 제58조에 따른 장애인복지시설의 장과 그 종사자로서 시설에서 장애아동에 대한 상담 · 치료 · 훈련 또는 요양 업무를 수행하는 사람
17. 「정신건강증진 및 정신질환자 복지서비스 지원에 관한 법률」 제3조 제3호에 따른 정신건강복지센터, 같은 조 제5호에 따른 정신의료기관, 같은 조 제6호에 따른 정신요양시설 및 같은 조 제7호에 따른 정신재활시설의 장과 그 종사자
18. 「청소년기본법」 제3조 제6호에 따른 청소년시설 및 같은 조 제8호에 따른 청소년단체의 장과 그 종사자
19. 「청소년보호법」 제35조에 따른 청소년 보호 · 재활센터의 장과 그 종사자
20. 「초 · 중등교육법」 제19조에 따른 교직원, 같은 법 제19조의2에 따른 전문상담교사 및 같은 법 제22조에 따른 산학겸임교사 등
21. 「한부모가족지원법」 제19조에 따른 한 부모 가족복지시설의 장과 그 종사자
22. 「학원의 설립 · 운영 및 과외교습에 관한 법률」 제6조에 따른 학원의 운영자 · 강사 · 직원 및 같은 법 제14조에 따른 교습소의 교습자 · 직원
23. 「아이돌봄 지원법」 제2조 제4호에 따른 아이돌보미
24. 「아동복지법」 제37조에 따른 취약계층아동에 대한 통합서비스지원 수행인력
25. 「입양특례법」 제20조에 따른 입양기관의 장과 그 종사자

- 누구든지 신고인의 인적 사항 또는 신고인임을 미루어 알 수 있는 사실을 다른 사람에게 알려주거나 공개 또는 보도하여서는 아니 됨
- 신고의무자의 신고가 있는 경우 시 · 도, 시 · 군 · 구 또는 수사기관은 정당한 사유가 없으면 즉시 조사 또는 수사에 착수하여야 함 [신설 2021.1.26.] [[시행일 2022.1.27.]]

### ③ 신고의무자의 보호조치 강화

- 제10조의2(불이익조치의 금지)/제10조의3(아동학대 범죄신고자 등에 대한 보호조치)/제62조의2(불이익조치 금지 위반죄)/제62조(비밀엄수 등 의무의 위반죄)

• 누구든지 아동학대 범죄신고자 등에게 아동학대 범죄신고 등을 이유로 불이익 조치를 하여서는 아니 됨 [본조신설 2016.5.29.] [[시행일 2016.11.30.]]

• 아동학대 범죄신고자 등에 대하여는 「특정범죄신고자 등 보호법」의 규정을 준용해 보호함 [본조신설 2016.5.29.] [[시행일 2016.11.30.]]

• 아동학대 범죄신고자 등에게 파면, 해임, 해고, 그 밖에 신분상실에 해당하는 신분상 불이익조치를 한 자는 2년 이하의 징역 또는 2천만 원 이하의 벌금에 처함

• 아동학대 범죄신고자 등에게 다음의 어느 하나에 해당하는 불이익조치를 한 자는 1년 이하의 징역 또는 1천만 원 이하의 벌금에 처함

1. 징계, 정직, 감봉, 강등, 승진 제한, 그 밖에 부당한 인사조치
2. 전보, 전근, 직무 미부여, 직무 재배치, 그 밖에 본인의 의사에 반하는 인사조치
3. 성과평가 또는 동료평가 등에서의 차별과 그에 따른 임금 또는 상여금 등의 차별 지급
4. 교육 또는 훈련 등 자기계발 기회의 취소, 예산 또는 인력 등 가용자원의 제한 또는 제거, 보안정보 또는 비밀정보 사용의 정지 또는 취급 자격의 취소, 그 밖에 근무조건 등에 부정적 영향을 미치는 차별 또는 조치
5. 주의 대상자 명단 작성 또는 그 명단의 공개, 집단 따돌림, 폭행 또는 폭언, 그 밖에 정신적·신체적 손상을 가져오는 행위
6. 직무에 대한 부당한 감사 또는 조사나 그 결과의 공개 [본조신설 2016.5.29.] [[시행일 2016.11.30.]]

• 신고인의 인적사항 또는 신고인임을 미루어 알 수 있는 사실을 다른 사람에게 알려주거나 공개 또는 보도한 자는 3년 이하의 징역이나 3천만 원 이하의 벌금에 처함 [개정 2016.5.29.] [[시행일 2016.11.30.]]

#### ④ 아동학대 행위자에 대한 임시조치 강화

• 제13조(아동학대 행위자에 대한 긴급임시조치)

• 사법경찰관은 아동학대 피해아동 응급조치에도 불구하고 아동학대범죄가 재발될

우려가 있고, 긴급을 요하여 법원의 임시조치 결정을 받을 수 없을 때에는 직권이나 피해아동, 그 법정대리인(아동학대 행위자 제외), 변호사 또는 시·도지사, 시장·군수·구청장 또는 아동보호전문기관의 장의 신청에 따라 피해아동 또는 가정구성원의 주거로부터 퇴거 등 격리, 피해아동 또는 가정구성원의 주거, 학교 또는 보호시설 등에서 100미터 이내의 접근 금지, 피해아동 또는 가정구성원에 대한 전기통신을 이용한 접근금지 중 어느 하나에 해당하는 조치를 할 수 있음

: 정당한 사유 없이 긴급임시조치를 이행하지 않을 경우 1천만원 이하의 과태료를 부과함

⑤ 피해아동 보호처분의 강화

- 제36조(보호처분의 결정 등)/제59조(보호처분 등의 불이행죄)

- 판사는 심리의 결과 보호처분이 필요하다고 인정하는 경우에는 결정으로 다음의 어느 하나에 해당하는 보호처분을 할 수 있음
  1. 아동학대 행위자가 피해아동 또는 가정구성원에게 접근하는 행위의 제한
  2. 아동학대 행위자가 피해아동 또는 가정구성원에게 「전기통신기본법」 제2조 제1호의 전기통신을 이용하여 접근하는 행위의 제한
  3. 피해아동에 대한 친권 또는 후견인 권한 행사의 제한 또는 정지
  4. 「보호관찰 등에 관한 법률」에 따른 사회봉사·수강명령
  5. 「보호관찰 등에 관한 법률」에 따른 보호관찰
  6. 법무부장관 소속으로 설치한 감호위탁시설 또는 법무부장관이 정하는 보호시설에의 감호위탁
  7. 의료기관에의 치료위탁
  8. 아동보호전문기관, 상담소 등에의 상담위탁

  : 1호부터 제3호까지의 어느 하나에 해당하는 보호처분이 확정된 후에 이를 이행하지 아니한 아동학대 행위자 아동학대 행위자는 2년 이하의 징역 또는 2천만 원 이하의 벌금 또는 구류에 처함

: 정당한 사유 없이 제36조 제1항 제4호부터 제8호까지의 보호처분이 확정된 후 이를 이행하지 아니하거나 집행에 따르지 아니한 사람은 1천만 원 이하의 과태료를 부과함

### ⑥ 강요행위 금지

- 제60조(피해자 등에 대한 강요행위)
- 폭행이나 협박으로 아동학대범죄의 피해아동 또는 보호자를 상대로 합의를 강요한 사람은 7년 이하의 징역에 처함

### ⑦ 업무수행 방해죄 강화

- 제61조(업무수행 등의 방해죄)
- 피해아동에 대한 응급조치, 임시조치, 보호처분의 업무를 수행 중인 사법경찰관리, 아동학대전담공무원이나 아동보호전문기관의 직원에 대하여 폭행 또는 협박하거나 위계 또는 위력으로써 그 업무수행을 방해한 사람은 5년 이하의 징역 또는 5천만 원 이하의 벌금에 처함 [개정 2020.3.24., 2021.1.26.]
- 단체 또는 다중의 위력을 보이거나 위험한 물건을 휴대하여 피해아동에 대한 응급조치, 임시조치, 보호처분의 업무수행 방해죄를 범한 때에는 그 정한 형의 2분의 1까지 가중함
- 피해아동에 대한 응급조치, 임시조치, 보호처분의 업무수행 방해죄를 범하여 아동보호전문기관의 직원을 상해에 이르게 한 때에는 3년 이상의 유기징역에 처한다. 사망에 이르게 한 때에는 무기 또는 5년 이상의 징역에 처함

## 과태료 부과기준(제8조 관련)

아동학대범죄의 처벌 등에 관한 특례법 시행령 [별표] 〈개정 2021. 5. 18.〉

1. 일반 기준

가. 위반행위의 횟수에 따른 과태료의 가중된 부과기준은 최근 2년간 같은 위반행위로 과태료 부과처분을 받은 경우에 적용한다. 이 경우 기간의 계산은 위반행위에 대하여 과태료 부과처분을 받은 날과 그 처분 후 다시 같은 위반행위를 하여 적발된 날을 기준으로 한다.

나. 가목에 따라 가중된 부과처분을 하는 경우 가중처분의 적용 차수는 그 위반행위 전 부과처분 차수(가목에 따른 기간 내에 과태료 부과처분이 둘 이상 있었던 경우에는 높은 차수를 말함)의 다음 차수로 한다.

다. 부과권자는 다음의 어느 하나에 해당하는 경우에는 제2호의 개별기준에 따른 과태료 금액의 2분의 1 범위에서 그 금액을 줄일 수 있다. 다만, 과태료를 체납하고 있는 위반행위자에 대해서는 그렇지 않다.

1) 위반행위가 고의나 중대한 과실이 아닌 사소한 부주의나 오류로 인한 것으로 인정되는 경우
2) 위반의 내용 · 정도가 경미하여 피해자 등에게 미치는 피해가 적다고 인정되는 경우
3) 법 위반상태를 시정하거나 해소하기 위한 노력이 인정되는 경우
4) 그 밖에 위반행위의 정도, 위반행위의 동기와 그 결과 등을 고려하여 과태료 금액을 줄일 필요가 있다고 인정되는 경우

라. 부과권자는 다음의 어느 하나에 해당하는 경우에는 제2호의 개별기준에 따른 과태료 금액의 2분의 1 범위에서 그 금액을 늘릴 수 있다. 다만, 법 제63조 제1항에 따른 과태료의 상한을 넘을 수 없다.

1) 위반행위가 둘 이상인 경우
2) 최근 2년 이내 법 위반 사실이 있는 경우
3) 법 위반상태의 기간이 6개월 이상인 경우
4) 그 밖에 위반행위의 정도, 위반행위의 동기와 그 결과 등을 고려하여 과태료 금액을 늘릴 필요가 있다고 인정되는 경우

2. 개별 기준 (단위: 만원)

| 위반행위 | 근거 법조문 | 과태료 금액 | | |
|---|---|---|---|---|
| | | 1차 위반 | 2차 위반 | 3차 이상 위반 |
| 가. 정당한 사유 없이 판사의 아동보호사건의 조사 · 심리를 위한 소환에 따르지 아니한 경우 | 법 제63조 제1항 제1호 | 300 | 500 | 1,000 |
| 나. 정당한 사유 없이 법 제10조 제2항에 따른 신고를 하지 아니한 경우 | 법 제63조 제1항 제2호 | 300 | 500 | 1,000 |

| | | | | |
|---|---|---|---|---|
| * 아동학대신고의무자가 아동학대를 신고하지 아니한 경우 | | | | |
| 다. 정당한 사유 없이 법 제11조 제6항을 위반하여 사법경찰관리, 아동학대전담공무원 또는 아동보호전문기관의 직원이 수행하는 현장조사를 거부한 경우<br>* 현장에 출동한 사법경찰관리, 아동학대전담공무원 또는 아동보호전문기관의 직원이 업무를 수행할 때 폭행·협박이나 현장조사를 거부하는 등 그 업무 수행을 방해하는 행위를 하는 경우 | 법 제63조 제1항 제3호 | 300 | 500 | 1,000 |
| 라. 정당한 사유 없이 법 제11조의2 제1항 후단을 위반하여 아동학대전담공무원의 출석·진술 및 자료제출 요구에 따르지 않거나 거짓으로 진술 또는 자료를 제출한 경우 | 법 제63조 제1항 제3호의2 | 300 | 500 | 1,000 |
| 마. 정당한 사유 없이 법 제36조 제1항 제4호부터 제8호까지의 보호처분이 확정된 후 이를 이행하지 아니하거나 집행에 따르지 아니한 경우<br>* 4. 「보호관찰 등에 관한 법률」에 따른 사회봉사·수강명령<br>5. 「보호관찰 등에 관한 법률」에 따른 보호관찰<br>6. 법무부장관 소속으로 설치한 감호위탁시설 또는 법무부장관이 정하는 보호시설에의 감호위탁<br>7. 의료기관에의 치료위탁<br>8. 아동보호전문기관, 상담소 등에의 상담위탁 | 법 제63조 제1항 제4호 | 300 | 500 | 1,000 |
| 바. 정당한 사유 없이 법 제39조에 따른 보고서 또는 의견서 제출 요구에 따르지 아니한 경우<br>* 보호관찰관 또는 수탁기관의 장은 아동학대행위자가 보호처분을 이행하지 아니하거나 그 집행에 따르지 아니하는 경우에는 보호처분의 이행 실태에 대한 보고서 또는 의견서를 법원에 제출하여야 함 | 법 제63조 제1항 제5호 | 300 | 500 | 1,000 |

출처: 아동학대범죄의 처벌 등에 관한 특례법 시행령 대통령령 제31688호 일부개정 2021.05.18. 별표 과태료의 부과기준(제8조 관련)

이와 같이 정부 차원에서 「아동복지법」의 개정과 「아동학대범죄의 처벌 등에 관한 특례법」의 제정을 통해 아동학대의 예방하고자 노력하고 있다. 하지만 아동학대에 대한 처벌 기준이 좀 더 강화될 필요가 있으며, 아동학대에 대한 인식 개선을 위한 노력이 지속적으로 요구된다 할 것이다.

## 3. 시설아동복지서비스의 실태와 발달

시설보호서비스란 혈연적으로 무관한 아동들이 혈연적으로 무관한 성인의 보호 아래 24시간의 집단보호를 제공하는 것이다(이순자 외, 2012). 우리나라에서 시설보호는 요보호아동을 보호하는 대표적인 대리적 서비스이다. 아동에게는 가정보호가 무엇보다도 우선되어야 하나 여러 요인으로 인하여 아동이 태어난 가정에서 살 수 없게 되었다면 입양이나 가정위탁 등 가정과 유사한 방식으로 보호되어야 한다.

그러나 이러한 보호도 불가능한 경우 시설보호에 의존하게 되는데, 시설보호는 요보호아동을 보호하는 방식들 중 가장 마지막에 선택되어야 한다. 아동이 가정보호를 일시적 또는 장기적으로 누릴 수 없거나, 가정에서의 양육이 오히려 아동의 건전한 성장과 발달을 저해할 요인이 될 것으로 판단되는 경우에는 사회적 보호조치로서 시설보호 프로그램이 필요하게 된다.

### 1) 시설아동복지서비스의 실태

우리나라의 「아동복지법」상에 명시된 아동복지시설에는 아동양육시설, 아동일시보호시설, 아동보호치료시설, 공동생활가정, 자립지원시설, 아동상담소, 지역아동센터가 있다.

| 표 11-10 | 「아동복지법」상에 명시된 아동복지시설

| 아동복지시설 | 개 념 |
|---|---|
| 아동양육시설 | 보호대상아동을 입소시켜 보호, 양육 및 취업훈련, 자립지원 서비스 등을 제공하는 것을 목적으로 하는 시설 |
| 아동일시보호시설 | 보호대상아동을 일시보호하고 아동에 대한 향후의 양육대책 수립 및 보호조치를 행하는 것을 목적으로 하는 시설 |
| 아동보호치료시설 | 아동에게 보호 및 치료 서비스를 제공하는 다음의 시설<br>가. 불량행위를 하거나 불량행위를 할 우려가 있는 아동으로서 보호자가 없거나 친권자나 후견인이 입소를 신청한 아동 또는 가정법원, 지방법원소년부 지원에서 보호위탁된 19세 미만인 사람을 입소시켜 치료와 선도를 통하여 건전한 사회인으로 육성하는 것을 목적으로 하는 시설<br>나. 정서적 · 행동적 장애로 인하여 어려움을 겪고 있는 아동 또는 학대로 인하여 부모로부터 일시 격리되어 치료받을 필요가 있는 아동을 보호 · 치료하는 시설 |
| 공동생활가정 | 보호대상아동에게 가정과 같은 주거여건과 보호, 양육, 자립지원서비스를 제공하는 것을 목적으로 하는 시설 |
| 자립지원시설 | 아동복지시설에서 퇴소한 사람에게 취업준비기간 또는 취업 후 일정 기간 동안 보호함으로써 자립을 지원하는 것을 목적으로 하는 시설 |
| 아동상담소 | 아동과 그 가족의 문제에 관한 상담, 치료, 예방 및 연구 등을 목적으로 하는 시설 |
| 지역아동센터 | 지역사회 아동의 보호 · 교육, 건전한 놀이와 오락의 제공, 보호자와 지역사회의 연계 등 아동의 건전육성을 위하여 종합적인 아동복지서비스를 제공하는 시설 |

이 중 시설보호의 기능을 하는 아동복지시설은 아동양육시설과 아동일시보호시설, 아동보호치료시설, 아동 직업훈련시설, 자립지원시설, 공동생활가정이 있다. 「아동복지법」 제15조(보호조치), 「아동복지법」 시행령 제15조(입소의뢰 등), 제19조(일시보호의 의뢰), 「아동복지법」 시행규칙 제5조(입소 의뢰), 제8조(일시보호의 의뢰)에 명시된 내용을 종합해 보았을 때 시설보호의 대상이 되는 아동은 18세 미만의 자로 보호자로부터 유실 · 유기 · 이탈된 아동, 보호자가 아동양육에 부적당한 경우로서 아동의 건전한 육성을 해치는 경우, 아동이 결함을 지니고 있는 경우, 기타 보호를 필요로 하는 아동 등이 이에 해당된다.

아동복지시설의 현황을 살펴보면, 2020년 기준 총 884개 기관으로 공동생활가정 595개소, 양육시설 297개소, 자립지원시설 15개소, 보호치료시설 12개소, 일시보호시설과 보호시설을 갖춘 아동상담소 각 10개소 순이었다.

**표 11-11 | 아동복지시설 현황**

| 구 분 | 양육시설 | 일시 보호시설 | 보호 치료시설 | 자립 지원시설 | 공동 생활가정 | 아동 상담소 | 계 |
|---|---|---|---|---|---|---|---|
| 2020 | 237 | 10 | 12 | 15 | 595 | 10 | 884 |

출처: 보건복지부(2020)

앞서 시설보호의 대상이 되는 아동에 대해 살펴보았다. 아동학대 피해아동은 보호자가 아동양육에 부적당한 경우로 아동의 건전한 육성을 해치는 경우에 해당된다. 아동학대 사례종결 시 피해아동의 대부분은 원가정으로 돌아가지만 원가정으로 돌아가지 못하고 분리보호를 받게 되는 아동도 상당수이다. 2021년 아동학대 사례 37,605건 중 분리보호 조치 아동은 5,437건(14.5%)이었으며, 그중 시설입소 아동은 3,960건으로 약 73% 정도의 아동이 시설보호를 받게 된다.

**표 11-12 | 아동학대 사례종결 여부별 피해아동 최종조치 결과**

| 최종조치 | | *N* | % |
|---|---|---|---|
| 원가정보호 | | 31,804 | 84.6 |
| 분리보호 | | 5,437 | 14.5 |
| | 친족(친인척)보호 | 1,332 | (24.5) |
| | 가정위탁 | 70 | (1.3) |
| | 시설입소 | 3,960 | (72.8) |
| | 의료기관 또는 요양소 입원 · 입소 | 73 | (1.3) |
| | 기타 | 2 | (0.0) |
| 사망 | | 44 | 0.1 |
| 기타 | | 320 | 0.9 |
| 계 | | 37,605 | 100.0 |

출처: 보건복지부(2022b)

이와 같이 요보호아동 발생 시 아동에게 가정과 유사한 입양이나 위탁가정 등의 서비스가 제공되어야 하지만 우리나라의 경우 시설보호에 의존하는 비율이 여전히 높은 경향이 있다. 아동이 건강하고 행복하게 성장하기 위해서는 아동 자신의 원가정에서 성장하는 것이 가장 바람직하지만 그렇지 못할 경우 가정과 유사한 환경에서 자랄 수 있는 환경을 제공하는 것이 필요하다. 아동이 자신의 원가정이나 가정과 유사한 환경에서 자랄 수 없는 경우를 제외하고 시설보호는 요보호아동을 보호하는 방식 중 가장 마지막에 선택되어야 한다. 아동이 불가피하게 시설보호서비스를 받게 된다하더라도 아동이 가정에서와 유사한 양육과 보호를 받을 수 있도록 지원하는 것이 필요하다.

### 2) 시설아동복지서비스의 발달

대리적 서비스는 아동이 원가정과 분리되어 다른 가족이나 양육자에 의해 일시적 혹은 영구적으로 보호받고 양육되는 서비스를 의미한다. 우리나라에서 시설보호는 요보호아동을 보호하는 대표적인 대리적 서비스이며, 아동을 보호하는 대표적인 시설은 아동양육시설이다.

아동양육시설은 보호를 필요로 하는 아동을 입소시켜 보호·양육하는 것을 목적으로 하는 시설이다. 과거에는 부모가 없는 고아를 집단으로 수용·보호하는 것이 시설보호서비스의 일차적 목적이었다. 그러나 오늘날에는 단순히 아동의 주거보호 외에 아동이 건전한 성장·발달과 사회적·정서적 문제를 개선하는 치료서비스의 제공을 목적으로 하여 아동문제를 근본적으로 해결하려고 하고 있다(이순자 외, 2012).

이러한 변화는 우리나라 시설아동복지서비스의 발달을 살펴보면 알 수 있다. 우리나라 시설보호의 시작은 1988년 프랑스 신부가 명동 천주교회에 현대적인 시설로 고아원이라 불리는 아동시설을 설치한 것이다(공계순 외, 2009). 한국 전쟁 이후 발생한 수많은 고아를 보호해야 한다는 사회적 요구에 따라 아동양육시설의 수가 급격히 증가하였다. 1959년 통계자료에 의하면 아동을 보호하는 시설이 475개나 있었던 것으로 보고되고 있다. 하지만 전쟁고아들이 성인이 되어 퇴소를 하고, 정부의 강력한 가족계획사업으로 인해 출산율의 감소로 아동의 비율이 낮아지면서 시설에 수용되어 보호되어지던 아동의 수도 급격하게 감소하는 추세를 보이게 된다. 시설보호아동의 수가 감소함에 따라 아동양육시설의 수도 점차 감소하는 현상을 보이게 된다.

아직 대규모 집단시설 형태의 아동양육시설이 시설보호의 주를 이루고 있으나, 1990년대에 들어서면서 아동을 보호하는 시설의 운영에 대한 대안들이 모색되기 시작했다. 또한 최근 들어 요보호아동의 건강한 발달과 복지의 질적 향상에 대한 사회적 관심이 증가하면서, 아동복지생활시설은 요보호아동에 대한 전통적인 시설보호 양육체계에서 벗어나 아동이 건강하고 행복하게 자랄 수 있는 시설 환경의 구축 및 지역사회 아동의 다양한 특성과 욕구에 맞는 가능 다각화를 추구해야 한다는 인식이 확산되었다.

즉, 기존 집단생활시설 형태의 운영에서 벗어나 가정형 기숙사형태로 전환하여 운영하는 것이 시도되었으며, 단순한 보호기능에서 벗어나 방과 후 보호, 아동상담, 일시보호, 가정위탁, 입양, 급식, 프로그램 제공 등의 기능을 추가하여 아동복지시설의 다양화를 추구하기 시작하였다.

또한 아동을 보호하는 종사자들의 인건비 지원, 근무시간, 교사 대 아동비율 하향화 등을 통해 근로 환경을 개선시켜 양육의 질을 개선하려니 꾸준한 노력이 이어졌다. 과거 아동양육시설의 보육사들은 24시간 근무하면서 열악한 처우로 인해 이직률이 높아 아동에게 정서적으로 좋지 않은 영향을 미치는 것으로 지적되었다.

아동양육시설의 양육의 질을 향상시키기 위한 노력으로 2002년부터 2교대가 부분적으로 실시되기 시작하였고, 2016년부터는 아동복지시설에 종사하는 보육사는 최소 2교대가 반드시 이루어져야 함을 명시하고 있으며 보육사 배치기준을 보육사 1인당 0~2세 아동 2명, 3~6세 아동 5명, 7세 이상 7명으로 규정하고 있다.

아동보호서비스의 이러한 변화는 아동이 자기의 가정과 부모 밑에서 성장해야 하지만 도저히 가정에서 성장할 수 없어 불가피하게 시설복지서비스를 받을 수밖에 없는 아동이 보다 건강하고 행복하게 자랄 수 있도록 하기 위한 노력의 결과이다.

## 4. 아동보호서비스의 실천과정과 과제

아동보호서비스는 부모가 양육자로서 역할을 수행할 수 없거나 혹은 역할 수행을 거부함으로써 아동이 그 부모로부터 학대, 방임, 거부되고 결과적으로 아동의 권리가 침해되는 상황에서 이루어지는 것이라고 할 수 있다(김성경 외, 2010). 여기서는 아동보호서비스의 실천과정과 과제에 대해 알아보고자 한다.

### 1) 아동보호서비스의 실천과정

아동보호서비스의 실천과정을 알아보기 위해 아동보호서비스 관련 기관 및 역할과 아동보호서비스 개입과정을 살펴보고자 한다.

#### (1) 아동보호서비스 관련 기관 및 역할

아동보호서비스를 위하여 다양한 행정부서 및 행정기관, 검찰, 경찰, 의료기관, 보육 및 교육기관, 법원, 아동보호전문기관 등이 개입된다. 아동보호서비스 과정에 개입되는 기관과 역할은 다음과 같다.

| 표 11-13 | **아동보호서비스 과정에 개입되는 기관과 그 역할**

| 개입기관 | | 역 할 |
|---|---|---|
| 행정기관 | 보건복지부 | • 아동학대예방을 위한 정책 수립, 관련 법·제도 마련 및 개선<br>• 관계중앙행정기관과의 협력체계 구축 및 연계·지원<br>• 아동보호전문기관의 인력 및 자격 관리<br>• 신고의무자·아동·부모 등 보호자를 대상으로 한 아동학대예방 및 아동인권교육을 위한 교육자료 제작<br>• 아동학대예방 홍보영상 제작, 배포, 송출<br>• 아동학대예방의 날 및 아동학대예방주간 행사 및 홍보 실시 |
| | 법무부 | • 아동학대 범죄의 처벌 및 피해아동 보호에 관련한 법·제도·정책 마련 및 개선<br>• 아동보호전문기관 상담원 아동학대 관련 법 교육<br>• 아동학대 피해자 지원체계 구축 및 행위자 교정·교화 지원체계 마련<br>• 관계 중앙행정기관과의 협력체계 구축 및 연계 지원 |

| 개입기관 | | 역 할 |
|---|---|---|
| | 여성가족부 | • 가정폭력예방과 아동학대예방 교육 및 홍보<br>• 가정폭력예방과 아동학대예방을 위한 협력체계 구축<br>• 가정폭력피해자보호시설 내 피해아동보호 지원<br>• 가정폭력상담소 및 보호시설 종사자, 건강가정지원센터 종사자, 다문화가족지원센터 종사자, 성매매피해시설상담소 종사자, 성폭력피해자보호시설 종사자, 청소년시설 및 단체 종사자, 청소년보호센터 및 재활센터 종사자, 한부모가족복지시설 종사자에 대한 신고의무자 교육 |
| | 교육부 | • 아동학대예방을 위한 교육과정 포함, 교육프로그램 개발 등 교육 지원<br>• 초·중등학교 교직원, 유치원 교직원 및 강사, 학원 강사에 대한 신고의무자 교육<br>• 학대 행위자의 피해아동에 대한 접근 및 위협에 대한 예방 협조<br>• 보육·교육시설에서 발생하는 아동학대에 대한 신고<br>• 학대발생 보육·교육시설 및 학대 행위자에 대한 행정 징계 |
| | 시·도 | • 시·군·구의 피해아동 보호조치 및 아동학대예방사업에 대한 관리·감독, 시정 조치<br>• 지역아동보호전문기관 및 학대피해아동쉼터 설치 및 운영 지원, 업무지도와 감독<br>• 보호조치를 의뢰 받은 피해아동에 대한 행정적인 조치<br>• 아동보호전문기관으로부터 학대피해아동의 시설입소 의뢰를 받은 경우 아동복지심의위원회 결의 없이 보호 조치<br>• 피해아동 보호를 위한 보호시설 설치 및 확충<br>• 학대 행위자의 알코올 문제, 정신질환 등으로 인하여 아동의 신변이 위협받게 될 경우, 아동보호전문기관과 협조하여 행위자가 신속히 입원치료를 받을 수 있도록 조치 및 지원<br>• 어린이집, 아동복지시설, 교육훈련시설 등 집단시설에서 아동학대 발생 시 아동보호전문기관의 현장조사 및 개입이 원활히 진행될 수 있도록 협조<br>• 지역아동보호전문기관에 접수된 신고 사례에 대한 현장조사 시 동행 요청에 협조<br>• 아동학대가 발생한 아동복지시설 및 교육훈련시설, 어린이집에 대한 행정 조치<br>• 법원에 아동학대 행위자인 친권자에 대한 친권행사의 제한 또는 친권상실 청구<br>• 관내 신고의무자에 대한 아동학대예방 및 신고의무교육을 연간 1시간 이상 실시<br>• 사회복지시설 등에서의 아동학대예방을 위한 지도·감독<br>• 아동학대예방의 날 및 아동학대예방주간 행사 및 홍보 실시<br>• 분기 1회 이상 아동학대예방 홍보를 실시하고, 지역주민 인식 개선을 위한 교육 등을 적극 실시 |
| | 시·군·구 | • 아동보호전문기관으로부터 학대피해아동의 시설입소 의뢰를 받은 경우 아동복지심의위원회 결의 없이 보호 조치<br>• 친권 행사 제한 또는 정지된 피해아동의 임시후견인 역할 수행<br>• 지역아동보호전문기관 및 학대피해아동쉼터 설치 및 운영 지원, 업무 지도와 감독<br>• 아동보호전문기관이 피해아동, 그 보호자 또는 아동학대 행위자의 신분조회를 요청할 경우 적극 협조<br>• 보호조치를 받은 피해아동에 대한 행정적인 조치 |

| 개입기관 | | 역 할 |
|---|---|---|
| | | •「아동학대범죄의 처벌 등에 관한 특례법」에 따른 응급조치로 보호시설에 인도된 피해아동에 대한 행정적인 조치<br>• 위탁가정 또는 아동복지시설의 보호대상아동 귀가조치<br>• 피해아동보호를 위한 보호시설 설치 및 확충<br>• 학대 행위자의 알코올 문제, 정신질환 등으로 인하여 아동의 신변이 위협받게 될 경우, 아동보호전문기관과 협조, 타 기관과 연계하여 행위자가 신속히 입원치료를 받을 수 있도록 조치 지원<br>• 어린이집, 아동복지시설, 교육훈련시설 등 집단시설에서 아동학대 발생 시 아동보호전문기관의 현장조사 및 개입이 원활히 진행될 수 있도록 협조<br>• 지역아동보호전문기관에 접수된 신고사례에 대한 현장조사 시 동행 요청에 협조<br>• 아동학대가 발생한 아동복지시설 및 교육훈련시설, 어린이집에 대한 행정 조치<br>• 법원에 아동학대 행위자인 친권자에 대한 친권행상의 제한 또는 친권상실 청구<br>• 관내 신고의무자에 대한 아동학대예방 및 신고의무 관련 교육을 연간 1시간 이상 실시<br>• 아동보호전문기관 또는 수사기관에서 현장조사 시 동행 요청에 협조하는 등 아동보호전문기관의 피해아동 보호조치가 원활히 진행될 수 있도록 적극 협조<br>• 사회복지시설 등에서의 아동학대예방을 위한 지도·감독<br>• 아동학대가 발생한 시설에 대한 행정처분<br>• 후견인이 아동학대 등 현저한 비행을 저지른 경우 법원에 후견인 변경 신청<br>• 보호조치를 의뢰받은 지방자치단체는 「아동복지법」 제15조에 따라 보호조치를 진행<br>• 아동보호전문기관이 통보한 피해아동과 그 가족에 대한 사후관리 계획에 대해 적극적으로 행정 지원<br>• 아동학대 신고의무 불이행 및 긴급임시조치 불이행, 보호처분 불이행, 보호처분에 대한 보고서 또는 의견서 제출 요구 거부에 대한 과태료 부과<br>• 분기 1회 이상 아동학대예방 홍보를 실시하고, 지역주민 인식 개선을 위한 교육 등을 적극 실시 |
| | 읍·면·동 | • 관할지역 내 학대가 의심되는 아동에 대하여 112 신고<br>• 아동보호전문기관이 피해아동, 그 보호자 또는 아동학대 행위자의 신분조회를 요청할 경우 적극 협조<br>• 아동보호전문기관 또는 수사기관에서 현장 조사 시 동행요청에 협조하는 등 아동보호전문기관의 피해아동 보호조치가 원활히 진행될 수 있도록 적극 협조 |
| 경찰 | | • 피해아동 보호조치 등 원활한 사례 개입을 위해 아동보호전문기관과 긴밀한 협력체계 구축<br>• 아동학대 신고접수 및 직무상 아동학대 의심사례를 알게 된 경우, 반드시 즉시 아동보호전문기관에 통보 및 사례 내용 공유<br>• 아동보호전문기관에 접수된 신고사례에 대해 현장조사 시 동행 협조<br>• 응급조치를 요하는 아동학대 사례를 일시보호시설 또는 의료기관에 조치 의뢰<br>• 아동학대 행위자에 대한 긴급임시조치 결정·집행 및 임시조치 신청<br>• 아동학대사건 송치 시 아동보호사건 처리에 대한 의견 개진 |

| 개입기관 | 역 할 |
|---|---|
|  | • 피해아동에게 필요한 절차 및 지원서비스(피해자 국선 변호사, 진술조력인) 안내<br>• 신고의무자의 신고의무 준수 여부를 조사하고 지방자치단체에 과태료 부과 요청<br>• 아동학대 의심 사례 중 단독으로 조사한 사례에 대한 현장조사 결과를 국가아동학대정보시스템에 입력<br>• 오인 · 허위신고로 현장 확인된 경우, 신고접수 후 24시간 이내 아동보호전문기관에 확인사실 통보 |
| 검찰 | • 아동학대 행위자에 대한 임시조치 청구 및 수사 · 처분 방향 결정<br>• 아동학대사건 수사 시 수사기관에 필요한 자료 요청 및 의 견청취<br>• 아동학대 행위자인 친권자 또는 후견인에 대한 친권상실의 선고 또는 후견인의 변경 심판 청구<br>• 아동학대 행위자에 대한 조건부 기소유예 결정 시 아동보호전문기관 등에 상담 · 치료 · 교육 명령<br>• 피해아동을 증인으로 심문하는 경우 피해아동과 신뢰관계에 있는 자의 동석을 법원에 신청하고 성폭력아동학대 전담검사제도, 진술조력인제도 및 피해자국선변호사제도를 적극 활용하여 피해아동 보호<br>• 수사 시 아동학대 행위자의 위협으로부터 피해아동 및 아동보호전문기관 상담원 등의 신변안전 확보 |
| 의료기관 | • 의료행위 시 학대가 의심되는 아동에 대해 경찰 또는 아동보호전문기관에 신고<br>• 응급조치 및 피해아동보호명령에 따라 의료기관으로 인도 및 치료 위탁된 아동에 대한 치료<br>• 임시조치 및 보호처분에 따라 의료기관으로 치료 위탁된 행위자에 대한 치료<br>• 신고의무자에 대한 신고의무자 교육<br>• 의료기관 내에 소아과, 소아정신과, 외과, 내과, 산부인과, 의료사회사업가 등으로 구성된 학대피해아동 보호팀을 구성 · 운영<br>• 아동학대 판정을 위한 피해아동, 가족 및 학대 행위자에 대한 의학적 진단, 소견 · 증언 진술 및 피해아동을 위한 의료서비스 제공<br>• 응급한 조치를 필요로 하는 아동이 발생한 경우, 적극적으로 치료서비스 지원 |
| 보육 및 교육기관 | • 아동학대 의심 사례 조기 발견 및 경찰 또는 아동보호전문기관에 신고<br>• 아동학대 신고의무자 직군에 대한 아동학대 신규 의무자교육 실시<br>• 아동보호전문기관 상담원 및 경찰이 보육 및 교육기관을 방문하여 현장조사를 실시할 경우 아동의 안전을 위하여 적극 협조<br>• 피해아동과 부모에 대한 치료적 개입 및 협조<br>• 피해아동의 보육 및 교육기관 생활, 가족력 등 관련 자료 제공<br>• 피해아동에 대한 학교사회사업서비스 제공<br>• 아동, 부모 및 교사 대상의 아동학대예방 홍보 및 아동의 권리와 학대예방 등에 관한 교육 실시<br>• 부모로부터 분리 보호된 피해아동의 보호를 위한 협력 지원 |

| 개입기관 | 역 할 |
|---|---|
| 법원 | • 아동의 최선의 이익 우선 원칙에 따른 사법적 소송 진행<br>• 피해아동에 대한 임시보호명령 및 피해아동보호명령 결정<br>• 아동학대 행위자에 대한 임시조치 결정, 아동보호전문기관으로의 상담 · 교육 위탁 시 이행사항 확인 및 수행기관의 의견 청취를 통한 성행 교정 상황 모니터링<br>• 아동학대 행위자에 대한 보호처분 결정 및 그 이행사항 모니터링<br>• 피해아동의 법률적 보호 및 학대 행위자에 대한 보호처분 등에 대해 아동보호전문기관과의 긴밀한 협조<br>• 아동학대 행위자에 대한 형사판결, 보호처분 결정, 친권의 상실 선고 · 후견인 변경 심판<br>• 재판 시 증인으로 출석한 피해아동과 아동보호전문기관 상담원 등의 신변 안전을 확보하고 피해자지원제도 활용 |
| 아동권리보장원 | • 아동정책에 대한 종합적 수행과 아동복지 관련 사업의 효과적인 추진을 위하여 필요한 정책의 수립을 지원하고 사업평가 등의 업무를 수행<br>• 아동정책 수립을 위한 자료 개발 및 정책 분석<br>• 아동정책기본계획의 수립 및 아동정책 시행계획 평가 지원<br>• 아동정책조정위원회의 운영 지원<br>• 아동정책 영향평가 지원<br>• 아동보호서비스에 대한 기술지원<br>• 아동학대예방사업의 활성화<br>• 가정위탁사업의 활성화<br>• 국내입양 활성화 및 입양 사후관리를 위한 업무<br>• 아동 관련 조사 및 통계 구축<br>• 아동 관련 교육 및 홍보 |

이와 같이 요보호아동 발생 시 아동보호서비스를 위하여 정부의 각 부처와 기관, 검찰, 경찰, 의료기관, 보육 및 교육기관, 법원, 아동권리보장원 등이 개입되어짐을 알 수 있다. 아동보호서비스 과정에서 이들의 역할이 보다 원활하게 유기적으로 연계되기 위해서는 각 기관의 역할에 대한 규정을 보다 상세히 명시하고 중복되는 역할에 대해서는 각 기관의 협의가 필요할 것으로 보여진다.

### (2) 아동보호서비스 개입과정

아동보호서비스 개입과정을 신고 및 접수, 현장조사, 조치결정, 사례종결 및 사후관리로 나누어 살펴보고자 한다.

① 신고 및 접수

누구든지 아동학대를 알게 되거나 아동학대 의심 사례가 발생되면 신고할 수 있으며, 아동학대 신고의무자는 반드시 신고를 해야 한다. 신고 전화번호는 112이며, 아동학대 신고의무자가 아동학대를 발견하고도 정당한 사유 없이 신고하지 않은 경우 최대 1,000만 원 이하의 과태료가 부과된다.

출처: 아동권리보장원(2022). https://www.ncrc.or.kr(2022년 9월 26일자 발췌)

그림 11-1 아동학대 신고방법

② 현장조사

아동학대 및 아동학대 의심 사례가 신고·접수되면 사법경찰관리나 아동학대전담공무원은 지체 없이 현장에 출동하여 현장조사서를 작성하게 된다. 현장조사는 충분한 자료와 정보의 수집 및 분석, 학대사실 및 위급의 여부를 가려냄으로써 학대 피해아동을 도와주기 위한 기초적 작업이다. 현장조사에서는 아동학대 발생 여부, 아동 및 신고자, 목격자, 이웃 등 관련인 조사를 통한 아동학대 증거 수집, 아동의 안전 여부, 가족관계 등의 정보를 수집하게 된다. 아동학대전담공무원은 아동학대 행위자 및 관계인에 대하여 출석·진술 및 자료 제출을 요구할 수 있고, 아동학대 행위자 및 관계인은 정당한 사유가 없으면 이에 따라야 한다.

③ 조치 결정

현장조사를 통해 아동이 위험하다고 판단될 때는 아동학대 관련 보호시설 또는 의료기관에 인도하거나 필요한 보호조치를 하게 된다. 아동학대 피해아동의 경우 아동학대의 사안에 따라 우선 원가정보호를 할 것인지 분리보호를 할 것인지 결정한 후 분리보호를 할 경우 친족이나 연고자에 의한 보호, 가정위탁, 일시보호시설이나 그룹홈에서 일시적으로 보호 · 양육하는 일시보호, 아동양육시설에 입소시키는 장기보호, 병원입원 등에 입소되어 개별적인 상담 및 치료서비스를 제공받게 된다.

아동학대 행위자에게는 학대의 재발생 여부를 확인하기 위해 지속적으로 관찰, 고소, 고발, 보호관찰, 형사 처분 등이 내려지게 된다. 또한 아동학대 가족에게는 아동의 안전 확보와 재학대 방지, 건전한 가정기능의 유지 등을 위하여 피해아동 및 보호자를 포함한 피해아동의 가족에게 상담, 교육 및 의료적 · 심리적 치료 등의 필요한 지원을 제공해야 한다.

④ 사례종결 및 사후관리

아동학대의 위험성이 제거되고 아동이 안전하다고 판단될 때 사례종결이 이루어진다. 사례가 종결된 후에는 6개월 동안 매월 1회 이상 전화상담이나 가정방문 등의 방법을 통해 아동학대 재발생 여부를 확인함으로써 사후관리를 한다. 또한 가족에게 도움이 필요하면 언제든지 필요한 서비스와 지원을 제공받을 수 있도록 지원한다.

이와 같이 요보호아동 발생 시 아동보호서비스는 신고 및 접수, 현장조사, 조치결정, 사례종결 및 사후관리의 순으로 이루어지며, 이때 아동보호조치를 위해 다양한 기관이 개입되어진다. 특히 주목할 점은 아동학대 신고의무 전화가 기존 아동학대 신고전화번호의 낮은 인지도와 아동보호전문기관의 업무부담, 관리체계의 미흡 등의 이유로 2014년 112로 통합되었는데, 이는 아동학대를 범죄로 인식한다는 정부의 강력한 의지의 표현이다.

## 2) 아동보호서비스의 과제

아동보호서비스의 가장 중요한 과제는 아동학대예방 및 방지이다. 이를 위한 과제를 제시하면 다음과 같다.

### (1) 아동학대예방교육을 통한 인식 개선

아동학대에 대한 가장 적극적이고 경제적인 접근은 예방을 강화하는 것이다. 아동학대를 예방하기 위한 방법 중 가장 대표적인 것은 예방교육이다. 예방교육은 크게 아동을 대상으로 한 교육과 성인을 대상으로 한 교육으로 나누어볼 수 있다.

성인교육은 아동학대 신고의무자와 부모, 일반인 교육으로 구분할 수 있는데, 현재 가장 많이 실시되고 있는 성인 대상 교육은 신고의무자를 대상으로 한 교육이다. 「아동복지법」 제26조에서는 신고의무자에 해당하는 자격 취득 과정이나 보수교육 과정에 아동학대예방 및 신고의무와 관련된 교육 내용을 포함하도록 명시하고 있다. 하지만 아동학대 행위자의 80% 이상이 부모이며, 아동학대가 가장 빈번하게 일어나는 장소는 가정이다.

그러므로 최근 부모를 대상으로 한 다양한 부모교육이 실시되어지고 있으나, 홍보 부족과 강제성이 없어 부모교육에 참여하는 부모는 제한적이다. 또한 부모가 아닌 일반인에 대한 아동학대예방교육은 미비한 실정이다. 여전히 우리나라에는 사랑의 매라는 체벌을 합리화하는 인식이 뿌리 깊게 자리 잡고 있어 아동학대 건수는 매년 증가하고 있는 추세이다.

아동학대가 보호자를 포함한 성인에 의하여 아동의 건강. 복지를 해치거나 정상적 발달을 저해할 수 있는 신체적 · 정신적 · 성적 폭력, 가혹행위 및 아동의 보호자에 의하여 이루어지는 유기와 방임임을 상기해 보면, 신고의무자 이외의 부모와 일반인들에 대한 아동학대교육을 활성화시킬 수 있는 아동학대교육의 의무화 등의 정책적 제도가 뒷받침되어야 할 것이다.

### (2) 아동학대 홍보사업 활성화를 통한 예방

부모와 일반인들의 인식 변화를 위해서는 현재 보건복지부와 중앙아동보호전문기관에서 진행하고 있는 인쇄물 배포 또는 인터넷 사이트 운영을 통한 홍보를 뛰어넘는 홍보방법에 대한 모색이 필요하다.

현재 국가와 보건복지부에서는 2011년 「아동복지법」 개정을 통해 아동학대예방의 날 및 예방주간의 법적 근거를 마련하고 매해 11월 19일을 아동학대예방의 날로, 그로부터 일주일(11.19~25)은 아동학대예방주간으로 정하고 있다. 또한 연 4회 이상 지역신문, 유선방송 및 시정홍보 전광판 등을 활용하여 아동학대예방 홍보를 실시하고 있다.

하지만 아동의 권리와 학대예방 교육은 단기간 일시적보다는 일상생활 속에서 지속적으로 이루어질 때 비로써 인식의 큰 변화를 가지고 올 수 있다. 그러므로 현재의 아동학대예방 홍보에 대한 규정을 보다 강화할 필요가 있으며, 보다 국민들에게 친숙한 매체를 활용한 홍보가 이루어져야 할 것이다.

Chapter

# 12

# 입양 및 가정위탁보호서비스

개개의 아동은 자신이 태어난 가정에서 자신의 가족들과 함께 성장·발달해야 한다. 그러나 가정이 아동양육에 적합하지 않거나 그의 부모가 아동을 보살필 능력이 없거나 부모들의 이혼, 유기, 사망 등으로 가정이 파괴되어 있거나 또 가정환경에서 잘 지낼 수 없는 행동 문제 등을 갖고 있는 경우는 부득이 대리가정을 마련해 줄 수밖에 없다. 아동은 가능한 가정이라는 건전하고 자연적인 환경 속에서 성장·발달하는 것이 가장 바람직하다.

그러므로 아동이 자신의 친가족과 생활하기 어려운 경우 가족의 기능이 회복될 때까지 가급적이면 시설이 아닌 일정 기간 위탁가정이나 공동생활가정에서 생활하거나 새로운 가정에 입양되어 성장하도록 환경을 제공하는 것이 필요하다.

입양과 가정위탁보호서비스는 대리적 서비스로 시설이 아닌 가정에서 돌봄과 양육을 제공받는 것으로 아동이 자신의 원가정에서 지낼 수 없는 경우 시설보호에 앞서 고려되어야 한다. 입양은 보호자가 없거나 보호자로부터 일탈된 아동 등의 권익과 복지를 증진하기 위한 가정을 영구적으로 제공하여 아동이 신체적·정신적·사회적으로 건강하게 성장할 수 있도록 지원하는 것을 목적으로 한다.

그리고 가정위탁보호서비스는 보호대상아동의 보호를 위하여 「아동복지법」이 정하는 기준에 적합한 가정에 보호대상아동을 일정기간 위탁하는 것으로 보호대상아동을 보호·양육하기를 희망하는 가정에 위탁 양육함으로써 가정적인 분위기에서 건전한 사회인으로 자랄 수 있도록 함을 목적으로 한다.

이에 본 장에서는 대리적 서비스의 유형 중 시설보호가 아닌 가정에서 돌봄과 양육을 제공받는 입양과 가정위탁서비스에 대해 알아보고자 한다.

## 1. 입양서비스의 개념과 현황

입양서비스는 대리적 서비스이다. 대리적 서비스는 아동이 원가정과 분리되어 다른 가족이나 양육자에 의해 영구적으로 보호받고 양육되는 것을 의미한다. 요보호아동발생 시 대리적 서비스 중 가장 먼저 고려되어야 할 것은 입양서비스이며, 입양은 혈연관계가 아닌 일반인 사이에서 법률적으로 친자관계를 맺는 것으로, 아동은 친가정과의 법적 관계가 모두 정리되고 새로운 부모와 법적 가족관계를 형성하는 것이다. 여기서는 입양서비스의 개념과 현황을 살펴보고자 한다.

### 1) 입양사업의 개념

입양은 친부모가 자녀를 양육할 수 없거나 양육할 의지가 없는 경우 아동에게 영구적인 대리보호를 제공하는 것으로 부모-자녀 관계가 출산을 통한 생물학적 과정이 아닌 사회적이고 법적인 과정을 통하여 맺어진다. 또한 입양은 아동과 친부모 간의 관계를 단절하고 혈연관계가 없는 사람들 사이에 새로운 부모-자녀 관계를 법적으로 설정함으로써 하나의 가정을 창출해 내는 법적인 과정이다.

입양이 될 때는 아동의 친부모가 지닌 모든 권리나 의무가 소멸되며 입양부모에게 입양아동에 관한 모든 권리와 의무가 행정적 · 법적으로 이양된다. 성인에게는 입양이란 다른 아동을 법적 절차를 밟아서 자기 아이로 삼는 것을 의미하며, 입양아동에게는 부모와 친자와 동등한 관계를 맺는 것을 의미한다.

입양의 대상은 만 18세 미만의 보호자가 없거나 보호자로부터 이탈된 아동 또는 보호자가 아동을 학대하는 경우 등 그 보호자가 아동을 양육하기에 부적당하거나 양육할 능력이 없는 보호아동이다. 단, 입양아동의 연령이 만 13세 이상인 경우 입양아동의 동의가 필요하다.

입양사업은 다음과 같은 원리들을 지침으로 제공되어야 한다(Kadushin, 1984).

① 아동은 자신의 가족, 지역사회, 국가에서 양육되는 것이 최우선이고 가장 바람

직하다. 입양은 아동의 가족을 지키고자 하는 모든 노력을 기울이고 난 후에만 고려해야 한다. 입양은 언제나 아동의 원가정을 대신해서 이루어지는 것이기 때문에 아동의 가족은 아동이 필요로 하고 받을 권리가 있는 보호를 제공할 수 없다는 것이 명백할 때에만 적용하여야 한다.

② 대리보호가 필요한 경우에는 아동이 속해있는 인종집단, 국가, 문화집단과 종교집단에서 가정을 찾는 노력이 우선되어야 한다. 아동이 속한 지역사회 밖에서 입양가정을 찾는 노력은 그것이 불가능하다는 것이 명백해졌을 때에만 시도되어야 한다.

③ 입양의 일차적인 목적은 친부모에 의해 양육될 수 없는 아동에게 영구적 가족을 제공하는 것이다. 따라서 입양사업은 아동의 복지, 욕구, 관심을 기초로 해야 효과적으로 이루어질 수 있다. 가정은 아동을 위해서 선택되어야지, 가정을 위해 아동이 선택되어서는 안 된다.

④ 아동의 가족을 대신할 영구적인 보호가 필요한 경우에는 입양이 가장 바람직한 방법이다. 입양은 가정위탁보호나 시설보호보다 동일한 부모가 아동에게 필요한 장기적 안정과 애정 있고 친밀한 보호를 제공해 줄 수 있는 가능성이 높다.

⑤ 아동의 복지를 위해서는 영구적 대리보호의 필요성 여부에 대한 결정이 가능한 한 빨리 내려지고 지체와 주저함 없이 이행되어야 한다. 또한 입양의 완결도 가능하면 빨리 달성되어야 한다. 단 모든 일은 여러 저항 요인들을 충분히 고려한 상태에서 이루어져야 한다.

### 2) 입양의 유형

입양은 기준을 무엇으로 정하느냐에 따라 다양하게 분류될 수 있는데, 양부모의 친족 여부에 따라 친족입양과 비친족입양, 입양국가에 따라 국내입양과 국외입양, 입양의 주체에 따라 단독입양과 기관입양, 입양 사실 공개 여부에 따라 비밀입양과 공개입양 등으로 나누어진다.

### ① 진족입양과 비진족입양

- 기준: 양부모의 친족 여부
- 친족입양: 아동이 계부, 계모, 큰아버지 등 혈연관계 또는 부나 모의 재혼으로 인해 가족관계를 이루고 있는 사람에 의해 입양되는 경우
- 비친족입양: 아동이 전혀 가족관계를 갖고 있지 않은 사람에 의해 입양되는 경우

### ② 국내입양과 국외입양

- 기준: 입양부모의 국적
- 국내입양: 아동이 태어난 자신의 국가 내에서 입양되는 것
- 국외입양: 아동이 태어난 국가가 아닌 다른 국가로 입양되는 것

### ③ 단독입양과 기관입양

- 기준: 입양의 주체
- 우리나라의 경우 입양기관을 통한 기관입양만을 인정하고 독립입양은 불법으로 간주함
- 단독입양: 입양기관을 거치지 않고 입양하는 것으로 직접입양, 회색입양, 암시장입양으로 나누어 볼 수 있음
  - 직접입양: 친부모나 가족이나 친구, 이웃에 직접 아동을 입양하는 경우
  - 회색입양: 제3자의 소개로 입양되는 경우로 아는 사람 또는 의사나 변호사 등 제3자의 소개로 입양시키는 경우가 해당됨
  - 암시장입양: 아동을 매매하여 입양하는 경우로 아동의 욕구와는 관계없이 이익을 목적으로 한 불법적인 인신매매의 형태임
- 기관입양: 입양기관을 통해 이루어지는 경우로 입양기관은 친부모로부터 친권포기를 받고 기관이 법적 대리인이 되어 입양 절차를 밟음

### ④ 비밀입양과 공개입양

- 기준: 입양 사실의 공개 여부

- 비밀입양: 입양사실을 입양아동을 포함한 주변 사람들에게 비밀로 하는 경우
- 공개입양: 입양사실을 입양아동과 포함한 주변 사람들에게 공개하는 경우

### 3) 입양사업의 현황

우리나라의 보호가 필요한 아동에 대한 보호정책은 가정보호우선정책으로 일관되었으며 입양은 요보호아동을 위한 중심적인 보호방법이 되었다. 정부가 추진한 가정보호우선정책은 첫째로 요보호아동의 발생예방정책, 둘째로 국내입양 및 위탁보호 활성화정책, 셋째로 국외입양억제정책으로 분류될 수 있다. 보건복지부의 통계에 의하면 1995년까지 입양된 아동의 수는 18만 명이 넘으며 이 중에서 72%에 속하는 13만 명 정도의 아동이 국외로 입양된 것으로 추산되었다. 정부는 국내입양이 부진한 이유로 혈통을 중시하는 유교적 가족관, 부모중심의 입양, 비밀입양으로 인한 까다로운 아동선정 조건, 국내입양 전문기관의 부족과 국내입양 지정기관의 전문 종사자 부족, 입양알선기관의 국외입양에 대한 선호와 입양상담원의 적극적인 국내입양 성사 의지 결여를 제시하고 있다.

한편 국외입양이 지속되는 사유로는 국내시설 보호와 국내입양의 한계, 입양 상대국 양부모의 한국 아동에 대한 선호(적응, 지능, 학교성적 등이 우수) 인구 문제 및 사회 문제의 부분적 해결, 양부모의 친한국인사로의 전환, 입양아동의 해외진출로 인한 민간외교 증진 및 장래의 잠재적 국력신장에의 기여를 들고 있다.

2000년부터 2020년까지의 우리나라 국내외 입양 현황을 살펴보면 다음과 같다.

표 12-1 **국내외 입양 현황**

| 구 분 | 국 내 | 국 외 | 계 |
|---|---|---|---|
| 2000 | 1,686 | 2,360 | 4,046 |
| 2001 | 1,770 | 2,436 | 4,206 |
| 2002 | 1,694 | 2,365 | 4,059 |
| 2003 | 1,564 | 2,287 | 3,851 |
| 2004 | 1,641 | 2,258 | 3,899 |

| 구 분 | 국 내 | 국 외 | 계 |
|---|---|---|---|
| 2005 | 1,461 | 2,101 | 3,562 |
| 2006 | 1,332 | 1,899 | 3,231 |
| 2007 | 1,388 | 1,264 | 2,652 |
| 2008 | 1,306 | 1,250 | 2,556 |
| 2009 | 1,314 | 1,125 | 2,439 |
| 2010 | 1,462 | 1,013 | 2,475 |
| 2011 | 1,548 | 916 | 2,464 |
| 2012 | 1,125 | 755 | 1,880 |
| 2013 | 686 | 236 | 922 |
| 2014 | 637 | 535 | 1,172 |
| 2015 | 683 | 374 | 1,057 |
| 2016 | 546 | 334 | 880 |
| 2017 | 465 | 398 | 863 |
| 2018 | 378 | 303 | 681 |
| 2019 | 387 | 317 | 704 |
| 2020 | 260 | 232 | 492 |
| 합계 | 23,333 | 24,758 | 48,091 |

출처: 보건복지부(2022). http://www.mohw.go.kr (2022년 9월 26일자 발췌)

우리나라 국내외 입양 현황을 살펴보면 2007년 처음으로 입내입양이 국외입양 아동 수를 앞지르게 되었는데, 정부는 아동 수출국이라는 오명을 벗고 국내입양 활성화를 위해 2007년에 「입양촉진 및 절차에 관한 특례법」을 개정하고 국내입양 우선 추진제를 실시하여 5개월간 국내입양을 추진 후 입양이 안될 시 국외입양을 추진하도록 하였다. 또한 국외입양 쿼터제를 도입하여 국외입양 아동 수를 매년 10%씩 줄이고 있다(이순자 외, 2012). 이처럼 국외입양은 인위적으로 줄이고 국내입양은 활성화되지 못하면서 입양아동의 수는 점차 감소하게 되었고 2020년에는 국내입양아동 수 260명, 국외입양아동 수 232명으로 보호아동 중 492명의 아동만이 새로운 가정을 갖게 되었다.

## 2. 입양사업의 구성요소와 전달체계

입양사업의 포함되는 구성요소와 입양이 이루어지는 전달체계를 살펴보면 다음과 같다.

### 1) 입양사업의 구성요소

입양사업의 구성요소에는 영구적인 가정을 기다리는 입양아동, 입양을 위해 자녀에 대한 친권을 포기해야 하는 친부모, 아동을 가족의 새로운 일원으로 맞이하고자 하는 입양부모의 3체계가 있다.

#### (1) 입양아동

입양아동은 보호자가 없거나 보호자로부터 일탈된 만 18세 미만의 아동으로서 직계존속 또는 후견인의 동의가 있어야 한다. 그리고 아동의 연령이 만 13세 이상인 경우 아동 본인의 입양동의가 있어야 한다. 입양에 있어 입양아동에 대해 우선적으로 배려할 사항은 대상아동이 입양에 적합한지의 여부와 이에 대한 적절한 조사, 친부모와 이별하고 새로운 부모를 맞이하는 것에 대한 마음의 준비이다.

입양이 필요한 아동은 다음과 같이 구별될 수 있다.

첫째, 입양대상아동의 가정이 건전한 가족으로 구성될 수 없는 경우로 미혼모의 자녀나 미아 등이 해당된다.

둘째, 부모가 사망을 했거나 지속적으로 아동을 돌볼 수 없는 경우

셋째, 친부모가 판명되지 않거나 아동양육을 거절하거나 싫어하는 경우

넷째, 부모가 자발적으로 아동에 대한 권리를 포기하는 경우

우리나라 「입양특례법」에서는 입양아동의 자격을 다음과 같이 명시하고 있다.

표 12-2 「입양특례법」에 명시된 입양아동의 자격

**입양특례법 제9조(양자가 될 자격)**

이 법에 따라 양자가 될 사람은 요보호아동으로서 다음 각 호의 어느 하나에 해당하는 사람이어야 한다.

1. 보호자로부터 이탈된 사람으로서 특별시장 · 광역시장 · 특별자치시장 · 도지사 및 특별자치도지사(이하 "시 · 도지사") 또는 시장 · 군수 · 구청장(자치구의 구청장을 말함. 이하 같음)이 부양의무자를 확인할 수 없어 「국민기초생활 보장법」에 따른 보장시설(이하 "보장시설")에 보호의뢰한 사람
2. 부모(부모가 사망이나 그 밖의 사유로 동의할 수 없는 경우에는 다른 직계존속을 말함) 또는 후견인이 입양에 동의하여 보장시설 또는 제20조에 따른 입양기관에 보호의뢰한 사람
3. 법원에 의하여 친권상실의 선고를 받은 사람의 자녀로서 시 · 도지사 또는 시장 · 군수 · 구청장이 보장시설에 보호의뢰한 사람
4. 그 밖에 부양의무자를 알 수 없는 경우로서 시 · 도지사 또는 시장 · 군수 · 구청장이 보장시설에 보호의뢰한 사람

### (2) 친부모

친부모란 출생에 의해 혈연적으로 맺어지는 친자관계로, 자신이 출산한 아동에 대한 친권을 갖게 된다. 입양아동의 친부모는 아동에 대한 친권포기를 자발적 또는 비자발적으로 할 수 있다. 자신의 자녀를 입양을 위해 친권을 포기하는 친부모의 유형으로는 혼전이나 혼외관계에서 아동을 가진 부모, 장애아동의 부모, 가정의 빈곤이나 부모의 사망, 이혼 등으로 자녀를 더 이상 보호 양육할 수 없는 부모 등이 있다. 그리고 비자발적 친권포기 부모에는 아동학대로 친권을 박탈당한 부모 등이 포함된다.

### (3) 양부모

아동을 입양시키고자 하는 가정은 불임 때문에 자녀를 가질 수 없는 전통적인 입양부모와 자녀를 낳을 수 있으나 가족원을 입양을 통해 늘리고자 하는 경우, 보호가 필요한 아동의 인도적인 보호, 인구 증가에 대한 관심으로 입양을 선택하는 선택적 입양부모가 있다.

우리나라 「입양특례법」에서는 입양부모의 자격을 다음과 같이 명시하고 있다.

| 표 13-3 | 「입양특례법」에 명시된 양부모의 자격

**입양특례법 제10조(양자이 될 자격 등)**

① 이 법에 따라 양친이 될 사람은 다음 각 호의 요건을 모두 갖추어야 한다.
1. 양자를 부양하기에 충분한 재산이 있을 것
2. 양자에 대하여 종교의 자유를 인정하고 사회의 구성원으로서 그에 상응하는 양육과 교육을 할 수 있을 것
3. 양친이 될 사람이 아동학대·가정폭력·성폭력·마약 등의 범죄나 알코올 등 약물중독의 경력이 없을 것
4. 양친이 될 사람이 대한민국 국민이 아닌 경우 해당 국가의 법에 따라 양친이 될 수 있는 자격이 있을 것
5. 그 밖에 양자가 될 사람의 복지를 위하여 보건복지부령으로 정하는 필요한 요건을 갖출 것

② 양친이 될 사람은 양자가 될 아동이 복리에 반하는 직업이나 그 밖에 인권침해의 우려가 있는 직업에 종사하지 아니하도록 하여야 함

③ 양친이 되려는 사람은 입양의 성립 전에 입양기관 등으로부터 보건복지부령으로 정하는 소정의 교육을 마쳐야 함

또한 양부모가 될 사람은 나이가 제한되어지는데 양부모가 대한민국 국민인 경우 25세 이상으로서 입양아동과의 연령차이가 60세 미만이어야 하며, 대한민국 국민이 아닌 경우 25세 이상으로서 입양아동과의 연령 차이가 45세 미만이어야 한다. 양부모가 되기 위해서는 정신적·신체적으로 건강하고 사회적·경제적으로 안정된 직업에 종사할 뿐 아니라 아동양육에 필요한 경제력을 갖추어야 한다. 그리고 가족들이 입양에 동의해야 입양이 가능하다. 양부모의 나이가 제한되어지는 이유는 양부모의 나이가 너무 많은 경우 아동이 성인이 될 때까지 건강하고 행복하게 양육할 수 없기 때문이다.

### 2) 입양사업의 전달체계

우리나라 입양기관의 입양 절차는 일반적으로 입양신청, 입양부모의 가정조사, 입양부모교육, 입양아동 선정, 입양, 사후관리의 순으로 이루어진다.

### (1) 입양신청

입양을 희망하는 입양부모가 입양을 신청하면 입양기관은 입양에 대한 정보를 상세히 전달하고 입양부모의 입양동기, 불임 여부, 가족 상황, 경제적 여건, 입양을 원하는 아이의 특성 등에 대해 면접을 진행한다. 입양부모가 입양부모로서의 자격요건을 갖추고 있으면 입양업무에 필요한 서류를 제출하여 신청한다. 입양부모가 입양기관에 제출해야 하는 서류에는 양친가정조사신청서, 가족관계증명서, 혼인관계증명서, 주민등록등본이 있다.

### (2) 입양부모의 가정조사

입양부모가 입양을 신청하면 입양기관 사회복지사는 2회 이상의 가정방문을 실시하여 양친가정 조사서를 작성하고, 신청인에게 양친가정 조사서를 발급한다.

### (3) 입양부모교육

입양부모는 입양기관으로부터 보건복지부령으로 정하고 있는 8시간 이상의 입양 관련 내용에 대해 이수하고 양친교육 이수증명서를 발급받는다.

### (4) 입양아동 선정

입양기관에서는 입양가정에 적합하다고 판단되는 입양대상아동의 정보와 사진을 제공하고, 입양부모는 이를 통해 입양을 결정하게 된다.

### (5) 입양

입양아동이 선정되면 입양부모는 입양허가신청서, 신청관련 사항목록, 입양대상아동확인서, 양친될 사람의 범죄경력조회회보서, 양친가정조사서, 양친이 될 사람의 교육이수증, 입양동의서, 그리고 입양아동의 기본증명서, 가족관계증명서, 주민등록등본과 입양부모의 혼인관계증명서, 가족관계증명서, 주민등록등본을 구비하여 가정법원에 입양허가 신청을 한다. 가정법원에서 입양허가가 결정되면 입양아동은 입양

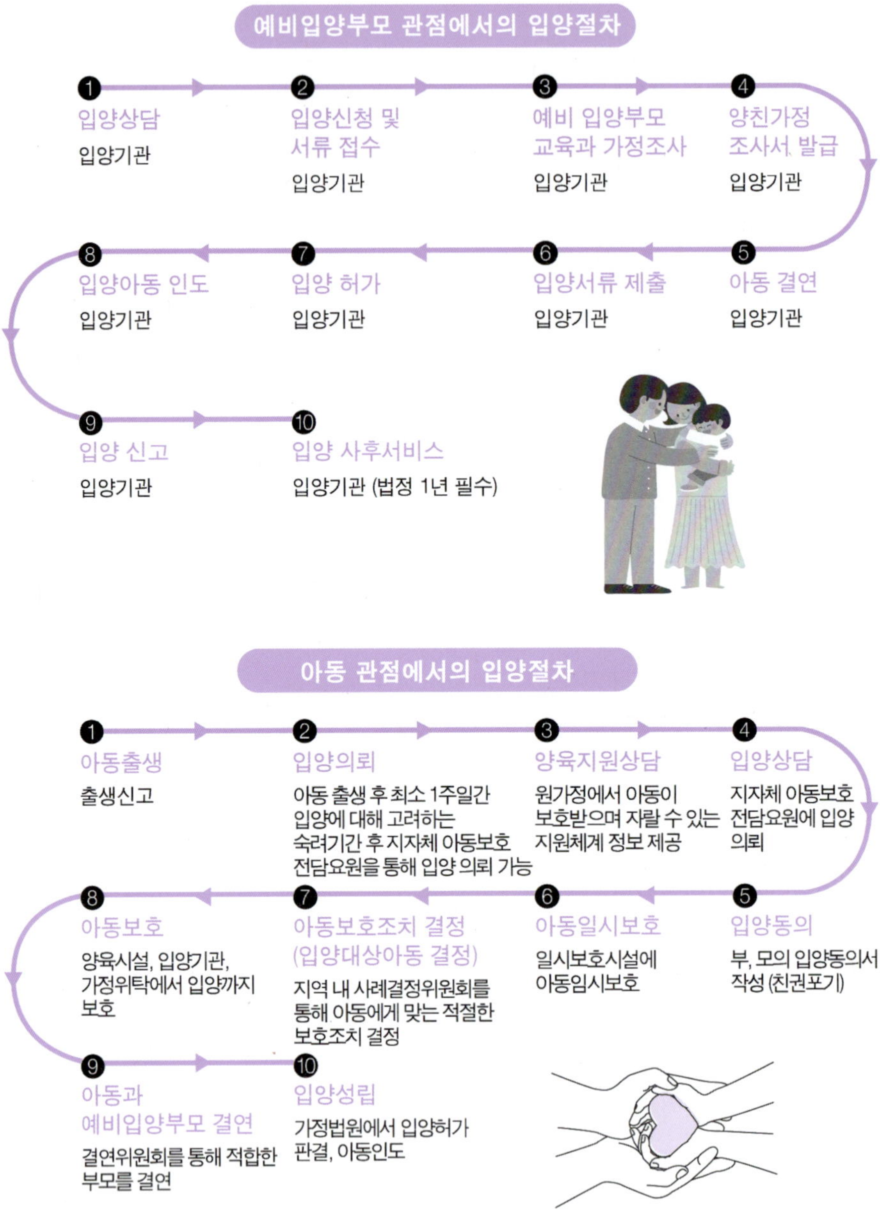


출처: 아동권리보장원(2022). https://www.ncrc.or.kr(2022년 9월 26일자 발췌)

그림 12-1 **입양 절차**

부모에게 인도되며, 그 후 입양부모는 가정법원의 허가서를 첨부하여 친양자 입양 신고서를 작성하면 입양이 성립된다.

#### (6) 사후관리

입양 성립 이후 입양기관은 1년 동안 입양부모와 입양아동의 상호 적응을 위하여 사후서비스를 제공하여야 한다. 입양기관은 아동의 가정 배치 후 1개월이 되면 입양 가정을 방문하여 아동의 적응상태를 조사하고, 양부모의 문의사항 등에 대한 상담을 한다. 또한 입양아동이 입적된 호적등본을 제출받아 아동이 입양가정의 법적인 자녀가 되었는지를 확인한다.

우리나라 입양기관의 입양 절차는 입양을 희망하는 입양부모의 입양 신청으로 시작해 입양부모의 가정조사, 입양부모교육, 입양아동 선정, 입양, 사후관리의 순으로 이루어진다. 정부에서는 국내입양을 촉진하기 위해 입양부모의 조건을 완화하고 입양비용을 지원하고 있으나 입양과정에서 가장 중요한 것은 입양의 성립 자체가 아니라 사후관리로 입양 후 사후관리가 보다 철저하게 이루어져야 할 것이다.

## 3. 가정위탁보호서비스의 개념과 현황

가정위탁보호서비스는 대리적 서비스로 아동이 원가정과 분리되어 다른 가족이나 양육자에 의해 일시적으로 보호받고 양육되는 서비스를 의미한다. 즉, 가정위탁보호서비스는 부모의 학대, 방임, 질병, 기타 사정으로 원가정에서 아동을 양육할 수 없을 때 일정기간 위탁가정을 제공하여 아동을 보호하고 양육하는 것이다. 가정위탁보호서비스는 아동이 자신의 원가정을 떠나 다른 대리가정에서 돌봄을 받는다는 점에서는 입양서비스와 유사하지만, 그 기간이 일시적이고 친부모와의 법적 관계가 지속되며 궁극적으로 원가정으로의 복귀를 염두에 둔다는 점에서 입양서비스와 구분된다. 여기서는 가정위탁보호서비스의 개념과 현황에 대해 살펴보고자 한다.

### 1) 가정위탁보호서비스의 개념

원가정에서 일시적으로나 또는 장기적으로 돌볼 수 없는 아동에게 원가정이 아닌 다른 가정에서 일정기간 동안 보호·양육을 제공하는 서비스가 가정위탁보호서비스이다. 가정위탁보호서비스는 보호가 필요한 아동에게 시설보호보다는 가정의 환경이 더욱 유리하다는 점에서 아동복지에 있어서 상당히 중시되고 권장되는 중요한 프로그램으로 등장하고 있다.

우리나라에서는 보호가 필요한 아동을 일시적으로 보호·양육하기를 희망하는 가정에 위탁 양육함으로써 가정적인 분위기에서 건강한 사회인으로 자랄 수 있도록 하는 것을 목적으로 가정위탁보호서비스를 제공하고 있다. 가정위탁보호서비스의 의의는 아동이 위탁되어 있는 기간 동안 친부모가 양육기능을 회복하고 가정환경을 안정적으로 개선하는 것과 가족이 해체되는 것을 방지함에 있다.

### 2) 가정위탁보호 아동의 특성

가정위탁보호서비스는 만 18세 미만(만 18세 이상인 경우 고등학교 재학 중인 아동 포함)의 보호자가 없거나 보호자로부터 이탈된 아동, 아동을 학대하는 경우 등 그 보호자가 아동을 양육하기에 적당하지 아니하거나 능력이 없는 경우의 아동을 대상으로 제공된다. 이를 세분화하여 살펴보면 다음과 같다.

#### (1) 보호를 필요로 하는 아동

친부모나 보호자가 질병, 가출, 실직, 수감, 사망 등 그 밖의 사유로 인하여 자녀를 양육할 수 없는 상황이 발생할 경우, 일시적으로 다른 가정에서 아동을 안전하게 돌봐준다면 자신의 문제를 수습하고 다시 자녀를 양육할 수 있는 능력을 찾을 수 있게 된다.

#### (2) 아동학대로 인하여 격리보호가 필요한 아동

아동학대 및 방임 등 친부모가 아동의 건전한 성장발달에 치명적인 해를 준다고 판단될 경우, 신속하게 아동을 친부모로부터 격리, 적절한 전문가의 치료를 통하여 아동과 친부모는 학대와 방임의 후유증을 줄이고 심리적인 안정을 되찾게 된다.

#### (3) 소년 · 소녀가정 아동

독립적인 가구를 구성하면서 생활하고 있는 소년소녀 가정세대의 경우, 아직 미성숙하여 경제적 능력이 없고 보호자들의 보호가 필요하므로 이 아동을 책임지고 양육하여 부담을 덜어주고 보살펴준다.

#### (4) 장애와 문제를 가진 아동

아동은 자신이 지니고 있는 신체장애, 지적장애, 사회적 일탈행위, 정서적 혼란 등 발달상의 장애 및 행동상의 문제 때문에 위탁보호의 대상이 될 수 있다.

#### (5) 부적절한 양육환경의 아동

부모의 사망, 별거, 이혼, 질병, 유기 등 가정에서의 안정적인 양육이 불가능한 경우로 주요 대상은 결손가정과 해체가정의 아동이며 일시적인 양육이 어려운 가정도 포함된다.

하지만 모든 아동이 가정위탁보호서비스를 제공 받을 수 있는 것은 아니다. 지역사회에서 수용할 수 없는 행동장애를 가진 아동, 특수 보호를 필요로 하는 아동, 아동이 위탁가정에 파괴적 요인이 될 수 있다고 부모가 판단할 경우, 아동에게 적절한 환경을 지닌 가정을 찾기 어려운 경우, 매우 짧은 기간 동안 대리적 보호가 필요한 경우에는 가정위탁보호서비스에서 제외된다.

### 3) 가정위탁보호가정의 조건

가정위탁보호가정의 조건에 대해 알아보기 위해 가정위탁 가정의 선정조건과 가정위탁 가정에 이루어지는 교육, 가정위탁의 종류에 대해 살펴보고자 한다.

### (1) 가정위탁 가정의 선정

가정위탁 가정은 가정 내의 안정된 정서, 양친이 되고자 하는 바람직한 동기, 가정 내의 긍정적인 대인 상호작용 관계 등에 대한 평가가 요구되며 이런 과정을 통해 위탁가정의 가부를 결정하게 된다. 가정위탁은 보호대상아동의 보호를 위하여 성범죄, 가정폭력, 아동학대, 정신질환 등의 전력이 없는 적합한 가정에 보호대상아동을 일정기간 위탁하는 것을 말한다.

우리나라의 위탁가정을 선정하는 기준을 살펴보면 다음과 같다.

| 표 12-4 | **가정위탁 가정의 선정 기준**

| 아동복지법 시행규칙 제2조(위탁가정의 기준) |
|---|
| 「아동복지법」(이하 "법") 제3조 제6호에서 "보건복지부령으로 정하는 기준"이란 다음의 기준을 말한다.<br>1. 전문가정위탁<br>가. 위탁된 보호대상아동(이하 "위탁아동")을 양육하기에 적합한 수준의 소득이 있을 것<br>나. 위탁아동에 대하여 종교의 자유를 인정하고 건전한 사회구성원으로 자랄 수 있도록 양육과 교육을 할 수 있을 것<br>다. 가정위탁보호를 하려는 사람은 25세 이상(부부인 경우에는 부부 모두 25세 이상)으로서 위탁아동과의 나이 차이가 60세 미만일 것. 다만, 특별시장 · 광역시장 · 도지사 · 특별자치도지사 또는 시장 · 군수 · 구청장이 위탁아동을 건전하게 양육하기에 위탁가정의 환경이 적합하다고 인정하는 경우에는 그러하지 아니함<br>라. 자녀가 없거나 자녀(18세 이상인 자녀는 제외)의 수가 위탁아동을 포함하여 4명 이내일 것<br>마. 가정에 성범죄, 가정폭력, 아동학대, 정신질환 등의 전력이 있는 사람이 없을 것<br>바. 다음의 어느 하나에 해당하는 요건을 갖출 것<br>1) 가정위탁보호자(「민법」 제777조 제1호 및 제2호에 따른 친족에 해당하는 사람은 제외함)의 경험이 3년 이상일 것<br>2) 다음의 어느 하나에 해당하는 자격을 갖출 것<br>가) 「사회복지사업법」 시행령 제2조 제1항에 따른 사회복지사<br>나) 「영유아보육법」 제21조 제2항에 따른 보육교사<br>다) 「유아교육법」 제22조 제2항에 따른 교사<br>라) 「초 · 중등교육법」 제21조 제2항에 따른 교사<br>마) 「의료법」 제2조 제1항에 따른 의료인<br>바) 「청소년기본법」 제22조 제1항에 따른 청소년상담사<br>사) 「고등교육법」 제2조에 따른 학교 또는 「평생교육법」 제32조 제1항 · 제33조 제3항 |

에 따라 교육부장관의 인가를 받아 전문대학 · 대학졸업자와 동등한 학력 · 학위가 인정되는 평생교육시설에서 심리 관련 학과를 졸업한 사람으로서 해당 분야의 경력이 3년 이상인 사람

3) 그 밖에 보건복지부장관이 1) 또는 2)와 유사하다고 인정하는 경력이나 자격을 갖출 것

사. 가정위탁보호자 중 1명 이상이 전문가정위탁 교육을 이수했을 것

아. 그 밖에 보건복지부장관이 필요하다고 인정하는 기준

2. 일반가정위탁 · 일시가정위탁

다음 각 목의 기준을 모두 충족할 것

가. 제1호 가목부터 마목까지의 규정에 따른 기준을 모두 충족할 것

나. 가정위탁보호자 중 1명 이상이 일반가정위탁교육을 이수했을 것

다. 그 밖에 보건복지부장관이 필요하다고 인정하는 기준

---

출처: 「아동복지법」 시행규칙 「별표 1」 보건복지부령 제893호 일부개정 2022.06.22.

가정위탁 가정 선정 시 추가 검토사항은 다음과 같다.

① 위탁아동을 친자녀처럼 양육하기에 필요한 성품 · 경험 · 지식을 갖춘 자를 위탁부모로 선정

- 혼인관계를 유지하고 자신의 아이를 키워 본 경험이 있는 자를 우선하되, 시장 · 군수 · 구청장, 가정위탁지원센터의 장이 위탁아동을 건강하게 양육하기에 적합하다고 인정하는 경우에는 혼인을 하지 않았거나 양육 경험이 없는 자도 선정 가능

② 위탁아동을 친자녀처럼 양육하기에 필요한 성품 · 경험 · 지식을 갖춘 자를 위탁부모로 선정

③ 가정이 화목하고 정신적 · 신체적으로 위탁아동을 양육함에 현저한 장애가 없을 것

④ 위탁아동과 동거할 것(위탁부모의 주소지에서 동거할 것)

⑤ 위탁아동을 건강하게 부양하기에 어려움이 없을 정도의 재산이 있을 것

- 경제적 목적이 아닌 선의의 동기로 위탁아동 양육을 결정한 것에 대한 확인이 필요함
- 기초생활보장수급자(생계급여 · 의료급여수급자)는 적합한 수준의 소득이 있다고 볼 수 없음

⑥ 위탁가정으로 적합한지 여부를 가정조사 시 이웃 등을 통해 확인
 - 공립아동상담소 또는 이웃주민의 추천 등

⑦ 위탁부모가 될 자가 대한민국 국민이 아닌 경우, 「아동복지법」 시행규칙 제2조(위탁가정의 선정기준)에 따라 위탁부모가 될 자격이 있을 것

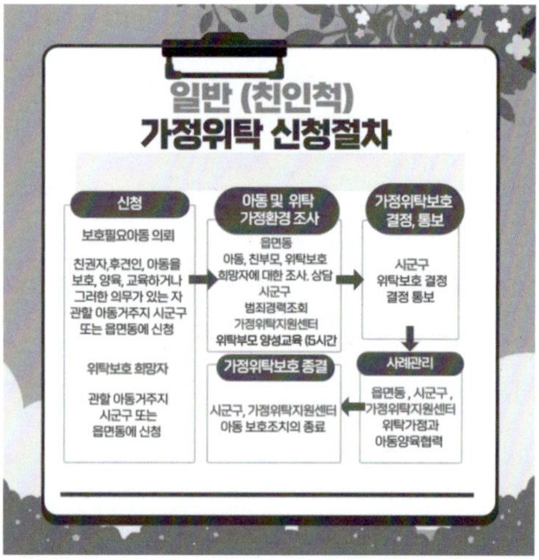


일반(친인척) 가정위탁

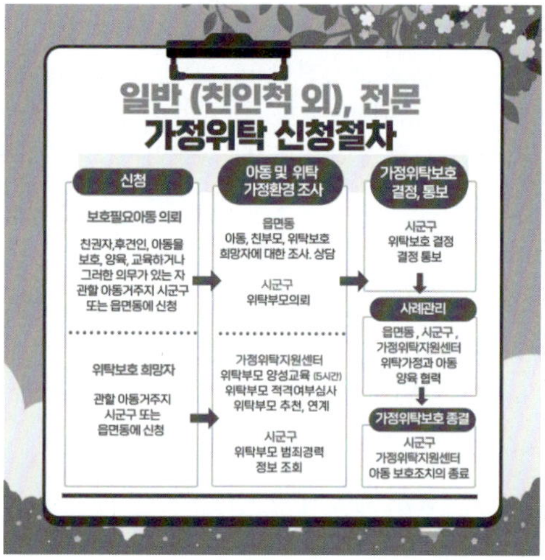


일반(친인척 외) 및 전문가정위탁

출처: 어린이재단 경기남부가정위탁지원센터(2022). http://www.gg-foster.or.kr (2022년 9월 26일자 발췌)

| 그림 12-2 | **가정위탁 절차**

### (2) 가정위탁 가정의 교육

가정위탁을 희망하는 사람(위탁부모 중 1명 이상)은 반드시 일반위탁(친인척, 친인척 외)의 경우 아동배치 이전에 5시간의 위탁부모 양성교육을 이수하여야 하며, 연 1회 5시간의 보수교육을 받아야 한다. 전문위탁의 경우 「아동복지법」 시행규칙 제2조(위탁가정의 기준)에서 명시하는 전문위탁부모 자격 조건을 1개 이상 갖추고 아동배치 이전에 20시간의 위탁부모 양성교육을 이수해야 한다.

### (3) 가정위탁의 종류

우리나라 가정위탁의 종류는 전문가정위탁과 일반가정위탁, 일시가정위탁이 있다. 전문가정위탁은 만 2세 이하 아동, 학대피해아동, 경계성지능아동 등 특별한 보살핌이 필요한 아동을 위탁하여 전문가정에서 양육하는 것을 의미한다. 일반가정위탁은 보호아동의 친조부모, 외조부모에 의한 양육(대리양육 가정위탁)과 친조부모와 외조부모를 제외한 친인척에 의한 양육(친인척 가정위탁), 그리고 혈연관계가 없는 일반가정에 의한 양육(일반가정위탁)을 말한다. 일시가정위탁은 보호대상아동을 일시 위탁하여 보호・양육하는 것을 목적으로 하는 가정위탁보호이다.

## 4) 가정위탁보호서비스의 역사

우리나라의 가정위탁보호서비스는 1950년대 이후 시작되었다. 시작 당시 정부 주도의 형태가 아닌 민간 주도의 형태로 가정위탁보호서비스가 제공되었다. 이후 가정위탁보호서비스는 홀트아동복지회(1965), 대한사회복지회(1965), 동방아동복지회(1972), 한국사회봉사회(1990)의 입양기관이 주축이 되어 입양아동을 대상으로 한 가정위탁보호서비스가 제공되었다.

이에 정부에서는 가정위탁을 활성화하기 위해 1990년 가정위탁사업을 시범 실시하였으나 가정위탁 활성화라는 목적을 달성하지 못하여 중단한 채 기본 방침만 세워두고 있었다. 1990년대 후반에 들어서면서 소년소녀보호가장제도와 시설보호서비스에 대한 사회적 비판이 일어나면서 보호필요아동 보호방법을 시설보호와 소년소녀가장세대 보호 형태에서 그룹홈 형태나 가정위탁보호 형태의 보호방식으로 전환하고자 추진 방향을 세우게 된다(공계순 외, 2009). 그 결과 2000년에 강원도에서 가정위탁지원센터를 시범 운영하고 가정위탁 양육보조금을 시작으로, 2003년 가정위탁지원센터를 전국에 확대(16개 시・도, 총 17개소)하여 설치하게 된다.

가정위탁사업을 활성화하고 지역 간 연계체계를 구축하기 위하여 그리고 2004년 7월에는 중앙가정위탁지원센터를 개소하였다. 또한 2005년에는 「아동복지법」상에 가정위탁보호의 법적 근거를 규정하게 된다. 또한 2012년 「아동복지법」 개정을 통해 시 · 군 · 구 가정위탁지원센터 설치근거를 규정하고 가정위탁보호 아동의 자립지원의 근거를 규정하게 된다.

### 5) 가정위탁보호서비스의 현황

우리나라의 위탁가정과 아동 수는 2000년 이후 조금씩 감소하는 경향을 나타내고 있는 것으로 보이지만 전체 보호대상아동 발생 수에 대비해 살펴보면 가정위탁보호서비스를 받는 아동의 비율은 증가하는 추세이다. 보건복지부와 아동권리보장원(2021)의 자료를 통해 살펴보면 보호대상아동 수는 2002년 22,341명에서 2008년 11,672명으로 절반 정도 줄어든 상태이며, 2012년 8,003명, 2017년 4,846명, 2020년 4,120명으로 보호아동의 수가 2002년 이후 감소하는 경향을 보이고 있으나, 2020년 보호대상아동의 33.8%만이 가정보호서비스를 제공받고 있는 것으로 나타났다.

| 표 12-5 | **보호대상아동 현황 보고**

| 구 분 | 보호대상아동 | | | 합 계 |
|---|---|---|---|---|
| 2002 | 보호대상아동 발생 수 | 소계 | 소계 | 22,341 |
| | 보호조치 현황 | 소계 | 소계 | 10,057 |
| | | 시설입소 | 양육시설 등 | 4,606 |
| | | | 장애아동시설 | 57 |
| | | 가정보호 | 소년소녀가정 | 673 |
| | | | 입양 | 2,544 |
| | | | 가정위탁 | 2,177 |
| 2007 | 보호대상아동 발생 수 | 소계 | 소계 | 11,394 |
| | 보호조치 현황 | 소계 | 소계 | 8,861 |
| | | 시설입소 | 양육시설 등 | 3,206 |
| | | | 장애아동시설 | 39 |
| | | | 공동생활가정 | 17 |
| | | 가정보호 | 소년소녀가정 | 247 |
| | | | 입양 | 1,991 |
| | | | 가정위탁 | 3,378 |

| 구 분 | 보호대상아동 | | | 합 계 |
|---|---|---|---|---|
| 2012 | 보호대상아동 발생 수 | 소계 | 소계 | 8,003 |
| | 보호조치 현황 | 소계 | 소계 | 6,926 |
| | | 시설입소 | 양육시설 등 | 2,272 |
| | | | 일시보호시설 | 676 |
| | | | 장애아동시설 | 25 |
| | | | 공동생활가정 | 775 |
| | | 가정보호 | 소년소녀가정 | 117 |
| | | | 입양 | 772 |
| | | | 가정위탁 | 2,289 |
| 2017 | 보호대상아동 발생 수 | 소계 | 소계 | 4,846 |
| | 보호조치 현황 | 소계 | 소계 | 4,121 |
| | | 시설입소 | 양육시설 등 | 1,467 |
| | | | 일시보호시설 | 310 |
| | | | 장애아동시설 | 19 |
| | | | 공동생활가정 | 625 |
| | | 가정보호 | 소년소녀가정 | 2 |
| | | | 입양 | 285 |
| | | | 가정위탁 | 990 |
| | | | 입양 전 위탁 | 423 |
| 2020 | 보호대상아동 발생 수 | 소계 | 소계 | 5,053 |
| | 보호조치 현황 | 소계 | 소계 | 4,120 |
| | | 시설입소 | 양육시설 등 | 1,133 |
| | | | 일시보호시설 | 343 |
| | | | 장애아동시설 | - |
| | | | 공동생활가정 | 712 |
| | | 가정보호 | 소년소녀가정 | - |
| | | | 입양 | 88 |
| | | | 가정위탁 | 1,068 |
| | | | 입양 전 위탁 | 237 |

출처: 보건복지부, 아동권리보장원(2021)

또한, 우리나라 가정위탁보호아동 현황(보건복지부 · 아동권리보장원, 2021)을 살펴보면, 가정위탁보호 아동 중 가장 많은 수를 차지하는 것은 보호아동의 친조부모, 외조부모에 의한 대리양육 가정위탁이다. 다음은 친조부모와 외조부모를 제외한 친인척에 의한 친인척 가정위탁, 일반인에 의한 일반가정위탁 순이었다.

위탁아동과 혈연관계에 있는 대리양육 가정위탁과 친인척 가정위탁의 경우 부모가 있는 경우 위탁아동과 부모가 만남을 갖기 용이하고 타인보다 위탁아동으로 하여금 정서적 안정감을 제공하지만 일반위탁가정에 비해 대리위탁가정과 친인척위탁가정의 물리적 환경이 더 열악하고 경제적 어려움을 겪고 있다(허남순, 2009).

특히 대리양육은 사회 · 경제적 요인에서 다른 유형의 위탁보다 열악한 것으로 보고되고 있다(노충래 외, 2008). 또한 대리양육 가정위탁과 친인척 가정위탁은 과거 소년

| 표 12-6 | 가정위탁보호아동 현황

| 연 도 | 구 분 | 아동수(명) |
|---|---|---|
| 2010 | 대리양육가정 | 10,865 |
| | 친인척위탁가정 | 4,371 |
| | 일반위탁가정 | 1,123 |
| | 계 | 16,359 |
| 2011 | 대리양육가정 | 10,205 |
| | 친인척위탁가정 | 4,260 |
| | 일반위탁가정 | 1,021 |
| | 계 | 15,486 |
| 2012 | 대리양육가정 | 9,732 |
| | 친인척위탁가정 | 3,831 |
| | 일반위탁가정 | 939 |
| | 계 | 14,502 |
| 2013 | 대리양육가정 | 9,776 |
| | 친인척위탁가정 | 3,843 |
| | 일반위탁가정 | 977 |
| | 계 | 14,596 |

| 연 도 | 구 분 | 아동수(명) |
|---|---|---|
| 2014 | 대리양육가정 | 9,550 |
| | 친인척위탁가정 | 3,816 |
| | 일반위탁가정 | 1,019 |
| | 계 | 14,385 |
| 2015 | 대리양육가정 | 9,127 |
| | 친인척위탁가정 | 3,556 |
| | 일반위탁가정 | 1,045 |
| | 계 | 13,728 |
| 2016 | 대리양육가정 | 8,578 |
| | 친인척위탁가정 | 3,348 |
| | 일반위탁가정 | 970 |
| | 계 | 12,896 |
| 2017 | 대리양육가정 | 7,950 |
| | 친인척위탁가정 | 3,100 |
| | 일반위탁가정 | 933 |
| | 계 | 11,983 |
| 2018 | 대리양육가정 | 7,412 |
| | 친인척위탁가정 | 2,786 |
| | 일반위탁가정 | 913 |
| | 계 | 11,111 |
| 2019 | 대리양육가정 | 6,865 |
| | 친인척위탁가정 | 2,566 |
| | 일반위탁가정 | 903 |
| | 계 | 10,334 |
| 2020 | 대리양육가정 | 6,468 |
| | 친인척위탁가정 | 2,466 |
| | 일반위탁가정 | 960 |
| | 계 | 9,894 |

출처: 보건복지부, 아동권리보장원(2021)

소녀가장보호제도를 보완하여 그 명칭을 대리양육 또는 친인척 가정위탁으로 구분한 경우로 장기적인 보호의 경우가 많다. 가정위탁보호서비스 종결 위탁아동의 원가정 복귀율이 현저히 낮고, 종결아동의 60% 이상이 2년 이상 장기보호되고 있다(허남순, 2009).

이와 같이 우리나라의 경우 요보호아동 발생 시 가정보호보다는 시설보호가 더 많이 이루어지고 있으며, 요보호아동이 가정과 유사한 환경에서 양육될 수 있도록 가정위탁보호서비스를 받는다하더라도 주로 경제적 능력이 취약한 조부모와 생활하게 되는 비중이 높다. 아동이 건강하고 행복하게 성장하기 위해서는 아동이 머무는 가정의 경제적 안정은 무엇보다도 중요하다. 따라서 아동이 위탁보호되는 가정에 대한 현실적인 경제적 지원과 혜택이 필요하다 할 것이다.

## 4. 가정위탁보호서비스의 문제점과 향후 과제

가정위탁보호서비스의 문제점과 향후 과제를 제시하면 다음과 같다.

### 1) 일반위탁가정의 발굴

현재 우리나라에서 주를 이루고 있는 위탁가정의 유형은 친조부모, 외조부모에 의한 대리양육 위탁가정이다. 대리양육 위탁가정의 경우 경제적으로 생활능력이 없는 조부모가 아동을 양육하게 됨으로써 아동이 물리적으로 어려운 환경 속에서 보호·양육되어진다.

일반위탁가정의 경우 경제적 수준이 안정된 상태로 위탁아동에 대한 지원이 미비한 상황에서 물리적으로 더 안정적인 환경을 제공할 수 있다. 또한 일반위탁가정의 경우 위탁을 희망하는 사람이 실시하게 되므로 보다 적극적으로 위탁아동을 양육할 수 있다는 장점이 있다.

하지만 일반위탁가정은 위탁가정의 유형 중 가장 낮은 비율을 보이고 있는데, 일반위탁가정의 비율을 높이기 위해서는 희생과 헌신을 강요하기 보다는 양육보조금을 현실화시켜 아동을 양육하는 데 필요한 교육비나 특별활동, 문화체험 등의 다양한 기회를 제공할 수 있도록 하여야 한다.

### 2) 종결 위탁아동의 원가정 복귀율 제고

아동은 자신이 태어난 원가정에서 자신의 부모와 생활하는 것이 가장 바람직하다. 장기간 가정위탁보호는 아동에게 고독감과 불안정적인 정서를 조장하고 위탁가정의 빈번한 변동은 아동들에게 부적응, 일체감의 혼돈, 인간에 대한 불신 및 생활의 단절을 초래한다.

무엇보다도 중요한 것은 위탁가정보호서비스를 받는 보호필요아동이 원가정으로 복귀할 수 있도록 정책적 지원이 선행되어야 할 것이다. 가정위탁은 보호자가 일시적 또는 장기적으로 아동을 양육할 수 없거나 양육하기에 적절하지 못할 때 일시적으로 대리가정을 제공하고 시설입소를 예방하며, 가족에게 문제가 발생되었을 때 가정이 해체되는 것을 막고 위기개입과 단기보호를 통해 가족을 지원 · 강화하는 것을 목적으로 한다.

따라서 위탁아동이 가정위탁보호서비스가 종결된 후 원가정으로 복귀할 수 있도록 다각적인 지원이 요구된다. 부모가 이혼이나 경제적 어려움으로 인해 자녀를 돌볼 수 없는 상황의 부모에게는 취업교육, 직업알선, 경제지원, 상담 프로그램 지원 등을 통해 부모의 양육기능을 강화하여 위탁아동의 원가정 복귀율을 높여야 할 것이다.

### 3) 위탁아동 자립지원 서비스 확대

가정위탁아동의 자립 준비 상황에 따라 위탁종료 시기를 유연하게 적용할 필요가 있다. 만 18세가 되어 가정위탁이 종결되는 아동은 자립을 요구 받기에는 너무 이른 나이이다. 이른 인해 고등학생이라는 신분으로 학업에 충실하기보다는 위탁종결에 대비해서 자립에 필요한 보증금이나 생활비를 마련하기 위해 많은 시간을 보내게 된다. 현재 위탁 종결을 유예하는 방법은 대학에 진학하는 것인데 대학진학을 원하지 않는 경우 위탁 종결과 동시에 생계형 직장에 얽매일 가능성이 높다. 가정위탁아동이 학업을 충실하게 수행할 수 있도록 돕고, 대학에 진학하지 않더라도 최소한의 자립 준비기간을 확보할 수 있도록 위탁 종결 시기를 조정하는 것이 필요하다.

또한 이들이 안정적으로 자립할 수 있도록 자립 준비 프로그램을 제공하고 참여할 수 있도록 이를 의무화하는 것이 필요하다. 또한 자립 이후에도 심리적 지원을 통해 위탁아동들이 사회적 지원체계를 형성할 수 있도록 지원함으로써 자립 역량을 강화할 필요가 있으며, 가정위탁 종결 시 주어지는 자립정착금이 확대되어야 할 것이다.

Chapter

13

# 아동복지의 과제와 전망

우리나라의 아동권리와 복지는 지속적으로 발전해 왔다. 1991년 아동권리협약을 비준한 이후 유엔아동권리위원회의 권고사항에 따라 아동의 권리와 복지를 위한 체제를 정비해 왔으며, 최근에는 제5 · 6차 유엔아동권리협약 이행보고서에 대한 유엔 최종 보고서의 권고사항을 통해 아동권리와 복지서비스의 과제와 전망을 같이 살펴볼 것이다. 또한 아동에 대한 교육정책, 빈곤한 아동에 대한 의료정책, 생활보호대책 등 진정한 아동복지를 위해 우리가 추구해야 할 아동복지의 방향을 제언하고자 한다.

## 1. 아동복지의 과제

아동복지서비스는 모든 아동의 삶을 보다 행복하게 만들기 위한 서비스라고 볼 수 있다. 아동이 출생과 함께 건전하게 발달하고 성장할 수 있도록, 양질의 보육과 교육, 삶의 질을 향상시킬 수 있도록 다양한 가치를 다루어야 하며, 또한 아동의 권리를 존중하기 위한 다양한 방편이 필요할 것으로 보인다. UN 아동권리협약의 권고사항과 다양한 복지 관련 학자들이 제시한 과제들을 정리하여 제시해 보고자 한다.

### 1) 아동 연령 및 용어에 대한 과제

1장에서 살펴본 바와 같이 현재 우리나라에서 아동의 연령과 아동을 지칭하는 용어는 다양하게 제시되고 있다. 예를 들어 「아동복지법」의 경우 제3조 제1호에서 18세 미만의 사람을 아동으로 정의하고 있지만 「청소년기본법」에서는 9세 이상 24세 이하를 청소년이라고 하였다. 또한 「한부모가족지원법」에서는 18세 미만의 아동을 정의하고 있지만 취학 중인 경우 22세 미만까지 그 범위가 확대될 수 있다. 또한 청소년 한부모의 경우 24세 이하의 모나 부를 청소년 한부모라고 정의내리고 있다. 「다문화가족지원법」에서는 24세 이하의 사람은 아동 · 청소년이라고 하며, 「아동 · 청소년의 성보호에 관한 법률」, 「청소년보호법」의 경우 19세 미만을 청소년이라고 정의하고 있다. 「민법」과 「소년법」은 만 19세 미만, 형법의 경우 만 16세 미만을 형사미성년자로 정의하며, 공연법에서는 18세 미만의 사람, 「환경보건법」에서는 13세 미만의 사람을 어린이라고 하며 「아이돌봄지원법」에서는 만 12세 이하의 아동을 아이라고 규정한다.

이와 같이 상이한 법률상의 문제로 아동복지에 대한 일관적인 서비스 제공은 어려운 실정이며, 또한 해석의 문제로 인한 여러 어려움이 나타날 수 있다. 이러한 연령과 용어에 대한 일치가 필요한 상황이며 2022년 새롭게 제정될 아동기본법에서는 이러한 아동의 범위를 심도 있는 논의를 통해 통일 · 결정하여 복지서비스의 일관적인 제공이 될 수 있길 바란다.

### 2) 아동권리보장의 실효성

UN 아동권리협약의 권고사항에 따라 아동권리보장을 위한 다양한 성과들이 나타나고 있다. 2019년에 받은 권고사항에 따라 아동권리보장을 위한 방향성을 살펴보면 아동과 청소년정책을 위한 기본계획과 인권보호와 증진을 위한 국가인권정책기본계획에 충분한 인적·기술적·재정적 지원의 할당이 필요하다고 하였으며, 특히 아동을 위한 예산이 국내총생산에 비례하여 증가시킬 것과 지방자치단체 간 격차의 감소를 제시하였다. 또한 학교의 교육과정에 인권교육을 보장해주고, 농어촌지역 아동, 경제적 취약아동, 장애아동, 이주아동, 다문화가정아동, 탈북아동의 보육시설 이용, 교육, 보건의료서비스, 복지, 여가 및 국가가 제공하는 보호체계에 차별이 없도록 당부하였다. 게다가 학업성적에 근거한 차별이 학교에 만연해 있는 것을 우려하였기에 이에 대한 보완이 필요할 것으로 보인다.

온라인 성매매와 온라인 그루밍을 대응하기 위한 조치가 필요하다고 강력히 권고하였으며, 「영유아보육법」 개정을 통해 돌봄서비스의 범위와 적절한 유연성을 늘리도록 권고하였다. 그리고 부의 육아휴직 접근성, 한부모가족에 대한 편견 및 차별금지에 대한 조치를 권고 받았다.

따라서 아동의 전반적인 권리를 보장하기 위한 실효성 있는 법적 근거와 정책들이 필요한 상황이다. 특히 아동의 삶의 만족도가 2018년 OECD 국가 중 최하위권(6.57점/OECD 국가 평균 7.6점)으로 조사 결과가 나타나고 있어 건전한 사회와 국가의 발전에 부정적인 영향을 줄 수 있을 것이라는 우려가 있다. 따라서 아동의 권리를 존중하고 실현할 수 다양한 방안이 나타나길 기대한다.

### 3) 보편적 아동복지의 확대

빈곤과 환경적인 격차로 인하여 아동의 행복과 신체능력, 인지 및 사회성발달에 부정적인 영향이 있다는 연구 결과들이 나타나고 있다. 특히 한국은 2006년에 비해 2015년에 부모의 사회적·경제적·문화적 배경에 따른 격차가 OECD 국가 대비 크게 높아진 것으로 나타나고 있다(부모배경이 학업성취에 미치는 영향: 31점 → 44점/OECD 국가 평균 39점 → 38점). 게다가 어려운 환경 속에서도 높은 성적을 받는 학생들(소득 등 하위 25% 학생이 상위 25%의 성적을 받는 경우)의 비율이 한국은 2006년 대비 2015년에 43.6%에서 40.4%로 낮아진 것을 확인할 수 있었다. 이는 일본의 경우 40.5%에서 48.8%로 상승한 결과와 비교했을 때에도 부정적인 결과로 볼 수 있으며, OECD 평균 27.7%에서 29.2%의 향상에 비해서도 감소한 것을 확인할 수 있었다.

보편적 아동복지서비스를 통하여 부모의 격차가 대물림되지 않도록 공정한 출발을 위한 국가의 책임이 중요하다. 추후 많은 아동들이 물려받은 가정환경에 의해 차별받지 않고 건강하게 발달할 수 있도록 국가의 복지서비스가 개편될 필요성이 높아지고 있다. 따라서 신체적, 인지적 및 사회성과 관련하여 다양한 경험과 잠재력 향상을 위한 개별적 교육을 받을 수 있도록 아동의 전반적인 보편적 복지서비스의 향상이 중요할 것이다.

### 4) 아동복지의 전달체계

아동복지에 있어서 전달체계는 급여나 서비스를 수혜자에게 효율적으로 전달하기 위해 어떤 조직을 통해 실천할 것인가를 포함하고 있다. 국가는 아동을 건전하고 건강하게 양육할 공적인 책임을 지며, 국가의 정책에 따라 지방자치단체는 지역 아동들의 욕구충족과 문제해결을 공적으로 다루어야 한다. 그리고 지역의 민간단체나 주민들은 인권사상과 상부상조의 정신에 입각하여 상호 협력을 통해 자발적으로 보살피고 책임을 지는 주체가 되도록 노력해야 한다. 또한, 지역복지서비스 전달체계 속에는 아동·영유아에 관한 공적인 전달체계뿐만 아니라 민간복지서비스체계가 필요하므로 공적 복지기관 및 민간복지기관에서 복지서비스가 체계적으로 잘 연결될 수 있도록 하는 노력이 필요하며, 각 담당 부처(교육부, 보건복지부, 여성가족부 등)나 지방자치단체, 공적 및 민간 전달체계에서 분절화되어 복지서비스가 제공되지 않도록 다루어져야 한다.

지방자치단체별로 아동복지에 대한 예산의 차이가 존재하므로, 유엔인권관리위원회에서 언급한 바와 같이 지역에 따른 차별을 받지 않도록 지방자치단체 간의 아동 1인에 대한 복지서비스 지원 금액에서 차이가 나지 않도록 국가가 노력해야 할 것이다. 게다가 현재 민간복지서비스 전달체계로 제공되고 있는 많은 아동복지서비스를 국가가 전반적으로 관리할 수 있도록 통합적인 체계나 점차적인 공공복지전달체계의 전환이 필요한 시점으로 보인다.

### 5) 아동복지 실천가의 전문성

국가는 다양한 경로를 통해 투명한 복지재정의 전달에 힘쓰고 있다. 이러한 전달체계의 가장 일선에 있는 것은 다름 아닌 전문가, 즉 실천가이다. 따라서 능력이 있고 우수한 아동복지 전문가를 길러내기 위한 국가와 정부의 많은 노력이 필요할 것이다. 꾸준한 보수교육관리를 통해 인력을 관리해 나가며 실천가 상호 간에서 꾸준한 현장의 문제의식을 발휘하며, 이러한 문제의식이 원만히 해결되어 나갈 수 있는 제도적 뒷받침이 되어야 한다.

특히 최근 들어 유치원 교육과 보육과 관련한 다양한 의견들이 나오고 있다. 초저출산으로 인한 영유아 수 급감에 따라 영유아 교원 수급에 대한 장기적인 조망이 필요한 시점이다. 유보체제통합에 대한 20년이 넘는 갈등과 경쟁을 종식시키고 현장의 변화에 맞고 영유아의 발달적 특수성을 고려한 체제 정비가 필요하다. 따라서 대립되는 이해관계 사항을 조정하고 유치원 교사와 보육교사의 전문성을 향상시켜 돌봄과 교육의 질적인 향상을 도모하여 아동복지에서 중요하게 다루는 교육과 보육의 일원화 및 교육 및 보육 담당 교원의 전문성을 향상시켜야 할 것이다. 이러한 상황은 개정누리과정에 따른 유치원 및 보육교사의 자율성 향상과도 같이 생각해볼 수 있다. 유아·놀이중심 교육의 핵심은 유아의 흥미와 발달 상태를 관찰하고, 유아의 놀이 상황마다 어떠한 교육적 함의를 가진 놀이들로 확장시킬 수 있을 지에 대한 고민과 노력이 필요한 상황이다. 따라서 이렇게 자율적이고 창의적인 능력이 요구되는 유치원 및 보육교사의 전문성을 향상시키는 것은 현 시대에 가장 필요한 부분이라 사료된다.

이외에도 현장에서 유아에게 복지서비스를 제공하는 다양한 전문가들(아동복지전담공무원, 아동위원, 아동복지심의위원 등)의 경력과 전문성의 중요성을 고려해야 한다. 아동복지전담 공무원의 경우 사회복지가로 자격을 두어 기준 충족이 필요하다는 것이 명시되어 있지만 실무경력에 대한 요구가 명확하지 않아 전문성의 고려가 부족한 상황이며, 아동위원의 경우 전문성에 대한 자격기준이 아예 없거나 있더라고 모호한 경우가 많다. 아동복지심의위원은 보호대상아동의 복지와 관련된 매우 중요한 안건들(보호조치, 퇴소조치, 친원 및 후견인 관련 조치 등)을 심의하는 기구임에도 불구하고 아직 조례가 제정되지 않은 자치단체도 많고 그 전문성 역시 법령이나 조례와의 간극이 있다고 밝혀졌다(정선욱, 김진숙, 2017).

복지전문가들의 대우를 전문가에 걸맞도록 향상시켜 현장에서 직접적으로 서비스를 제공하는 아동복지 실천가들의 사기 증진 또한 필요한 시점이며, 이를 통해 보다 수준 높은 복지서비스를 제공할 수 있기를 바란다.

### 6) 건강한 가정, 건강한 자녀가 성장해 나갈 수 있는 정신건강의 문제

아동복지의 목적은 국가발전의 원동력, 국가부강의 기본 및 국가안정의 바탕이라고 할 수 있다. 가치의 면에서 볼 때 아동복지는 인격완성의 기초를 마련해 주며, 아동들의 기본권을 보장해 주는 것이다. 또한 실천적 면에서도 아동복지는 아동의 건전한 신체적인 발달과 긍정적인 정신적 성장도 함께 도모해야 하기에 모든 아동복지 전문가들이 아동의 정신건강 발달에 대한 기본적인 소양과 함께 적절한 순간에 어떠한 서비스가 필요한지 이해하고 각 분야의 정신건강 전문가를 투입시킬 수 있을 정도의 전문성 역시 필요한 시점이다. 따라서 앞으로 아동복지 전문가를 위한 다양한 아동정신건강 교육 프로그램과 워크숍, 그리고 추가적인 보수교육 등이 이루어질 수 있도록 정책적인 방향성이 필요하다.

또한 아동의 정신건강에 대한 부모의 이해를 높이기 위해 정신건강 및 발달 문제에 대한 초기 대처능력 정보를 제공하는 인프라 구축이 필요하며, 가까운 주민센터나 행정기관에서는 부모들이 요구하는 정보에 대해 언제든지 답할 수 있는 자료 및 전문 인력이 필요하다. 또한 장애전문어린이집과 발달센터에는 전문 상담사들이 배치되어 상시 상담할 수 있도록 시스템 구축이 필요할 것이며, 정신건강상 문제가 발생할 경우 안정적인 교육 및 체계적이고 안정적인 지원이 필요하다. 바우처 대상자 확대를 위한 소득 기준의 완화 및 물가 상승분을 반영한 지원 금액의 확대 등이 필요할 것이다(박정숙, 최웅용, 2021).

### 7) 아동보호체계의 과제

지금까지 한국의 아동보호체계에서 보호대상자인 아동의 입양이나 학대아동에 관한 보호 관련 업무의 중요한 역할이 민간기관이 운영하는 정부위탁 운영방식으로 제공되어 왔다. 국가는 민간위탁기관을 선정하고, 관리하는 방식으로 국가 책임에 대한 제한적 의무만을 수행해 왔다. 따라서 아동보호체계의 공공성 강화는 구체적이면서 중장기적인 로드맵을 마련해야 한다. 공공성 확보의 과제는 단기간에 쉽게 달성되기 어렵다. 체계적이면서 전략적인 방안과 목표 수립이 구체적으로 전제되어야 하며, 지속적인 정책 추진이 뒷받침되어야만 한다.

이러한 흐름에 따라 2019년 아동권리보장원이 설립되어 기존의 중앙입양원(입양 관련 통합데이터베이스 운영 단체, 재단법인), 아동자립지원단, 드림스타트사업지원단, 실종아동전문기관, 중앙아동보호전문기관, 지역아동센터중앙지원단, 중앙가정위탁지원센터, 디딤씨앗지원사업단을 통합하였다. 이러한 과정에서 기타 공공기관으로 분류되었다.

아동권리보장원은 아동정책에 대한 종합적인 수행과 아동복지 관련 사업의 효과적인 추진을 위하여 필요한 정책 수립을 지원하고 사업평가 등의 업무를 수행하며, 기존 아동보호서비스의 분절성과 높은 민간 의존도를 해소하기 위한 노력이 진행 중이다. 하지만 이를 위해서는 적극적인 정책 조정, 또는 지원 기능의 역할과 연구조사 및 관리감독의 역할, 아동의 의견 청취 및 옹호기능, 종사자 역량강화 지원 및 협력체계 구축 등의 구체적인 지원 방안이 마련되어야 할 것이다.

### 8) 아동복지 실천의 책무성

위기아동이 발생하거나 잠재적 보호대상에게서 발생 우려가 있는 위기의 근원지가 아동의 가정이나 가족관계에서의 발생으로 파악되었을 때, 위기상황 개입에 대한 보다 포괄적이면서 다차원적으로 이루어져야 하며, 체계적으로 보호서비스가 설계 · 제공될 수 있어야 한다. 현행 아동보호서비스체계는 아동보호서비스와 가족지원 · 지지서비스의 연계가 매우 취약하다.

2021년 보건복지부는 위기아동 발굴체계를 내실화하고 아동학대 신고 전 위기포착 강화, 사후 회복지원을 위한 심리치료 확대, 방문형 가족회복 프로그램 운영 등의 '아동학대 대응체계 보완방안'을 마련하였다. 이 위기신고 이후에 관리과정에 대한 모니터링 및 사례관리 총괄을 시 · 군 · 구 아동보호팀을 통해 구축하고자 노력하고 있다. 하지만 보호조치를 결정하는 일선 담당자의 전문성이 결여되어 있다는 한계점도 문제로 제기되고, 과중한 업무부담(인력부족) 문제는 과거에서부터 끊임없이 제기되어 오고 있었다. 아직까지 이러한 측면의 개선과 절책과 실제 현장의 차이를 줄이는 노력도 필요할 것이다.

### 9) 지역사회 육아지원서비스

지역사회 육아지원서비스는 유치원과 어린이집의 영유아를 대상으로 교육 · 보육서비스를 제공하며 영유아의 부모와 가족을 대상으로 하는 통합적 서비스이다. 서비스 내용은 육아 관련 정보 제공, 교육 놀이체험, 부모상담 등 부모참여 프로그램, 장난감 및 어린이 도서 대여, 일시보육 등이다. 육아 관련 정보 제공 및 상담에 관한 내용을 살펴보면, 정보에 대한 상담실을 운영하여 부모가 보육과 관련된 정보를 얻을 수 있도록 돕는다. 부모들의 요구에 맞는 어린이집의 소개 또는 양질의 어린이집 선택 방법에 대한 자료제공 등 이외의 다양한 정보를 제공한다.

이러한 서비스는 지역적 특성 및 여건 즉 지역규모, 지역 내 부모수요, 기존 인프라 수준, 그리고 서비스 연계 현황 등을 감안한 다양한 전달체계 운영모형이 모색되어야 한다. 특히 영유아 수는 많고 인프라 수준이 높으며 관할 면적이 좁은 도시지역과, 영유아 수는 적고 인프라 수준이 낮으며 관할 면적이 넓은 읍·면 지역을 엄격히 구분하고, 각 지역별로 전달체계 운영의 기본 방향을 차별화할 필요가 있다. 또한, 서비스 인프라 수준이 높은 대도시지역에서 서비스 수요에 비해 중·소도시에는 공급이 부족한 현실로 육아지원서비스 제공이 적합하며 전문성이 높은 기관들을 중심으로 아동과 영유아 대상으로 육아지원서비스 기능을 강화하여 접근성을 높이는 방식이 필요하다.

### 10) 아동에 대한 사회구성원 전체의 인식 전환

한 국가의 복지 수준이 어느 정도인지 가늠할 때, 해당 국가의 경제적 수준을 비롯하여 많은 요소가 반영된다. 반영 요소 중에서는 그 나라의 사회구성원이 아동, 노인, 여성 등의 사회적 약자를 얼마나 배려하고 우대하는가도 있을 것이다. 그중에서도 특히 그 사회의 아동에 대한 인식, 즉, 사회구성원이 가진 아동의 인권과 복지서비스에 대한 인식은 국가의 아동복지와 전체 사회복지 수준과 깊은 관련이 있다.

아동을 존중하고 한 사람의 인격체로 받아들이며, 아동체벌이 통용되지 않는 사회적 분위기야말로 진정 우리가 바라는 아동이 행복한 사회 구현의 초석이 될 것이다. 우리는 더 이상 아동을 '성인의 축소판'으로 바라보지 않아야 하며, 아동도 성인과 마찬가지로 존중의 대상이고 권리의 주체임을 명심해야 한다. 따라서 아동권리를 홍보할 수 있는 다양한 캠페인과 홍보 동영상 등이 제공되어야 할 것이며, 아동에게 필요한 복지서비스들의 필요성과 당위성에 대하여 지속적으로 같이 생각해 볼 수 있는 자리를 마련하는 것이 필요하다.

### 11) 부모교육의 강화

많은 부모들이 자신의 자녀 양육방식이 결코 옳은 방법이 아니었음을 자녀가 성장한 후에 깨닫는 경우가 적지 않다. 자녀교육이나 학교교육의 시행착오를 줄이는 것은 근본적인 아동권리 및 복지 향상에 도움을 줄 수 있을 것이다. 결혼 전 예비부모라면 누구나 자녀를 포함한 아동에 대한 태도, 아동의 발달단계에 따른 부모의 역할, 부부관계 등 자녀 양육 및 가정생활에서 필요한 기본적 지식을 반드시 습득해야 할 것이다.

자녀의 바람직한 성장·발달에서 부모의 역할은 매우 중요하다. 자녀의 수가 급격히 감소하여 한 가정에 자녀가 1~2명인 경우가 대부분임에도 불구하고 오늘날 상당수 부모가 자녀 양육 및 교육 문제로 과거와는 비교할 수 없을 만큼 과도한 스트레스를 느끼고 있다. 특히, 급속한 사회변화와 넘치는 양육정보는 오히려 부모를 혼란스럽게 만들며 이로 인해 불안감을 가중시키고 있다. 하지만 분명한 사실은 부모가 자녀를 출산함으로써 부모의 역할이 자연적으로 습득되는 것이 아니라 부모가 됨을 미리 준비해야 하며, 또한 유아 및 아동과 함께 성장해야지만 건강한 가족이 될 수 있다는 것이다.

우리의 현행 학교교육시스템은 인지적 교육이 주를 이루고, 향후 사회에 나갔을 때 필요한 지식과 기술교육을 상당히 강조하는 데 반해, 부모가 되었을 때 자신이 부모로서의 역할을 어떻게 수행해야 하는지, 그리고 자녀와 어떻게 놀고 어떤 방식으로 대화를 해야 하는지에 대한 교육이 전무하다고 해도 과언이 아니다.

부모교육은 아동의 건강한 성장과 발달을 위해서 필요하며, 아동복지의 예방적 차원에서 더욱 강화되어야 할 것이다. 또한 부모 개인과 가족의 건강하고 행복한 삶을 위해서라도 부모교육은 반드시 필요하다. 최근에 각 지역의 육아종합지원센터를 통해 다양한 부모교육이 이루어지고 있다. 하지만 대부분의 교육은 어린이집의 원장을 통해 부모 수요조사를 실시 후 육아종합지원센터에서 제시한 주제 중 하나를 선택하여 온라인 및 오프라인으로 진행하고 있다. 하지만 이러한 과정에서 양육 방식이나 아동의 발달에 관심이 있고 열심히 노력하는 부모들의 참여가 주를 이루게 되어 실제 정말 교육이 필요한 부모들은 참여가 소원한 경우가 있어 부모교육의 체계 또한 고민해 볼 필요가 있다. 그리고 부모들이 원하는 부모교육의 형태에 대한 지역 및 사회의 요구도가 반영된 교육과 전문 강사의 수준에 대한 재고가 필요한 시점이라 생각한다.

### 12) 아동의 건강한 성장 · 발달을 도모하기 위한 놀이 및 여가 · 문화시설 확충

첨단산업화 · 현대화 · 정보화 사회는 우리의 생활을 보다 편리하고 윤택하게 만드는 반면, 우리 삶에 미친 부정적 영향 또한 적지 않다. 급속한 과학기술 발전과 최첨단 기술문명은 우리로 하여금 전통적인 생활방식을 지양하게 하였으며, 아동의 놀이유형 역시 상당히 다른 양상을 보이게 만들었다. 과거에는 아이들이 자연의 산물과 자료를 활용하여 놀이의 즐거움을 만끽하고 컴퓨터 같은 기계보다는 사람과 어울리면서 사회화를 경험하였다. 하지만 오늘날에는 사람보다 기계와 더 친숙해지면서 대인관계가 원만하지 않고 심리적으로 어려움을 호소하는 경우가 늘고 있다.

특히 코로나19 바이러스로 인하여 외부 사회생활을 최소화하고 집에서 생활하는 가정들이 대다수였기에 유아나 아동이 원만한 대면관계를 형성하는 능력인 사회적 스킬이 매우 부족한 실정으로 나타나고 있다. 사람은 사물보다 사람과의 관계를 통한 경험에서 더 큰 성장을 이루기 마련이다. 오늘날의 아동은 놀이할 자유, 선택의 자유를 잃어버렸다고 해도 과언이 아니다. 아동들은 종일 부모가 만든 빈틈없는 스케줄에 의해 수동적으로 움직이는 로봇 같으며, 놀이시간에도 창의적인 놀이 대신 컴퓨터나 텔레비전 같은 기계에 몰두하고 있다. 현대적인 의미의 더 멋진 놀이터가 생겨나기는 했지만 놀이의 실조를 보상하지는 못하고 있다, 자연을 접하고 창의적인 놀이를 하며 부모와 상호작용할 수 있는 기회를 컴퓨터 같은 기계로 대체하는 것은 오늘날 가장 심각한 문제이다.

상당수의 부모는 아동발달에서 놀이가 얼마나 중요한 역할을 하는지 제대로 이해하지 못한다. 성인의 놀이에 대한 이런 태도는 결국 아동의 자유놀이와 바깥놀이의 시간을 줄이는 결과를 초래하며, 놀이공간 축소는 물론 안전사고의 위험을 내포한 오래되고 낡은 놀이기구 및 시설을 그대로 방치하는 결과도 나타났다. 아동이 마음껏 뛰어놀고 함께 상호작용할 수 있는 공간이 없어진다는 것은 단순히 물리적인 공간의 축소를 의미하는 것이 아니라 공동체 의식을 경험할 수 있는 기회를 빼앗는 것과 같기에 우리 아동들이 건전하고 건강하게 성장 · 발달할 수 있는 여가 및 문화공간과 시설을 대폭 확충해야 하며, 유해매체와 좋지 못한 환경으로부터 보호하도록 노력을 아끼지 말아야 할 것이다.

## 2. 아동복지의 전망

아동복지의 과제를 다양한 관점에서 고찰해 보았다. 고찰된 내용을 중심으로 미래 아동복지의 방향을 전망해 본다.

### 1) 보편적 · 예방적 아동복지사업의 확대

아동을 위한 복지서비스는 현재 아동이 직면하고 있는 문제의 해결은 물론, 아동이 더 좋은 환경에서 자랄 수 있도록 다양한 기회를 제공하여 아동의 잠재력을 개발하여야 한다. 또한 유엔아동권리위원회에서 제안한 바와 같이 지역과 인종, 그리고 다른 모든 조건들에 의해 차별받지 않도록 동등한 시작을 할 수 있도록 보편적 복지서비스가 제공되어야 할 것이다. 이를 위해 가정의 자녀 양육기능, 교육기능, 사회화기능 등 부모역할을 지원하고 강화하고, 아동에게 바람직한 환경 제공 및 개인의 흥미에 맞는 교육 제공, 잠재력 발달을 위한 다양한 활동 지원을 통해 예방적 아동복지사업을 확대해 나가는 방향으로 나아감이 바람직할 것이다.

### 2) 아동복지 전문 인력의 확보

아동복지의 목적은 국가발전의 원동력, 국가부강의 기본 및 국가안정의 바탕이라고 할 수 있는 것이다. 가치의 면에서 볼 때 아동복지는 인격완성의 기초를 마련해 주며, 아동들의 기본권을 보장해 주는 것이다. 또한, 실천적 면에서도 아동복지는 사회복지의 한 분야로서 사회복지사의 적극적인 활동분야라는 확신을 가진 좀 더 많은 정규적인 훈련과 경험을 쌓은 아동복지 전문가들에 의해서 그 사업이 수행되어야 한다.

게다가 아동복지서비스 제공을 위해서는 다양한 영역에서 많은 전문가들이 필요하다. 앞서 제시한 바와 같이 아동학대전담공무원, 아동보호전담요원, 학대예방경찰관, 이외에도 아동심리 치료를 위한 임상 및 발달심리사, 각 아동전담기관 종사자 등의 전문성 향상을 위한 교육과 업무에 적합한 보수 및 직업 안정성 제공 등을 통해 전문 인력의 성장과 유지에 많은 힘을 써야 할 것이다.

### 3) 아동복지 보호체계의 통합 및 연계

영유아기부터 시작해 아동기를 거쳐 청소년기로 성장·발달하면서 아동의 욕구충족에 민감하게 대응하고 맞춤형 서비스를 제공할 수 있는 통합적인 서비스 전달체계와 보호체계 구축이 필요하다. 아동 및 청소년의 개별 욕구를 충족시키는 맞춤서비스를 제공하면서, 생애주기별 변화에도 민감하게 대응할 수 있도록 아동보호서비스와 보호체계 구축에 힘쓰고 통합적으로 운영되는 것이 바람직하다고 본다.

이를 위하여 부처 간의 협업과 연결성 확보가 매우 중요한 과제로 보이며, 2022년에 제정될 예정인 아동기본법을 통하여 생애주기별 아동의 권리보장 및 복지서비스가 마련되길 바란다. 예를 들어 아동의 건강권을 위해 생애주기별 건강검진과 조기개입 방안 마련과 학생 건강검진(초등~고등학생 대상)을 국민건강보험공단의 건강검진과 연계 방안 등이 대표적인 예시가 될 수 있을 것이다. 이처럼 아동보호를 위한 복지서비스의 통합 및 연계체계 구축이 중요한 과제 중 하나로 볼 수 있을 것이다.

### 4) 지역 중심의 아동복지 강화

아동보호체계에서 중요한 것은 아동의 입장에서 가족 단위의 아동보호 우선 원칙을 실현하는 일이다. 아동의 최우선의 원칙을 바탕으로 위기 상황에 대한 보호체계가 온 가족으로부터의 분리에서 시작되는 것이 아니라, 아동과 더불어 행복한 가정 안에서의 가족의 구조적·기능적 보존을 위한 보호서비스를 고려함으로써 궁극적으로는 가족기능을 강화하고 아동과 가족 전체가 행복해질 수 있도록 각 가정과 지역사회의 연계망을 통하여 역량강화가 뒷받침되어야 한다.

유엔아동권리위원회가 권고한 지역 간의 격차 감소를 위한 정책 추진이 그 어느 때보다도 중요하게 여겨지고 있다. 시·도 단위 아동정책 조정 및 지원체계의 구축을 통해 지역별로 불균형한 아동복지 자원의 조정이 필요하다. 또한 이러한 지역 간의 인프라 및 자원의 차이는 포용국가아동정책 추진에 있어서도 걸림돌이 될 수 있다. 따라서 지역별 예산 투입이나 인원 보강 등의 노력이 필요할 것이다(류정희, 2021).

### 5) 아동복지서비스 예산 책정 및 확보

유엔아동권리위원회는 지속적으로 아동정책 수행을 위한 예산과 인력 확충의 필요성을 언급하였다. 제5~6차 대한민국 국가보고서 최종 견해에서도 적절한 인적·재정적·기술적 자원을 할당할 것으로 요구하였으며, 그동안 아동보호를 위한 재정이 여러 부처에 나눠져 있어서 우리나라 아동복지예산의 확장성과 안정성을 제약하고 있었다. 이에 2021년 6월 아동보호예산은 일반예산으로 전환되어 복지부 일반회계, 법무부 범죄피해자보호기금, 기재부 복권기금으로 나누어져 있던 재정지원체계가 일원화되었다.

하지만 아직 아동예산 할당은 다른 OECD 국가에 비해 매우 낮은 편이다. 2019년 아동가족 관련 공공지출에 대한 국제비교 결과에 따르면 스웨덴과 덴마크 등의 유럽 선진 복지국가가 GDP의 3.4%를 투입하고 있는 반면, 우리나라는 1.2%를 지원하고 있다. OECD 평균이 2.1%로 매우 낮은 수준임을 알 수 있다.

게다가 보건복지부의 아동복지 예산 비율 역시 2019년 3.54%에서 2021년 3.04%로 감소하는 추이를 보이고 있기에 아동복지서비스 양적 및 질적 향상을 위한 안정적인 예산 책정 및 확보가 이루어져야 할 것이다.

### 6) 아동복지서비스를 위한 차별 없는 통합정보시스템 구축

유엔아동권리위원회는 중앙화된 아동복지 정보서비스 시스템의 구축에 대하여 지속적으로 권고하였으며, 이에 2019년 이후 차세대 시스템 구축사업의 일환으로 아동통합DB 구축을 신설하고 있다. 기존 사회보장정보시스템을 재구성하여 대상별로 분절화된 공공 및 민간 정보를 연계하여 통합적인 체계 내에서 관리할 수 있도록 할 예정이며, 아동정보관리를 일원화하는 것을 목표로 하고 있다.

하지만 아직까지 다양한 이주배경을 가진 아동이나 북한이탈주민 아동, 다문화 배경의 아동 정보는 통합되지 않고 있다. 따라서 추후에는 다양한 배경을 가진 아동들이 전체 아동통합정보시스템에 포함되는 방안의 검토가 필요할 것이다(류정희, 2021).

# 참고문헌


김영환, 정주훈, 이현아(2015). 영유아의 스마트기기 활용 연구동향 분석: 부작용에 대한 관심을 중심으로. **육아정책연구**, 9(2), 137-159.

강란혜(2010). **아동복지론**. 대왕사.

강문회, 김매희, 유정은(2009). **아동발달론**. 공동체.

강미선(2013. 3. 28). 학교 입학 후 카톡 끊었더니 '반톡' 왕따? 머니투데이. http://news.mt.co.kr/에서 검색.

강영식, 오경숙, 김혜영, 박창옥(2016). **부모교육: 부모상담하기·부모교육하기·부모참여지원하기**. 공동체.

공계순, 박현선, 오승환, 이상균, 이현주(2003). **아동복지론**. 학지사.

곽금주(2002). **아동심리평가와 검사**. 학지사.

곽형식, 백경숙, 김민정, 김혜금, 김혜영(2013). **아동복지론**(제2판). 창지사.

곽형식, 백경숙, 김민정, 김혜금, 김혜영, 박희현(2008). **아동복지론**. 공동체.

곽형식, 백경숙, 김민정, 김혜금, 김혜영, 박희현(2013). **아동복지론**. 공동체.

교육과학기술부(2008). 2008년도 다문화가족 학생 교육 지원방안.

구자헌(1969). **아동복지**. 한국사회복지연구소.

구자헌(1972). **사회복지**. 한국사회복지연구소.

권연정(2014). 만 2세반 영아의 스마트기기 이용에 대한 어머니들의 인식: 스마트 폼과 태블릿 pc를 중심으로. **유아지원연구**, 9(1), 213-242.

권지성(2005). **공개입양가족의 적응**. 나눔의 집.

권택기(2009). 다문화가족 교육 지원특별법 제정을 위한 간담회 자료집.

김강석(2005). 1834년 영국의 신구빈법 시행. 계명대학교 교육대학원 석사학위논문.

김명중(2007). 가족해체 예방을 위한 가족상담 방안연구. 건양대학교 대학원 석사학위논문.

김미숙, 우국회, 양소남, 이주연, 이정현(2011). 선진국의 아동 사례관리체계 비교연구: 영국, 미국, 뉴질랜드를 중심으로. 한국보건사회연구원.

김민정(2007). 위탁가정 특성, 위탁가정 및 사회적 지지와 위탁아동 특성에 따른 위탁부모 양육 효능감. **한국가족복지학**, 13(2), 109-127.

김민정, 박순득, 정혜란, 강인숙(2021). **아동권리와 복지**. 동문사.

김민지(2010). 가정위탁제도에 관한 법적 고찰. **가족법연구**, 24(2), 167-210.

김봉화(2010). 가정위탁아동의 자립기술 및 자립기술지원에 관한 연구. 청소년시설환경: **한국청소년시설환경학회 논문집**, 8(3), 43-58.

김상균, 최일섭, 최성재, 조흥식, 김혜란(2002). 사회복지개론. 나남출판.

김성경, 김혜영, 최현미(2009). 아동복지론. 양서원.

김성경, 김혜영, 최현미(2015). 아동복지론. 양서원.

김승권(2010). 한부모가족 정책 세미나자료집.

김연진(2020). 스웨덴의 육아휴직: 모든 부모의 권리. 국제사회보장리뷰, 13, 126-135.

김영모(1991). 사회복지학. 한국복지정책연구소.

김유경 외(2008). 가족관계학. 교육과학사.

김정래(1999). 아동권리교육프로그램 개발을 위한 기본 원리. 한국아동권리학회. 1990년도 추계학술대회, 21-47.

김정래(2002a). 아동권리향연. 교육과학사.

김정래(2002b). 아동의 놀 권리: 그 교육적 필요성의 철학적 정당화 논의. 아동권리연구 26(1), 31-46.

김정래, 최영희(1998). 세계인권선언과 국제권리협약. 아동권리연구, 2(3), 21-37.

김정화(2011). 놀이치료에서 모의 놀이치료 기대와 양육 스트레스가 작업동맹에 미치는 영향. 서울여자대학교 대학원 석사학위논문.

김종옥, 권중돈(1993). 집단사회사업방법론. 홍익제.

김청송(2009). 청소년심리학의 이론과 쟁점. 학지사.

김춘경(2004). 아동상담. 학지사.

김현아(2011). 유아기 자녀를 둔 모의 양육스트레스와 놀이치료에 대한 낙인이 놀이치료 기대에 미치는 영향. 명지대학원 대학원 석사학위논문.

김혜경, 도미향, 문혜숙, 박충선, 손홍숙, 오정옥(2006). 가족복지론. 공동체.

김혜련, 신혜섭(2010). 정신건강론. 학지사.

김혜선, 유안진(2010). 인간발달. 한국방송통신대학교 출판부.

김호년, 김성재, 김현정, 박윤, 우수경, 이시진, 장정애, 이인원(2016). 아동권리와 복지. 양서원.

남세진, 조흥식(1997). 지단지도방법론. 서울대학교 출판부.

노병일(2008). 아동복지론. 공동체.

노충래(2002). 아동 및 가해자의 특성에 따른 아동학대의 심각성 예측요인에 관한 연구. 한국아동복지학, 13.

노충래, 신혜련, 박은미, 강현아(2006). 가정위탁제도의 활성화. 중앙가정위탁지원센터중앙가정위탁지원센터.

농림수산식품부(2009). 2009년도 주요업무계획.

도미향, 남연희, 이무영, 변미희(2010). 아동복지론. 공동체.

도미향, 남영희, 이무영, 변미희(2017). 아동권리와 복지. 공동체.

도미향, 이기숙, 강기정, 이무영, 박경혜(2009). 가족정책론. 신정.

류상열(2000). 지역사회복지론. 형설출판사.
문선화, 구차순, 박미정, 김현옥(2009). 한국사회와 아동 · 청소년 복지. 양서원.
문선화, 정민숙, 김종윤, 이상호, 장수한, 김현숙(2005). 장애인복지론. 양서원.
문혁준, 서소정, 김정희, 김혜연, 김태은, 이종신(2015). 아동학개론. 창지사.
문화체육관광부(2009). 2009년도 지역다문화프로그램 사업실무수행지침.
박보희(2002). 우리나라 아동복지 정책의 평가와 향후과제. 2002 한국아동복지학회 제17회 학술대회 자료집, 3-25.
박성석, 오정아, 이영주, 최경화, 최금혜(2009). 가족복지론. 양서원.
박영애, 김리진(2012). 어머니가 지각하는 자녀의 놀이 현황 및 지원 기대 분석. 한국놀이치료학회지, 15(2), 283-300.
박정란, 서홍란(2001). 아동복지론. 양서원.
박정란, 서홍란(2010). 아동복지론. 양서원.
박희숙, 유주희, 이광희(2016). 아동복지론. 공동체.
배창진(2003). 사회복지실천론. 대왕출판사.
배태순(1996). 현대사회에서의 성공적인 입양의 요건은 무엇인가?. 연세사회복지연구, 제3권.
배태순(1998). 국내입양발전을 위한 입양 관련 프로그램 개발 및 입양법개정 제안. 한국아동복지학, 제7호, 7, 127-155.
배화옥(2010). 아동복지론. 신정.
법무부(2009). 2009년도 주요업무계획.
변미희, 이무영(2003). 아동보호전문기관의 상담원의 직무만족도 결정요인. 아동과 권리, 13(2), 247-274.
보건복지가족부(2008a). 다문화가족 생애주기별 맞춤형 서비스 지원 강화 계획.
보건복지가족부(2008b). 다문화가족 생애주기별 맞춤형 지원 강화대책.
보건복지가족부(2008c). 아동청소년백서.
보건복지가족부(2009a). 2008년도 아동복지사업 안내.
보건복지가족부(2009b). 아동청소년 백서.
보건복지가족부, 한국여성정책연구원(2009). 2009전국보육시태조사.
보건복지부(1993). 보건사회백서. 보건복지부.
보건복지부(2007). 2007년도 아동복지사업안내.
보건복지부(2009). 2009년도 보건복지백서.
보건복지부(2010). 아동학대사례개입우수사례 보고서.
보건복지부(2011). 연도별 보건복지통계연보.
보건복지부(2013). 아동통합서비스 지원 강화를 위한 사업체계 개선방안 연구.
보건복지부(2016). 빅데이터를 활용한 e아동행복지원시스템 구축방안 기초연구. 한국보건사회연구원.

보건복지부(2017a). 보육통계.
보건복지부(2017b). 요보호아동현황보고, 2017년 정기통계품질진단 결과보고서. 통계청.
보건복지부(2017c). 요보호아동현황보고, 통계정보보고서.
보건복지부(2018a). 보육통계.
보건복지부(2018b). 제5차 장애인정책종합계획.
보건복지부(2019). 보육통계.
보건복지부(2020). 보육통계.
보건복지부(2021). 보육통계.
보건복지부(2022a). 2021년 보육통계.
보건복지부(2022b). 2021년 아동학대 주요통계.
보건복지부(2022c). 2021년 아동학대 연차 보고서.
보건복지부(2022d). 2022년 아동수당 사업 안내.
보건복지부(2022e). 2021년 장애인등록현황.
보건복지부(2022f). 2022년 하반기 보육사업안내.
보건복지부, 아동권리보장원(2021). 2020 가정위탁보호 현황보고서.
보건복지부, 한국보건사회연구원(2018). 2017년 장애인실태조사.
보건복지부, 한국보건사회연구원(2021). 2020년 장애인실태조사.
보건복지부, 한국보육진흥원(2022). 2022 어린이집 평가 매뉴얼(어린이집용).
서영숙, 김경혜(2006). **보육학개론**. 양서원.
서영숙, 서혜전, 정영희, 양영아, 안소영, 이종현, 남미선(2007). **보육과정**. 공동체.
설동훈(2010). 다문화 가족정책의 현황과 과제. **월간 복지동향**.
성영혜, 김연진(2001). **아동복지**. 동문사.
성영혜, 이소희, 허선(1997). **사회복지와 보육사업**. 양서원.
성정현, 여지영, 우국희, 최승희(2009). **가족복지론**. 양서원.
손경숙(2004). 아동복지의 이론적 고찰. **삼척대학교논문집, 제37편**.
송근원, 김태성(1995). **사회복지정책론**. 나남출판.
송정애(2016). **아동복지론**. 양서원.
송주미(2006). **아동복지론**. 창지사.
신혜경(2009). 아동의 방과 후 보육 생활 만족도 척도 개발 연구. 숙명여자대학교 대학원 박사학위논문.
아동복지법 법률. 제18619호 일부개정 2021. 12. 21.
아동복지법 시행규칙. 보건복지부령 제893호 일부개정 2022. 06. 22.
아동복지법 시행령. 대통령령 제32714호 일부개정 2022. 06. 21.
아동학대범죄의 처벌 등에 관한 특례법 법률. 제17932호 일부개정 2021. 03. 16.
아동학대범죄의 처벌 등에 관한 특례법 시행령. 대통령령 제31688호 일부개정 2021. 05. 18.

안동현(1999). UN 아동권리협약의 의외와 과제. **아동권리연구**, 3(2), 27-42.

양점도, 변미희(2001). 아동복지시설의 양육환경이 아동, 청소년 발달에 미치는 영향. **청소년복지연구**, 3(2), 13-23.

엄명용, 노충래, 김용석(2008). **사회복지 실천기술의 이해**. 학지사.

여성가족부(2009). 여성정책가이드.

여성가족부(2020). 조손가족 실태조사 보고서.

여성가족부(2021). 2021년도 한부모가족 지원사업 안내.

영유아보육법 시행령. 대통령령 제32686호(식품 등의 표시·광고에 관한 법률 시행령) 일부개정 2022. 06. 07.

오성배(2009). 외국인 이주노동자 가정 자녀의 교육실태와 문제 탐색. **한국청소년연구**, 20(3), 305-334.

오승환(2009). **한국의 학대아동보호정책**. 나눔의 집.

오승환, 변귀연(2009). 아동보호전문기관의 상담원의 직무만족도 결정요인. **아동과 권리**, 13(2), 247-274.

오정수, 류진석(2009). **지역사회복지론**. 학지사.

오정수, 이혜원, 정익중(2006). **세계의 아동복지서비스**. 나눔의 집.

오정수, 정익중(2008). **아동복지론**. 학지사.

윤매자(2010). 영유아권리존중 보육에 관한 자율장학의 효과와 이미. 숙명여자대학교 대학원 박사학위논문.

윤매자, 신혜경, 주정현. **아동복지론**. 양서원.

윤석주, 김운삼, 모아라, 이정미, 장기덕, 조중현(2019). **아동상담**. 양성원.

윤지현, 송영혜(2004). 학령 전 아동의 또래관계의 분석. **정서·행동장애연구**, 20(1), 337-356.

윤혜미, 김혜례, 신영화(2005). **아동복지론**. 청목출판사.

이경자(2009). 대중매체가 아동의 공격성에 미치는 영향에 관한 연구. **21세기사회복지연구**, 6(1), 33-49.

이대근(2001). **아동복지론**. 형설출판사.

이배근(2006). 세계의 아동복지, 사단법인유엔미래포럼(write date: 2006-06-02).

이배근(2006). 세계의 아동복지. 유니세프 보고서.

이부덕 외 역(1996). **아동치료의 새로운 접근**. 인간과 복지.

이선미, 김경윤, 박영충, 김성영(2017). **아동권리와 복지**. 창지사.

이선애(2012). 통합적 접근에 의한 유아다문화 이해교육 프로그램의 개발과 적용. 성균관대학교 대학원 박사학위논문.

이선애, 마지순, 안라리(2018). 유아교사의 자아탄력성과 조직헌신도가 직무만족도에 미치는 영향. **열린부모교육연구**, 10(2), 79-94.

이선애, 최윤정(2016). 다문화가정 어머니들의 자녀 양육태도와 양육스트레스 연구. 열린유아교육연구, 21(2), 133-155.
이성한, 하현희, 이귀숙(2017). 아동권리와 복지. 창지사.
이소라(1998). 아동의 권리에 대한 아동 부모 교사의 인식. 숙명여자대학교 대학원 석사학위논문.
이소희(2002). 그것은 아동학대예요. 동문사.
이소희(2005). 아동복지론. 학현사.
이송희, 이송이(2009). 영유아복지론. 학현사.
이수기, 이현경, 홍혜경(2014). 유아의 스마트기기 사용현황과 게임 과몰입 경향성. 유아교육연구, 34(3), 239-262.
이순형(2004). 아동복지. 학지사.
이순형, 민하영, 이소은, 이완정, 황혜신, 이강이, 이영미, 이혜승, 한유진, 이옥경, 권혜진, 성미영(2006). 아동복지-이론과 실천. 학지사.
이영애(2004). 아동중심 놀이치료 장면에서의 객관적인 놀이관찰도구 개발 연구 1: 신뢰도와 요인분석. 한국놀이치료학회, 7(1), 59-76.
이옥형(2002). 아동 · 청년발달. 집문당.
이원석, 성영화(2012). 유아의 스마트폰 이용과 관련한 어머니의 인식. 육아정책연구, 6(1), 20-38.
이장호, 김정희(1992). 집단상담의 원리와 실제. 법문사.
이재연(1996). 아동권리 보장과 보호. 정신경강연구, 15, 46-54.
이재연, 박은미, 황옥경, 김형모, 이은주, 강현아(2008). 아동복지론. 학지사.
이재완, 최영선(2006). 세계의 아동수당제도. 양서원.
이지선, 김혜진, 김지은, 이영애(2018). 초기 놀이치료 회기에서 유아기 내담아동들의 놀이행동에 대한 내용분석-언어, 인지, 정서, 사회성, 감각통합 영역을 중심으로. 한국놀이치료학회, 21(3), 399-425.
이혜경(1992a). 국민소득과 아동복지. 아동연구, 7호. 숙명여자대학아동연구소.
이혜경(1992b). 권위주의적 자본주의 사회에서의 복지국가의 발달: 한국의 경험. 사회복지국제학술대회의 자료집: 복지국가의 현재와 미래.
이혜경(1993). 경제성장과 아동복지정책의 변용: 한국의 경험. 한국아동복지학, 창간호, 199-223.
임동호(2009). 아동복지론. 학지사.
임시아(2011). 아동복지론. 공동체.
임종운(2002). 아동복지론. 홍익재.
장애인 등에 대한 특수교육법 시행령. [별표] 특수교육대상자 선정 기준(제10조 관련)〈개정 2022. 6. 28.〉
장애인복지법 시행령. 대통령령 제32899호 일부개정 2022. 09. 06.

장영인, 최영신, 백선희, 임유경(2006). **아동복지론**. 나눔의 집.
장인협(1981). **사회복지개론**. 서울대학교출판부.
장인협(1989). **사회복지실천방법론**. 서울대학교출판부.
장인협, 오정수(2001). **아동 · 청소년복지론**. 서울대학교출판부.
장인협, 오정수(2003). **아동 · 청소년복지론**. 서울대학교출판부.
전남련, 김재환, 박혜경, 전대성, 김경희(2008). **아동복지론**. 학현사.
전재일 외(1997). **학교사회사업**. 사회복지개발연구원.
정순란(2005). 국내입양사업과 공개입양 활성화 방안에 대한 연구. 원광대학교 대학원 석사학위논문.
정옥분, 정순화, 손화희, 김경은(2016). **아동복지와 권리**. 학지사.
정익중(2009). 가정위탁보호제도의 과제와 발전 방안. 보건복지가족부.
조성연, 이정희, 천희영, 심미경, 황혜정(2008). **영유아 보육의 이해**. 신정.
조홍식, 김인숙, 김혜란, 김혜련, 신은주(2010). **가족복지론**. 학지사.
주정일, 이소희(2003). **아동복지 실천론**. 교문사.
주정현(2004). 부모의 양육태도가 자녀에게 미치는 영향에 관한 연구. 명지대학교 대학원 석사학위논문.
주정현(2016). 빈곤이 아동에게 미치는 영향과 빈곤아동 복지서비스의 방안. **한국복지실천학회지, 8**(1).
중앙아동보호전문기관(2007). 전국아동학대 현황보고서.
천성문, 송재홍, 윤치연, 윤호열, 이영순, 박천식, 김경일, 하영자, 김상희, 원요한 역(2001). **아동상담의 이론과 실제**. C. I. Thomson & I. B. Rudolph(저). 시그마프레스.
최선화, 오영란(2009). **여성복지론**. 공동체.
최순옥, 윤난호, 장수정, 이주연, 김은숙(2011). **아동복지의 이해**. 태영출판사.
최영신(2002). 일본의 자녀 양육지원정책의 변화과정에 관한 고찰. **지역사회복지운동, 제11집**. 한국지역사회복지학회.
최옥채(2001). **사회복지실천론**. 양서원.
최용민(2006). 임파워먼트와 사회복지실천. 한국복지행정학회 **복지행정논총, 16**(2), 71-100.
최윤경, 김윤환, 이혜민(2015). 스웨덴의 육아정책(II): 교사정책을 중심으로. 육아정책연구소.
태화기독교사회복지관(2002). 태화학교사회복지자료집.
통계청(2007). 혼인통계.
통계청(2016). 장래인구추계: 2015~2065년. 보도자료.
표갑수(2000). **아동 · 청소년복지**. 나남출판.
하상락(1989). **한국사회복지사론**. 박영사
하승민, 장미경, 김유진, 신현정, 임동호, 김소윤(2004). **아동복지**. 태영출판사.
한국교육개발원(2007). 2006년 교육복지 투자우선 지역지원 사업을 위한 연구. 지원사업결과보고서.
한국교육개발원(2009). 지역사회 다문화가족 교육 지원 인프라 현황과 과제.
한국법제연구원(1994). 입양제도의 개선.
한국보건사회연구원(2005). 2005년 장애인실태조사.
한국복지재단 어린이찾아주기종합센터(2004). 미아가정실태조사보고서.
한국복지재단 어린이찾아주기종합센터(2005). 미아가정실태조사보고서.
한국형사정책연구원(2000). 피학대아동의 보호방안에 관한 연구. 전영실.
한미현, 강희경, 공인숙, 김상희, 문혁준, 안선희, 안효진, 양성은, 이경옥, 이경열, 이진숙, 천희영(2008). **아동복지**. 창지사.
한미현, 문혁준, 강희경, 공인숙, 김상희, 안선희, 안효진, 양성은, 이경열, 이경옥, 이진숙, 천희영, 조한숙(2016). **아동권리와 복지**. 창지사.
한성심, 송주미(2008). 한국 아동복지 정책의 유형분석을 통한 과제 연구. **한국아동복지연구, 6**(2), 121-141.
한성심, 송주미(2009). **아동복지론**. 창지사.
한지숙, 홍은주(1998). 아동권리협약과 아동의 권리 실현. **아동권리연구, 2(2)**, 39-50.
허남순(2004). 친인척 가정위탁과 일반가정 위탁아동의 심리사회적 특성 및 위탁가정의 서비스 욕구에 대한 비교연구. **한국아동복지학, 18**, 243-270.
허남순(2005). 한국 가정위탁의 역사와 현황. 한국수양부모협회 주최 제6차 가정위탁 국제 세미나 자료.
허남순(2009). 가정위탁보호제도의 과제와 발전방안. 보건복지가족부 주최 2009년 제3회 가정위탁 정책 세미나.
허미화(2000). 한국사회의 이혼율 증가 원인 및 이혼가정 아동의 부적응에 관한 문헌적 고찰. **유아교육학회지, 6**(2), 183-205.
현성용(2010). **현대심리학의 이해**. 학지사.
현외성(2009). **사회복지법제개설**. 공동체.
홀트아동복지회 가정복지연구소(2009). 국내입양가정의 입양태도 및 서비스 실태에 관한 연구. **홀트사회복지연구 통권 제5호**, 6.
홀트아동복지회(1999). 국제입양에 대한 입양인의 인식.
홍미, 김효진(2007). 아동학대 및 방임실태와 정책과제. **보건복지포럼 통권 제128호**, 47-59.
홍순정, 김희태(2010). **유아사회교육**. 공동체.
황성기(1994). 아동인권에 관한 연구. 서울대학교 대학원 석사학위논문.
황재필(2005). 국내입양 가족의 입양 방법에 따른 가족 적응. 경성대학교 대학원 석사학위논문.

Alcok, P.(1997). *Understanding Poverty*(2nd ed). hampshire. UK: Macmillan.

Alston, P.(1992). *The legal framework of the convention on the right of the child. In: the right of the child*. Jenava: United Nations Centre for Human Rights, 1-15.

Axline, V. M.(1969). *Play Therapy*(rev. ed.). N.Y.: Ballantine Books.

Baumrind, D.(1991). The influence of parenting style on adolescent competence and substance use. *The Journal of Early Adolescence, 11*(1), 56-95.

Berger, K. S.(2003). *Developing Person Through Childhood and Adolescence*. N.Y: Worth Publishers.

Biesttek, F.(1961). *The Casework Relationship*. London: Macmillan.

Cerezo, M. A.(1998). Parent-Child Conflict, Coercive Family Interaction, and Physical Child Abuse. in Klein, C. A.(ed.), *Multidisciplinary Perspectives on Family Violence*. Routledge.

Coie, J. D., Dodge, K. A., & Coppotelli, H.(1982). Dimensions and types of social status: A cross-age perspective. *Developmental Psychology, 18*(4), 557.

Crosson-Tower, C.(1999). *Understanding Child Abuse and Neglect*. Allyn and Bacon.

Daniel, P., & Ivatts, J.(1998). *Children and Social Policy*. London: Macmillan.

Doek, J.(2003). The UN convention on the right of the child: some observations on the monitoring and the social context of its implementation, University of Florida. *Journal of Low and Public Policy, 142*(2), 125-136.

Downs, W. W., Costion, S. B., & McFadden, E. J.(1996). *Child Welfare and Family Services: Policies and Practice*. NY: Longman Publishers.

Flowers, R. B.(1994). *The victimization and exploitation of women and children*. McFarland & Company, Inc., Publishers.

Freeman, M. D.(1992). The limits of children's rights. In M. Freeman., & P. Beerman (Eds.), *The Ideologies of children's Rights*(pp.29-46). Kluwer Academic Publishes.

Gilbert, N., & Terrell, P.(1998). *Dimensions of Social Welfare Policy*(4th ed.). Boston: Allyn and Bacon.

Hodgkin, R., & Newell, P.(2002). Birth registration, name, nationality and right to know and be cared for by parents. In *Implementation Handbook for Convention on the Rights of the Child, UNCEF*, 107-122.

Hughes, L.(2002). *Paving pathway: Child and Adolescent Development*. Wadsworth/Thompson Learning.

Justice, B., & Justice, R.(1990). *The Abusing Family*. Insight Books.

Kadushin, A.(1964). *Child Welfare Service*. NY: McMillan.

Kadushin, A.(1974). *Child Welfare Service*(2nd ed.). New York: Macmillan Publishing Co, Inc.

Kadushin, A.(1980). *Child Welfare Service*. NY: Macmillan Publishing Co. Inc.

Kadushin, A., & Martin, J. A.(1988). *Child welfare services*(4th ed.). NY: McMillan Publishing Co.

Landreth, G.(2013). 놀이치료 관계의 기술(유미숙 역). 학지사. (원저 1991 출판).

OECD(2019). OECD Family Database, https://www.oecd.org/els/family/LMF1_2_Maternal_Employment.pdf.

Pecora, P. J., Whittaker, J. K., Maluccio, A. N., Barth, R. P., & Plotnick, R. D.(1992). *The child welfare challenge: policy, practice, and research*. Aldinede Gruyter.

Perlman, H. H.(1957). *Social casework: a problem-solving process*10). University of Chicago press.

Richmond, M. E.(1922). *What is social casework?An introductory description*. New York: Russell Sage Foundation.

Rubin, R.(1984). Maternal identity and the maternal experience. *AJN The American Journal of Nursing, 84*(12), 14-80.

Schaefer, C. E., & Cangelosi, D. M.(2002). *Play therapy techniques*. N.J.: Jason Aronson.

Sekfert, K, L., & Hoffnung, F. J(2000). *Child and adolescent development*(5th ed.), Houghton Mifflin Company.

Sullivan, W. P., Rapp, C., & Bentley, K.(2002). Social workers as case managers. *Social work practice in mental health: contemporary roles, tasks, and techniques*, 180-210.

Toseland, R. W., & Rivas, R. F.(1995). *An introduction to group work practice*(2nd ed.). NY: Macmillan.

Trecker, H. B.(1948). ADMINISTRATION OF GROUP WORK.

Trecker, H. B.(1962). Research in Social Welfare Administration－Its Contributions and Problems.

Tzeng, O. C. S., Jackson, J. W., & Karlson, H. C.(1991). *Theories of Child abuse and Neglect*. Praeger.

Wolfe, D. A., Werkerle, C., & McGee, R.(1992). Developmental Disparities of Abused Children: Directions for Prevention. in R. D. Peters, et al.(ed.), *Aggression and Violence Throughout the Life Span*. Sage Publications.

Zuckerman(1983). *Child Welfare*. M.Y.: The Free Press.

대한사회복지회(http://www.alvenest.com)

동방사회복지회(http://www.eastern.or.kr)

보건복지부(http://www.mohw.go.kr) 2022년 9월 26일자 발췌.

서울시 가정위탁지원센터(http://www.seoul-foster.or.kr)

아동권리보장원(https://www.ncrc.or.kr) 2022년 9월 26일자 발췌.

여성가족부(http://wwwmogef.go.kr)

유네스코한국위원회(http://www.unesco.or.kr)
유니세프(http://www.unicef.org)
유니세프한국위원회(http://www.unicef.or.kr)
중앙가정위탁지원센터(http://www.fostercare.or.kr)
중앙보육정보센터(http://www.educare.or.kr)
중앙아동학대예방센터(http://korea1391.org)
청소년희망재단(2009). http://www.safeschool.or.kr
통계청(http://kostat.go.kr)
통일부(http://www.unikorea.go.kr)
한국복지재단(http://www.kwf.or.kr)
한국복지재단 가정위탁지원센터(http://www.foster.or.kr)
한국수양부모협회(http://www.ngopower.net)
한국여성정책연구원(http://www.kwdi.re.kr)
한국입양보호회(http://www.mpakt.co.kr)
한국입양홍보회(http://mpak.org)
한국학교사회복지사협회(http://www.kassw.or.kr)
홀트아동복지회(http://www.holt.or.kr)

# 찾아보기

PROFILE

# 저자소개


**이선애**

성균관대학교 대학원 아동학과 유아교육전공(철학박사)

김포대학교 유아교육과 교수

**현정희**

건국대학교 대학원 교육학과 유아교육전공(교육학박사)

김포대학교 아동보육과 교수

**표정민**

성균관대학교 대학원 인재개발학과 영재 및 창의성교육 전공(인재개발학 박사)

광주대학교 유아교육과 교수

**박은지**

성균관대학교 대학원 아동·청소년학과 영재 및 창의성교육 전공(철학 박사)

경복대학교 아동상담보육과 교수

# 아동권리와 복지

1판 1쇄 발행 2022년 12월 30일
1판 2쇄 발행 2024년 6월 30일

저 자 이선애 · 현정희 · 표정민 · 박은지
발 행 인 회장 박철용 · 대표 박세원
발 행 처 정민사
주 소 10881 경기도 파주시 직지길 522 파주출판도시
전 화 031-955-8030
팩 스 031-955-8025
홈 페 이 지 http://www.jmpub.co.kr
이 메 일 yswgroup@naver.com
출 판 등 록 1979년 1월 22일 No. 406-2004-000130호

I S B N 978-89-5809-968-0
정 가 22,000원